U0601847

阿马蒂亚·森文丛

A M A R T Y A　S E N

Home in the World　A Memoir

四海为家

阿 马 蒂 亚 · 森 回 忆 录

阿马蒂亚·森 —— 著

刘建　张海燕 —— 译

中国人民大学出版社

· 北京 ·

献给艾玛

封面照片约摄于 1948 年，作者与妹妹曼珠及堂姐米拉在圣谛尼克坦。堂兄梅杰摄。

中译本序

2021 年 7 月，年近九旬的诺贝尔经济学奖得主阿马蒂亚 · 森的回忆录《四海为家》，由企鹅兰登书屋公司集团旗下的艾伦莱恩出版社隆重推出。同年 8 月，中国人民大学出版社副编审王晗霞博士给我打来电话，告诉我该社业已买断《四海为家》一书的中文版权，问我是否愿意承担此书的翻译任务。我因为中国人民大学出版社于 2018 年再版我所翻译的阿马蒂亚 · 森的《爱争鸣的印度人》而与她结识，自然感激她的赏识和信任。

我很快收到王晗霞寄来的原著，于是通读全书，一边做笔记，一边给予评估。这部回忆录正文虽然长达 400 余页，但只写到二十世纪六十年代初期为止，时间跨度约为 30 年，时段的选择有点类似于《我的前半生》。这部巨著实际上相当于森的学术自传，从多个方面再现了他不断求学并取得巨大成功的青少年时代。一般的回忆录或自传，都会涉及自己的生活和家庭，但作为一名世界性的大学者和大思想家，森的兴趣和着眼点却主要在于学术。在经济学之外，森一直对文化抱有非常浓厚的兴趣。《爱争鸣的印度人》是他的一部关于印度历史和文化的论文集，而《四海为家》则保持了他对历史和文化问题的关注，只是选取的背景已经不限于印度，而是世界这一更为宏大的视域。一个已入耄耋之年的老人，记忆清晰，思维敏捷，笔力雄健，能够圆满完成这样一部力作，令人感佩。虽然此书的翻译难度不下于《爱争鸣的印度人》，但我还是决定承担这一译事。

我之所以愿意承担这一译事，还与我对阿马蒂亚·森的一项承诺有关。2010 年 12 月，我应邀参加在加尔各答举行的纪念泰戈尔诞辰 150 周年国际学术研讨会。我在到达加尔各答的当天即前往圣谛尼克坦参观诗人创办的国际大学。我们一行到达圣谛尼克坦后，如约前往阿马蒂亚·森家中拜访。他出生在这里，现在依然每年都会抽一定时间返回自己的乡居。穿过门廊和花园，我们进入阿马蒂亚·森家的大厅。主人在这里等候客人。我们随他穿堂而过，到后花园就座。主人谈笑风生，兴致很高。我因为在 2007 年应上海三联书店邀约翻译了他的《爱争鸣的印度人》[①] 而与他结缘，但我们作为作者和译者却是首次晤面。我简略向森介绍了他的著作在中国的翻译情况，特别是《爱争鸣的印度人》在中国的接受度和影响力。他为此感到欣慰。我向他赠送了我的中文译本，也请他为我个人收藏的中文译本签名留念。我向森表示，如果他有新著出版，我愿意继续将它们逐译成中文，推介给中国读者。如今，既然有了翻译《四海为家》的机会，我就决定信守这一诺言。

---

① 上海三联书店版的中文译名为《惯于争鸣的印度人》。

接读《四海为家》原著，我在封底发现国际学术界对阿马蒂亚·森不吝赞誉之词。英国著名经济学家尼古拉斯·斯特恩表示："森是二十和二十一两个世纪的伟大智者之一。"以色列哲学家摩西·哈尔伯塔尔在《新共和》杂志上发表文章，称"森的学识范围之广是令人惊叹的。他对印度的印度教文化、佛教文化和伊斯兰文化的熟谙……雄辩而又文雅地表明了理性的力量，而理性是尊重心声和传统的多样性的"。印度杰出的历史学家苏尼尔·基尔纳尼在《金融时报》上发表文章，充分肯定了森在印度思想与文化历史上的地位，断言"森是罗易、泰戈尔、甘地、尼赫鲁的公众哲学和公众议事传统的卓尔不群的继承者……倘若确有一位全球性知识分子，则非阿马蒂亚·森莫属"。罗易、泰戈尔、甘地、尼赫鲁都是印度近现代思想史上产生过重大影响的历史人物，基尔纳尼将森视为他们事业的继承者，如此高度的评价也算是实至名归，而非言过其实。可以说，森是泰戈尔之后印度向世界奉献的又一位思想巨子，是后尼赫鲁时代印度在国际上影响力最大的学者。

森曾任剑桥大学三一学院院长，并于 1998 年荣膺诺贝尔经济学奖，素有"经济学的良心"和"穷人的经济学家"之誉。他出任过美国经济学会会长、印度经济学会会长、国际经济学会会长和计量经济学会会长等重要学术职务。森也曾担任联合国开发计划署经济发展顾问，帮助制定了联合国“人类发展指数”的框架和细节。时任联合国秘书长科菲·安南高度评价了他对发展理论的巨大贡献：“世界上的穷人和被剥夺者，在经济学家之中不可能找到比阿马蒂亚·森更旗帜鲜明也更有见地的斗士。通过表明我们的生活质量不应以我们的财富而应以我们的自由为标准来衡量，他的著述已使发展理论及实践发生了革命性剧变。”英国历史学家威廉·达尔林普尔在《纽约书评》上发表的文章则表示：“阿马蒂亚·森是我们时代最卓越的人杰之一。他时而将深刻的见识与透着诙谐意味的隽语融为一体，令人赏心悦目。”1991 年诺贝尔文学奖得主纳丁·戈迪默也曾关注森的著述，称赞“森以精湛巧妙的行文、博学多识的从容以及令人忍俊不禁的幽默而成为少数全球性知识分子之一，而我们可以仰仗他来厘清我们存在的困惑”。所有这些评价都是实事求是的。

阿马蒂亚·森的主要著作不胫而走，迄今为止已被译成四十余种文字。他的学说和思想，他著述中体现的理性和人文精神，他经世济民的情怀，受到了国际社会的充分认可和评价。那么，他的学术思想是如何形成的？他如何求学，如何治学？他在高手如林的世界学术殿堂里是如何取得出类拔萃的学术成就并赢得令人景仰的学术地位的?《四海为家》从不同侧面生动地追溯了他所走过的非凡道路，向沉潜学海之中的人们提供了一份优异的答卷。

因此,《四海为家》并不是一部生活回忆录，而是一部学术成长史，追溯了作者的成长环境、所受教育、思想发展、治学经历以及在学术界脱颖而出的内情。全书涉及的人物多达六百余个，除亲人和历史人物外，主要是他在求学和治学的道路上遇到的诸多良师益友，涉及经济学学术思想史上的几乎所有重要人物及流派。他们对森的学问养成起了大小不一的作用。学问之道，不仅在于自己独自琢磨，还在于与他人切磋。无论是在加尔各答学院街与同学的不断闲谈，还是在剑桥大学与师长在漫步时的倾心交流，都非常有益于他学术思路的开拓和学术思想的成熟。他的回忆录既有严肃的一面，也有轻松活泼的一面，穿插了他所遇之人的诸多佳话，读来不乏幽默雅趣。

森在这部回忆录中回顾了他一步步深入学术殿堂的历程。在一般人的想象中，具有如此全球性影响的学术大家，一定是长期在象牙塔中皓首穷经之人。事实恰恰相反，森并不是一个“两耳不闻窗外事，一心只读圣贤书”之人，而是一个善于处理学业与生活、工作与健康关系之人。

《四海为家》这部堪称巨制的回忆录由五编二十六章组

成。每一章均可独立成篇。第一编至第三编，主要写作者在印度国内的学习生活。第四编和第五编主要写作者在英国的留学生活。

第一编由六章组成，基本反映了森的幼年经历与小学及中学生活。第一章“达卡与曼德勒”是森对自己幼年时在缅甸的生活的温馨回忆。他随父母旅居缅甸三年有余，那里的旖旎风光和淳朴的风土人情给他留下了难忘的印象。这是他最早的人生记忆。在他的印象中，曼德勒“是一个非常宜人的地方，满是引人注目的建筑、美丽的花园、迷人的街道、古老的王宫及护城河”。而“缅甸人似乎极为温和，总是在微笑，且非常可爱”。他在后来读到乔治·奥威尔的缅甸游记时还会心驰神往。对于曼德勒，他是有家的感觉的。那些早期经历，使森终生都对缅甸情有独钟。

第二章“孟加拉的河流”描述了作者幼年时所处的地理环境。河流是孟加拉最重要的地理特征。数条大河造就了它那广阔的冲积层三角洲，而今天孟加拉国的河水流出量位居世界第三，仅次于亚马孙河水系和刚果河水系。森童年时醉心于在博多河（恒河下游）上乘船航行，欣赏孟加拉不断流变的景观。难能可贵的是，他在读书时即已开始思考河流对其周边的经济与社会繁荣的重要意义。他在对孟加拉众多大小河流的描述中，倾注了对故乡的深情。

第三章“没有围墙的学校”描述了作者从八岁时起在泰戈尔创办的圣谛尼克坦学校读书的经历。泰戈尔注重教育增进个人自由和社会进步的作用。在他的教育理念指导下的学校特别有益于森的理念世界与理解能力的发展。森回忆说：“一个学校能够给予像圣谛尼克坦这样的乐趣，是我从来不曾想象到的。在决定做什么时有这么多自由，有这么多对知识充满好奇心的同学可以交谈，有这么多和蔼可亲的老师可以接近并提出与课程无关的问题请益，而最重要的是，几乎没有需要强制遵循的纪律，也完全没有严厉的惩罚。”在这所没有围墙的学校里，户外教学的经历令他感到格外愉快，也赋予他专心致志的定力。他说：“就学习成绩而言，这所学校对学生的要求并不是特别严格。我们往往没有任何考试，而在我们有考试时也基本不看重成绩。”课堂讨论则天马行空，自由自在，极大地激活了学生们的想象力和创新思维能力。

森在圣谛尼克坦读书时有一个得天独厚的条件，就是外祖父母对他的关爱、陪伴及教诲。他的外祖父是泰戈尔创办的国际大学的教授，也是一位知名的哲学家，同时是森的人生真正意义上的启蒙者。森“非常喜欢与外祖父以及外祖母交谈。所涉话题广泛，几乎无穷无尽，于是我们就长时间交谈下去”。他有任何问题都总能得到外祖父耐心细致的解答。外祖父的热情引导，使他较早接触到了深奥的印度哲学思想，使他养成了追求理性的素质。外祖父的梵文造诣也促成了森对学习梵文的浓烈兴趣。《四海为家》第四章“外祖父母的陪伴”说明，在一所没有围墙的学校里学习之余，能够得到外祖父母在做人和做学问方面的熏陶，对于森的成长有多么重要。

第五章“一个争论不休的世界”的主要篇幅则是对泰戈尔的回忆，再现了诗哲泰戈尔与圣雄甘地之间的数次争论，突出描述了泰戈尔对理性与自由的推重。

第六章“往日重现”表明，森在圣谛尼克坦读书十年，极为喜欢的课程是数学和梵文。他说：“我的重点主要是在古典梵语文学上。不过，在外祖父的帮助下，我也能读一些吠陀梵语和史诗梵语。”他完全沉迷在梵文语言学这一学科里。但是，在最后两个学年里，他的学科志趣发生了变化，开始主攻科学，尤其是物理和数学，而且准备到著名的管区学院深造。

最初，森在醉心于梵语文学的同时，并不特别愿意学习英语，因而他的英语进步十分缓慢。他说：“就在我变得越来越投入梵文为我打开的世界时，数学的分析挑战也开始让我倾心。这一点在数学哲学领域尤其突出。”他对梵文和数学均极感兴趣。他表示："我对抽象思维的迷醉和对周围世界浓厚的好奇心则把我拉入了另一个天地。"森在中学时遇到的专业方向选择问题，是几乎所有学生都会遇到的人生难题，而且倘若不能小心从事，非常容易铸成错误。最后，他没有选择心仪的梵文、数学或物理，而是选择了经济学。

《四海为家》第二编的四章，主要描述了森在少年时期亲历的重大历史事件以及它们对他的影响。他少年时目睹的孟加拉大饥荒，夺去了二三百万人的生命。这场人类历史上骇人听闻的饥荒不仅让他思考人生和社会，也对他日后的经济学研究产生了深刻影响，饥荒成为他终生关注的一大研究课题。在随后的第八、九两章（"孟加拉与孟加拉国理念"和"抵抗与分裂"）中，森追溯和探讨了孟加拉问题的由来和发展、发生在印度教徒与穆斯林之间的不幸暴力事件以及印度在独立的同时走向分治的历史进程。如今亲历这些重大历史事件并持有自己独特看法的人已经不多，因此森的这两章文字具有重要历史价值。我认为，他对历史进程的真知灼见，对研究印度近现代史的学者会有启发意义。

孟加拉是英国殖民印度的桥头堡，而加尔各答曾是英属印度政府所在地，因此孟加拉复杂问题的形成和演变与英国人有重大干系，于是《四海为家》第十章“英国与印度”成为全书极其深刻的一章。此章原文曾摘要发表于英国《卫报》(2021年6月29日)，题为《帝国的幻觉：阿马蒂亚·森论英国统治给印度造成的实际后果》。这是自马克思《不列颠在印度统治的未来结果》发表以来观察印度与英国历史关系最为深刻也最为重要的一篇文献。“二百年是一段很长的时间。英国人在印度取得了什么成就，他们未能完成什么使命？”这是森与同学们在聊天时不断讨论的一个话题。森认为，英国“殖民统治的二百年也是一个非常严重的经济停滞时期，实际人均国民生产总值几乎没有提高一星半点”。他还断言：“他们的成就实在差得太远。”森对英帝国兴衰之道的理解，即使对于观察今日世界，也不无裨益。

在本书第三编中，森以五章的篇幅记述了自己在加尔各答管区学院的大学生活。在第十一章“加尔各答的风雅”中，他细致入微地描述了加尔各答这座大城的独特历史和文化魅力。吉卜林称加尔各答为“可怕的黑夜一般的城市”。加尔各答曾以其贫困、凄惨和肮脏而声名狼藉，而一般的访客也大多只会看到一些表面现象。森的眼光与众不同，首先看到的是这里能够提供的优质教育和丰富的文化生活。他十分喜欢并由衷赞赏加尔各答这座多元文化城市：

“为什么不仅终老于斯的人酷爱着加尔各答，而且那些有可能深思并有机会另卜新居的人也眷恋着这座城市，并矢志不渝，决定继续留守于斯？这座城市的文化与知识的丰厚底蕴，肯定是人们酷爱它的原因之一。”

加尔各答学院街鳞次栉比的书店是森获取世界最新读物和知识的一个主要来源。森于 1951 年入读管区学院，注册攻读经济学，兼修数学。该学院就毗邻学院街。他在第十二章“学院街”中记述了管区学院的前身印度教徒学院的历史沿革，也留下了对老师和同学的美好记忆。他非常看重这段只有两年的大学生活：“我在加尔各答的学业和新生活一帆风顺，我的一项理智的发现却影响了我后来大半生的工作路向。”在此期间，他接触了肯尼思·阿罗开创的社会选择理论并对之产生了浓厚兴趣。

第十三章“如何理解马克思？”是这部回忆录中非常有趣也富于启发意义的一章。森在十余岁时就开始对马克思的思想产生了很大的兴趣。在他上大学时，马克思主义在加尔各答的学界影响很大。他追忆说：“在那个痴迷马克思的世界里，那是我们每天喝咖啡时必不可少的功课。”森认为：“马克思确实对选择自由的重要性了然于胸，也非常明白它对于人们的生活变得丰富多彩的必要性。”森着迷于马克思的具有高度原创精神的“客观错觉”概念，以及他对与此相关的“虚假意识”的论述。森还认为：“充分关注马克思关于人类行为的气度恢宏的学说是十分重要的。”这种对马克思主义尤其是他的经济学思想的探讨，对于森的学术眼光和研究事业无疑是非常有益的。

然而，人生难以一帆风顺。森在十八岁时突然罹患口腔癌（鳞状细胞癌）。第十四章“一场早期的战斗”就回顾了那场严酷的生死考验的详情细节。他在发现自己生病后就利用大学图书馆查阅了数本有关癌症的普及性图书，在两个医生轻率否定他得了恶性肿瘤的情况下自己先行准确诊断出此病性质来。在他的病症得到活检的证实后，家里陷入悲怆之中。他回忆道：“在我下课回来后，家里已是一片哀戚的气氛。母亲显然在哭泣（尽管她在竭力掩饰这一点）；父亲化身为一尊忧郁的雕像；妹妹曼珠看起来一脸愁云惨雾；奇尼叔叔坐在那里，面色非常阴沉。”森本人虽然深感沮丧，但还算泰然自若。在治疗期间，他一面承受着放疗的酷烈痛苦，一面期待着重返学院街，继续与同学悠然闲谈及激烈争论政治问题。森在诊断和治疗癌症时发挥自主性，体现了一种高度的人生智慧。他战胜癌症的经历或许值得类似患者借鉴。

森在管区学院读本科两年后，决定前往剑桥大学三一学院追随经济学家莫里斯·多布、皮耶罗·斯拉法以及丹尼斯·罗伯逊攻读经济学。他认为："莫里斯·多布或许是二十世纪最具创造性的马克思主义经济学家……而皮耶罗·斯拉法则是在经济学和哲学领域的一位重要的思想家，他一直是伟大的马克思主义思想家安东尼奥·葛兰西的密友和同道。除他们二人外，还得加上丹尼斯·罗伯逊的名字，他是一位十分出色的功利主义经济学家，又是一位才华横溢的保守主义思想家，在宏观经济学方面也做出了极富原创性的工作，在很多方面预见了同约翰·梅纳德·凯恩斯有关的想法。"第十五章"前往英格兰"就记述了森如何选择留学目标学校并如愿以偿的经历。他由此步入人生和事业的一个极其重要的阶段。

《四海为家》第四编共有九章，集中讲述了作者在剑桥大学攻读博士学位的全程，披露了他的学术视野是如何逐渐变宽以及他的学术思想和具有个性的经济学理论是如何发展起来的。显然，此编是全书重心之所在。

森于 1953 年 9 月抵达剑桥。著名经济学家皮耶罗·斯拉法教授成为他的学业导师，而肯尼思·贝里尔研究员则成为直接对他负责的督学导师。后者是一位非常聪慧的经济学家，也是一位出色的经济史学家。到了剑桥的第二学年，莫里斯·多布成为森的主要导师。他们既是诲人不倦的良师，也很快就成为他亲密无间的益友。

剑桥是一个经济学家们不断提出新理论新学说的地方。不错，三一学院的老师们都是非常优秀的经济学家，而且每个人都具有批判精神和原创精神，也愿以各自不同的方式启迪后学。异说纷呈，相互争锋，是这里的一个常见学术现象。自然，未必所有新理论新学说都是正确的。因此，斯拉法鼓励森发扬独立思考精神，至少应对剑桥经济学中的某些说法持怀疑态度。除批判性思维方法外，森还从斯拉法身上学到了一些关于自我审查和自我批评的品质，不纠缠于他人是非的细枝末节，因而从一开始就得以站在了学术的高起点上，让自己很快形成大的研究格局。

从 1953 年至 1963 年，森经十年寒窗苦读，顺利在剑桥完成了本科生、研究生的学业，随后做了一名奖学金研究员，而最终则成为一名讲师及管理人员。他在读研究生期间即已雷厉风行，提前完成了博士学位论文的基本撰写任务。森在四十五年之后重归剑桥，成为该院新任院长。他在本书第十六章“三一学院之门”中记述了他在剑桥的留学生涯与始末。

独自苦读虽然会收专心致志之效，但不一定有利于大学问家的产生。森无论在印度就学还是在英国读书，都十分热衷于与其他学人交际。他在剑桥就结识了许多来自世界各国的学生，除经济学专业的同学外，还与哲学、数学、历史学等专业的不少学生成为朋友。森也结识了很多来自印度等南亚国家的学人，常在晚间与他们在校园里聚会。森在与他们的交流和切磋中，不断增益自己的学识和见闻。森的诸多学友均非寻常之辈。他们思维活跃，无一是只知闭门读书之人，因而在日后各自的人生中，全都事业有成，成为知名学者或政要。森与来自巴基斯坦的马赫布卜·哈克、来自斯里兰卡的拉尔·贾亚瓦德纳、来自以色列的迈克尔·布鲁诺等，结成了让他受益终生的友谊。

除与学人交往外，森也与阿登布鲁克医院放疗中心的戴维·布拉瑟顿等医生结下了深厚的友谊。在他们精心周到的监护下，他在剑桥十年的生活中避免了癌症的复发。他说："我与放疗中心的关系成为我生命中最重要的联系之一。"森与布拉瑟顿医生的私谊发展到了情深意厚的程度。他曾多次去布拉瑟顿家拜访，也一直没有忘怀他们之间的感人友谊。他回忆道："多年后，在他的妻子离世后，他独自住在格兰切斯特草甸的大宅中，我与他曾在那儿度过一个迷人的夜晚。当时，他为我演奏了优美的钢琴曲。琴声美妙动听，但其中却夹杂着太多凄婉的音符，反映了他当时的心境，也令我感到悲伤。"他还写道："布拉瑟顿医生不仅一直跟踪我的医疗问题，甚至在我于 1963 年离开剑桥之后依然如此，而且他还以极大的个人兴趣，关注我的职业和学术生涯。让人伤感的是，他在 1997 年去世了，而那正是我从哈佛回到剑桥的前一年，因此，我想在院长官邸招待他的计划也就永远无法实现了。我想他一定会乐于看到，昔日他精心照护的生命岌岌可危的男生，如今终究在过着圆满的生活。”森满怀深情，在《四海为家》第十七章“朋友与圈”中记述了他与众多友人的动人情谊。

第十八章“什么经济学？”是第四编中很重要的一章，揭示了剑桥这个学术重镇鲜为人知的一些侧面。由于不同学派的存在，剑桥经济学界并非总是风平浪静，而是不时波澜起伏。例如，一些被称为“早期凯恩斯主义者”的经济学家（凯恩斯的追随者）与“新古典主义”经济学家就因学术思想分歧尖锐而相互对立，争论不休。琼·罗宾逊教授也是森的一位导师。她坚决否认“主流经济学”或“新古典经济学”，对英国最重要的马克思主义经济学家多布、斯拉法和霍布斯鲍姆等人的学术思想持批评或排斥态度。森与她的私谊虽然不错，但他没有苟同她对增长经济学和资本理论的论述，因此两人之间并没有形成一条学术传承链。森回忆道：“如果理查德·卡恩是这些早期凯恩斯主义者中最好争辩的，那么琼·罗宾逊则是最能说会道且最直言不讳的，而尼古拉斯·卡尔多因对资本理论令人信服的表述使其与凯恩斯的思想更为一致，是他们当中最具原创性和创造力的经济学家。”不过，根据森的说法，三一学院倒是剑桥经济学界论战中的“一片绿洲，三位政治观点截然不同的杰出的经济学家似乎彼此都能和睦相处，而且还经常互动”。他不无遗憾地发现，剑桥经济学非常注重对经济总量、资本的总价值一类主题的研究，却对诸如不平等、贫困和剥削等其他至关重要的问题关注甚少。森认为，在这些问题上，琼·罗宾逊采取的立场是，就优先事项而言，人们首先要关注的只是最大化经济增长，而人们一旦在经济上增长了，变富有了，就能够转而关注医疗服务、教育和别的所有诸如此类的事项。森断言：“这种方法是发展思维中更加严重的错误之一。”琼·罗宾逊想让森与她一道研究资本理论。他说：“尽管经济增长是重要的，但一心只追求经济增长，而忽视教育、医疗服务和营养的发展，不仅对人们的生活质量有害，而且是一种适得其反的战略。”作为一名学生，森保持了独立的学术立场和理论追求，没有屈从于他不认同的前辈学者的意见。

马克思主义者多布是当时剑桥为数不多的对福利经济学感兴趣的经济学讲师之一。森在到达剑桥后不久，就认识到右翼的鲍尔不仅是发展经济学方面最好的教师，而且还是剑桥大学在这个学科最有成就的思想家，以绝对的优势领先于他人。在剑桥大学新的学术环境下，在熟悉许多不同经济学学派的成果之后，森对福利经济学和社会选择理论的兴趣，包括对评估社会发展程度的兴趣，仍然十分强烈。他回忆道："我越来越清楚，这是我特别感兴趣的一个主题。"森无法说服任何一位剑桥教师对社会选择理论产生兴趣，而琼·罗宾逊教授则坚决反对他从事此项研究。只有皮耶罗·斯拉法对森试图涉足社会选择理论表示支持，对他的博士学位论文选题提出了中肯的指导意见。

《四海为家》第十九章"欧洲知何处？"记述了森在学生时代的数次欧洲之行以及他对欧洲一体化历史进程的观察和思考。他在紧张学习的间隙常利用一切机会游历欧洲大陆。还在印度读书时，他就被文艺复兴时期的绘画所深深吸引，开始迷恋上意大利。他在留学期间先后造访了意大利、奥地利、瑞士、法国、比利时、荷兰、联邦德国、挪威、瑞典、丹麦、波兰等国家。他初时经济拮据，却对仅靠面包、乳酪、咖啡、搭便车和青年旅舍维持生存深感欣慰。他在观看历史遗迹之外，热望了解社会与民俗，尽可能广交朋友，尽可能深入认识欧洲，并通过反思历史来展望欧洲的未来。由于熟悉了欧洲旅游业，他甚至萌生了一个想法："倘若我经济学一事无成，也许我可以经营一家旅游公司。”从这一章不难看到，行万里路对森的学术视野的拓宽是极有裨益的。

森在本书第二十章“交谈与政治”中主要回忆了剑桥大学的学人社团。他先后积极参加过多个社团，而他对学术和政治都抱有浓厚的兴趣。他回忆说：“我喜欢参加政治辩论和研讨会，而最经济的方式就是成为举办那些会议的俱乐部的一员，从而可以免费出席。我于是分别成为自由党俱乐部和保守党俱乐部的会员，并且喜欢在有时感觉像是异邦人聚会的场合开展的讨论。”他详细而生动地记述了剑桥最知名的讨论小组“使徒社”也就是所谓剑桥座谈会的历史与活动。他写道：“该社会员包括许多伟大的科学家、哲学家、数学家、文学家、作家、历史学家以及在知识和创新领域取得其他非凡成就的人士。例如，在哲学领域，就包括亨利·西奇威克、伯特兰·罗素、乔治·爱德华·穆尔、路德维希·维特根斯坦、弗兰克·拉姆齐和理查德·布雷思韦特等哲学家。使徒社在许多方面都符合威廉·科里关于它是‘剑桥的知识贵族小团体’这一描述。”这些社团的定期讨论会不仅让森信息灵通，胸襟开阔，而且使他思维活跃，语言犀利，善于演讲。

森的本科时代在 1955 年 6 月圆满结束。他先后历时四年在加尔各答和剑桥完成经济学本科学业。他于是接着在剑桥攻读研究生。其间，他开始在很有学术分量和影响力的《经济学季刊》上发表文章。他不无自豪地回忆说："研究生第一学年结束之时，我开始思量，将这些论文融合在一起，我是否可以弄出一篇博士学位论文来。"他于是将这些论文送呈自己的老师莫里斯·多布，请他提出评估意见。结果，莫里斯·多布给他的论文批注了巨量大有助益的意见。森回忆说："他还给我做出了令人欣慰的结论，就是在我的这些篇什里，无疑蕴含着多于一篇博士学位论文所需的东西。"可是，学院规定，学生必须在完成三年研究之后方可提交博士学位论文。因此，森请求系里允许他把剩余的两年研究时间用于加尔各答，以使他能够将自己的理论应用于印度的实证数据。此时，森接到加尔各答一所新大学贾达夫普尔大学的邀请，委托他以自己所认定的恰当方式来创建经济系并安排其课程。森在读研初期完成博士学位论文，可谓神速。由于不必再为他的博士课题煞费苦心，他就想利用这个时机学习哲学，在一些权威的哲学期刊上发表论文。他最终按时提交论文，轻取博士学位。他在《四海为家》第二十一章"在剑桥与加尔各答之间"中对自己这段经历的回忆，应该说对所有矢志读博的人都会有一定参考意义。

随后，森成为三一学院的讲师，得以与自己往日的老师合作。作为一名年轻的讲师，森为能与莫里斯·多布和皮耶罗·斯拉法、丹尼斯·罗伯逊等名师合作，一道在三一学院执教，而感到极为振奋，这段日子给他留下了许多美好的记忆。他在本书第二十二章“多布、斯拉法与罗伯逊”一章中，集中描绘了那些大师给他留下的深刻印象。罗伯逊总是十分友好而且乐于交谈。罗伯逊在研究工作中探索的一些概念，“与约翰·梅纳德·凯恩斯在探讨的一些想法不谋而合”。罗伯逊与凯恩斯“不仅都在研究类似的问题和探索类似的经济联系，而且一直相互交流思想”。因此，森认为罗伯逊是有真才实学的，只是没有获得如凯恩斯那样的崇高声誉。

森在加尔各答管区学院开始攻读经济学时，多布就是他心目中的偶像。他深为多布的经典著作《政治经济学与资本主义》而倾倒。他回忆说：“我从早期阅读多布的著述中悟出十分关键的一点，就是经过严密审视的描述性经济学的重要性。”他初入剑桥即定期去拜访多布，与他进行长时间的交谈，而在剑桥读本科的第二年则正式成为多布的学生。多布对经济学的真知灼见让森有醍醐灌顶之感，而多布异乎寻常的友善和对学生不遗余力的帮助也让森非常感佩。

斯拉法是森在三一学院本科期间的学业主管。斯拉法欣赏森的才具，森着迷于斯拉法的经济思想，尤其是哲学思想。师生二人如鱼得水，相得益彰。森回忆说："斯拉法喜欢聊天，而且话题包罗万象……在 1958—1963 年期间，我们几乎每天午饭后都会长距离散步……斯拉法除了对经济学和哲学做出巨大贡献之外，还与莫里斯·多布一道，对大卫·李嘉图全集终极版的编辑工作做出了重要贡献。"森在本书第二十二章"多布、斯拉法与罗伯逊"中，不仅深情地缅怀了恩师斯拉法，而且记载了斯拉法与维特根斯坦、葛兰西等知名学者交往的趣闻逸事。他指出，他们之间既有关系默契之时，也有意见相左之日。这种师生关系，让森获益匪浅。森在成为那些老师的同事后，开始真正了解并熟知他们，于是才得以栩栩如生地把他们的人生和事业、思想和性格再现出来。

二十世纪六十年代初期（1960—1961），森在国际教育界和学术界开始崭露头角，声名鹊起。他在本书第二十三章"邂逅相逢于美国"中回顾了自己应邀在麻省理工学院和斯坦福大学执教的愉快经历。他为自己能够远离凯恩斯主义新剑桥学派与新古典学派之间的争斗而欣慰。他在麻省理工学院经济系担任了为期一年的客座助理教授，幸运地遇到了他极为想望的两位经济学家保罗·萨缪尔森和罗伯特·索洛。他发现，两位大师都十分平易近人。在麻省理工学院经济系这个经济学重镇，森通过断断续续的交谈，从索洛引人入胜的风雅谈吐中学到了很多东西。森还发现，与剑桥不同流派的经济学家们迥然不同的是，麻省理工学院经济系不同流派之间却几乎完全没有宗派主义。森不无自豪地回忆说："麻省理工学院有不少优秀的经济学家，但大家有一种共识，即保罗·萨缪尔森为该校的指路明灯。实际上，他已经是享誉世界的最伟大的经济学家之一，并且对这个学科的几乎每一领域都撰写了具有决定性的权威论著。我最初是在加尔各答基督教青年会招待所的宿舍里开始阅读他的著作的，而如今我发现自己能够去上他的课了，既学习他的经济学，又学习他的推理和阐释风格。"森认为，他在麻省理工学院学习经济学时进展神速，效率超过了以往任何时候。此时，他的经济学造诣和学术境界，可谓已经登堂入室。

森在麻省理工学院任教期间收到了斯坦福大学经济系的一封信，邀请他在夏季学期讲授发展经济学这门课程。此时，他对社会选择理论的研究兴趣越来越浓厚，而且知道这一领域的先驱肯尼思·阿罗教授就在斯坦福大学，所以他油然萌生了借此机会访问斯坦福大学的想法。后来，他与美国学界的联系日益密切。在 1964—1965 年期间，森曾在加州大学伯克利分校担任客座教授，随后在 1968—

1969 年期间出任哈佛大学客座教授，故得以与肯尼思·阿罗和约翰·罗尔斯等诸多良师益友日夕相伴。在美国诸多名校任教和访学期间，他的社会选择理论研究工作呈现突飞猛进之势。

一个学者，如果不能不屈不挠地追求自己认定的目标，就可能随波逐流，人云亦云，不敢越雷池一步，结果势必难以取得突破和创新。森在第二十四章“剑桥再回首”中讲述了自己在剑桥不断进取，最终获准讲授福利经济学和社会选择理论的往事。他回忆道：“教授会建制派强烈阻止我讲授福利经济学这门课程……由于在剑桥履行教学和研究职责后我手头仍有时间，几经踌躇之后，我决定还是探索社会选择理论。”敢于挑战权威，绝不迎合名家，或许是他能在日后获得突出科研成就的一个极其重要的原因。

《四海为家》第五编只有两章。森在第二十五章“劝说与合作”中追忆了他对欧洲一体化进程的观察。在英国留学和在欧洲大陆旅行时，他就在热切关注和思考这一历史进程。他认为：“欧洲迫切需要统一的直接原因，不是出于对贸易和商业的考虑，也不是出于对一体化的银行和货币安排的考虑（这些都将在后来出现），而是为了欧洲和平而必须实现政治统一。”劝说对欧洲合作起了重大作用。森发现，凯恩斯强调劝说在改变人类社会中的核心作用。他欣慰地看到："在过去的八十年间，欧洲在法治、人权、参与性民主、经济合作等方面取得了一些惊人的成就。"

1963 年 6 月，森与妻子纳巴尼塔收拾行装前往德里，应邀开始在德里经济学院的教学工作。行文至此，我想起了鲁迅的一句传播甚广的名言："无穷的远方，无数的人们，都和我有关。"[①] 我总觉得，无论是在学生时代，还是自工作以来，阿马蒂亚·森一生都在以行动诠释鲁迅的这个富于哲理的论断。森一生结交良师益友无数，使自己的学术事业得到了很大助力；他也始终关注着世界上无数普通人的命运，在他的学术研究中寄寓着强烈的人文关怀。他在本书第二十六章中回忆说："在拓展我的人际交往范围方面，我必须大力称赏剑桥。我在大学内外的生活中与许多人邂逅，这给予我大量机会，让我得以遇到那些本来永远不会认识的人。"他还意味深长地说："吸引我们进入那些生活在远方的人的势力范围的事业，可能会有某种极富建设性的东西。尽管全球化因被指控造成不少问题而遭到很多责难，但如果我们将对外关系的拓展视为有价值的事情，那么我们就可以更加积极地看待全球化。在有些人看来，工业革命和世界贸易网络的扩展似乎是破坏性势力，但除了对普遍生活水准造成的影响之外，这种全球性

① 鲁迅. 且介亭杂文末编. 北京：人民文学出版社，1973：113.

发展还使我们与他人发生联系，而如果缺乏让我们进入陌生地域的活动，那么我们可能实际上就永远不会了解他们，从而有可能对他们的存在始终一无所知。了解他人，对我们如何思考这个世界，包括我们怎样看待自己的道德世界，都可能产生深刻影响。”通过各种各样的交往和互动，世界上无数的人可以从疏远变得亲近，从而使人类文明得以快速而健康地发展。

苏轼有词句云："此心安处是吾乡。"对于豁达之人而言，为了学业和工作，可以做到处处无家处处家。森在九十余载漫长的人生岁月中以四海为家。无论是幼年时在缅甸的曼德勒、今孟加拉国的达卡，青少年时在印度的圣谛尼克坦及加尔各答，还是成年后负笈剑桥，抑或是后来在麻省理工学院、斯坦福大学、哈佛大学等名校执教，他都有家的感觉。四海为家，其实就是一种格局，一种视域，一种境界。森实际上成了一个世界主义者，一名世界公民，一种包容性世界文明的倡导者。在全球化和现代化的浪潮中，整个世界是联系在一起的，经济问题也好，文化问题也好，都得从全球角度观照和考虑，我们也才能跨越时空，拓宽视野，更好地活跃于世界舞台。

总之，阿马蒂亚·森的《四海为家》是一部非同一般的学术回忆录，记载了他所走过的一条非同寻常的学术道路。在经济学之外，此书尚有诸多宏富、重要而且充满妙趣的内容。全书在展示一个学术大家如何走向成功的同时，也生动地刻画了一个时代的面影，以及他对许多重要的学术人物和重大历史事件的洞见，是一部难得的颇具深度的现代学术见闻录，回答了如何选择专业、如何治学、如何观察世界、如何进行理论创新等重大问题，对于有志于人文社会科学的青年学子和学者，应当富于启发和借鉴意义。

《四海为家》这部内容厚重的学术回忆录的中文译本之所以能在一年内高质量如期完成，与我的合译者张海燕的鼎力相助密不可分。森的这部新著涉及历史、文化、哲学等诸多学科，更有大量篇幅涉及经济学史及有关经济学理论的诸多方面。我在通读原著后深感，如果由我独自承担此项译事，时间和精力似乎都不允许。张海燕在通读原著后，亦认为此书具有极大的学术和人文价值，于是欣然加盟。她从事翻译工作多年，中英文双语俱佳，杂识广泛，读书较多，而且对西方经济学有所涉猎。我们两个合作者的分工是，我负责翻译前三编，张海燕负责翻译后两编。她在先行完成自己的任务后，又主动承担了第三编第十五章“前往英格兰”的翻译工作。译稿完成后，我们交换审读了对方的译稿，统一了全书的翻译风格，发现并补上了少数漏译之处，又通过微信反复讨论，从而完善了译文。此外，我们在一般读者可能难以理解之处加了 80 余条译者注。

在本书翻译过程中，我曾就译文中的一些梵文语词、印地文语词分别向李南研究员、冉斌教授等专家求教，也曾就一些翻译难点向译界友人程立显教授、陶志健博士请益。在此我谨向所有为本书翻译提供智力支持的同人表示衷心感谢。

2023 年 1 月中旬，我将译稿正文呈送王晗霞副编审复命。据悉，责任编辑张凡、周华娟立即投入工作，连春节期间也没顾上休息，在连续审读译稿。与此同时，我也利用春节期间将原书所附人名索引和主题索引一并译出。它们具有检索价值，便于读者查找有关人物或特定内容。

中国人民大学出版社素以推出优秀学术著作而声闻天下。该社是国内阿马蒂亚·森著作中文译本最主要的出版者，迄今已出版他的著作十余种，成就斐然，引人注目。在本书的翻译过程中，王晗霞副编审多次与译者沟通，交流信息，提供资料，对此项译事予以充分的关怀和支持。责任编辑张凡、周华娟精心编审，投入大量时间和精力，保证和提高了本书的质量和如期出版。我们谨在此对中国人民大学出版社所有为本书的出版付出辛劳的工作人员表示衷心的感谢和敬意。

本书涉及多个学科、不少重要历史事件、巨量人物、数种语言，翻译难度大，且费时耗力。尽管两个译者对译文进行了反复推敲和修订，但我们仍然可能存在知识盲区，因而我们的译本还可能存在不妥乃至错误之处。我们竭诚希望各路方家和广大读者不吝赐教。

中国社会科学院亚太与全球战略研究院研究员　**刘　建**

四海为家与发展经济学：与阿马蒂亚·森对话[①]

刘：尊敬的森教授，非常荣幸有这个机会就人类发展问题与您交流。首先我代表中国人民大学经济学院向您表示感谢。2019 年上任这个学院的院长时，看到您的名字列在我们学院的荣誉教授名单上，我非常兴奋。我从小在贫苦的农村家庭长大，后来赶上高考的机会，考上上海复旦大学经济系。

后来，我又进入国务院决策咨询部门工作。我对您有一种特别的亲切感，尽管与您素未谋面，但从未对您有过一点陌生。您的《贫困与饥荒》《自由与发展》等都是摆在我桌前的最重要著作。当我在研究和政策中遇到困惑时，就会一遍又一遍地读这些书。我上任后一直想做的一件事是，邀请您到经济学院讲学，但是这个想法被新冠疫情这场世纪疫情无情地压制了。感谢中国人民大学出版社安排了这次与您见面和交流的机会。非常荣幸在线上见到您并与您讨论。

森：能见到您并和您交换我们的想法，真是太好了。我们都知道，世界各地的人们对世界的理解有很多种方式。中国不仅在今天，而且在整个历史进程中，都发挥了非常重要的作用。例如，我们可以追溯到公元 868 年，当时，

① 本文根据 2023 年 2 月 23 日，中国人民大学经济学院院长刘守英教授与阿马蒂亚·森“四海为家与中国经验”直播对话整理而成。

现存的世界上最早的标有年代的雕版印刷品在中国出版。这本书的名字叫作《金刚经》。

《金刚经》是由中国的学者印制的，他们印制此书的时候有两个动机：首先，他们想发展技术，这也是中国如今正在做的；同时，他们也希望人们能够阅读书籍，能够阅读历史文献所记载的东西。实际上，《金刚经》被从梵文翻译成中文，共有 8 次。但是，868 年出版的版本是译自公元 400 年左右的初版书。

令我印象非常深刻的是《金刚经》中的献词。献词上写着："缅怀父母，广为义散。"所以，印刷书籍的潜在动机是实现人们阅读的平等性，在这方面，中国发挥了非常重要的作用。事实上，在普及阅读的过程中，中国起了主导作用。

所以很久以前，当我在我的学校里读《金刚经》的时候，我便可以预见，即使不去中国（当然，几个月后我去了中国），我也可以理解中国的雄心壮志，即希望和所有人分享知识，并且使人们都能够有书可读。这本在当时的世界上还鲜为人知的非凡之作，在伟大的 9 世纪中国的技术和在印度的一所小学校里的我之间，建立起了一种联系。但世界原本可以变得很不一样。所以，我始终感谢中国的技术，感谢中国的学术，感谢中国的远见卓识，是这一切带来了印刷术和文字文化的进步。

文字文化的影响非常大。它扩大了女性的受教育范围，扩大了学校的教育范围。所以，今天，当人们想到技术和教育的重要性时，我认为我有责任记住中国的领导者们、中国的学者们、中国的教育以及中国的技术在使知识向全世界传播方面所起的重要作用。

刘：教授您刚刚谈论了中国悠久的教育历史以及中国学习和接触其他民族的历史。最近在中国，中国共产党召开了一次重要的会议。此次会议讨论了许多重要的话题。比如如何高质量发展，如何建设高水平的现代化国家，如何推动这个国家实现具有中国特色的现代化，而且提出了很多关于发展的想法。我认为其中有很多想法是和您的理念以及想法相一致的。所以，今天我想与您一起讨论一些相关的重要话题。

森：非常感谢。

刘：我的问题从您 2021 年出版的回忆录《四海为家》开始。现在的年轻经济学者基本生活在一个很安全、友善的环境中，灾难和战争等对人产生巨大冲击的事件尽管也偶有发生，但大多数经济学者没有切身的感受，他们的经济学研究主要基于大学专业训练和数据，很难像您这样拥有对所研究的世界和人的真实体验。您是少数几个真正可以被称为“全球性知识分子”的人之一。作为经济学领域的杰出人物，您因关于贫困和饥荒的工作而为世人所称道。从您的书中我认识到，您的灵感来自童年时在家乡印度孟加拉邦的经历。事实上，您把许多地方称为“家”，包括：今孟加拉国的达卡；加尔各答，您最初学习经济学的地方；以及剑桥大学三一学院，您在那里与那一代最伟大的人物交往。这些“家”共同构成了对 20 世纪和 21 世纪生活的一个无与伦比的、深刻真实的愿景。在这本回忆录中，“我们时代卓越的人杰之一”(《纽约书评》) 将您非凡的生活场景与对经济、福利和社会正义的坦率哲学思考交织在一起，展示了您在印度、欧洲和后来的美国的经历是如何为您的工作提供灵感的。您从一出生就看到了世界的贫苦和不公平，后来到剑桥求学，您一生不仅从事科班经济学家的学术工作，而且参与了很多重大的推动世界变革的活动。所以，我的第一个问题是，您认为您的经历对您的思想和理论具有什么样的影响?

我观察到，在大学里，很多年轻学者只对数据感兴趣，只知道坚持写论文，而问题是他们没有太多的生活经验。所以，我认为您作为一个极佳的例子，也许可以给这些年轻人一些建议。

森：您的这个问题很新颖。我觉得我很幸运，能在世界上不同的地方长大，包括印度和缅甸，还有孟加拉国。我跟着我的父母在这些地方旅行。我的父母是老师，所以，他们也在印度和缅甸不同地区的大学和学院教书。我去过缅甸，那里是一个文化交融的地方。它受过中国很大的影响。它也受过印度很大的影响。尝试理解缅甸文化的不同部分，对我来说很有好处，这些文化包括来自中国的部分，来自印度的部分，以及缅甸本土产生的部分。我很幸运，因为我接受教育的这所学校，愿意向每个人敞开教育之门。这所学校的创始人非常热衷于提升学生对国际的理解，以及对世界各地文化的理解，尤其是对中国文化的理解。

在这所学校里，我获得成长。学校设有一个很大的学院，叫作“塔亚克学院”，中文意思是“中国学院”。它提供高水平的与中文相关的学术和知识环境，不仅致力于教授阅读和写作，同时教授文学、文化、中国的数学，以及中国的科学。我很幸运有机会在那里学习；如果我没有这个机会，那么我一定没法感受学院里的一切。

碰巧，我年轻时结识的最亲密朋友是一个叫谭立的中国年轻人。他是个非常聪明的人，于 2017 年去世了，对此我很难过。他和我同时期出生，只不过我出生在印度，而他出生在中国上海。他在战争期间来到印度。当时是和父母一起来的。他住的地方离我出生的地方很近。所以，我和他的友谊非常深厚，贯穿了我的一生。

后来，谭立去了美国，并留在那里生活。我经常去看望他，看看他在研究什么，他对学习什么感兴趣等等。我们一起去学校，一起做数学题，还一起做很多其他的事情。所以渐渐地，在我对世界的理解中，中国的存在与其他文明的存在融合在一起，包括印度、阿拉伯国家等等。所以，我受到了融合文化的强烈影响。凑巧的是，在我们学校图书馆里也有一些汉语书籍。当我学会了一点中文时，我便去查阅这些书，研究它们，看看古代中国人在做什么。有些书的内容真的很像孔子的思想，或道家或佛教思想。仿佛他们都存在于那个世界中。因此，我觉得自己非常“全球化”，因为我的身份认同与我对中国文化、中国文明的理解以及与中国朋友交谈的能力相融合。这里所说的朋友，包括我最亲密的朋友，也就是我刚才提到的谭立。

这种情况持续了很多年。渐渐地，我和我的朋友可以对全球文化有所了解。全球文化不是中国文明、印度文明或我们的文明，而是一个世界文明，它包含很多思想。我们可以简单地称它们为中国文化、印度文化或者我们的文化，但它们最终是相互联系在一起的，是一个相互联系的世界、一个亲密的世界、一个相互理解的世界。我认为从我的童年时代起，这一点就极大地帮助我去了解世界上正在发生的事情。我之所以能认识很多中国朋友，是因为当时正在打仗，所以很多中国学者来到了印度。我和他们中的许多人建立了友谊，而且后来与他们一起工作。

刘：好的，教授，这是一段非常有趣的往事，我现在对您与中国的关系有了更多的了解。所以，对于学者来说，如果他想做更重要的研究，就必须了解不同的文化，了解世界上的历史，这是非常重要的，就像您所做的一样。您说您了解很多中国的思想，了解很多中国的文化和历史，故而您对世界的发展才有了更加广泛的认识。我的下一个问题是关于饥荒和贫困的。

教授，您就世界各地的饥荒（包括孟加拉饥荒）发表了最具洞察力的研究成果，得出的结论是：饥荒本质上是对食物权的剥夺。在我的研究中，我也认为穷人的权利是发展的根本问题。

所以，在您的书中，您的观点是，食物权是对穷人而言最重要的事情。对于现在的中国，我认为也是一样的。所以，其他国家可以从中国的脱贫经验中学到的最重要的一课就是赋予穷人发展权。自 1978 年改革开放以来，中国政府启动了土地改革，赋予农民土地权利，以保护农民的生存权和发展权。

在第一阶段，也即改革开放前，中国农民没有农地产权和种植收益权以及获得非农收入的权利。但改革开放以后，中国农民获得了土地使用权，所以大多数人摆脱了贫困。在第二阶段，政府设立了许多基础设施项目和许多产业项目，让贫困地区享受到发展成果。因此，第二阶段是让农民平等地获得公共产品和服务，让个人能力有限的人和生活在自然条件不利于发展经济的地区的人获得发展权。第三阶段，中国启动精准扶贫项目。但是，正如您所说，贫困作为一个发展问题，人类还没有从根本上解决。所以教授您能告诉我们的听众和读者更多关于贫困的本质吗?

比如，现在在非洲地区，在印度南部，许多人仍在努力摆脱绝对贫困，所以，我认为发展权对他们来说仍然很重要。那么，教授您能分享一下您的观点吗?

森：您选的这个话题很令人兴奋。我们都知道，获得食物权，即拥有获取食物、免受饥饿、不死于饥饿、不受太多饥饿折磨的能力，是人类的雄心壮志之一。这一点，我们在世界上每个国家都能看到。

在中国，人们早在公元3世纪就认识到了为每个人提供食物的重要性。您可以在中国的诗歌和中国的讨论中，甚至在中国的教育体系中看到端倪。让我印象深刻的是，在中国，食物权很早就占据了特殊的地位。

结果是，人们对扩大粮食生产、粮食供应以及增加包括穷人在内的所有人获得粮食的途径，产生了持续的兴趣。如今，这种雄心壮志已经遍及世界各地，成为世界的一个共同特征。

然而，因为中国的行政体系，中国有可能将食物的可获得性作为政府治理的一部分，且中国的政府对生产足够的食物、尽可能地消除饥饿问题特别感兴趣。

这在中国是一件非常重要的事情。中国在其他方面取得了很大的成就，比如科学、数学以及天文学领域。但与此同时，人们认识到，消除饥饿并让人们摆脱饥饿的危险以及免受饥饿的痛苦，是最基础、最有必要的。

我想我们可以看到，这个问题贯穿中国历史，只不过有时它的形式更清晰，有时它与中国古代文化有关，有时又是当时中国通识教育的一部分。

所以，当中国成为一个真正独立自主的国家的时候，它就可以做一些事情，来让所有中国人都拥有足够的食物。而这确实发生了。

您刚才提到了 70 年代，但其实在更早的时期，中国也经常谈论这个问题。当然，现在中国人拥有充足的食物，不会挨饿，这已经成为中国的一项主要成就。如今在中国，您已经看不到世界上许多贫穷国家仍然存在的饥饿问题。

这是人类迈出的一大步，对于整个世界来说，中国还有很多值得学习的东西。这其中，部分是粮食威胁的问题，部分是国家功能的问题。国家的角色是确保人们有足够的食物，即他们可以得到足够的食物，不会遭受饥饿、粮食短缺和由此引发的痛苦。中国取得了相当惊人的成就。就我而言，我是在 20 世纪 80 年代左右开始来中国访问的。在中国，我可以了解到这些事情是怎么安排的，机制是什么，是什么促使民众向某个方向前进，背后的激励制度又是什么。幸运的是，我在英格兰、剑桥以及伦敦等地都有一些中国学生。

这些学生帮我找到了合适的文件，让我了解中国的情况。因此，我认为我非常幸运，能够憬悟中国的历史以及目前的经验和中国的政治承诺，即确保民众的粮食权得到承认并付诸行动，使人们不会挨饿。这是中国最伟大的成就之一，我非常欣赏并且钦佩中国能够做到这一点。

刘：非常感谢森教授，您对中国保障粮食安全的政策以及机制的了解是如此之多。在中国，中国政府一直在努力追求粮食安全。习近平主席曾长期在农村生活，所以在他的心中，粮食安全是“国之大者”。在中国还有一件很重要的事，便是中国政府将土地使用权给予农民，使农民可以使用土地。在给予农民土地使用权的同时，也给予他们一个很长的期限，刚开始这个期限是 15 年，后来又延长到 30 年。可以说是非常长的一个时期。所以即使农民离开农村来到城市工作和生活，他们也仍然拥有土地，而不是因此失去土地。我认为这一点相当重要，因为如果他们无法在城市立足，他们仍然可以回到家乡务农，所以我觉得，农民对于土地的使用权对粮食安全来说是至关重要的。

森：我认为，中国早期取得的成就，尤其是土地改革，许多国家包括我自己的祖国印度，都望之莫及。中国进行了大范围的土地改革。我在研究中国所面临的挑战时，注意到了中国面临的两个主要问题。其一是在某些情况下，中国缺乏土地。后来中国通过改革解决了这个问题。而且，正如您所指出的，有时中国人不得不背井离乡去其他地方生活，这是因为，在那里他们可以得到土地。这一点，中国人应该都知道。其二是中国人从国内一个地方到另一个地方工作，有时存在着运输食物和消除饥饿的问题，也就是如何让所有人都能获得食物。情况就是这样，即使是经常到外地工作的中国年轻人也面临这个问题。中国不得不解决这些问题以让人们获得食物。事实是，中国很早就注意到相关问题并进行了很大的改革，从而解决了饥饿问题。

刘：是的，关于发展权，我们有很多话题可以谈。但接下来，我想谈谈经济增长和发展的问题。在中国，很多学者学习的是主流经济学。而主流经济学专注于破解增长的奥秘。正如诺贝尔奖得主保罗·罗默所说，一旦经济学家陷入增长问题，他们就无法停止。大多数发展中国家一直在追求经济增长。有证据表明：很多发展中国家在追求发展的时候，首先要有一个高的增长率。但即使它们在某些年份可以实现一个高的增长率，但从长期来看，经济表现也不好。

我知道您在剑桥的时候，就一直在不懈地反对那些以实现经济增长为唯一目的的理论和公共政策。根据您的回忆录，早在您在剑桥大学读本科的时候，您和哈克就开始批评 GDP，认为这是一种庸俗的衡量标准，并讨论使用一种新的指标来取代它。中国经历了 40 多年的高速发展。在过去的 40 多年里，中国的增长速度超过了 10%，非常惊人。现在，中国经济发展的重点已从追逐数量指标转向追求高质量发展。中国政府的政策不再以 GDP 为导向，而是以高质量发展为导向，也就是扩大了发展的内涵。在党的二十大上，习近平主席谈到经济高质量发展取得新突破是全面建设社会主义现代化国家的主要任务之一。我的问题是：如何为中国追求高质量发展提供一些思路?

对于中国来说，转型非常重要，但是如何转型呢？这就是我要问的问题，教授。

森：我认为这是一个非常好的问题，因为对任何国家来说，在某一阶段，都会有粮食生产量足够，但粮食并非十分充足的情况，不过我们必须继续前进到一个粮食生产量非常充足的阶段。为此，整个经济的重心必须改变。而这在中国发生了。虽然最初情况并非如此，但渐渐地，中国朝着那个方向发展，这样就有了高生产力以及随之而来的各项成就。伴随而来的是，中国多年来人民的高满意度。但要做到这一点，就必须特别瞄准高科技，瞄准知识的力量，瞄准不同人之间合作行动的力量。这在中国最终实现了。

政府和科技部门必须携手合作。各个部门有必要在某些方面进行合作，而且得有人组织。这在中国也确实发生了。在某个阶段，中国的增长率突然变得很高。它在农业和工业上的成就都在上升，这使得人们有了高收入和高盈利能力。

您刚才提到了我的大学时代。在大学时代，我记得我想改变衡量经济成功的指标。当时，我有一个来自巴基斯坦的密友。他与我密切合作，希望世界各国改变对 GDP 的关注，转而关注更大的成就，关注更大的繁荣，关注更高水平的共享。后来这也实现了。中国由此获益良多。所以我认为，我们不仅必须承认食物权，我们也必须认识到人们在技术、经济、合作行动方面的需要，这些特别的行动使取得更高的成就成为可能。在这方面，每个国家都可以向其他国家学习，而且我认为许多国家都可以向中国学习。

我在印度写过关于这个主题的文章，一直认为印度可以向中国学习。在我看来，了解一个国家的知识如何有益于其他国家的发展是非常重要的。我回答完了，谢谢！

刘：非常感谢您，教授。现在我将继续讨论发展的目标。我知道您和哈克在共同合作扩大发展定义的范围。你们将卫生、教育和公共服务以及许多价值指标纳入发展。哈克给出了人类发展指数的指标，出版了关于人类发展指数的年报。如今在中国，中国政府已经引入人的全面发展的概念，出台了促进公共服务问责的公共政策，为了让农村和一些中西部地区平等地分享公共服务，采取了很多行动，意在把全部人口纳入卫生公共政策中。

中国也在努力缩小城乡发展水平差距。当中国把基于增长的发展指标扩展到整个发展领域，比如扩展到教育、服务和寿命方面时，中国如何转变发展目标，让人民更多地分享发展成果？您能就此对中国给出一些建议吗？

森：在中国，全面发展的想法其实是一个古老的想法。也许现在才被付诸实践，但从传统上来说，中国人已经谈论全面发展几千年了。认识到这段历史很重要。甚至连中国人在科学和天文学上的进步也是基于这样一种认识：全面进步对人类工作的每一个领域取得更大的成就都非常重要。

这在中国比现在贫穷得多的时候是很难实现的，因为很难达到那样的成就水平。但是，随着中国变得更加富裕，高速增长使中国人的生活水平发生了变化，发展内涵的范围就有可能扩大，使其不仅包括基础的、初级的工作，还包括科学、工程、数学、现代技术等高水平的工作。

我认为重要的是，要认识到这些想法在中国并不新鲜，而是很早以前就在中国出现了。但是，只有中国的经济发展达到一定的水平，才有可能扩大其关注的焦点、雄心，将其覆盖面扩大到包括科学，还有文学，因为我们的思想通过阅读诗歌、散文等文学作品而变得开阔。中国人创作了许多非凡而优美的诗歌，而这在一定程度上得益于中国取得了更大的成就。结果是，很多事情发生了变化。今天，我们听到了中国和美国之间的竞争，这已经成为事实，因为中国的工程和科学正以一种前所未有的方式发展。

因此，我认为我们必须赞扬中国不同领域的知识、理解和实践的全面发展。这是中国近年来取得的一大成就。我们应该认识到，人类可以做很多事情这一事实的重要性。

虽然这一成就在中国是相对较新的，但非常成功。我们必须赞扬这一点。

刘：是的，在中国，中央政府试图改变发展模式。中央政府认识到了传统发展模式存在的问题。现在，中央政府已经开始引导地方政府转变发展方向了。

森：这不仅仅是一个社会组织的问题，包括从初级教育到高等教育的教育组织。将这些组织的成就提升到更高的水平是一个非常大的转变。我很高兴您提到了这一点。

刘：下一个问题是关于收入分配的。我认为收入分配和财富两极分化问题目前还没有解决，不仅发展中国家尚未解决，就连发达国家也未解决。美国的一些证据显示：不同阶层之间存在很大的差距。这个问题在发展中国家也存在。中国政府高度重视收入差距扩大问题。在党的二十大上，习近平主席承诺，将扎实推进共同富裕。

因此，中国在中国共产党的领导下以及在充分发挥体制优势的情况下，正在努力缩小收入差距，实现共同富裕。我的问题是：如何让人民享有平等的收入机会和平等的发展环境？这可以说是世界上最难以解决的问题。中国政府认为中国有制度优势。中国政府的目标是让全体人民共享发展机会，把收入差距缩小到较低水平。

森：我赞同您提到的收入分配非常重要的观点，但这不仅关乎收入分配问题，而且关乎所有其他资源的分配问题，因为人们赚取收入的能力，也取决于其所受教育的类型。如果人们很幸运地接受了高质量的教育，那么他们就会拥有更好的发展前景。

在中国，这一直是一个问题，也是全世界的一个问题，因为即使取得了成功，特别是经济成就，分配问题和不平等问题也仍然存在。中国人特别注意分配问题，这很好，要想取得更大的成就，必须解决这个问题。在一个国家的向上发展进程中，这是一个非常重要的问题。

刘：您说得对。如今在中国，当我们谈论财富的平等获取时，我们发现了一个现象，那就是城市居民和农村居民之间的财富差距仍然较大。

森：农村和城市的发展往往有很明显的区别。许多成就在城市地区和农村地区之间无法共享。当这种情况发生时，特别关注农村地区的繁荣是很重要的。我们不应该只考虑不同人群的成就，而应该特别关注农村社会，而不仅仅是城市社会。所以我很高兴您强调了这一点。谢谢！

刘：教授，今天您已经多次谈到了文明。我们知道，不同的文明有不同的思想，有不同的发展道路。您可以说是东西方两种不同文明之子。您熟知中国文明和印度文明，而且大部分时间您都待在西方文明之中。所以，在您的回忆录的前面部分，您提到了对文明的态度，即人类发展的方向应该是和谐的，不同文明应该共存，而不是相互碰撞。在哈佛，我听过一个关于不同文明之间斗争的讲座，比如亨廷顿教授的书在中国就很流行。

现在，在中国仍有许多关于西方文明与中华文明如何共存的讨论。所以中国政府引入了很多相关的概念，包括和平发展等。而在习近平主席所设想的中国式现代化中，重要的议题便是如何为现代化的和平推进做出贡献。因此，在中国共产党的思想中，中国的权利必须是和平取得的，必须是在文明之间相互学习的情况下、在和平现代化之下、在人类命运共同体之下取得的。那么，在您看来，在一个文化多元的世界里，文明之间应该如何相处?

森：每个文明都应该向其他文明学习。我们并不是生活在一个窗户都关着的世界里，以至于我们不能互相学习。世界不同地方之间确实在互相学习。不同的文明不是独立的生物。我认为您提到的亨廷顿认为不同国家的文明是相互隔绝的观点是一个很大的错误。事实并非如此。中国有东西可以教给印度或阿拉伯国家，阿拉伯国家有东西可以教给欧洲国家，欧洲国家可能也有东西可以教给其他国家，等等。所以，不同地区之间是相互依存的。理解文明角色的方法是把它们看作相互联系的整体，它们相互依靠，相互学习。

刘：我认为互学互鉴是一件大事。即使在2 000年前，也有人从中国到印度学习一些东西，当然也有人从印度到中国学习其他东西。世界上总是存在着交往。这非常重要。这在当时很重要，这在现在同样很重要。我认为那些把文明锁在单独房间里的人犯了错误，这是我们应该避免的。

非常感谢。教授，另一个问题是，在我的阅读中，我仍然对文化有一些想法。当一个国家从传统社会转变为现代社会的时候，第一件事就是批判本土文化。比如在中国，当中国从旧世界向现代世界转变时，一些中国知识分子对中国传统文化提出了批判，更倾向于向西方学习。但是现在，中国政府更强调学习中国历史，吸收优秀的传统文化，以帮助中国融入世界，并推动中国成为一个现代化强国。您能就这个问题谈谈您的一些看法吗？

森：我确实强调了文化转型和相互学习的重要性。这其实也是我们之前讨论的有关文明话题的一部分。文化也是一个非常广泛的实体，文化与科学、文明和知识并驾齐驱是非常重要的。文化是人类生活的一部分。我们必须记住文化在我们所过的生活中是多么重要。

刘：非常感谢。最后一个问题是，在我看来，您对发展经济学做出了很多贡献。在这个领域的早期，许多发展经济学家关注的是宏观政策，即如何使结构发生变化，如何设计产业政策来推动国家实现长远的增长以及长远的结构变化。发展的重点是结构变化。采用的方法是结构主义方法。然而，现在很多年轻的经济学家都转向了微观实验方法。现在，我的问题是，您能否对发展经济学如何研究发展问题提出一些建议？因为在我看来，在发展中国家，制度和政策问题以及如何构建体制也是非常重要的。

森：这不仅仅是宏观和微观的问题。它是对什么是发展以及人类成就的不同部分如何相互联系以及如何相互丰富的不同理解。很高兴这些研究正在中国进行。

如果有时间，我真想再去中国走一走，顺便拜访一下您，了解一下中国教育的发展状况。

刘：森教授，非常欢迎，到时定当略尽地主之谊。

自 序

我童年时最早的记忆之一，是被一艘船上嘹亮的喇叭声唤醒的。那时我将近三岁。喇叭声使我惶恐不安，我于是坐了起来，可是我的父母安抚我说一切都好，平安无事，说我们正在穿越孟加拉湾，从加尔各答驶往仰光。家父当时在今孟加拉国的达卡大学教化学，马上就要到曼德勒当客座教授，开始为期三年的教学生涯。喇叭声惊醒我时，我们的船刚刚走完一百英里的航程，从加尔各答沿恒河来到海上（那时加尔各答还是一个为巨大的船舶服务的港口）。父亲向我解释说我们行将驶入公海，我们将在航行数日后抵达仰光。当然，我那时并不懂得海上航行是怎么回事，对于人们用以从一地旅行到另一地的不同方式也懵然无知。可是，我不免有体验冒险的感觉，而由于一件以前从未出现过的大事就在面前发生，我甚至有一种兴奋之感。看起来，孟加拉湾深蓝色的水域仿佛是从阿拉丁的神灯里变幻出来的。

我所有最早的记忆差不多都来自缅甸。我们在那里居留了三年多一点。我现在仍然记着的一些东西，依旧非常真切，例如曼德勒壮丽的王宫，四周是一条风光迷人的护城河，而从伊洛瓦底江两岸看去，则是一派异乎寻常的旖旎景象，而我们无论走到哪里，都能看到造型雅致的佛塔。可是，我对优雅的曼德勒的记忆，可能与他人笔下所描述的一个尘土飞扬的城市不符。我想，我对我们在那里的典型的缅甸住宅的眷恋，放大了它的惊人之美。事实是，我从来不曾像那样快乐过。

我从幼年即开始旅行。我在缅甸度过童年后又回到了达卡，可随后又很快移居到圣谛尼克坦*生活和读书。具有远见卓识的诗人罗宾德罗纳特·泰戈尔**在那里创办了一所实验学校。他对我和我的家人产生了巨大的影响。这部回忆录的题目，就是从他的《家庭与世界》(*The Home and the World*)一书获得灵感的，也反映了他对我的影响。

在圣谛尼克坦泰戈尔的学校里度过十个令人快乐的春秋之后，我前往加尔各答开始接受大学教育。在那里，我遇到了一些优异的教师和杰出的同学。学院隔壁有一家咖啡馆，有人常在那里展开研讨和辩论，而且往往语惊四座，引人入胜，从而为院校学业锦上添花。我从那里起步，前往英国剑桥。我从孟买前往伦敦，行程是以又一次迷人的乘船航海开始的。剑桥大学和我所就读的三一学院，都吸引我深入了解它们辉煌而悠久的历史。

随后，我在马萨诸塞州剑桥市的麻省理工学院

---

* 圣谛尼克坦（Santiniketan），又译“桑蒂尼盖登”。——译者注

** 罗宾德罗纳特·泰戈尔（Rabindranath Tagore），又译“罗宾德拉纳特·泰戈尔”。——译者注

（MIT）以及加利福尼亚州的斯坦福大学度过了一年时光，从事教学工作。在（经巴基斯坦的拉合尔与卡拉奇）返回印度到德里大学任教前，我曾于短期内努力在不同地方扎根，讲授过经济学、哲学、博弈论、数理逻辑以及一门相对新颖的学科——社会选择理论。我成为一名富于献身精神的青年教师，处于人生的欢快岁月，同时也在憧憬人生的一个崭新而且更加成熟的阶段。这部关于我人生前三十年的回忆录即终结于此时。

我在德里大学立足后，便有余暇略为思索自己以前的岁月，那些可谓阅历丰富的往日。我断定，对于世界诸文明，有两种大相径庭的思维方式。一种思维方式是采用“片断式”视角，将迥然不同的诸文明视为种种特征的显现。这种方式，再加上不同片断之间相互怀有敌意的特征，近些年来逐渐变得颇为风行，大有造成持久的“文明的冲突”的危险。

另外一种思维方式是“包容性的”，专注于寻找本质同一不二的文明——也许，我们应当称之为世界文明——的不同显现。这种同一不二的文明，借助盘根错节、枝叶相连的生活之树开出不同的花朵。当然，本书并非对文明性质的调查研究。相反，读者会发现，本书赞同对世界所呈现的一切予以包容性的而不是片断式的理解。

从中世纪十字军东征到二十世纪的纳粹入侵，从教派冲突到不同的宗教政治之间的斗争，不同信仰之间一直存在着争执，但也一直有主张团结的力量在试图弭平种种冲突。如果我们认真观察，我们就能发现，理解可以从一个群体传向另一个群体，从一个国家传向另一个国家。当我们游历四方时，我们就不可能对各种流布更广也更完整统一的故事视而不见。对于我们相互学习的能力，我们一定不可低估。

与善于思考的人相伴，可以成为一种具有极大建设性意义的阅历。在十世纪末十一世纪初，伊朗数学家阿尔比鲁尼在印度度过多年，在其所著《印度记》(*Tarikh al-Hind*）一书中发表评论说，相互了解有助于双方达到相知和维系和平。他在一千年之前，就绝妙地描述了印度在数学、天文学、社会学、哲学及医学诸领域的发展概况，而且展现了人类如何通过友谊而拓宽知识。阿尔比鲁尼喜欢印度人，这促成了他对印度数学与科学的兴趣和认知。然而，这种对印度人的喜爱情感并没有妨碍他不时对他们略微揶揄一下。阿尔比鲁尼说，印度数学非常高妙，可是印度知识分子拥有的最非同寻常的天赋却与之大不相同：他们有一种滔滔雄辩的能力，可以对自己绝对一无所知的学科高谈阔论。

如若我有这份天赋，我会引以为豪吗？我不知道，可是也许我应当从我确实知道的东西谈起。这部回忆录正是我在这方面的一个小小尝试，至少可以说我是在谈论自己亲历的事情，无论我实际上是否真的了解那些事情。

鸣 谢

托马斯·穆尔沉浸在他所描述的“静夜”的悲伤之中，写出了这样的诗句：“温馨的回忆把昨日之光/又带回到我的身旁。”他回想不幸“阵亡”的友人，追忆“儿童时代的/微笑与眼泪”，也谈到自己被所有人“抛下”的感觉。重温记忆委实是一项令人伤感的活动，即便对年轻人来说也显然如此，穆尔在写《静夜》(Stilly Night)这首诗时就只有二十六岁。不过，回首往事，即便追溯遥远的过去，重新置身赏心乐事之中，陷入有趣的沉思，再次体味那些具有挑战性的困境，也可以是令人非常愉快的。

然而，回忆往事与书写回忆录并不是一回事。后者主要是供他人看的。自我信马由缰，沉湎于梵文中所谓回味记忆(smriticharan)，可能根本不会让他人产生兴趣。不过，他们可能好奇的是，别人实际上究竟发生了什么事，如何才能了解并分享他的经历和想法。斯图尔特·普罗菲特竭力鼓动我从回忆往事转向写回忆录，确保我所想要说的话清楚明白，令人信服，他的鼓励对我可谓助益良多。我对他为本书所做的工作无任感激。

在筹划此书的一个至关紧要的阶段，我也得到了林恩·内斯比特以及罗伯特·韦尔绝妙的建议。我对他们两人都十分铭感。在此书的写作过程中，我在与儿女安塔拉、南达娜、英德拉尼及迦比尔，以及我的堂弟拉特纳马拉和堂姐米拉谈及此书时，他们都提出了一些重要的观点，让我从中受益。拉赫曼·索班、罗纳克·贾汉、保罗·西姆、维多利亚·格雷以及苏加塔·鲍斯也向我提出了良好的建议。前些时候，我也曾与蒂姆·贝斯利及安格斯·迪顿在公开场合进行了一次长时间的对话，向《经济学年鉴》(*Annual Review of Economics*)汇报我的工作。这非常有益于我对此书某些部分的写作，我对他们两人均感激不尽。

在我写作的不同阶段，库马尔·拉那和阿迪特亚·巴拉苏布拉马尼亚姆大量阅读了本书手稿，他们细致入微的评论对我大有裨益。本书是在将近十年的时间里撰写的，我主要是在夏季从事这一写作任务，大部分写作都是在意大利萨包迪亚的沙丘饭店与剑桥大学三一学院进行的。英加·胡尔德·马尔坎、崎矢以及阿拉宾达·南迪助力协调我的工作，我对他们非常感谢。

企鹅书局的一些工作人员，包括简·罗伯逊、理查德·杜吉德、艾利斯·斯金纳、桑德拉·富勒、马特·哈钦森、阿尼亚·戈登及科拉利·比克福德-史密斯，对此书的付梓起了至关重要的作用，我对他们的帮助非常感激。

最后需要说明的是，此书是题献给我的妻子艾玛·罗思柴尔德的。她阅读了全部书稿，提出了大量宝贵建议，对几乎每一页都做出了评论。无论如何，我都无法充分表达对她的感激之情。

梵文词语拼写说明

我在行文中拼写梵文语词时，除非援引其他作者的话语，否则一般不会使用变音符号，盖因这些符号复杂，会挫伤非专业人士的阅读兴趣。它们也可能让主要通过英文得以见识字母的读者略感困惑。例如，很难让一个变音符号的外行认为，calk 会更有利于人们联想到那个与黑板相伴的物品（在英语中叫作 chalk）。于是，我尝试用与英语发音相近的字母来拼写梵文语词。这样做有些随心所欲，却也行之有效，但毕竟不是完美无瑕。

目 录

第一编

第二编

第三编

第四编

第五编

第一编

第一章
达卡与曼德勒 *

一

就在我们做好录音准备之时，在伦敦，英国广播公司（BBC） 3
的一位采访者问我："您觉得哪里是您的家？"他在翻看某种关于我的传记。"您刚从一个剑桥搬家到另一个剑桥，从哈佛大学来到三一学院；您已经在英格兰生活了数十年，可是您仍然是一个印度公民。我想，您还拿着一本满是签证的护照吧。所以，您的家究竟在哪里？"这是在 1998 年，我刚刚作为院长重返三一学院（这就是那次访谈的缘起）。"我此刻在这里就有一种在家的非常舒适的感觉。"我说道，同时表明我与三一学院的关系由来已久，曾先后在那里当本科生、研究生、研究员及教师。我又补充说道，我在另一个剑桥哈佛广场附近自家老宅里也觉得有一种在家的自在感，而且我在印度，尤其是在圣谛尼克坦的自家小屋里，也觉得有一种在家的自在感。我是在那里长大成人的，因此我喜欢定期返回故里。

"那么，"那位英国广播公司的采访者说道："您没有家的观念！""恰恰相反，"我说道："我有不止一个令我感到惬意的家，所以我可不赞同您关于家必须是独一无二的这一想法。"这位英国广播公司的采访者看起来完全不以为然。

---

* 中文版书的边码为英文原书页码。——译者注

还有一些人在搜求我独一无二的身份。我在尝试回应他们时也经历了类似的失败。“您最喜欢的食物是什么？”他们问道。对于这一问题，可以有许多答案，可是一般情况下我宁愿含糊其词，用诸如意大利蛤蜊面、天府鸭来搪塞他们。当然，也会提及鲥鱼（ilish mach），而在印度的英国人过去常把这种鱼叫作“希尔萨鱼”（hilsha fish），对于送气音的取舍很是随意。可是，我继续说明，
4 这种鱼得用地道的达卡方式烹制，要加上芥末。这种回答并不能令提问者感到满意。他们会问道，“话说回来，您最喜欢的食物究竟是什么？”

“这些食物我都喜欢，”我说道，“可是，我不愿意把其中任何一种东西当作我唯一的食物，靠它来维系生命。”我的对话者一般不会认为，他们从我这里得到了对一个好问题的合乎情理的解答。不过，如果我运气不错，我在谈论食物时，确实会让对方客气地点头称是。可在涉及“家”这样严肃的话题时，我就从来不曾得到过对方这样的礼遇。“毫无疑问，您一定有一个让您真正感到惬意的独特所在吧？”

二

为什么要限于一个地方？也许，我太容易随遇而安。在传统孟加拉语中，“你家在什么地方”这一问题有确切的含义，与那个英语问题实际传达的含义大不相同。如果回溯几代，即便你和你的直系祖先曾经生活在别的什么地方，家，也就是 ghar 或 badi *，

* 两词均为孟加拉文语词，意思是住房或家。——译者注

依然是你家人的出身之地。在整个次大陆，到处都有人沿用这一说法，而在用英语交谈时，这一概念有时会被翻译成有几分生动意象的句子：“您打哪儿来？”印度式英语已经把这个句子据为己有。你的“家”可能在某个地方。尽管你本人可能从来不曾到过那里，但你的祖先们可能在数代之前即已满怀热情，从彼地来到此地。

我出世时，尽管事实上我没有出生在达卡市，但我的家庭当时就在那里生活。那是在 1933 年的晚秋。我后来才知悉，那是一个欧洲人民遭受家破人亡惨重损失的年头。六万名专业人士，包括作家、艺术家、科学家、音乐家、演员及画家，从德国向外移民，大多数去了欧洲的其他国家和美洲。此外，还有少数人，一般都是犹太人，到了印度。达卡如今是一个生气勃勃、不断扩张、有点令人眼花缭乱的城市，也是孟加拉国富于活力的首都，但在那时却是一个比较安静且逼仄的地方，而那里的生活的足步似乎总是那么优雅而舒缓。我们住在城里一个叫作沃里的古老而又有历史意义的区域，与达卡大学拉姆纳校园相距不远，家父阿舒托什·森就在那里教化学。这一片都是“老达卡”的所在地，而现代达卡在老达卡之外已经延伸了数十英里。

我的父母在达卡过得很愉快。我和妹妹曼珠也是如此，她比 5
我还小四岁呢。住宅是由我的祖父沙拉达·普拉萨德·森建造的，他那时是达卡法院的一名法官。我的伯父，也就是我父亲的兄长吉腾德拉·普拉萨德·森，由于被派驻到孟加拉的不同地方任公务员，很少在家里露面，但他每次在假日回到我们在达卡的同堂家庭时，特别是在他带回与我年龄相仿的女儿米拉姐时，便是我幼年生活中极其开心时段的开始。我们在达卡还有其他堂表亲戚（奇尼叔叔、乔托叔叔、梅杰哥哥、巴布亚等）。曼珠与我得到了他们充分的关心和照料，在相当大程度上让他们给宠坏了。

我的四处漫游的伯父的长子（他叫巴苏，可我总管他叫哥宝）在达卡大学读书，因而与我们居住在一起。对我而言，他就是智慧与欢乐的巨大源泉。他寻找迷人的儿童电影，带我去看，而通过他的引导，我逐渐了解了我原先信以为真的世界。我就曾把《巴格达窃贼》（*The Thief of Baghdad*）一类富于想象力的电影所展现的虚幻世界当作“真实的世界”。

我早期的记忆包括前往父亲的实验室。在目睹试管中一种液体与另外一种液体混合，能够生成某种全然不同又意想不到的东西时，我感到异常兴奋。父亲的助教卡里姆常给我演示这些十分吸引人的实验。我觉得，他的示范总是十分精彩。

从公元前六世纪起，印度唯物主义学派顺世论（Lokayata）兴盛于印度。十二岁时，凭借我习得的足以令我自豪的梵语能力，我初次读到根据该派学说而来的关于化学以生活为基础的理论：“只有从这些物质要素出发，在它们被转化成肉体之时，智慧才能产生，恰如那些使人沉醉的力量，是由某些原料混合之后才得以生发；在这些要素被毁灭后，智慧也即时消亡。”在读这段话时，我的那些关于化学实验的记忆复活了。我觉得这段话中的类比是令人悲哀的。我所需要的生活并不限于化学，一点也不喜欢所谓“即时消亡”这个片语。后来，随着年齿渐长，我想到了许多不同的人生理论。此时，我最早的关于达卡大学实验室和卡里姆的演示的记忆依然栩栩如生，历历在目，难以忘怀。

我知道我属于达卡，可就像许多生活在城市的孟加拉人一样，
我也见过我在乡村的家，而我们家就是从那里搬到城市里来的。
就我的情况而言，我们家在两代之前即已进城。我的故乡，父亲
家族的祖居，是一个叫马托的小村，位于马尼克甘杰县。那里离 6
达卡市并不十分遥远，可在我还是一个孩子之时，总要用大半天
才能到达那里，大多数时间我都在坐船穿越河网。近来，人们可
以在还算不错的道路上驾车，用几个小时就能从达卡抵达马托。
我们过去常是一年回故乡一次，每次只住几个星期。那时，我会
觉得完全放松下来，认为自己算是回家了。在马托，有别的男孩
及女孩同我一道玩耍，而他们也是在节日期间从他们所居住的偏
远城镇回来的。我们建立了美好的季节性友谊，在我们返城的时
间到来时相互告别，约定一年后再见。

三

我们在老达卡的住宅名叫 Jagat Kutir，意思是“世庐”。尽管我们家后来出了好几个民族主义者，与英国的殖民政权进行战斗（我将在后文对此予以详谈），此名还是在一定程度上反映了祖父对民族主义的怀疑态度。此名也是用来纪念他心爱的亡妻也就是我祖母的。她名叫 Jagatlakkhi（音译为贾加特拉琪，在梵文中有时又拼写为 Jagatlakshmi，音译为贾加特拉克希米）。她在我出生前早已去世。家里人记得，贾加特拉琪非常智慧且十分令人钦佩，

在许多方面影响了我们的生活，而我现在依然沿用她的止嗝良方，就是在一杯冷水里加两调羹糖，搅拌均匀，慢慢喝下。顺便提一句，在克服打嗝现象方面，这是一种令人颇为愉快的方法，比把自己呛得喘不上气来强多了。

就在父亲于达卡大学任教之时，他当法官的父亲沙拉达·普拉萨德·森也与这所大学紧密联系在一起，为校方的法律和金融管理提供帮助。在我们的达卡家中，一直人来人往，络绎不绝。这些客人给我讲述他们在各地做的形形色色的事情。有些地方并不算非常遥远（它们当然包括加尔各答、德里，也包括孟买、香港及吉隆坡），可是在我童年的想象之中，它们就算遍及全球了。我喜欢到楼上游廊挨着馥郁的金香木树的地方坐下，聆听令人兴奋的旅行与冒险方面的故事，希望自己有朝一日也会踏上同样的征途。

我的母亲阿米塔结缡时，无须改变姓氏，因为我的外祖父名
7 叫克希提·莫汉·森[*]，是个著名的梵文与印度哲学学者。我母亲娘家与我父亲同姓。直至今天，在保密通信安监人员为验证我的身份而问及我母亲的娘家姓氏时，这种同姓情况还会给我造成麻烦。（“不对，不对，我问的是她的娘家姓！”）

克希提·莫汉在今印度西孟加拉邦圣谛尼克坦任教，是在一所名叫国际大学（Visva-Bharati）的教育机构里就职。这一名字使人联想到它的办学宗旨，那就是用它所能提供的明确无误的智慧（Bharati）将世界（Visva）联合起来。它以一所著名的学校为

---

* 中文名字为沈谟汉。——译者注

中心，但也有声名远播的高级研究设施。国际大学是由诗人泰戈尔于 1901 年创办的。对于泰戈尔来说，克希提・莫汉不仅是个类似副手的人物，协助他把国际大学建成一所教育机构，而且为之获得学术地位做出了巨大贡献。这是因为，作为一名学者，克希提・莫汉有非同寻常的声誉，而且用梵语、孟加拉语、印地语及古吉拉特语（Gujarati，又译古吉拉提语）撰写了一些引人高度赞赏的书籍。

我母亲的家人全都与泰戈尔有非常亲密的关系。我的母亲阿米塔是个技艺精湛的舞台舞蹈演员，她新颖的舞蹈风格是泰戈尔帮助设计的。那种风格，如今被称为“现代舞”（在那时一定显得极为摩登）。她在加尔各答上演的泰戈尔创作的几部舞剧中扮演女主角，而在那时，“良家”妇女还没有出现在舞台上。她们也不学柔道，而我母亲在圣谛尼克坦学校学了此道。这一事实说明，在一百年前，泰戈尔的学校为男生也为女生提供了这样的教育机会。

阿米塔在一部富于文学性的戏剧中饰演一名舞女，成为最早登上舞台的中产阶级女性之一。当时，我父母的婚事正在筹备之中。我听说，这一事实深深打动了父亲。他留着一些剪报，其中既有对阿米塔艺术表演的盛赞，也有关于一个女人不宜在公共舞台上抛头露面的保守性批评。我父亲迅速回应媒妁提婚之时，除舞蹈天赋外，阿米塔的勇毅也对婚事起了作用。实际上，这一点也颇能说明，他们的包办婚姻是出于两相情愿的。后来，父母双
亲都乐于强调这一点。他们也喜欢谈起他们早已自行一道外出看 8
电影的事实（不过，我想这其实很可能是“包办”项目中的一项）。

可是，父亲告诉我，报纸对我母亲在泰戈尔创作并导演的舞剧中表演的报道，对于他们的婚事起了主导作用。

我出生后，泰戈尔劝我母亲说，给孩子取个常见名字未免平淡无奇，于是他给我取了一个新名。可以推断，在梵文中，Amartya（阿马蒂亚）的意思是永生："Martya"（马蒂亚）由mrityu（意指"死亡"的数个梵文词之一）一词而来，是个名称，指凡人皆有一死的尘世；而"Amartya"的意思是指一个来自没有死亡的地方的人，那个地方想来就是天堂吧。我一直得向许多人解释我这个名字的玄妙含义，而我也更喜欢这个名字更贴近字面而且也许更为怪异的意义："非凡"。

孟加拉有个通行的古老风俗，就是第一个孩子要出生在娘家，而不是在她刚嫁入的新家。我想，这一风俗的起源反映了产妇父母对亲家的能力缺乏信任，认为他们在自家女儿生育期间不会充分照顾好她。依照这个风俗，我还在娘胎里时就从达卡来到了圣谛尼克坦等候降生，而在我两个月大时又回到了达卡。

就像达卡一样，圣谛尼克坦（孟加拉文的意思是"寂乡"）给了我另一个家。起初，这个家就是我外祖父母的家，一所由学校提供的住宅，也就是一间小茅屋，虽然简陋，但是尚属优雅。这所茅屋就坐落在圣谛尼克坦一个叫作"教师村"（Gurupalli）的地带。后来，在1941年，我父母在镇上一个名叫"斯里帕利"（Sripalli）的地带建了一所属于他们自己的小屋。这所新建小屋取名"普拉蒂奇"（Pratichi），这个梵文词表明，此屋地处西端。随后，我外祖父母也紧挨着我们的新居建了他们自己的家，意在与学校公务区保持一定距离。

我与“外婆”（didima）也就是外祖母吉兰巴拉特别亲近。她是个天才的陶器画家，而且还是个高度熟练的接生婆，在医学上尚处于原始状态的圣谛尼克坦，她对所有产妇都提供帮助，也亲自迎接了自己孙辈的出世。吉兰巴拉多年来用心学习，拥有相当丰富的医学知识。我记得曾专注地听她跟我讲解非常简单的护理知识，例如使用抗菌剂是否充分而理智，会对分娩安全造成非常重大的影响，而且事关产妇的生死，但当时妇女在家里分娩，往往忽略抗菌剂的使用。我从她那里多次听到其他许多方面的事情，印度在产妇分娩时的母婴死亡率过高。后来，在母亲死亡率与儿童患病率成为我自己的研究兴趣之一时，我总会经常想起我 9
与外婆长时间的聊天。那时，我就在厨房里挨着她坐在一把藤椅上。我逐渐变得非常钦佩她在自己的一切行动中所表现出来的科学态度。

四

在成长的过程中，我既爱达卡，也爱圣谛尼克坦，可是我最早的记忆却与这两个地方都没有关系。就在第三个生日即将到来时，我随父母前往缅甸，所以我最早的记忆发端于那里。我们于1936年到达缅甸，一直居留到1939年。那段时间，父亲从达卡大学请假，在曼德勒农学院担任了三年客座教授。我对这次旅行感到非常兴奋，但离开外婆却令人揪心。我后来听说，在我们开始从加尔各答驶往仰光之时，当看到码头上外婆的身影在渐渐远去时，我就大声叫喊，拼命想要阻止大船继续航行。令人欣慰的是，此次生离并非死别。我们每年都会回到达卡和圣谛尼克坦两地度假。同我一样，妹妹曼珠也是在圣谛尼克坦出生的，就在我外祖父母家中。随后，她在缅甸度过了生命中的头一年半。1939 年，我们都回到了老达卡静谧而美丽的沃里区，而且会定期到圣谛尼克坦省亲。

到我们旅居缅甸的岁月行将结束之时，我将近六岁，因此我开始大量记事。我在曼德勒时非常开心，记住了我早期的诸多趣事。在缅甸赶集是个绝妙的体验：到处充斥着各种买卖活动，喧嚣之声不绝于耳。而我们的曼德勒常见式样的木屋也有无数可探索之处。每天与父母或保姆外出时，每当看到什么新东西时——往往是色彩艳丽的东西，我都会变得十分兴奋，而且学会了几乎所有见到的东西的缅语名称。

在与父母一道穿行缅甸，前往仰光、勃固、蒲甘乃至遥远的八莫时，每当看到新的地方时，我总是分外兴奋。由于那些大佛塔和看来像王宫的建筑物，我能察觉，这些地方具有丰富的历史。实际上，其中一些建筑就是王宫。我喜爱眉谬的景观。它在曼德
10 勒的东端，与我们家相距约二十五英里。我也非常喜欢在周末前往眉谬亲友处做客。

乔治·奥威尔是个经验老到的缅甸旅居者，曾写过从曼德勒到眉谬的迷人旅程。我后来读到有关文字时不禁为之心驰神往。

当火车停在海拔四千英尺的眉谬之时，你的心灵依然留在曼德勒。[①]可是，在走出车厢之后，你就步入了一个不同的半球。突然，你呼吸的空气仿佛和在英格兰的一样，清凉又纯净，而你周围全是碧草、欧洲蕨、枞树，还有面颊粉红的山区女人，在卖成篮的草莓。

我们常常驱车在曼德勒与眉谬之间旅行。父亲在开车，途中频繁停下来让我看有趣的景观。一天夜里行车，我们在下山途中看到路边坐着一只硕大的豹子，它的两只眼珠在汽车头灯照射之下闪闪发亮，让我大为兴奋。

我们在河上旅行时，在乘船上溯伊洛瓦底江时，周围景色变化无穷。我们沿着江岸步行，让我多少了解了这片土地和这里的居民，包括来自不同部落的形形色色的人群。他们带有不尽相同的民族特征，身着引人注目的服饰。缅甸给了我许多令人兴奋的经历与景观，无穷无尽，千变万化，而这里是世界向我显出本真的地方。我无法将自己正在寓目的事物与其他地方的任何东西相比，可在年少的我眼中，这片土地似乎确实是美丽的。

五

曼德勒有许多佛塔和宫殿，因而常以“金城”著称。拉迪亚德·吉卜林尽管实际上从来不曾到过曼德勒，却在其优雅的诗作《曼德勒》中将这座城市浪漫化，而我父亲则告诉我，吉卜林的描

① 乔治·奥威尔在《向加泰罗尼亚致敬》（*Homage to Catalonia*，1938）中论述了这种对比（差异）（London: Penguin Books, 1989, 2013），第 87 页。

写没有客观可能性，因而引起了质疑。那就让地理学家们向他挑战吧，而我决定让自己沉湎于对这样诗句的想象之中：“破晓的晨光，如同从中国迤南穿越海湾而来的惊雷。”

11 乔治·奥威尔，原名埃里克·阿瑟·布莱尔，在缅甸度过多年。他于 1922 年到来，在警察学院工作。他发现，曼德勒“尘土飞扬而且酷热难耐”，总的来说是“一个相当令人不快的城镇”。可是，在我看来，这个城镇却与他所说的大不相同。在我的记忆中，那是一个非常宜人的地方，满是引人注目的建筑、美丽的花园、迷人的街道、古老的王宫及护城河。此外，在我看来，缅甸人似乎极为温和，总是在微笑，且非常可爱。

由于我父亲有博士头衔，常以 Dr Sen（森博士）而知名，于是我们家不断有许多不速之客上门，“向 Dr Sen（森大夫）求医”。父亲曾经告诉我：“我们家属于医生种姓（vaidyas），可那是许多代之前的事情了。”当然，他对医学一无所知。不过，他总是做一些力所能及的事情，来帮助那些求医者得到曼德勒几所公立医院的治疗救助。曼德勒有数家公立医院能提供免费咨询及简单处置，但都无法提供太多实际医疗服务。

即便在今日的缅甸，也与区域内别的一些国家（例如泰国现在就有一个出色的公共医疗体系）不同，人们仍然很难获得医疗服务。对于生活在那个运转失灵的邦里的少数派缅甸人是如此，对于那些积极寻求自身权利的少数民族则更是如此。军方向他们提供的医疗服务就变得更加稀罕。可是，一旦医疗服务真的送上门来，例如，当一队来自美国约翰斯·霍普金斯医学院的忠于职守的“背包医生”，冒着巨大的风险（在1998—2005年间，一个来自约翰斯·霍普金斯的医疗队中有六人遭遇不测），深入偏远地区提供医疗救助时，克伦族人（Karens）就会非常急切地寻医问药，并迅速按照医嘱治疗。

六

我记得，当我们外出归来，回到我们在曼德勒城东边农学院校园里的木屋时，远眺眉谬群山迷人的景色，就会有一种心旷神
怡之感。我多么喜爱在我们家宽阔的游廊上观望太阳从群山背后 12
升起！就像老达卡，就像马尼克甘杰的马托，就像圣谛尼克坦，曼德勒毫无疑问成了我的家。

然而，对我而言，即便在当时，缅甸也远不止是我最早记忆中的国家而已。我学会了一点缅甸语，能够断断续续地与人聊天。负责照料我的缅甸保姆，后来把我妹妹曼珠也接管过来。她懂得一些孟加拉语词，也会说一点英语。我想，她当时会说的英语应该比我多。我觉得，她妩媚动人，可爱可亲。后来，我十二岁左右时问母亲，她是否真的非常俏丽。母亲说，她确实“非常漂亮”。我觉得，这个说法似乎不足以充分描绘她的美。

可是，美丽并不是我对自己保姆的唯一印象（我要是能想起她的名字来就好了）。她提醒家里的每一个人该做什么。我记得，母亲经常征求她的意见。一次，父母外出回来时，对我在起居室墙上涂抹的新颜料感到吃惊，她却巧妙地告知他们，我的绘画真的表现出了非凡的艺术天赋。我的顽劣行径引发的危机就此完全

化解，而我有时会想，我本来可以发挥她在我身上看到的艺术天赋，并多干出一番事业来。

妇女在缅甸的地位是非常突出的。她们负责许多经济活动，在家庭决策中有强大的发言权。在这方面，缅甸就像非洲撒哈拉沙漠以南地区以及东南亚，却与印度的大多数地区、今巴基斯坦或西亚不同。回想我在缅甸的童年时光，对妇女拥有重要地位的记忆至为强烈。在五六岁时，我并不觉得这是一个特别明显的特征，可是后来，在我考察别的国家的传统风俗时，我的缅甸记忆就成了一个可对比别的地方的情事的标准。也许，缅甸记忆甚至可能起到了影响我对性别相关问题的态度，有助于我思考妇女问题的作用。后来，这一点成为我的一项研究课题。

七

16 我们在缅甸时，虽然曾经在家里上过一些课，但我的小学教育却是在我们回到达卡之后才正式开始的。我就读的圣格列高利学校就在拉克希米市场，离我们家不是很远。这是一所教会学校，由一家总部位于美国的基金会创办。可是，由于我们不能轻易听懂那些肤色白皙的老师讲的英语，于是在学童中就出现了一种传言，说他们是比利时人。这么说的原因何在，我现在想不起来了。如今，我认为他们说的一定是美国英语。圣格列高利学校在教学上是非常优异的，而校长尤德修士不仅热衷于提供优质教育，而且还确保圣格列高利学人在地区期末考试中出类拔萃，胜过其余各校的学生。2007 年，学校 125 周年校庆出版物在回忆那些早期岁月时记载：“我们的男生一再取得位列第一至第十名的成绩。”一些圣格列高利学人毕业后成为政治领导人（其中包括数任孟加拉国总统）、大学者及大律师。孟加拉国独立后的首任外交部长卡迈勒·侯赛因指出，我们学校的学业成就，与教师各尽所能帮助学生学习的敬业精神有关；他们不仅在课堂上格外投入，而且在课外也总是能够随时为学生释疑解惑。

可叹的是，圣格列高利学校的优异表现与严明的纪律文化并 17
不适合我。我觉得它很是令人窒息，用尤德修士特别喜欢的话说就是，我不想“出类拔萃”。多年以后，也就是我在 1998 年 12 月获得诺贝尔奖之后不久，在我访问达卡时，圣格列高利学校校长为我专门举办了一场庆祝互动。他提到，为了激励现在的学生，他从所藏文献中找出我的试卷，但“看到你在一个 37 人的班级里成绩列于第三十三位时，我感到沮丧”。随后，他又亲切地补充道：“我想，你只是在离开圣格列高利学校之后才成为一个好学生的。”校长说的话没错。只是在无人在意我是不是一个好学生时，我才成为一个所谓的好学生。

在达卡就学的那些岁月里，我断断续续但却定期前往圣谛尼克坦。一开始，我并没有实际上可以转移到那里学习的想法。然而，在日军于 1941 年占领缅甸之后不久，父母把我送到外祖父母家里生活并在那里的学校就读。父亲本来想让我继续在圣格列高利学校读书，因为就通常的优质教学标准而言，这是一所远超一般学校的优异学校。可是，他越来越坚信，虽然日军可能轰炸加尔各答和达卡，却不会有日本轰炸机会留意僻远的圣谛尼克坦。

父亲关于日本进攻可能性的判断是正确的。在那些战争岁月中，加尔各答与达卡都进行了定期防务训练，不时响起尖厉的警报声。一次，我与家里的一些友人待在加尔各答，度一个短假。在 1942 年 12 月的一个星期内，日本人五次轰炸该市码头区。一天晚上，我在床上佯装熟睡，后设法外出爬到公寓四楼的游廊上，我在那儿可以看到远处的一些火光。事实上，火光相距甚远，可是却让一个孩子感到紧张不安。与加尔各答不同，达卡幸免于难，未曾遭到轰炸。

由于父亲的战时思维方式，我最终落脚在圣谛尼克坦异常先进的学校里，而且我立即爱上了这所学校。与圣格列高利学校相比，这里更看重轻松自在的学习氛围，学业也没有那么紧张。此外，他们将学习印度自身传统与了解全世界其他国家及其文化的很多机会结合起来。圣谛尼克坦学校的重点，在于培养学生的好
18 奇心，而不在于促成他们的竞争优势。实际上，学校极力阻止学生对学业等级和考试成绩产生兴趣。我极为喜欢探索圣谛尼克坦令人感到惬意的开架图书馆。那里有成库的与世界各地有关的图书，而我绝对喜欢这种无须追求优异成绩的读书状态。

在我前往圣谛尼克坦之后不久，战争的潮头逆转了。日本人撤退了，但我却不同意从我的新学校撤退。我爱上了这所学校。我的出生地圣谛尼克坦，在迅速成为我长期的家。可是，我当然定期前往达卡，因为父亲继续在那里教书，而且我的家人非常快乐地生活在那里，其中包括依然与父母待在一起的妹妹曼珠。对我而言，开学时在圣谛尼克坦读书，放长假时回到达卡，似乎是

一种理想的结合。与我的堂亲，特别是米拉姐（米拉·森，婚后更名为米拉·拉伊），共度的假期充满了欢乐。

1947 年，随着国家的分割，这一切都变了。教派骚乱和严重的喋血事件令人持续处于悲伤之中。这也就意味着，我们不得不迁居。达卡成为新生的东巴基斯坦的首府，我家的根据地不得不转移到圣谛尼克坦。我爱圣谛尼克坦，但我也非常怀念达卡以及世庐。拔地而起的金香木树使得楼上游廊馥郁之气四溢，而这些已然不再是我生活中的一部分了。我想知道，我在达卡的老朋友们都在什么地方，此时谁在与他们一道玩耍，我们家花园里的菠萝蜜树和杧果树怎么样了。我失去了一个世界。尽管我在圣谛尼克坦生活得心满意足，但失去的达卡却令我难以忘怀。我迅速发现，喜欢一种新生活，并不能阻止我对旧日生活的强烈怀想之情。

第二章
孟加拉的河流

一

19 达卡与浩荡的博多河（Padda）相距不远。博多河是名满天下的恒河两条支流中较大的一条。Ganga（恒河）在英语中变成了 the Ganges。恒河在流经北印度包括贝拿勒斯和巴特那在内的古城后进入孟加拉，随后一分为二。博多河（此河梵文名为 Padma，意为“莲花”，而 Padda 则是 Padma 在孟加拉文中的拼写形式）悠然流向东南方，然后消失在孟加拉湾。另外一条支流巴吉拉蒂河在流经加尔各答市后，差不多径直奔向南方，在经过一段很短的行程后注入孟加拉湾。不知为什么，这条小支流竟然保留了“恒河”旧名，而且可以与巴吉拉蒂及胡格利河（Hooghly，一个相对新近的名称）交替使用。在古孟加拉语文学中，巴吉拉蒂河与博多河都非常驰名，而且在一定程度上出现过哪条河流更具个性魅力之争。作为一名来自达卡的少年，我记得自己曾经告诉加尔各答的朋友，说他们都被一条完全没有莲花般的博多河宏大气势的小河流给愚弄了。

恒河水的分流还有影响更为严重的一面，也就是带有强烈政治性的一面。后来，印度政府于 1970 年在恒河上建造了一座大坝，也就是法拉卡大坝，以把更多的水引入巴吉拉蒂河，使之重新焕发生机。于是，这一方面的问题逐渐变得突出起来。建造这一大坝的主要目的之一就是疏浚逐渐堵塞了加尔各答港的淤泥。该大坝虽然未能成功清除那些淤泥，但在东孟加拉倒确实引起了不难理解的敌意。当我还是孩子时，所有政治争斗都与我相距甚远，可争夺水源的意识已经很强。

由于达卡实际上不在河畔，我对博多河的夸赞事实上并没有 20
多少依据。即使达卡在某一阶段曾位于河畔（有些人认为如此），博多河也在许多世纪之前就已经改道了。从历史时间看，而不是从地质时间看，流经孟加拉的河流经常改道，这是此地松软的冲积层土壤的显著特征之一。达卡实际上现在仍然坐落在一条名叫布迪甘加（Budiganga，意为“老恒河”）的较小河流之滨。这个名字坦然承认了这条河流的古老属性。从达卡经短程旅行即可轻易抵达气势壮观的博多河。博多河在离开这座城市后，一路汇集众支流之水，特别是在汇入次大陆另一条大河布拉马普特拉河后，就变得更加令人叹为观止。流经孟加拉这一带的布拉马普特拉河也被称为贾木纳河（Jamuna，此名令北印度人感到困惑，因为那里有一条更为闻名的 Jamuna 河，而沿后者北进，可以在河畔找到德里和阿格拉以及泰姬陵）*。博多河在略为下行之后汇入另一条河，这片巨大的汇流水域被冠以梅克纳河之名。我至今依然记得，我第一次站在这条壮观得令人惊叹的河流之滨时，竟然无法看到其对岸，因而感到兴奋不已。我问父亲：“这真的是一条河吗？这河水是咸的吗？这河里有鲨鱼吗？”

我们在东孟加拉也就是今孟加拉国的生活，是与这些河流密

* 此河或拼写为 Yamuna，汉语译名为亚穆纳。——译者注

切联系在一起的。从达卡到加尔各答，无论是去造访那座“大城”，还是在前往圣谛尼克坦的途中，我们都会先坐从达卡到纳拉扬甘杰的短程火车，然后再坐长途客轮在博多河上航行。在饱览两岸不断变换的风景之后，我们会到达瓜伦多的河流交汇处，继而在那里再乘火车直奔加尔各答。

在博多河上乘船航行一直让我感到迷醉。我们总是能看到孟加拉不断变换的景观，而忙碌的村庄又使之生气勃勃。村里的孩子们似乎从不上学，他们把看船上过往行人当作一种短暂的消遣。父亲告诉我，大多数印度儿童无学可上。我本能地对这些失学儿童产生的忧虑，并没有因为父亲的话而减轻多少。他向我保证说，这种情况在独立之后必定会改变。可是，在我看来，独立似乎依然长路漫漫。那时，我还没有意识到，即使在独立以后，事情也
21 不会很快就起变化。当然，我也没有意识到，在印度以及别的地方推广学校教育，会成为我人生的主要使命之一。

坐轮船航行也使我得以初步接触工程世界。依现代标准看，船的轮机室一定是极端落后的。可是，在父亲经船长的允许带我进入轮机室（我们每次乘船都要进入轮机室）去观察钢连杆上下往复运动，清晰地看到舵轮转动，同时闻到机油和润滑油的独特香味之时，我总是十分兴奋。我非常喜欢留在一个持续活动的世界。这个世界与甲板上看到的平稳而缓慢移动的景象形成了鲜明的对比。我现在认识到，这是我试图了解轮船引擎之类复杂事物如何运转的一次最初尝试。

二

往返瓜伦多的乘船旅行，只是我童年时期对河流体验的一部分。东孟加拉的季节性假期往往与水上事务有很大关系。我在前面提到，从达卡前往马尼克甘杰的马托的行程包含数段短途水路，因而要用很长时间才能抵达那里。同样，我在与父母和妹妹曼珠前往母亲家族的祖居时，也需要乘船在河上走很长时间，而这处祖居就在东孟加拉地区比克拉姆布尔的索纳朗，离达卡还是很近的。我的外祖父母定期从西孟加拉的圣谛尼克坦前往索纳朗。那是他们“真正的家”，远离他们的实际居住地和工作地。

在我快九岁时，父亲告诉我，暑假期间，他将安排我们在一艘可移动房船上（带一个小引擎）住一个月，穿行一片河网。我觉得，我人生中一段绝妙的时光即将到来，而事实也确实如此。结果，那些在一艘缓慢移动的船上度过的日子，就像我所预期的那样，令人兴奋不已。我们先沿着博多河航行，随后就驶入其他河流，从温顺得令人着迷的托莱索里河来到气势磅礴的梅克纳河，这些河流实在令人叹为观止。不仅在水边有植物，而且水面下也有植物，我从未见过如此奇异的景象。在头上盘旋或栖息在船上的鸟儿一直吸引我注目，而且我可以通过辨认其中一些鸟儿的名称来向当时五岁的曼珠炫耀。持续不断的水声在我们的四周环绕，
与我们在达卡的安静的花园大不相同。在风大的日子，波浪总是 22
喧闹地拍打着船的四周。

鱼类中包括一些我以前从未遇到过的品种，而父亲似乎对它们全都了如指掌，并试图帮我辨认它们的明显特征。这里也有吃

鱼的小河豚，其孟加拉语名字是 shushuk（生物学名是 platanista gangetica）。它们是黑色的，体表有光泽，浮到水面呼吸，然后就可以潜泳很长时间。我从远处欣赏它们的活力和优雅，但并不急于与它们靠得太近，因为我害怕它们可能把我的脚趾与某种未知鱼类混同起来。

缅甸的那些曾让吉卜林极为着迷的飞鱼，在博多河以及梅克纳河中也很常见。我的父母随身携带了很多诗集，英文的和孟加拉文的都有。我在河上度假期间读了很多诗歌，其中包括吉卜林的《曼德勒》一诗（这次是重读）。我照样喜欢这首诗，而且非常高兴由此再想到曼德勒，可是我对这位英国人是在哪里看到那些不同种类的跳鱼感到困惑。吉卜林是在毛淡棉写这首诗的，而父亲曾提醒我，我们在缅甸时曾去过那里，离曼德勒很远。吉卜林就这样将这些优雅的生物置于“通往曼德勒的路上”。

在通往曼德勒的路上？那怎么可能？对于这位英国人，伊洛瓦底江是否看来就像一条路？要不他的意思是此江紧挨着某条路？一条我无法想起来的路？我记得，我在睡觉前脑子里就在琢磨这个问题。然而，这个紧迫问题尚未解决，我就已经酣然入睡。在夜的尽头，当“黎明像雷霆一样到来”时，我还是与吉卜林在一起。随后，我准备驱散自己夜间的忧思，期待新的一天又可以睁着眼睛，张着耳朵，在船上跑来跑去，在我们周围的水里小心翼翼地游泳。

河流两岸到处都是村庄，一些是繁荣的，其余的则是贫困的，还有一些村庄坐落在水边看来行将被淹没的土地上。我问母亲，它们是否像看起来的那样濒临危险。她告诉我，它们确实处于险境。实际上，它们甚至比它们所呈现的表象更危险：河岸周围看似坚实的地面，在变化无常的河流吞噬土壤之前，就可能开始自 23
行崩塌。孟加拉的河流，是这个地区历来繁荣的主要根源之一，同时也是一个威胁人命和人身安全的难以预测的隐患。对于不断改道的河流周边的生活挑战的思虑，已在我的头脑里生根，而美与危险的密切结合将继续让我着迷。可是，我在当时被河流的壮丽所吸引，也为生活在河流上的生物而兴奋。我后来才逐渐理解，这种对河流的双重态度，对许多东孟加拉人来说是与生俱来的。

在通常情况下，对孟加拉的河流安静时所表现出的创造性之美的钟情和对其在暴怒时所展现出的壮丽气势的迷恋是相匹配的，而且这两方面都反映在了那些精心选取且令人浮想联翩的孟加拉河流的名称上。有令人愉悦的迷人的名称，如“孔雀眼河”（一般拼写为 Mayurakkhi，在更正规的场合拼写为 Mayurakshi）、神美河（Rupnarayan）、蜜甜河（Madhumati）、如愿河（Ichamati）以及我们熟悉的莲花河 *。经常造成洪水泛滥和不断改道的河流毁灭性的一面，也体现在它们的名称中。它们淹没城镇乡村，以摧枯拉朽的神力而著称。例如，博多河的另一名称“人类成就毁灭者”（Kirtinasha），就蕴藏着这样的含义。在我从达卡的圣格列高利学校转入圣谛尼克坦学校之后，我也就从挨着或接近“人类成就毁灭者”之河的地方移居到了毗邻“无敌河”（Ajay）的处所。在一年之中的大多数时候，无敌河都是一条平静的河流，却往往在雨

* Padda，博多河的意译。——译者注

季出现令人难以想象的暴涨，淹没邻近的许多城镇和村庄。这种属于一条河流的两重性，对于为实现社会稳定职能而进行的斗争而言，就是一个迷人的类比，因为一个社会既能帮助依赖它的人们，也能大量毁灭他们。

三

当我们在河船上从小河转入大河时，水色从米色转为蓝色。托莱索里河（Dhaleshwari）得名于它那恰到好处的美色（dhal，这是一个不常见的词，是一种淡色，而与 kalo 也就是黑色相对的词
24 则是 dholo，也就是浅色），而梅克纳河则像雨季的云（megh）那样乌黑漂亮。我们四周的水以各种各样的方式吸引我们注目。我已经津津有味地读了泰戈尔的长诗《河流》（Nadee，孟加拉文指称河流的主要词语，此外还有很多别的类似词语）。这首诗描绘了居住在一条河流周边的人和他们的生活。此河发源于喜马拉雅山，流经各种不同的人类聚落，一路直奔海洋，因而很可能就是恒河。读完这首诗后，我终于感觉到，我理解了一条河究竟是什么，以及人们为什么对河流如此在意。

我在浏览父亲旅行时总是随身携带的地图时，有了一个巨大的发现，也就是恒河与布拉马普特拉河虽然沿完全不同的方向奔流，却发源于同一个湖，即玛旁雍措（Manas Sarovar，意译为“心湖”），一个高踞于喜马拉雅山中的湖（此湖在梵语文学中广受赞誉）。我觉得，这一事实本来应当在我们的地理课上占据重要位置，可是从来不曾受到如此待遇。这两条河沿着两条远远分开的

路线行进，在各自经历漫长的旅程后，终于在远离其发源地的孟加拉会合。恒河沿喜马拉雅山南麓奔流，穿越北印度的平原，经过从里希盖什（一译瑞诗凯诗）、坎普尔及贝拿勒斯（今瓦拉纳西）到巴特那等人烟辐辏的古城，而布拉马普特拉河却反其道而行，待在北印度平原北边，也就是喜马拉雅山北麓，在行经数千英里之后（掉头右转，穿越逐渐变得平坦的喜马拉雅山）汇入恒河，就如同两个长时间杳无音信的朋友的一次重逢。在这一认识之外，我还添加了一项自己刚从学校学来的定义，即岛屿是一个由水环绕的陆块。于是，我以一个孩子的见识断定，次大陆最大的岛屿，并非我们所被告知的那样是斯里兰卡（当时叫锡兰），而是处于恒河、布拉马普特拉河与玛旁雍措环绕之中的巨大陆块。

我要是在达卡的圣格列高利学校，就不敢公开说出我的新发现，但在圣谛尼克坦更为宽松的氛围中，我在地理课上高兴地披露了我的观点。尽管我们的地理老师十分愿意让我尝试提出对“印度次大陆最大的岛屿是什么”这一问题的新答案，但他还是武断地否定了我的突破能力，而我的同学们也是一样。我被告知：“那并不是所谓岛屿。”我问道：“为什么不是？请记住岛屿的定义——由水环绕的陆块！”我的不怀好意的批评者于是对老定义 25
提出了一条前所未有的修订意见，也就是环绕陆块的水必须是海或洋，而不是河流或湖泊。可是，我不打算放弃。既然我们在数周前被告知了有关巴黎塞纳河中岛屿的信息，我就坚持说，我们现在必须重新归类，把岛屿界定为别的什么东西。（我提议说：“也可能就是一条鳄鱼吧。”这让我周围的每一个人都感到恼火。）我没有赢得那场争论，而锡兰也依然是次大陆最大的岛屿，可是我确实出名了，不过我也认为自己受之有愧，因为我过分专注于模糊不清的事物，却没有看到显而易见的东西，而且采用了极其怪诞的推理方式。

四

严肃地说，河流对其周边的经济与社会繁荣的重要意义，曾经相当多地出现在我们在圣谛尼克坦的讨论中。泰戈尔非常清楚地看到了两者之间的联系，而且在他的诗歌以及文章中都谈过这一问题。一些具有开拓精神的经济学家赞美贸易和商业的建设性作用，认为河流的作用具有重要意义。那时，我还不懂这些东西。我从在圣谛尼克坦学校的岁月开始拓展了对河流正面作用的理解。后来，在我做了加尔各答管区学院的学生后，河流与商贸的联系成为我特别感兴趣的一个问题。正是在那里，我读到了亚当·斯密对河流在市场经济发展中的地位的分析。[①] 在斯密看来，十八世纪的孟加拉在经济上非常繁荣，而他不仅将这一现象与当地训练有素的工人的技术联系起来，而且（在很大程度上）将之与出自河流和航运的机会联系起来。

斯密甚至试图从古代文明享用航运机会的角度出发，写了一

① 亚当·斯密所著《国民财富的性质和原因的研究》（简称《国富论》），参见 *The Works of Adam Smith* (London, 1812), Book I, On the Causes of Improvement in the Productive Powers. On Labour, and on the Order According to Which its Produce is Naturally Distributed Among the Different Ranks of the People, Chapter III, "That the Division of Labour is Limited by the Extent of the Market"。

部古代文明简史。他特别指出："那些大的水湾，诸如欧洲的波罗的海和亚得里亚海，横跨欧亚的地中海和黑海，亚洲的阿拉伯、波斯、印度、孟加拉及暹罗等海湾，将海上商业推进到大陆内部。"[①] 虽然尼罗河在北非文明中的作用归入了斯密的这个总的分析模式之中，他还是将其余很多地方——包括"非洲的内陆部 26
分"——的落后归因于缺乏别的航运机会："非洲的大河彼此相距太远，以致无法提供任何可观的内陆航运契机。"

在斯密看来，"位于黑海与里海、古代西徐亚、现代鞑靼及西伯利亚迤北一定距离之外的亚洲"地区的经济体，在历史上之所以落后也是出于同样的原因："鞑靼海是封冻的海洋，不能通航，虽然世界上一些最大的河流经那个地区，但它们彼此相距太远，因而那里大部分地方无法推进商业和交通活动。"[②] 我住在加尔各答基督教青年会招待所的宿舍里，在房间里阅读斯密的人类进步理论和他对河流经济力量的赞颂文字，一直到更深夜静之时。我越来越着迷于他的理论，于是将孟加拉文化中对河流的赞颂与它们在地区繁荣中的建设性作用联系起来，而我在童年时期即已对孟加拉文化留下了刻骨铭心的印象。

尽管斯密从未见过孟加拉纵横交错的河流，但是他明白，这些河流无论在孟加拉人民的想象之中还是在实际生活之中有多么重要。数千年来，这些河流以及它们周边的聚落，对于贸易和商业至关重要，满足了国内经济的需要，因而其中许多河流还扬名

① 参见斯密的《国富论》。
② 参见斯密的《国富论》。

海外，为追求全球贸易和探索提供了服务。公元401年，中国旅行家和佛教学者法显就是从这一地区，从古城耽摩栗底附近的一个港口乘坐一艘定期船舶驶往斯里兰卡的。随后，他前往爪哇，最终在旅居印度十年之后回到中国。他最初是走北方陆路，途经阿富汗和中亚，从中国来到印度的，而且主要待在沿恒河溯流而上即可抵达的华氏城（今巴特那）。法显返回中国后在南京撰写的《佛国记》相当详细地讲述了他在印度不同地区的见闻。

在七世纪，一个极富才华和进取精神的中国学生义净经室利佛逝（今苏门答腊）来到印度。他在室利佛逝学习梵文为期一年，然后来到孟加拉的耽摩栗底。他从那里沿恒河上溯，抵达今比哈
27 尔，在古老的那烂陀大学就读。那烂陀大学是一所全球性高等学府，繁盛于五世纪初至十二世纪晚期之间。他的书成为第一部从比较角度记录中国与印度医学及公共卫生习俗的著述。

到十七世纪末时，今加尔各答附近的恒河口，是印度许多产品尤其是孟加拉制造的棉纺织品的出口点。当时，孟加拉的棉纺织品在包括欧洲在内的广阔世界里声名远扬，但恒河口的出口品里也包括从更为遥远的北方罗致的商品（诸如来自巴特那的硝石），它们沿恒河顺流而下到出口点被外运出海。当然，这一地区利润丰厚的贸易和商务是外国贸易公司最初前来此地的原因所在。这些外国贸易公司包括东印度公司。它进而建立起英国对印度的统治，而这一政权形式随后成为英属印度帝国。在加尔各答立足的英国人并非唯一试图直接与孟加拉或通过孟加拉进行贸易之人。还有法国、葡萄牙、荷兰、普鲁士、丹麦等欧洲国家的贸易公司，全都在孟加拉运作。

由于航运问题，早年与东孟加拉的贸易较为艰难。有证据表明，随着时间的推移，恒河（取道胡格利县，流经今加尔各答）原有水流由于淤塞而减少，而东向进入今孟加拉国所在地区的水流却增加了，于是东孟加拉的贸易机遇开始向好。鉴于土壤性质和持续的沉积，恒河在东流途中有溢出河床的趋势，从而可能产生诸如派罗布、马塔班加、加来 - 莫图莫迪等新的支流。[①] 十六世纪后期，更为浩大的博多河出现并直通恒河，于是成为老恒河的主要支流，将其大部分水量输送到东孟加拉。这一变化立即产生了效果，将东孟加拉的经济与次大陆市场乃至全球市场联系起来，导致东部经济活动迅速扩张，也反映在了莫卧儿帝国财政部门在东孟加拉的税收快速上升这一点上。

从海外来看，托勒密在二世纪就相当详细地谈到过这一地区，准确地识别出“恒河的五个入海口”。恒河之水就是经由这五个入海口流入孟加拉湾的。虽然现在很难找到托勒密描述过的那些繁荣而活跃的城镇的确切地址，但他对这一区域的贸易和商业的论 28
述似乎还是十分合理的。早期的其他作者，诸如维吉尔和老普林尼，也广泛肯定了这一点。一千余年之后，亚当·斯密明确认可了当代加尔各答毗邻地区的经济重要性。

五

孟加拉语文学中对河流的痴迷情感，可以追溯到孟加拉语作

① Richard E. Eaton, *Essays on Islam and Indian History* (Oxford: Oxford University Press, 2000), p. 259.

为一门语言而出现的早期，也就是十世纪前后。那时，孟加拉语已经有了严格的语法，（它虽然派生于梵语，）却与梵语大不相同。它与古典梵语的一种流行变体也就是一种俗语有密切关系。古老的孟加拉语故事多与河流密不可分。例如，被人们广泛阅读并激赏的《摩那萨颂》（*Manashamangal Kavya*），可以追溯到十五世纪晚期。这首长诗的背景就几乎完全设置在恒河 - 巴吉拉蒂河上，讲述商人钱德的冒险和最终失败。他反抗处于主导地位的女蛇神摩那萨崇拜，不料中途殒命。围绕这一题材还产生了一部优秀剧作。

当我还是孩子的时候，我对《摩那萨颂》感到失望，因为我希望具有反抗精神的商人钱德战胜恶毒的女蛇神。我还记得，在民间故事和戏剧中，超自然实体的威力总是让人有挫败之感，因而常常希望它们被彻底击败。这种情况偶然也会发生，可我在那时的一点满足感后来却遭到了巨大破坏。我后来身到美国之后，注意到在美国电视上，特别是在夜间很晚时段的有线电视上，超自然事物活力无限而且十分流行。人们怀着信任之心观看了一部显得像是犯罪与探案故事类的电影。可是，当陷入绝境的罪魁祸首张开她那有曲线美的嘴唇并吐出一条十英尺长的舌头时，训练有素的美国观众显然丝毫也不感到吃惊。随着情节的进一步发展，许多自然规范遭到颠覆。在美国这个世界上科学最为发达的国家
29 里，小说中的超自然力量的主宰一切，成为民间想象的一个显著特征，以至每天夜里，电视中都能突然冒出大量《摩那萨颂》一类的故事来，却没有自己的文学价值。

古代孟加拉语中以河流为背景的文学作品在焦点和主题方面都大不相同。古代作品《恰利耶歌集》(梵文为 *Caryapad*，又译《佛歌集》)是一部阐扬佛教易行派(Sahajiya)思想的早期孟加拉语作品。我在读这部歌集时深受感动。这些诗歌可以追溯到十至十二世纪之间，可以被认定为属于最早的孟加拉语作品之列。无论是出于文学缘由(虽然你需要经过一定训练才能弄清古代语词是如何对应于它们在现代孟加拉语中的形式的)，还是出于对历史的兴趣，它们都是了不起的读物。就了解历史而言，这些诗歌可以向我们揭示那些虔诚的佛教徒的生活和他们优先关注的事项。歌集作者布舒库是一位成就师(Siddhacharja，音译悉陀阿阇梨)，用诗体表达了自己的胜利感，喜悦地报告说，他曾在博多河上被人劫走财富("破财可喜")，他也曾娶了一位出身于极低种姓的女人，而现在自己成了"一个真正的孟加拉人"。这位成就师这样写道：

> 我曾经在博多河上驾驶雷霆之舟。
> 海盗们抢走一切，连同我的苦楚。
> 布舒库，如今你成了一个真正的孟加拉人
> 迎娶了一位旃荼罗女人做你的主妇。

旃荼罗人被归入最低种姓之列。布舒库是一个自豪的信奉平等主义的孟加拉人，因此，超然于财产得失，秉持佛教对种姓制度的蔑视，显然与他的人人平等的理念是相符的。

然而，在十至十二世纪之间作为一名孟加拉人（在《恰利耶歌集》中被拼写为 Vangali，音译为“文伽拉人”）与今天作为一名孟加拉人并不完全对等，因为古代那种孟加拉意识还有待于演进。更确切地说，十世纪时的一个“文伽拉人”，意味着来自孟加拉的一个特定次级区域的人。当时，那个次级区域被叫作文伽（Vanga），领土完全在今孟加拉国境内，而从地理角度讲，文伽也可以说就在很长时期以来被称为“东孟加拉”的那片土地上。老孟加（Banga）或文伽包括今达卡县和福里德布尔县（Faridpur，又译法利德普尔县）。我出自达卡，因而我既是现代意义上的孟加拉人，也是一个古典文献中描写过的“文伽拉人”。因此，我觉得自己不但与布舒库是颇为切近的，而且与他的佛教也是关系密切的，而我在学生时代就已着迷于佛陀的理念。唉，我曾试图让几
30 个校友对布舒库千年之久的思想产生兴趣，结果完全失败。唯一的例外是我在圣谛尼克坦的中国同学谭立*。但是，即便在当时，我也难以断定，他是出于对我的忠诚而听我闲扯，还是因为他真对这个话题感兴趣。

六

在许多个世纪里，东孟加拉人（east Bengalees，在西孟加拉被称为 Bangal，也就是“榜葛剌人”，此词有一无所知之意）与西孟加拉人（western Bengalees，东孟加拉的诋毁者称他们为 Ghoti，也就是“高提人”，字面意思是无把杯）之间存在重大差异。这种

* 谭立（Tan Lee, 1934—2017），中国旅印学者谭云山先生之第三子。——译者注

差异与 1947 年孟加拉的政治分治没有特别关系。当时，孟加拉地区的东部成为东巴基斯坦，也就是今天的孟加拉国，而其西部则留在印度，成为西孟加拉邦。1947 年的政治分治几乎完全遵循宗教界限，而榜葛剌人与高提人之间的文化差异，在他们的宗教差异出现之前很久即已存在，因而与宗教边界完全无关。事有凑巧，大多数榜葛剌人是穆斯林，大多数高提人则是印度教徒，而高提人与榜葛剌人的竞争与那种宗教差异几乎没有关系。

东西孟加拉之间曾经存在一种大致的历史分界。如我上面刚刚提到的那样，东孟加拉的大部分为古代文伽王国的领地，而西孟加拉则实质上对应于远在西面的高尔王国。高尔王国接替了更早的罗尔（Rarh）王国和苏摩（Suhma）王国。成就师布舒库清楚地暗示，在早期的孟加拉的不同地域，社会习俗大相径庭。当然，孟加拉语的口音也因地而异。尽管在正式讲话时有些一致性，但地方口音还是迥然有异。在有些情况下，榜葛剌人与高提人通常选择的用以表达基本理念的语词也可能大不相同。例如，在西孟加拉加尔各答一带或圣谛尼克坦成长起来的人会说“bolbo”，意思是“我要说话了”，而在表达同样的意思时，我们生活在东部的人往往会说“kaibo”或“kaimu”。从达卡初到圣谛尼克坦时，我的地方语言常常脱口而出，因此在一开始，我的同学们常在不经意间被我的话语逗得乐不可支，一直坚持叫我 Kaibo。这个词竟然成了一个类似于我的绰号的东西，而那些高提人无论何时重复这一外号时，总会发出粗犷的欢笑声。在大约两年之后，我在说话时 31
因选词不同而持续把高提友人逗乐的能力最终衰竭。

孟加拉内部的这些地区差异究竟有多大实际影响？高提人与榜葛剌人经常相互开一些无伤大雅的玩笑，在分治前的孟加拉都城加尔各答，由于两个群体厮混在一起，彼此打趣更是家常便饭。也许，唯一真正造成严重分歧的话题是足球（不同于美国流行的激烈的运动项目橄榄球）。老加尔各答莫汉巴甘队主要受到高提人的支持，而较新的东孟加拉队则受到榜葛剌人的支持。宗教差异在这方面的影响并不突出：还有另外一支出类拔萃的足球队，虽然有信奉印度教的球员，却叫穆罕默德运动队。莫汉巴甘队与东孟加拉队之间的赛事过去能够聚拢巨量观众，现在依然如此。加尔各答的许多人显然认为，这种比赛是年历上最重要的事件，而比赛结果则是生死攸关的大事。由于我原籍达卡，我当然是东孟加拉队的支持者。虽然我只是在十岁时去看过一次比赛，我却一直对通过媒体了解它们的重大赛事结果保持了兴趣。1999 年，也就是五十五年之后，东孟加拉俱乐部因为我的“始终不渝的忠诚和支持”而让我成为终身会员。这种不虞之誉，令我受宠若惊。

莫汉巴甘队与东孟加拉队赛事结果产生了相当明显的经济结果，包括加尔各答不同类型的鱼的相对价格。由于大多数高提人最喜欢一种叫作“鲁伊”（rui）的鱼，而来自东部的榜葛剌人通常都深深地钟情于鲥鱼，所以如果莫汉巴甘队获胜，鲁伊鱼的价格往往猛涨，并导致西部人举办庆祝宴会，同样，如果东孟加拉队击败莫汉巴甘队，鲥鱼的价格就会一跃而起。我当时并不知道，我有朝一日可能专攻经济学（我当时受到数学和物理学非常强烈的吸引，而且可能只有梵文对我具有同等魅力），但物价由于需求突然高企而上涨的初级经济学却立即唤醒了我的兴趣。我甚至推断出一种原始理论，即如若比赛结果可以准确预测，那么这种价格急剧波动的情况一般不会出现。如果可以预测，零售鱼商就会增加恰当鱼类的供应，而由于已经预料到足球赛事的实际结果，
那么对“恰当鱼类”的需求就不会真的超出业已扩充的供应，物 32
价也就无须猛涨。显然，已经观察到的鲁伊鱼与鲥鱼分别达到价格峰值的现象，取决于足球赛事结果的不可预测性（也就是，莫汉巴甘队与东孟加拉队轮替获胜）。

我必须承认，精确算计物价稳定或波动所需要的前提条件会让人有些许小乐趣。可是，我也得出了第二条结论。我告诉自己，如果经济学真的牵涉对此类问题的梳理，那么它可能会给予我们一点分析的乐趣，而且很可能是十分无益的乐趣。令我高兴的是，当我成为大学一年级学生，决定攻读经济学的时机到来时，这种怀疑主义并没有让我止步不前。我能够愉快地注意到，亚当·斯密对可通航河流的存在与文明的繁荣之间关系的推测，为我提供了更多可以思考的事实基础。

七

鉴于孟加拉人传统上以河流为中心的生活方式，在面对社会与文化问题时，人们频繁提出以河流为依据的类比就十分自然。河流养活人命，维系人命，也会毁灭人命，夺去人命。在河流周边成长起来的人类社会，也可以对个人做同样的事情。

在 1945 年出版的一部精彩的孟加拉文长篇小说《河流与女人》

(*Nadi O Nari*) 中，著名孟加拉文长篇小说家和政论家胡马雍·迦比尔，对于河流与人之间的关系如何影响孟加拉人的生活提供了一份具有深远意义的报告。另一位重要的孟加拉语作家布托德布·鲍斯，在一份名为《四体》(*Chaturanga*) 的孟加拉文期刊上发表的一篇评论中说，在迦比尔的深深吸引人的故事中，浩荡的博多河“在雨季充满活力，在雨季之后的秋天一片静美，在夏日暴风雨之夕令人恐怖，既是可怕的不测死亡的来源，是人类美好生活的强大施主，而在干旱期之后滂沱大雨到来时，还是一切宝贵事物的毁灭者”。

33 这部问世后不久即被翻译成英文［英文书名中性别有变，名为《男人与河流》(*Men and Rivers*)］的孟加拉语小说，讲的是苦苦挣扎的无地家庭试图在不断改道的河流所创造和摧毁的土地上生存的故事。同迦比尔一样，这些家庭也是穆斯林家庭，可是他们的挣扎与教派无关，是所有依靠河流为生的孟加拉人的共同困境。“我们是河流之子。[①] 我们是农民。我们在沙上营造自己的家，而河水将它们冲走。我们一再营造，我们耕耘土地，从荒地拿回金色的收成。”我上中学时，有许多人读《河流与女人》，也有许多人讨论这部书，而它提出的问题受到了广泛关注。家庭既面临一条浩荡河流的恩惠，也面对它的盛怒。这部小说就是一部关于这样的家庭生活的动人故事。

---

① Raihan Raza, “Humayun Kabir’s ‘Men and Rivers’,” *Indian Literature*, 51, no. 4 (240) (2007), pp. 162-177; http:/www.jstor.org/stable/23346133. 引文可参见 *Men and Rivers* (Bombay: Hind Kitabs Ltd, 1945), 第 183 页。

然而，迦比尔的小说还有另外一面，引起了人们的巨大兴趣。它描述了处于朝不虑夕险境的孟加拉人的共同问题，也以独特方式讲述了一个穆斯林家庭的故事。在那些岁月中，穆斯林分离主义突然成为印度的一股非常强大的势力，而这个穆斯林家庭却与分离主义发生了矛盾。作为一名穆斯林政治领袖，迦比尔坚定不移地摈弃了分离主义，在分治后确实留在了印度，成为一名重要的知识分子和强有力的世俗主义活动家。他还帮助印度国民大会党（简称“国大党”）主席阿布·卡拉姆·阿扎德大毛拉撰写了著名的报告《印度赢得自由》(*India Wins Freedom*)，讲述了印度争取独立的非暴力斗争。

《河流与女人》写于二十世纪四十年代。正如另一位孟加拉语文学评论家扎法尔·艾哈迈德·拉希德在阐述迦比尔想要解决的困境时所说，当时正是“孟加拉穆斯林生活中的一个关键时刻”，但也是一个“满怀希望”的时刻。许多穆斯林政治领袖当时积极投入，经营以宗教为基础的政治。这一点充分反映在了为穆斯林建立“一个独立家园的《拉合尔决议》”之中。可是，“我们看到，这里确实有一种困境在发展着，包括对交流语言和文化及有关思想的辩论。这种文化必须超越‘伊斯兰文化’的特殊要求，也必须坚定不移地扎根在本地文化的土壤之中”。

在许多孟加拉印度教徒对政治与文化的深思熟虑之中，也明显出现了类似的冲突。突然出现并迅速蔓延的教派暴力，成为一种新的强大的政治势力，在印度独立与分治之前的数年间笼罩了孟加拉，在二十世纪四十年代造成了许多喋血事件。我们虽然还 34

是学童，却无法摆脱深切的忧国忧民之情。我们并不十分清楚，暴力这种毒素是如何突然变得如此广泛起来的，而我们热切希望世界能够走出这种疯狂从而继续前进，同时想知道我们是否能够做一些事情，以助一臂之力。无论是在创造还是毁灭之中，河流对以宗教为基础的分离都是毫不在意的。这种淡漠提醒我们，无论教派分歧如何，所有人都处于同样的困境之中。这也许就是《河流与女人》中描述的河流所给予我们的重要启示。

第三章
没有围墙的学校

一

泰戈尔于 1941 年 8 月谢世。我那时仍然在达卡的圣格列高利 35
学校读书。校长在一个匆忙召集的全校大会上告知我们这一令人悲痛的消息，宣布当天暂停教学活动。我在回家时一路寻思，这位我认识的可亲的留着胡须的老人，为什么对世界会如此重要。他是我们全家人的朋友，而凡是我在圣谛尼克坦的时候，我都会随外祖父母或母亲前去看望他。我知道，泰戈尔是个备受钦仰的诗人（我当时甚至能够背诵他的几首诗），可是我不甚明白他为什么会被认为是个举足轻重的人。我当时只有七岁多，完全不知道泰戈尔会在未来岁月中从根本上影响我的思想。

我到家时，母亲正躺在沙发上哭泣，我猜想父亲会提前结束在大学的工作早点回来。我三岁的妹妹曼珠对于正在发生的事情感到困惑，我于是向她说明，一个对我们非常好也非常亲密的人刚刚走了。“走了？”她问道（她尚不清楚死亡意味着什么）。“是的，”我说道。“他会回来的，”她说道。在七十年后，曼珠在短期生病后，于 2011 年 2 月猝然去世，我于是想起了她的那些话来。

在 1941 年 8 月的那个闷热的日子，我们周围的每一个人，包括亲戚、仆人和朋友，似乎都悲痛欲绝，哀悼之情，喷涌而出。我们的手艺高超的厨师是个虔诚的穆斯林，总是向我们提供出色的熏鲥鱼（ilish mach）。他前来表达了自己的伤痛与同情。他也是热泪盈眶。他告诉我们，他热爱泰戈尔创作的歌曲。可是，我觉得，他来主要是为了安慰我们，因为他知道，我的家人，尤其是我的母亲，与泰戈尔非常亲近。

36 实际上，从幼儿时期起，泰戈尔就对我的人生产生了巨大的影响。我母亲阿米塔不仅曾在圣谛尼克坦他的学校就读，而且（正如前文已经提到过的那样）定期在他的舞剧中饰演重要角色。那些舞剧在加尔各答演出，由泰戈尔本人导演。我的外祖父克希提·莫汉在圣谛尼克坦从事教学和研究达数十年，而他们是亲密的合作者。泰戈尔经常借助克希提·莫汉对印度经典的熟知与他对基于北印度以及孟加拉的乡村诗歌创作的非凡见识。泰戈尔最后的演讲是他的一篇题为《文明的危机》（*Shabhytar Shankat*）的足以振聋发聩的致辞，是由克希提·莫汉于1941年4月在圣谛尼克坦的一次大型公开会议上宣读的。当时，泰戈尔由于身体过于虚弱，已经无法亲自发言。这是一篇具有非凡远见卓识的演讲，而我尽管年幼，还是因之大受感动和冲击。当时，泰戈尔因战争而感到沮丧，因西方持续的殖民行为而感到烦恼，因纳粹的残酷和日本占领军的暴行而感到悲伤，因印度内部正在出现的教派对立而感到厌倦，并为整个世界的前景而深深担忧。

我也对泰戈尔的逝世深感悲痛，尤其是在我充分意识到这件事的影响之后。我非常喜欢他这么一个慈祥的老人，他似乎喜欢跟我说话。我那时听大人们说到他的许多想法的重要意义以及他的创造力，而我对这些东西充满了好奇心。我觉得我本来就应该多加关注这位令人非常钦仰的长者，但我以前没有这样做，于是我决心以后加深对他的了解。于是，就在泰戈尔去世后，我开始专心致志地探寻他的思想，而这种密切的接触使我终身受益。特别需要说明的是，他突出强调自由和诉诸理性的重要意义，使我开始严肃思考这些问题，而在我长大一些以后，这两点对我变得越来越重要。我发现，在关于教育增进个人自由和社会进步的作用这一论题上，他的理念特别富于真知灼见，令人信服。

二

我的母亲非常热切地希望我在圣谛尼克坦读书。她过去就是这样想的，而且也许有点似非而是，泰戈尔的逝世使她变得更为
果决。父亲倒并不十分决绝，无论如何也不太赞成让我离开达卡 37
的家而与外祖父母待在圣谛尼克坦的想法。可是，正如我在前面所提到的那样，随着战争逼近印度，父亲确实承认待在圣谛尼克坦更为安全。这条使我移居的理由令人折服。日本人撤退后，我拒绝离开自己那时已经逐渐爱上的学校。

1941 年 10 月，在泰戈尔逝世尚不足两个月之时，我启程前往圣谛尼克坦“回家”（homecoming，外祖父描述此事时的用语）时，受到外祖父母的盛大欢迎。他们依然住在那座茅庐里，我 1933 年 11 月就是在那里出生的。在我到达那里的头一天晚上，在外祖母煮饭时，我就坐在厨房里的一个矮凳上，听着关于家里的新闻，当然也有闲话，其中的意味在我将近八岁的头脑中变得越来越清楚，我觉得自己已经长得很大了。事实上，在七岁到九

岁之间，我的理念世界与理解能力，一直在以一种令我兴奋的速度迅猛扩展着。

三

我是在临近一年一度的秋假（the Puja vacation, 难近母节假期）尾声之时到达圣谛尼克坦的，恰在教学活动重启之前。在开始上课前，我有时间到校园周围看看。我查看了学校的场地，特别是运动场。我的表兄巴伦（Barenda，我叫他巴伦哥；da 是 dada 的缩略形式，意思就是兄长）把我介绍给一个由年龄相仿的儿童组成的板球队的队长，他们当时正在运动场上操练着。我
38 第一次尝试与他们比试就酿成祸事。队长把球投给我来测试我的击球技能，我击的球狠狠地打在他的鼻子上，结果让他流了很多血。在护理队长的创伤时，我听见他跟巴伦哥说："你家兄弟肯定可以加入我的球队，可是你得告诉他要瞄准边界线，而不是投球手的鼻子。"我保证以后照他说的做，也庆祝自己融入了新学校的生活之中。

从某种意义上讲，一个学校能够给予像圣谛尼克坦这样的乐趣，是我从来不曾想象到的。在决定做什么时有这么多自由，有这么多对知识充满好奇心的同学可以交谈，有这么多和蔼可亲的老师可以接近并提出与课程无关的问题请益，而最重要的是，几乎没有需要强制遵循的纪律，也完全没有严厉的惩罚。

禁止体罚是泰戈尔一向坚持的一条原则。我的外祖父克希提·莫汉对我说明了造成"我们的学校与国内其他所有学校"之

间真正重要差异的原因，以及这种差异对教育尤其是在培养儿童学习积极性方面产生重大影响的原因。他说，打一个可怜无助的孩子，是一种野蛮行为，而我们不但应当学会憎恶这种行为，而且应当通过对是非的合乎逻辑的理解，来引导学生去做正确的事情，仅仅让他们避免肉体的痛苦和脸面上的羞辱是不够的。

然而，尽管外祖父忠于那些原则，还是有一个令人忍俊不禁的故事在流传，说的是他有一次被偶然安排教一批年幼的儿童，曾经不得不面对一场冲突。据悉，在他给六岁儿童上的一节课上，一个难以管教的活蹦乱跳的小男孩，一再把自己的一双凉鞋放在老师的讲台上。克希提・莫汉采用了一些不同的方法，包括对他晓之以理，但还是未能劝阻这个精力旺盛的孩子的恶作剧，于是不禁感叹道：如果这个孩子继续这样做，他就该挨一巴掌了。这个孩子机敏地回答说："克希提爷爷呀，师尊 [泰戈尔] 规定，在圣谛尼克坦的土地上，任何学生都不可以受到体罚。也许您没有听说过这话？"故事接着说，克希提・莫汉随后抓住这个男孩的衬衣领子，把他举了起来，让他认可自己已经不在圣谛尼克坦的土地上。在这一点上取得一致意见后，克希提・莫汉在轻柔地象征性地给了一掌之后，就把这个操弄凉鞋的孩子重又放到圣谛尼克坦的土地上。

四

在圣谛尼克坦上课是非同寻常的。除了实验室学习，或者除非天在下雨，上课都在户外进行。我们坐在地上——坐在自己随身携带的小垫子上——在预先指定的一棵大树下面，而老师则坐在一把用水泥制作的椅子上，面对着我们，身旁是一块黑板或一个讲台。

39 我们的一个老师尼蒂阿南达·比诺德·戈斯瓦米（我们总是叫他戈萨因先生），是个优异的孟加拉语言文学老师，也是个杰出的梵文老师。他向我们说明，泰戈尔不喜欢生活中任何一个领域的壁垒。戈萨因先生暗示我们，在外面上课，不受墙壁的限制，便是这一理念的一个象征。在一个更为广泛的意义上，泰戈尔不希望我们的思想被禁闭在我们自己的社群之内，无论是宗教社群还是其他社群，也不喜欢让我们的思想受到自己民族性的制约（他曾激烈批评民族主义）。他尽管热爱孟加拉的语言与文学，却不喜欢被约束于单一文学传统之内，因为这样不仅会导致一种学究般的爱国主义，而且会导致对世界其他地方学问的忽视。

戈萨因先生也注意到，泰戈尔特别乐于见到，一个学生即便在可以看到和听见外面世界时，也能聚精会神地学习，而这种能力是可以培养的。他认为，能够用这种方法学习，就表明了一种避免将教育与人生隔绝的承诺。这是一种非常不错的理论，我们同学不时讨论这一理论。虽然我们之中有些人对这一理论抱有深切的怀疑态度，但我们还是认为，户外教学的经历令人格外愉快。我们认定，即便根本不算教学法上的正面收获，户外上课也是一个极妙的案例。我们还一致认为，虽然我们上课时有时会有精神涣散的问题，但这不可能是因为我们没有被墙壁包围起来。在后来的人生中，无论是坐在喧闹而混乱的火车站，还是站在机场登机口排队的人群中，当友人们就我在此种情况下继续工作的能力发表评论时，我有时就会想起戈萨因先生的话来。他曾经说过，户外教学会赋予我们免于轻易分神的定力。

五

在户外上课只是圣谛尼克坦不同于我们周边其他学校的一个方面。它当然是一所实行循序渐进教育理论和男女同校制度的学校，课程设置极为广泛，兼收并蓄，甚至包括关于亚非不同地域文化的沉浸式强化课程。

就学习成绩而言，这所学校对学生的要求并不是特别严格。40
我们往往没有任何考试，而在我们有考试时也基本不看重成绩。按通常的教学标准，它无法与加尔各答或达卡的一些更为优秀的学校匹敌；它也肯定无法与圣格列高利学校媲美。但是，课堂讨论却天马行空，自由自在，能从印度传统文学跳到古典的乃至当代的西方思想，再转向中国、日本、非洲或拉丁美洲，真是妙不可言。这所学校对多样性的弘扬，也与当时印度学校教育无疑普遍存在的势力强大的文化保守主义形成了鲜明对比。

泰戈尔对当代世界的远见卓识所体现的文化广度，与电影大导演萨蒂亚吉特·拉伊酷似。拉伊曾在圣谛尼克坦读书，后来根据泰戈尔的短篇小说摄制了几部出色的电影（他虽然年长我十二岁，却只比我早一年到校）。拉伊在 1991 年撰文表达了对圣谛尼克坦学校的看法。倘若泰戈尔在天有灵，一定会为这段话而感到极为欣慰：

我认为，我在圣谛尼克坦度过的三个春秋[①]，是我人生中最有收获的时期……圣谛尼克坦破天荒第一次让我大开眼界看到了印度和远东艺术的辉煌。在此之前，我完全处于西方艺术、音乐和文学的影响之下。圣谛尼克坦使我成为现在这样融通东方与西方的产物。

泰戈尔的亲密圈层中的成员们在助力推进他所引领的事业中尽职尽责，提供了良好的服务。除克希提·莫汉之外，圣谛尼克坦充满兴趣广泛而且才华横溢之人，他们怀着与泰戈尔相似的信念，也显然受到泰戈尔的影响。即使按照印度标准，教师们的薪水也是菲薄的，而他们之所以能够聚集在那里，只是因为他们受到他的感召，与他抱有同样的目标。这一群体包括许多优异的教师和研究人员，而且其中有数位来自海外，诸如西尔万·列维、查尔斯·弗里尔·安德鲁斯、威廉·皮尔逊、谭云山及伦纳德·埃尔姆赫斯特 * 等。[②]

---

① 萨蒂亚吉特·拉伊数次论述他对圣谛尼克坦的感激之情，但他特别清楚的一次声明可见于他 1976 年出版的书《我们的电影，他们的电影》(*Our Films, Their Films*,Hyderabad: Orient BlackSwan Private Ltd, 3rd edn, 1993)。我曾尝试在我的萨蒂亚吉特·拉伊纪念演讲《我们的文化，他们的文化》（“Our Culture, Their Culture,” *New Republic*, 1 April 1996）中论述这些问题。

* 中文名为恩厚之。——译者注

② 西尔万·列维是一位著名的历史学家和印度学家，主要在巴黎任教，撰写了受到广泛好评的《印度戏剧》（*The Theatre of India*）等著作。甘地和泰戈尔的密友查尔斯·弗里尔·安德鲁斯是一位英国教士，也是印度独立运动的积极参与者。伦纳德·埃尔姆赫斯特是一位农学家和慈善家，也是达廷顿庄园（Dartington Hall）的创办人，而一所实行循序渐进教学法的名校和一家培养罕见音乐人才的机构就设置在这所庄园里。1953 年 12 月（我进入剑桥后两个月），我首次到剑桥之外的地方做客，去的就是达廷顿庄园，在那里受到了埃尔姆赫斯特夫妇的盛情款待，让我非常快意。

还有南达拉尔·鲍斯。他是印度的重要画家之一，也是一位杰出的美术教师。在他的指导和引领之下，圣谛尼克坦同样声名卓著的艺术学院（Kala Bhavan）发展起来，一些天才的艺术家（如比诺德贝哈里·穆克帕德亚伊及拉姆金卡尔·拜杰）在此显山露水，声名鹊起。萨蒂亚吉特·拉伊在此得到的教育改变了他的理念和艺术。他后来评论说："我认为，倘若我不曾在圣谛尼克坦 *41*
度过我的学徒岁月，那么我的《道路之歌》（*Pather Panchali*）就不可能问世。正是在那里，坐在'教师先生'[①][南达拉尔·鲍斯]的脚下，我才学会了如何观察自然，如何感受自然内在的韵律。"[②]

六

圣谛尼克坦毗邻一个古老的集镇波尔布尔。这个集镇兴旺了约五百年。圣谛尼克坦与肯杜里[③]相距十二英里左右。据信，十二世纪时，印度大诗人胜天就在那里出生和成长。在肯杜里，至今依然在举办胜天庙会（Jayadeb mela），就像许多世纪以来的岁岁年年那样，而我也还记得，我在还是孩子时曾醉心于看到乡村歌手和乡村诗人一年一度在那里聚集的盛会，还有小商贩在那里兜售

① "教师先生"（Master-Mashai），泰戈尔孟加拉文短篇小说《教师先生》原文名。

② 关于这一点，参见丁卡尔·科希克（Dinkar Kowshik）的优秀传记《印度艺术元老南达拉尔·鲍斯》（*Nandalal Bose, the Doyen of Indian Art*, New Delhi: National Book Trust, 1985, 2nd edn, 2001)，第 115 页。

③ 这只是老肯杜里诸多可能的所在地之一。肯杜里（Kenduli）在梵文中拼写为 Kendubilva。还有其他地方提出要求，声称自己是肯杜里的所在地，而奥里萨有个地方的呼声特别强烈。由于胜天完全用梵文写作，而不是用奥里雅语或孟加拉语写作，这一争议就不可能通过查看他作品的文本而得以解决。他的《牧童歌》（*Gita Govinda*）是古典梵语文学晚期最著名的作品之一。

烹饪器具和廉价服装。紧挨着色彩花哨的取材于印度史诗的图画故事书和一堆厨房用具，他们正在出售一些关于数学难题的小册子。鉴于印度在传统上对数学的兴趣，我看到这种景象一点也不觉得奇怪。

1863 年，赖布尔庄园的地主西提坎塔·辛哈将一块地送给泰戈尔的父亲戴本德罗纳特。戴本德罗纳特是一位著名学者，也是深受一元论影响的现代宗教团体梵社（Brahmo Samaj）的领袖。赠送这份礼物的最初目的，是为了给戴本德罗纳特找一个幽僻的去处，以让他沉入静思或冥想之中。辛哈家族是孟加拉声名显赫的地主，甚至有一位辛哈勋爵进入了在伦敦的议会上院。戴本德罗纳特并没有怎么开发那块赠地，而到了二十世纪初，泰戈尔决定利用它来兴建自己的新学校。于是，在 1901 年，这所后来名叫国际大学的新的学园诞生了。这个名字（校名中的 Visva 或 Vishva 是个梵文语词，与我在达卡的住宅世庐这一名称中的 jagat 的含义颇为相似）的意思，就是追求全世界的知识。它打算发展成为印度的一所矢志追求世界上最优异知识的学校，而无论那些知识来自何方。

42 泰戈尔之所以决定在圣谛尼克坦创建一所新型学校，主要是因为受到了他对自己曾经就读过的那些学校的不满情绪的影响。他曾经极不喜欢自己被送去的那些地方。作为一名辍学生，他对标准的印度学校感到厌恶，而他后来主要是在家聘私人教师的帮助下接受教育的。他确切地知道，他所知悉的那个时代的加尔各答的学校出了什么问题。尽管其中一些学校在教学上享有卓著的名声，但他还是从童年时起就对它们形成了不可轻视的看法。泰戈尔在建立自己的学校时，就决心使之与那些标准学校迥然不同。

有时，对于一所创新型教育机构究竟有什么特别之处，与浸淫其中的当局者相比，一个十足的局外人倒是能够看得更为清楚，也解说得更为精辟。在距我出生还有二十年之时，一个曾就读于哈佛大学的富于洞察力的美国客人乔・马歇尔，于 1914 年 8 月造访圣谛尼克坦。他就清楚地发现了圣谛尼克坦学校的特殊品质：

> 它的教学方法的原则是，在一个一切平和而且自然的力量显而易见的环境里，个人必须绝对自由而愉快；于是就必须有各自精于艺术、音乐、诗歌和各门学问的教师队伍；功课定时讲授，但不是强迫性的，而在树下上课时，男孩子们就坐在教师脚下；每个拥有不同天资及禀性的学生，都是被适合自己的才情及能力的学科所自然吸引而来的。①

乔・马歇尔还推崇泰戈尔对自由的注重，即便泰戈尔面对的不过是学童。这就确认了泰戈尔思想中的一个方面，而在标准叙事中，特别是在诸如 W. B. 叶芝和埃兹拉・庞德一类西方世界“赞助人”所推出的标准叙事中，则完全缺失这一方面。我在后文将回到这一话题。可是，正如我在本章开端所提到的那样，随着我在圣谛尼克坦所受教育的推进，关于行使自由必须与思考能力同

---

① 承蒙著名的皮博迪姐妹获奖传记（*The Peabody Sisters*: *Three Women Who Ignited American Romanticism*, Boston: Houghton Mifflin, 2005）的杰出作者梅根・马歇尔的允许，我得以看到她的祖父乔・马歇尔尚未付梓的《圣谛尼克坦日志》（*Santiniketan Journal*）, 我对她不胜感激。

步发展的理念，对我而言已经变得越来越清楚。如果你拥有自由，
你就会有行使自由的理由，而且即便什么也不做也是一种对自由
的行使。随着我在学校的岁月的延伸，对学生进行自由推理（而
43 不是像死记硬背的学生所被教导的那样畏惧它）的训练，似乎成
为泰戈尔在自己的这所非同寻常的学校试图大力推进的事项之一。
自由与理性相结合所具有的特殊重要意义，已与我终生相伴。

七

我在圣谛尼克坦最早的老师，包括我前面已经描述过的戈萨因先生，还有塔纳延德拉·纳特·高希（我们叫他塔纳伊兄）。高希以优异的艺术手法和巨大的热情教我们英国语言文学。我初次邂逅莎士比亚，就是在他绝妙的指导下发生的，记得是在我读《哈姆雷特》之时，而我至今依然记得这个剧本所激发的那种兴奋之感。在课堂阅读之余，我会接着在我的表兄布德·拉伊的帮助下，在晚间深化我的阅读内容。我喜欢《麦克白》的神秘剧情，但也为《李尔王》的极度悲怆而感到不安。我的地理老师卡希纳特兄非常友好，也十分健谈，而且他能让自己讲授的科目以及我们所谈论到的其他任何事情都变得妙趣横生。我们的历史老师乌马能够非常典雅地评述和审视过往的事情。多年以后，乌马来三一学院看我，给我讲了当时我并不知晓的这所学院历史上的几件事情。

我的数学老师贾加班图兄授课艺术非同寻常，但又极为谦逊。一开始，他担心我想要学习我们有限的教学大纲之外的东西，也

担心我会忽视我们应当做的事情。然而，学校数学课程的一些标准题目一点也提不起我的兴趣。（一天，我相当自负地告诉他：“我想，我能算出炮弹的落点，但我对这样的计算兴奋不起来。”）我反而决心思考数学推理的性质和基础。尽管泰戈尔本人对数学几乎没有任何个人兴趣，但他赞成自由与推理的论点激励我尝试做我真正想要做的事情。

贾加班图兄最终对我的坚持不懈让步了。我最初怀疑，他之
所以反对我的要求，是因为他对教学大纲之外的数学知识也知之
不多，而事实证明，我的想法是完全没有根据的。在解决一个著
名的数学难题时，当我提出一种比较不同寻常的方法时，他常常
会提出另外一种思路，驱动我尝试用自己的东西超越他的新颖论 44
证。在后来的许多个月里，我每天放学后都会去他家与他交谈，
他似乎有无穷无尽的时间接待我，而他的妻子对于我对他们家庭
生活的打扰也很宽容（还会常常为我们备茶，“让你们两人谈下
去”）。贾加班图兄会查阅图书和文章，告诉我自己当时还没有意
识到的推理路径。他的做法使我受到极大鼓舞。

后来当我投身于系统学习数学基础（这是我于1953年进入剑桥大学三一学院之后的事情）时，我才发现，原来贾加班图兄的一些推理方法，是在教我学会利用这一学科中的经典著作。数十年后，我在哈佛大学与两位非常优秀的数学家同事巴里·马祖尔（一为杰出的纯数学家）及埃里克·马斯金（也是一位非凡的经济理论家）联袂讲授“通过数学模式推理”和“公理推理”这样的课程时，我总会想起那些对我有持续重大影响的岁月。唉！

可在那时，我已不能前去看望贾加班图兄，以对他表达谢忱，因为他退休后不久就去世了。

我与之接触最多的老师是拉利特·马宗达。他不但是一位才华横溢的文学教师，而且在我们这些学校活跃分子为邻近部落民村庄里没有进过学校的儿童办夜校时出手相助，是一位真正的盟友。拉利特讨人喜欢的兄弟莫希特兄也在我们学校教书，而两人都是圣谛尼克坦的中心人物。这两兄弟的存在是学校给我们的一份大礼。有一次，在我大约十二岁时，我应当带上帐篷、用具及各种装备，参加学校组织的为期一周的远足活动，前往毗邻的比哈尔省在五世纪兴建的那烂陀大学的古老遗址，但我却由于某种微恙而不能随团队启程。一两天后，莫希特兄顺便来访并说道："我俩干吗不去追赶咱们的探险队？"我感到大喜过望。结果，我没有失去在那烂陀大学附近野营从而获得的乐趣和知识，而且我还在从圣谛尼克坦出发的乘火车长途旅行期间逐渐充分了解到，莫希特兄是一个优异的老师。

在我们少年人尝试为圣谛尼克坦附近的部落民儿童办夜校时，拉利特兄的满腔热情，绝不次于我和我的同学们。他井井有条地
45 保留下我们的报告，帮助我们管理这些不能遮风挡雨的学校。在我们由于过分投入而处于忽视自身学习的危险之中时，他就负责向我们发出警告。办夜校是一种具有巨大创造性的经历，而且我们为自己取得的巨大成就而感到快意。来自毗邻村庄的儿童，没有上过别的任何学校，却学会了阅读、书写和计算。拉利特兄的温和而明智的指导，让我们受益良多，以致我难以充分说明这一

点。他持续过一种健康而且非常活跃的生活，一直活到九十大几。

八

到目前为止，我一直在回忆那些读来还算轻松安逸的学科，可我也应当对那些我一点也不擅长的课程说几句话。其中一门课程是木工工艺。我的同学们都会制作小船，能设法按照所要求的方式把木板弄弯，而我却只会制作粗陋的肥皂盒，而且那也不过是个缺乏美感的物件，此外再难以取得进步。另外一门学科是唱歌[①]，在圣谛尼克坦学校课程中是很重要的。我曾酷爱而且现在依然酷爱听音乐，包括美妙的歌唱，可是我本人却一点也不会唱歌。我的音乐教师是一个令人赞叹的歌手，我们都叫她莫霍尔姐（她的本名是卡尼卡·班多帕德亚伊）。她并不认为我就是在音乐方面有什么缺陷，而且最初不准我免修音乐课。她告诉我："每个人都有歌唱的天赋，而能否唱好不过是个练习问题。"

在莫霍尔姐的理论的激励下，我进行了一定的十分认真的练习。我确信自己已经竭尽全力，却不知道自己能取得什么成绩。在经过为期一月左右的练习之后，莫霍尔姐再次测试我的成绩。当时，她的脸上就明显地流露出遭到挫败的神情。她于是告诉我："阿马蒂亚，你不需要再来上音乐课了。"数十年来，圣谛尼克坦出了许多出色的歌唱家，其中包括大量长于演唱泰戈尔歌

① 由于我的儿子迦比尔在波士顿的一座著名音乐学院教音乐，是个有成就的作曲家和声乐家，我只能猜测，他一定是获得了母亲的音乐基因。他的母亲也就是我的已故妻子爱娃·科洛尔尼，实际上是极具音乐天赋的。

曲（Rabindra Sangeet）的专家，包括尚蒂·德布·高希、尼利马·森、沙伊拉贾·穆宗达、苏奇特拉·米特拉以及孟加拉国的列兹瓦纳·乔杜里（班尼雅）等人。我一直感到非常快意的是，人能够在不必亲自上阵的情况下欣赏音乐。

46 圣谛尼克坦也非常慷慨地给体育运动留出大量时间。男孩子们最喜欢的运动项目是足球（soccer），而我对此却缺乏技能，我对曲棍球杆的操作也不娴熟。可是，我的羽毛球技术却可以达到打通级赛的水平，而我的板球纪录接近合格。我是个还算说得过去的击球手，却不是一个投球手，而我在防守方面却十分糟糕。然而，我却在袋囊赛跑中成为冠军。此项运动过去之所以常常出现在体育运动竞赛中，在一定程度上是为了供人娱乐，但也是为了让像我这样没有体育运动特长的学生在学校运动会上有事可做。我在袋囊赛跑中的成功，主要归功于我开发的一种理论，即试图跳跃前进是毫无希望的（你总会摔倒），但你在把脚趾置于袋囊两个角落的情况下，可以相当稳定地向前挪动脚步，而几乎没有摔倒的危险。在 1947 年 8 月 15 日，也就是印度独立当天，由于庆祝活动提供的唯一运动项目就是袋囊赛跑，我于是在那个重大的日子脱颖而出，得以成为冠军，于是自有一番非同寻常的体验。那个奖项是我在体育运动中所获荣耀的巅峰。

印度独立后，有一个让我暴露自己另一弱项的机会。政府当时已经建立了一个对平民进行义务性军事训练的国家学生军训队（NCC），是旧的大学军官训练队（UOTC）在独立后的翻版。有人问我们是否愿意加入圣谛尼克坦的一个小分队，成为“拉其普特步枪队”（Rajput Rifles）这样一个团级单位的一部分。我们是否应当参加小分队这一问题，导致了圣谛尼克坦学生之间的一场辩论。达成的共识是：我们应当首先弄清，这种训练能提供什么，我们能从中学到什么。如果训练完全无用（同样重要的是，如果训练简直太无聊），那么我们就可以放弃它。另外，如果事实证明训练是有益的，能够教会我们一些有用的东西，那么我们就可以继续下去。

当然，鉴于圣谛尼克坦社会氛围对非暴力的坚定承诺，这个重大决定端赖学生接受军事训练是否会在一定程度上违反我们共同的道德观。然而，既然我们谁也不认为应当解散国家军事力量，甚至连甘地先生也没有主张这一点，那么解散军队的可能性就似
乎遥遥无期。所以，我们大多数人决定报名，而我突然发现，自 47
己穿上了怪异的军装，在物理课与数学课之间摆弄一些不熟悉的物件。我们主要在周末会合，但在平日的空余时间也会聚集。

现在看来，不出所料，我的军事生涯以惨败告终。主要还不是因为我不会做他们要求我们做的事情（这些事情并不难），而是因为很难听取向我们发号施令的军官们上的那些课。在我们加入小分队后不久，准尉副官（Subadar Major，印度军衔，等同于sergeant major。这两个词组首字母相同，有助于回收英属印度陆军的旧徽章及黄铜标牌）给我们上了一堂课，标题就是“子弹”。准尉副官告诉我们，子弹在脱离步枪后加速，而在片刻之后，就开始减速，最好让子弹在以其最大速度飞行时击中目标。就在此时，我不由自主地举起手来，而且提到牛顿力学，告诉我们的准尉副

官，子弹在离开步枪后不可能加速，因为没有新的力量使之增速。

准尉副官看了看我，说道：“你是说我错了？”我想提出对这一问题的唯一可能的答案，也就是说，是的，但这样做似乎是不明智的。我也想到，为公允起见，我应当承认，子弹的旋转运动，如果能够由于某种原因而转变为线性前进运动，那么它就可能加速。可是，我得补充说明，我无法弄清这种情况究竟是怎么发生的。准尉副官愤怒地瞥了我一眼，算是回应，说道：“旋转运动？这话是你说的吧？”我还没有来得及澄清那个含混不清的要点，他就命令我把臂膀抬到头顶上方，高举退出子弹的步枪，绕运动场跑五圈。

如果说这是一个不吉利的开端，那么结尾也不是很好。我们十八个人给这位准尉副官写了一封抗议信，抱怨我们操练太多而步枪实弹射击练习太少。他把我们叫到他家里，解释说，任何超过一人签名的信件都会被军方视为一次哗变。“所以，”他说道，“我有两个选项。你们可以撤回这封信，由我来把它撕碎，否则我将不得不打发你们全都接受军法审判。”在这个十八人的群体中，有十五人当即撤销了自己的签名。（其中一人嗣后向我解释说，他之所以撤销签名是因为，有人曾经告诉他，接受军法审判就意味着
48 被草草审讯和枪决。）我们三人没有退缩。准尉副官告诉我们，他将把我们的情况报告上级机构，但此刻就当即开除我们，而且不计成绩，也不必等候正式处罚决定的传达。我到现在还没有听到上级机构的意见，而这就是我的军事生涯的终结。

九

除老师外，我们还从前来圣谛尼克坦的访客那里学到很多东西。他们曾就多种多样的主题向我们发表演讲。一位非同寻常的访客是蒋介石将军。他于 1942 年 2 月前来。当时，他正在为推进同盟国抗战事业而造访加尔各答。他对我们的演说持续了约半个小时，是用中国官话发表的。然而，圣谛尼克坦学校当局做了一个不提供任何翻译的离奇决定，这让我们对他的讲话主旨完全不得要领。

我从达卡迁居圣谛尼克坦也不过区区数月，刚刚开始以一个八龄儿童的心智所能达到的认真态度思考世界问题。在蒋介石将军发表演讲时，我最初的印象是，所有儿童显然都在全神贯注地倾听他的未被翻译过来的汉语。可是，不久就出现了令人相当尴尬的嗡嗡声，而且这种声音变得越来越大，随后终于变成众人交头接耳的喧声的爆发。我和别的一些学生被安排前去陪中国客人喝茶（或者更确切地说，在客人与学校当局饮茶之时，我们就在周围晃悠），而我至今依然记得，蒋夫人操一口流利的英语，一直镇定自若，仿佛没有觉察听众有任何问题似的。后来，在学校当局因为没有安排翻译而道歉之时，她还表明，蒋介石将军并没有对此感到不快。我当然并不相信她说的那一番话只是出于礼貌，但我确实认为，她不但非常慈祥，而且极为漂亮。

对我们大家来说，另外一桩盛事就是圣雄甘地在 1945 年 12 月的造访。到那时，泰戈尔已经去世四年了。甘地先生在演讲中表示，由于学校卓越的创办者已经不在人世，他对圣谛尼克坦的未来有些担心。我当时虽然年仅十二岁，但还是能够理解他忧虑的缘由的。在圣谛尼克坦的一次会议上，当有人问甘地先生如何看待学校注重音乐这样一种做法时，他不再客气，对此表示怀疑。
49 他说道，由于生活本身就是一种音乐，所以不必将音乐与生活正式分离开来。我记得，自己当时曾想，对于他们是否会推进这样的分离，泰戈尔会提出异议的。可是，甘地先生讲了一些不同凡响的话这一事实本身让我很是喜欢，因为学校当时就充满了一些重复同样的“伟大理念”的人们，而我已经开始对这一现象表示不满。《国际大学新闻》(*Visva-Bharati News*) 报道，甘地先生曾说：“生命的音乐有失落在声音的音乐之中的危险。”[①] 我当时很喜欢这种对官方思维的挑战。

我拿了一个签名簿去见甘地先生。他为与种姓制度的不平等战斗设立了一项基金。由于他只有为之征得五卢比的捐款才会在这样的簿子上签名，我得拿出这笔钱来。无论按何种世俗标准看，这都是一笔相当小的数额。幸运的是，我已经攒了一些零花钱。我去捐了这笔钱，而当时甘地先生端坐于宾馆的起居室里，正在翻阅一些手写的笔记。他对我的捐赠表示感谢，但在我的签名簿上签名之前朗声笑着告诉我，我与种姓制度的斗争刚刚开始。我喜欢他的笑声，也像他那样非常欣赏他的这句话。签名本身是朴实无华的，就是他用天城体（Devanagari，常见的梵文与现代印地文字母）写的名字，只有他所取的名字的首字母和姓氏。

我不想就此告辞，希望能与他再交谈一小会儿。于是，甘地

① 参见 *Visva-Bharati News*, Vol. XIV, 7 (July 1945-June 1946)。

先生问我是否对身边所见事物有所批评。我为能有机会向在世的最伟大人物之一倾吐我对这个世界的忧虑而振奋起来，遂给予了肯定回答。我觉得，我们的讨论十分畅快，可就在我要了解他与泰戈尔在比哈尔地震问题上的争议之时（我将在本书第五章再谈这一话题），他的一位管事人前来告诉我，我只能另找时机继续这场谈话。在我离开时，甘地先生面露热情洋溢的笑容，与我挥手作别，然后就又埋首于他正在阅读的那些笔记。

1952 年，在我开始在加尔各答管区学院读书后不久，埃莉诺・罗斯福来到圣谛尼克坦，而我对于能够聆听她的讲话也特别感兴趣。我于是返回圣谛尼克坦去参加她的演讲会。在那些日子里，由罗斯福夫人推动并由联合国于 1948 年通过的《世界人权宣言》（The Universal Declaration of Human Rights）总是在耳边回响。实际上，该宣言至今依然萦回在我的脑际。在一个非常污浊的世界里，*50*
她所说的一席话乃是一个人性与头脑清醒的范例。她也谈到还有许多事情要做的缘由，希望“我们每个人都来参与其事”。她的这些话也一直伴随着我。令人伤感的是，我未能穿过那些围绕在她身边的满怀仰慕之情的人群，没有得到与她亲自交谈的机会。

一个对我的文学兴趣产生了特别影响的常客是赛义德・穆杰塔巴・阿里。赛义德兄是一位杰出的作家，也是我们家的一位朋友，与我父母及祖父母都非常亲密。我的母亲绝对钦慕他。我当时已开始读他的一些作品。他的随笔妙趣横生，发人深思，于是我断定他的文字是我所读过的最美好的孟加拉语文字。他在与年长之人聊天时，我总是在周围晃荡，就是想聆听他说话。我不仅非常敬仰他的丰赡的学识和恢宏的智慧，而且极其钦佩他对母语的了如指掌。他知道，一个孟加拉语词表达任何理念，都有别的许多孟加拉语词可以用来表示与之非常相近但又不完全雷同的意思。他的语言的丰富，表现了一种全然异乎寻常的辨识水平，对我而言则是一股巨大的激励力量。

我后来到达英格兰并进入三一学院做学生，在看到皮耶罗·斯拉法后就想起了赛义德兄对遣词造句的强烈兴趣。斯拉法虽然生为意大利人，是一个极富原创精神和哲学倾向的经济学家，却在选择英语字词时异常审慎。萧伯纳曾在《皮格马利翁》（*Pygmalion*）中说，一个母语并非英语的外国人在小心翼翼地使用英语时，有时可能会比母语使用者更好地利用这笔语言财富。我想他可能是对的。约瑟夫·康拉德和弗拉基米尔·纳博科夫这类作家都证明了这一点。然而，萧伯纳的观点不适用于赛义德·穆杰塔巴·阿里，因为这位老兄是一个地道的土生土长的孟加拉人。我认定，这实际上是一个你多么在意把话说好的问题。良好的语言是具备辨识能力的挚爱的产物。

十

在我回顾我的学生时代之际，想到我曾经有那么卓越的同学和朋友，而且我有幸获得他们长久的陪伴，我就觉得非常欣慰。我在圣谛尼克坦的第一个亲密朋友是谭立。他于 1934 年生于中国
51 上海。他的父亲谭云山教授是一个杰出的学者，对中国和印度的历史，特别是两国两千余年来的交流历史，怀着深厚的兴趣。

谭云山与泰戈尔于1927年在新加坡首度相逢。当时，泰戈尔与朋友们（包括我的外祖父克希提·莫汉）正在出访其他亚洲国家的旅途之中。泰戈尔对谭云山的印象极好，于是邀请他造访圣谛尼克坦。谭云山于翌年成行。泰戈尔坚持恳请他移居圣谛尼克坦，率先在印度创办一所中国学院。这是泰戈尔长期以来就一直怀抱着的一个梦想。他说服了谭云山教授。这所学院将成为国际大学高等教育的基本组成部分，与我外祖父及另外一位梵文学者比图·谢卡尔·夏斯特里（我外祖父与他尽管学术侧重大不相同，但他们的交谊极其深厚）所执掌的研究梵文与古代印度的学院非常相似。谭云山教授在创办中国学院（包括募集赠款与赠书）时工作非常勤奋，而学院的发展经历了几个阶段。就在谭立出生之前，中印学会于1933年*在南京成立，中国学院进入起步阶段。1936年成立的中国学院（Cheena Bhavan）迅速成为印度备受称誉的中国研究中心。

在我从达卡的圣格列高利学校前往圣谛尼克坦学校时，谭立和他的妹妹谭文已在那里就读。谭立担任了我在圣谛尼克坦的导游，向我解说在什么地方发生过什么事情。谭家以令人称羡的速度成为引人瞩目的“印度人”，孩子们流利地说着孟加拉语；一个稍晚出生的小妹谭元**后来成为德里大学教授孟加拉语的名师。极富学问的长兄谭中在中国居留时间较长，后来最终也移居印度

* 原文如此。实际上，1933年是中印协会筹备会议召开之年。1934年5月，印度中印协会在圣谛尼克坦成立。1935年5月，中国中印协会在南京成立。——译者注

** 孟加拉语名字为Chameli，意思是白色的茉莉。——译者注

并同样成为德里大学中国学教授。由于谭立是一个非常亲密的朋友，谭家对我变得极其重要；我还喜欢他的兄弟和妹妹，一次就会在他们家待几个小时。我也非常喜爱与谭家父母交谈，而且我常常觉得，他们的谈话在为我打开一扇大门，让我径直深入了中国内里。谭立在 2017 年猝然逝世，而他肯定是我交往时间最为长久的朋友。

52 另一个差不多属于同一时期的非常亲密的朋友是阿米特·米特拉。他父亲哈里达斯·米特拉也在圣谛尼克坦任教。阿米特除学习成绩优异（他从圣谛尼克坦毕业后在加尔各答学习工程）外，还是一个优秀的歌手。他如今住在浦那，除本身的工程工作外，还在指导一家泰戈尔歌曲研究所。就像谭立一样，阿米特对我而言是一个巨大的力量源泉，而若是出了什么差错，我可以总是获得他们两人的同情。我早已投身于各种学生集会上的公开演说活动（通常就文学、社会及政治等主题发表讲话），因而肯定就有倒霉的时日，有时与我意见不一的人会发出响亮的嘲讽之声，让我越发感到紧张。密友在场助阵极大地增强了我应对非难的能力。对我而言，这一课可谓上得有力而又及时。

十一

在我班里的女同学中，尽管还有值得赞赏之人，但在才智与活力方面，曼珠拉·达塔、贾雅·穆克吉与比蒂·达尔比其他同学更为出色。女生的才气得到恰如其分的关注，而由于成绩终究被认为无足轻重，因此对学生的评价的着眼点，往往远在考试分数之外（倒是也给学生打分）。圣谛尼克坦是个一直保持了本色的学校。我记得，一个老师在讲评曼珠拉优异的考试成绩时说道：“你们都知道，尽管她的考试成绩非常好，但她还是确实很有创新力的。”他的这番话把我逗乐了。

理解起来简单得多的一个问题是，考试成绩所显现的东西具有欺骗性，而有一批学生，无论如何测试他们，他们都会表现出一种成体系地降低自己成绩的倾向。在我的印象里，这些女生极为聪慧而且富于才华，可是她们却不愿意让他人作如是观。性别不平等是我一生都感兴趣的一个研究课题，而我当时并不清楚，文化中的性别偏见（无可否认，尽管圣谛尼克坦力图消除性别偏见，但这种现象依然存在）是否在激励女生力求谦逊低调，以让
男生们快意于自己的“优异”，使他们更为愉悦而不那么争强好 53
胜。对于我的这些问题，我未能一一厘清答案，可我当时确实想弄清楚，谦逊心理是否可能是促成印度对妇女持强烈性别偏见的因素之一。与男人相比，印度妇女的不利地位有很多不同的特征，以致很难确切断定造成问题的全部基本原因，但我至今依然认为，需要对这一心理因素进行更为充分的研究。当然，这种心理造成的扭曲绝不局限于印度。

十二

我们一些同学在学校主动创始的活动中，有一项是阿洛凯兰詹·达斯古普塔、马杜苏丹·孔杜和我发起的一份文学杂志。我们从十几岁起就是亲密的朋友了。我们筹集了一小笔钱来支付杂

志印刷账单；就随笔、诗歌和小说的写作进行了内部分工（阿洛凯兰詹当时已能写出非常优异的诗歌，并在后来成为一个极为驰名的诗人）；我们也邀请了学校里的其他同学进行文学创作的尝试。这份杂志名叫《火花报》(*Sphulinga*)。尽管我们实际上刻意使这份杂志变得非政治化，它的名称却与列宁主义有些干系［列宁创办过一个期刊，名叫《火星报》(*Iskra*)，字面含义与《火花报》相同］。编者之间的政治理念并不一致。我们的杂志一度受到热烈欢迎乃至表彰，但在一年多一点之后，《火花报》就失去活力，以火花那样的方式寂灭了。

谭立与我于是创办了一份不同种类的杂志，也就是一份政治漫画杂志。它的成功也是短暂的。这份手绘杂志就放置在综合图书馆的阅览室里，最初似乎还非常抢手，也让我们十分快意。我们在标注文章署名时故意把自己的名字颠倒过来，读来就成为“伊尔纳特与艾特拉马撰”(by Eelnat and Aytrama)。之所以这样做，倒主要不是为了掩藏我们的身份（我们的身份当然一下子就变得众所周知了)，而在于表明，我们所说的一切并非没有夸张或直言不讳之处。我们也关注别的问题。自印度独立以来，在实现政治与经济公正此类事务方面，变化缓慢，效果不彰。我们对此表达
54 了沮丧之感（我们那时的做法对印度政府也许有点不公，因为当时印度独立也就刚刚两年)。我为杂志画的一幅漫画是贾瓦哈拉尔·尼赫鲁的漫画——从他神采飞扬的面容看，是一个显然充满伟大理念的人物，可是却没有能干任何实事的双手。我们的一个老师——我想那是卡希纳特兄——说道，我们“简直太没有耐心

了”。尽管在此后的数十年间，耐心等待在印度并没有得到令人称心如意的回报，但他很可能还是对的。我觉得，无论是对还是错，只争朝夕的想法[①]在早期那些岁月中已经开始在我心中萌生，而对这种精神的提倡则在后来成为我的作品的一个中心主题。

对我而言，能与那些同学相伴是幸运的。我至今坚信，若非与几个密友的温情而富于创新精神的关系，我的性格就会大不相同。除上述数人外，我与萨坦、希布、奇塔、查尔图、贝尔图以及后来的姆里纳尔（他成为我最亲密的朋友之一）、普拉布达、迪潘迦尔和曼苏尔等男同学，以及曼珠拉、贾雅、比蒂、塔帕蒂、尚塔等女同学，都结下了友谊，从而使我的学生时代变得难以忘怀并影响深远。我对圣谛尼克坦的记忆与他们密切相关，以至于要恰当记述我记忆中的往事，则需要为他们每个人写一份小传。

我有时想，文学中对爱情已有巨量描写，但对友情却着墨甚少，因而真的需要在这两者之间取得平衡。友谊与爱情真的完全不是一回事儿，因而根本无须将友谊重新界定到某种拓宽的爱的大伞之下。因此，我的一位晚近结识的朋友维克拉姆·塞特于2010年在伦敦经济学院发表了一篇演说，在纪念我的已故妻子爱娃·科洛尔尼时热情地谈到友谊与诗，让我感到极为欣慰。爱娃对关于友谊的话题非常感兴趣，而维克拉姆的观察，尤其是对友谊可以达到的惊人深度的观照，是极富真知灼见的，因而一定会

① 只争朝夕是我的《以自由看待发展》（*Development as Freedom*, New York: Knopf; Oxford: Oxford University Press, 1999）的主题之一，也是我与让·德雷兹合著的《不确定的荣耀：印度及其矛盾》（*An Uncertain Glory: India and Its Contradictions*, 2013）(London: Penguin Books, 2nd edn, 2020) 的主题之一。

让爱娃乐于听闻。在这方面，尽管我以前曾得到E.M.福斯特的帮助，而在圣谛尼克坦任教的阿肖克·鲁德拉曾写过一篇关于友谊的美文，因而也对我有所裨益，但塞特所说的一席话，却使我远远超越了自己以前对友谊的认识。

除了与我直接往来的同班同学外，圣谛尼克坦还给我提供了与年长我数岁的人建立密切关系的诱人机会，他们似乎愿意与我们交谈，而且几乎没有任何限制。他们兴趣广泛且才华横溢。阿
55 米特兄能写极为滑稽的东西（诗歌、戏剧、散文）；比斯瓦吉特兄知道我前所未闻的书籍；布卢兄能高歌一曲，声音十分优美，而且能够引领他人合唱，将一个小组扩张为一个社群；曼图兄表明，对他人的真切的好奇心可以成为真情厚谊的基础；苏尼尔兄以一种极为令人折服的方式揭示了马克思主义思想中人文主义的一面。

在回首学生时代时，我不禁感叹，事物的许多不同方面完美地结合在一起，会让人轻而易举地想到，它们之所以被置于此处，乃是一种“智慧的创造”，一种完全合乎逻辑的拼图游戏。由于诸事一帆风顺，我于是明白了一个道理，也就是人们为什么会受到强烈诱惑，信奉世界上的某种超常力量。然而，在反思别的可达亿万之众所经历的糟糕生活——许许多多人所遭到的形形色色的剥夺时，人们会变得小心翼翼。所以，尽管我自己的人生是幸运的，这里却显然没有任何有关智慧而慈悲的造物主的体验可言。在我度过异常快乐的学生时代之时，这种想法常常萦绕在我的脑海中。

十三

泰戈尔将自己人生中的很多时间投入推进印度教育和到处提倡教育之中。他在圣谛尼克坦建立的学校对他的时间的耗费，超过了他的其他任何事项，而且他还不断为之筹款。有一个美好的传闻，或许是虚构的，却肯定有典型意义，说的是在诺贝尔文学奖于 1913 年 11 月公布之后，他是如何将这一消息告知别人的。显然，他当时正在出席校务委员会的一次会议，讨论如何为学校所需的一套新排水管筹资的具有挑战性的问题。他从一份拍给他的电报中获悉了得奖情况，于是以一种明显异乎寻常的话语方式，将这条来自斯德哥尔摩的消息告知大家：“买排水管的钱刚好找到了。”无论这个传说是否确实可靠，它所传达的奉献精神都是全然真诚可信的。无疑，泰戈尔确实将自己的诺贝尔奖金用在改善圣谛尼克坦学校的设施上了。

这种对理性和自由的信仰，是泰戈尔的人生观的基础，特别 56
是他的教育观的基础，从而导致他坚持认为，对所有人的深入教育，是一个国家发展中的最重要因素。例如，他在评估日本经济的非凡发展成就时，特别强调了良好学校教育的巨大建设性作用。多年以后，在由世界银行和联合国编制的经济发展文献中，传来了对这样一种分析意见的回声。泰戈尔曾经表示：“今天压在印度心上的高耸的苦难之塔，其唯一基础即在于教育阙如。”① 他认为，

① 泰戈尔于 1930 年接受《消息报》（*Izvestia*）采访时的言论。参见 Krishna Dutta and Andrew Robinson, *Rabindranath Tagore: The Myriad-Minded Man* (London: Bloomsbury Publishing, 1995)。这是一部基于完美研究的精彩传记。

教育的变革作用对经济发展和社会变化至关重要。即使我们现在能够想到当时做出这一判断的限定条件，我们也不难明白他之所以如此考虑问题的原因所在。

第四章
外祖父母的陪伴

一

我前面已经讲过，在从缅甸返回后的两年之内，我到圣谛尼 57
克坦上学以及与外祖父母一道生活的情况。我出生在他们的茅庐之中。这所由国际大学提供的住宅位于“教师村”里一排教工宿舍之中，虽然简陋，却也迷人。屋子里有一间厨房、一个餐厅和两间卧室，分别位于一间小书房的两侧。当外祖父在家时，我常能在书房中找到他（他常常宁愿待在家里的书房中，也不愿意到圣谛尼克坦图书馆的顶层工作）。有时，他喜欢到游廊上工作，盘腿端坐在一块小棉毯上，面前的地板上是一个低矮的写字台。

当孙辈及他们的小朋友来回进出房间，在身边胡跑乱窜时，克希提·莫汉依然能够聚精会神于自己的工作。我总是十分钦佩他的这种能力。在孙辈之中，我与他及外祖母一道持续生活的时间最长，但是其他孙儿也会前来并待上数月之久。母亲的兄长坎迦尔（也就是克谢门德拉）那时尚未成婚，居住在加尔各答，为一家报纸也就是《印度斯坦旗报》（*Hindusthan Standard*，现已停刊）工作。他常常前来圣谛尼克坦，而我非常喜欢与他聊天，断不了为他文雅的幽默而喜不自禁。

母亲的两个姐姐一共育有八个孩子，于是一群表亲川流不息，前来教师村里的茅庐与我们待在一起。在学校放假期间，家里尤其热闹。我与“表兄”科孔哥（迦尔延）、巴丘哥（索姆·尚卡尔）及巴伦哥（巴伦德拉）的关系特别密切，也喜欢我的几个表姐，特别是苏尼帕（梅杰姐），此外还有丽巴（姐姐）、夏玛丽
58 （谢杰姐）、苏希玛（乔尔姐）、伊丽娜以及苏莫娜。我最喜欢的表姐梅杰姐的公公在比哈尔乡间当医生。她在出嫁并与丈夫（迦尔延哥，我过去常常与他交谈，令人非常开心）移居到那里之后，我在暑假时常常会前往比哈尔，与她以及她的丈夫在美丽的荒原度过一段时间。从童年时起，我就总是非常喜欢到比哈尔乡间。

还有其他表亲。在学校放假期间，可以在皮亚利和杜拉的父母在圣谛尼克坦的家中找到他们以及他们的兄弟夏米。我和他们在一起玩得非常开心，而随着我们逐渐长大，我与皮亚利以及杜拉的关系变得更为密切。还有很多表亲，大多住在圣谛尼克坦，巴伦哥（我在上文已经提及）和布拉廷，尤其是他们的兄弟卡贾利、加布鲁以及图克图克，都曾陪伴我度过美妙时光。我们往往睡在对方家中。与别人一道生活，同住一间卧室，实际上还同睡一张床，曾是我生活中的家常便饭。在弄清妹妹曼珠与我是一个合成大家庭的一分子之后，这一事实给我们都留下了强烈的印象。

我们在教师村住宅里的唯一卫生间是在户外的，排队等候是我们生活中的常见现象，至于时间长短，则取决于我们有多少人同时住在那里。与我们在达卡的灯光明亮的住宅相比，这里没有电，可是我已经习惯于生活在煤油灯光之下，而且在煤油灯旁照样能够搞好学习。在我随后的人生中，我之所以表现出对城市生活的强烈偏好，可能就是因为，我觉得自己已经度过了自己在乡

间生活的岁月。我确实曾经喜欢乡村生活，可是我逐渐认识到，书店、咖啡馆、电影院、剧院、音乐活动以及学术盛会，也都有些让人光顾的道理。

外祖父每天总是在凌晨四点前后醒来。那时天色还十分幽暗。他在做好准备后，就外出长途跋涉。有时，我也会在早晨起来（如今已经很难设想，我在那时还常常是个早起者呢），他于是就力图让我熟悉那些于凌晨时分闪耀在天际的星辰。他知道所有那些星辰的梵文名字，也知道其中一部分星辰的英文名字。我十分喜欢在破晓时分陪伴他，也非常乐于弄清那些星辰的名字，而最为重要的是，这种陪伴给了我向他接二连三提问的绝佳机会。他给我讲了许多关于他自己童年的滑稽故事，但是我们也讨论严肃 *59*
的话题。一次漫步能够变成一堂课，会涉及印度虐待处于前农业时期的部落民、夺取他们的土地的恶劣方式（他非常清楚那段过程的惨淡历史，包括连续几届政府都未能给那些部落民兴建学校和医院的事实）等一类话题。他告诉我，公元前三世纪时，印度已经处于城市化的进程中，而当时君临印度绝大部分领土的伟大的佛教皇帝阿育王，却对“林栖人”予以特殊关照，坚称部落民也有自己的权利，就像生活在城镇里的人一样。

二

我获悉，泰戈尔也是一个早起者。他有时会在黎明前看望我的外祖父母，事前不打招呼，凭靠的就是他们早起的习惯。这当然是远在我前来教师村居住之前的事情，而且实际上主要是我出生之前的情况。我听外祖母说，有一次，就在一天黎明前，泰戈尔没打招呼就来了，而那天克希提·莫汉一反常态，还在酣睡。

于是，泰戈尔迅速作诗一首，将他的问题留给了我的外祖母（幸亏她已经醒了）。他的名字罗比（Rabi）的意思是太阳，而克希提（Kshiti）的意思是地球。他把这两个名字都用在了诗中。把这首诗从孟加拉文翻译过来，意思就是：

> 黎明已经到来
> 罗比［太阳］已经出现
> 在克希提［地球］的门前。
> 难道大地还在沉眠？

外祖母说，为了把泰戈尔迷人的诗传递下去，她不得不唤醒地球，可也因此而感到难过。[①] 看到他们两人外出漫步，她又十分快意，可也冀望泰戈尔仍然坐在她家的门廊里，来完成他那首即兴诗作。

三

60 1944 年，我们搬入外祖父母在圣谛尼克坦西缘“吉祥村”

① 我听外祖母讲过那天早晨的事情，而这件事以及外祖父母生活中的其他大量事情，都可以在普拉纳蒂·穆克帕德亚伊令人钦佩的经过精心研究撰写出来的孟加拉文书《克希提·莫汉·森与半个世纪的圣谛尼克坦》（*Kshiti Mohan Sen O Ardha Satabdir Santiniketan*, Calcutta: West Bengal Academy, 1999，p.223）中找到。我频繁凭借这部妙不可言的书来核对和验证我个人对所经历的一些事件的记忆，而且我极为赞赏穆克帕德亚伊刻苦研究的质量。

（Sripalli）建造的一所新房中。此地离校园也就不过四分之一英里，而校园所在地依然是个小镇。我在前面已经提及，外祖父和外祖母的新居紧挨着一所名叫普拉蒂奇（Pratichi，西宅）的小屋，那是我还在达卡的父母于 1942 年建造的。在我们迁入吉祥村一段时间之后，我开始在隔壁西宅睡觉和学习，但继续与外祖父母一道用餐。

我变得非常喜欢西宅，而且几乎是独自一人住在那里。倒是有个名叫乔盖希瓦尔的小仆人做伴，而他另外住在庭院内自己的公寓里。乔盖希瓦尔是在 1943 年孟加拉饥荒发生时期从毗邻的杜姆加县过来的，当时是个正在挨饿的少年，想找一份工作，挣一点小钱。那时，我们家并不特别需要一个新仆人，可是家里人却一致认为，有必要做些事情来帮助这个一脸稚气的杜姆加县少年。乔盖希瓦尔最初是由我姨母雷努收留并供饭吃的，随后由我母亲接管了他。我母亲让他负责管理当时尚无人居住的西宅。乔盖希瓦尔告诉我，他非常喜欢“自己独占一整套住房”。到了我与外祖父母一道从教师村搬来时，我年方十岁而乔盖希瓦尔是十五岁。两年之后，我开始在西宅睡觉，而安排给乔盖希瓦尔的工作就是照看我。当然，实际对我负责的是住在隔壁的外祖父母。

乔盖希瓦尔与我们一道生活并为我们工作了近七十年。我在 1998 年获得的诺贝尔奖金的助力下建立起两个公益信托基金，一个设在孟加拉国，一个设在印度，旨在改善小学教育、提供基本医疗服务和促进性别平等。乔盖希瓦尔获悉它们被命名为“西宅信托基金”后非常开心。他笑容满面地告诉我：“我非常喜欢这个名称。”

随着时间的推移，乔盖希瓦尔成为我们家的首席雇员，而在我父亲于 1945 年印度分治前夕辞去达卡大学的职务后，与我父母一起先后迁居德里以及加尔各答。我父亲最终于 1964 年在新德里退休，他们于是全都定居于西宅，而在那时，这所住宅也已扩建。阿拉宾达·南迪一向帮助母亲做些文字工作，特别是参与编辑她
61 发起的一份孟加拉语杂志（《卓越》，*Shreyashi*），而我母亲年迈之后，也承担了“管”家的工作。我父亲于 1971 年去世后，母亲继续住在西宅。那时，这些为我们工作的来自部落的人（桑塔尔人）已经几乎成为我们的家庭成员（拉尼是领班）。2005 年，母亲在 93 岁高龄时最终离开了我们。她在临终前夕给我断然下令，在西宅工作的六个仆人（包括两名园丁），一个也不许解雇，要让每个人都能领到全薪，而且要让他们即使在退休后也能享有全额医疗保险。我一直遵循她的指令，而西宅至今依然回荡着生活的喧声，尤其是在安装了一个有 400 个频道的有线电视接口之后，保证了每个人都可以自得其乐。

由于我非常喜欢西宅，而且至今与之密切联系在一起，所以尽管不断有人辞世，我在看到它今天的生机不比早年逊色多少时，还是觉得非常欣慰。另外一件额外的好事是我的子女们对西宅的眷恋之情。安塔拉和南达娜是如此，而英德拉尼和迦比尔两个年龄小一些的孩子也是如此。他们一年到头精心制订计划，十分频繁地前往那里，实在妙不可言。我母亲对此总是十分开心。至于我自己，如今即使时间不长，也大约会每年回那里四趟（新冠疫

情期间例外，本书写作正值这样一个时刻)。尽管我明白哲学上有一条警示语，说我们实际上不能两次踏进同一条河流，可我回到那里，还是觉得自己就像踏进一条熟悉的老河那样。

当我还是孩子时，与隔壁外祖父母一道用餐常会持续很长时间。这主要是因为，我非常喜欢与外祖父以及外祖母交谈。所涉话题广泛，几乎无穷无尽，于是我们就长时间交谈下去。有一个阶段（我想我那时大约十一岁)，受过梵文学者基础教育的克希提·莫汉，对于弄清进化是怎么回事变得很感兴趣。他读了一些东西，我觉得是 J.B.S. 霍尔丹的著作，从而使他第一次理解了自然选择，也明白了只要给予足够的时间，即便是很小的生存优势，也会最终使一个物种主宰另一个物种。我记得，我在帮助他弄清有关复合增长率的数学问题以及指数扩张魔法时，他得到的快乐超出了我的预期。

然而，随后就出现了一个问题，让他与我都不得安宁。尽管 *62*
很容易就能明白，更好地适应这个世界的物种是如何取得主宰地位并在数量上超越其他物种的，但这种竞争肯定是限制在出于某种原因而现在恰好存在的种群内的。这个吸引外祖父与我两个人的问题是：首先，它们缘何而存在于那里，致使它们能够进入这种角逐最适者的竞争之中？克希提·莫汉在说明问题时并不乞灵于神，因为他并不认为神会以那样一种竞争方式运作，而我也不会乞灵于神，因为我也并不认为有神在安排物种之间的赛马。克希提·莫汉说，他必须更好地弄清楚这一问题，因而必须再多读一些书。数日后，我们就变异及其在自然选择中的作用进行了一次精彩的大讨论。

就生存优势而言（也就是，哪种曾经存在的物种会变得占据优势），某个可能被认为基本上是偶然形成的东西（也就是，哪个物种由于变异而产生），可以与系统的乃至可预测的结果共同发挥作用，最终产生了我们在自己身边发现的这个井然有序的世界。这一想法深深地迷住了克希提·莫汉。我和他一样沉迷于因果律和偶然性的结合，十分喜欢探索；可是，与一个在其他领域取得丰硕学术成就的人一道学习，也让我体验到了一种莫大的快乐。他由于不熟悉基因问题，因而愿意与自己年仅十一岁的外孙进行知识合作。

四

如果与诸奥义书、史诗《罗摩衍那》（*Ramayana*）和《摩诃婆罗多》（*Mahabharata*）大力赞颂的古代学府进行一定的意识形态方面的比较，圣谛尼克坦有时被人说成是一座“净修林”。我们听说，印度古老的净修林教学特别着重于培养好奇心，而不是竞争优势，而这也正是圣谛尼克坦的办学焦点。我在前文已经提到，对任何种类的考试成绩和评分等级的追求，学校都予以强力阻止。这也促使我读了泰戈尔的许多教育论文，而不再是像以前那样，只读他的诗和短篇小说。

63 在圣谛尼克坦开学期间，泰戈尔喜欢在周三早上定期举行的
周会上论述他的教育理念。这样的周会在所谓“Mandir”里面举行，这个梵文词翻译过来的字面意思就是“神庙”，可这些晨会却

并非任何特定宗教的典礼。神庙周会就是一个定时举办的论坛，以讨论整个圣谛尼克坦社区所感兴趣的重大问题。我在后来想到，由于采用了色彩鲜丽的玻璃墙和许多不同色调的半透明砌块，这座神庙的物质结构与古老的基督教堂颇有几分相似之处。这里也有一些非教派的祈祷活动，但主要活动是十分冗长的讨论会，既有宗教话题，也有带道德倾向的一般话题。

泰戈尔常常主导那些活动，在发言间隙会演唱许多歌曲。泰戈尔逝世后，像他过去那样主导集会，发表一周一次的演讲，就成了我外祖父克希提・莫汉的职责。在泰戈尔时代，我虽然作为来自达卡的儿童访客被数次带到神庙，但还不是圣谛尼克坦学校的学生。外祖母非常喜欢讲我在参加泰戈尔主持的一次神庙会议时发生的一个颇为令人尴尬的故事。那时我大约五岁，在被带去神庙之前就已得到强硬指令，在活动进行过程中一句话都不要说。外祖母说："你得绝对安静，每个人都得绝对安静。"我答应我将一声不吭。可是，我记得，我们进入神庙后，泰戈尔一开始讲话，我就大声发问："那么，那人为什么说话？"我于是打破了会场的寂静气氛。我听说，泰戈尔文雅地笑了笑，但并没有给予任何说明，以帮我解开那个不解之谜。

五

至少在一开始，我是非常喜欢听外祖父在每周一次的神庙会议上的讲话的，可是我发现每周一次的宗教——起码是半宗教——演讲对我并没有特别的吸引力。到我十二岁时，我告诉外祖父，我不想再按时去参加神庙会议了，因为我有功课要做。他告诉我（可是他的话语听起来并不特别伤人）：“那么，我想你不太喜欢神庙里的这些讨论会？”我沉默着。他对我说：“这样也
64 好，可是你很可能在长大后会改变想法。”我告诉他，我对宗教一点也不感兴趣，而且我没有宗教信仰。他说：“在你能独自认真思考之前，根本不存在有宗教信仰的道理，而随着时间的推移，你会自然产生宗教信仰的。”

在我长得更大以后，由于我并没有产生一点宗教信仰——我的怀疑主义倒似乎随着年齿渐长而趋于成熟——我于是在若干年后对外祖父说，他可能错了，因为尽管我坚持努力思考宗教想要解决的难题，但我还是没有随着时间的推移而有了宗教信仰。“我没错，”外祖父答道：“你已经解决了宗教问题。我明白，你已经把自己归入印度教诸派中的无神论也就是顺世论一派之中了！”他还给了我一个长长的关于古代梵文无神论与不可知论论著的参考书单，包括《罗摩衍那》中斫婆迦（Carvaka）与阇婆离(Jabali) 的话语，以及顺世论派的一般性著作。克希提·莫汉还向我提到了十四世纪摩陀婆阿阇梨所著梵文书《各派哲学体系纲要》(*Sarvadarsana Samgraha*, 旧译《摄一切见论》)。此书第一章即满怀同情地致力于阐述顺世论的无神论哲学。由于我那时对梵文阅读满怀热情，我兴致勃勃地攻读了此书。摩陀婆阿阇梨在不同章节中展示了推理的范围，捍卫了非传统的哲学立场，是我在这方面所读过其著述的最优秀的作者之一。此书第一章对无神论和唯物主义的辩护，是我所读到过的对那些观点的绝佳阐述之一。

克希提·莫汉还引我注意到一首重要的诗歌，即最古老的印度教经典《梨俱吠陀》（*Rig Veda*）（可能追溯到公元前 1500 年前后）中的那首所谓《创世歌》（Song of Creation）。这首创世歌表达了对所有关于世界是如何创造的正统传说的深刻怀疑：

> 谁真的知道？谁愿意在这里宣告？它[*]缘何而生？这造化所为何来？在这次创世之后，诸天之神才接踵而来。那么，谁能知道它从何而来？
>
> 这造化从何而来？——或许它是自我形成的，或许它不是自我形成的——唯有从至高之天俯视它的太一知道——或许连他也不知道。[①]

尽管视野如此广阔，即便是一个无神论者，也无从逃脱宗教。 65
在认识到这一点后，我也未免有几分挫败感。虽然如此，想到不可知论的乃至无神论的分析竟然能够被囊括到印度教思想文献之中，我还是觉得大受震撼。

六

我完全理解泰戈尔为何极为热切地将我外祖父请到圣谛尼克坦与他合力建设一种新型教育机构。泰戈尔从一个杰出的同事卡利·莫汉·高希那里听到了关于克希提·莫汉的传说。他人已在圣谛尼克坦，除致力于圣谛尼克坦学校的教学外，主要帮助泰戈

---

* 世界。——译者注

① 此诗系《梨俱吠陀》第 10 卷第 129 首。此处英译出自 Wendy Doniger, *The Rig Veda: An Anthology* (London : Penguin Books, 1981), pp.25-26。

尔从事乡村改革与农区复兴方面的工作。泰戈尔听到的有关克希提·莫汉的情况后十分动心，于是进行了某种背景调查。他发现，我外祖父学识渊博，思想开明，而且深度关注社会上那些最为穷苦的人，于是决心劝说克希提·莫汉前来圣谛尼克坦。泰戈尔在其书简中写道：

尽管他精通经书和古典宗教著述，他的长处却在于为人十分开明。他声称自己是从阅读经书本身而形成这种开明态度的。有些人想要利用自己对经书的狭隘解读来贬低乃至侮辱印度教，而他甚至可能影响那些人。他至少能够帮助我们的学生廓清狭隘思想。[①]

泰戈尔在 1908 年 2 月 24 日的一封信中恳请克希提·莫汉出山："我非常需要一个盟友。"继而（针对他不愿迁居一事）补充说："我还不愿意放弃希望。"[②] 圣谛尼克坦学校的工资很低，而克希提·莫汉却有一个大家庭，不仅包括自己的子女，还有已故兄长阿巴尼莫汉的儿子（比伦和迪伦）。到 1907 年时，克希提·莫汉已经在喜马拉雅山麓原生的昌巴王国获得一份良好的工作，出
66 任那里学校最重要的教师职务。他得到了国王布利·辛格的热情支持（他们相处甚欢），而且他也不想放弃这份工作给他带来的稳定薪俸。泰戈尔继续恳请说，他将确保克希提·莫汉的酬金足以

① 引自普拉纳蒂·穆克帕德亚伊所著克希提·莫汉传（孟加拉文）：*Kshiti Mohan Sen O Ardha Satabdir Santiniketan*, pp.42-43。

② *Selected Letters of Rabindranath Tagore* , edited by Krishna Dutta and Andrew Robinson (Cambridge: Cambridge University Press, 1997), p.69.

让他履行自己养家的责任。

泰戈尔最终确实成功劝说克希提·莫汉来到了圣谛尼克坦。克希提·莫汉在那里度过了五十余载，心满意足，硕果累累，既受到泰戈尔远见卓识的熏染，也影响了诗人自己的思想理念。他们也成为亲密无间的朋友。1912 年 6 月 27 日，W. B. 叶芝在伦敦主持了那场著名的文学盛宴，使泰戈尔在欧洲“脱颖而出”。泰戈尔觉得，那些推举他的理由是全然错误的。第二天早上，他将自己的忧虑向克希提·莫汉和盘托出。我将在下一章中再谈这一插曲。

七

克希提·莫汉·森的家族来自达卡地区比克拉姆布尔县的小镇索纳朗，那里离我父亲家族的发祥地马尼克甘杰不是很远。克希提·莫汉的父亲布班莫汉是一名传统的熟谙生命吠陀体系（Ayurvedic system）的医生，医术还算高明，但在退休后移居贝拿勒斯，将克希提·莫汉带在自己身边。我从未听克希提·莫汉谈起过自己的父亲，而且我认为他们的关系不是十分密切。我形成了一个印象，即克希提·莫汉对自己父亲身上的什么问题相当不以为然或起码为之感到悲伤。然而，尽管我尝试数次，还是无从发现他们之间的芥蒂何在。

然而，布班莫汉为自己儿子的学术造诣而自豪，为他在贝拿勒斯女王学院成绩出类拔萃并获得硕士学位（女王学院附属于阿拉哈巴德大学，所以他的学位证书是由该大学正式颁发的）而欢欣鼓舞。可是，他在几个传统梵文教育中心“四学堂”* 花费了更多时间。在他那个时代，贝拿勒斯的四学堂仍然十分兴旺。他后来撰文谈到了那种保护和推进印度古典教育的传统做法的伟大成就，也谈到了四学堂随着现代性在印度的出现而慢慢消失的悲剧。他还由于自己的梵文学识而获得了人们梦寐以求的“学者”
67 （Pundit）头衔。作为一名保守的印度教徒，布班莫汉想必赞成自己的儿子掌握梵文与古代印度教文献，可若是知悉克希提·莫汉对文学和宗教的兴趣在急剧拓宽，他一定会惊恐不安的。

事实上，布班莫汉害怕克希提·莫汉在人生态度和信仰方面可能发生的“西化”现象，因而竭力阻止这种情况的发生。由于克希提·莫汉越来越着迷于伊斯兰教苏非派诗歌的美与力量，越来越醉心于印度教虔信派运动中涌现的文学作品，他的不断变宽的兴趣，实际上走了一个全然不同的方向。他学习了波斯语，而在这一方面，他的兄长阿巴尼莫汉由于精通波斯语，给他提供了巨大的帮助。

在十四岁时，克希提·莫汉决定加入迦比尔之路派（Kabir Panth，又译迦比尔派），追随其多元宗教传统。这一教派兼容并包，气度宏大，将印度教徒与穆斯林的理念结合起来，产生了不少令人赞叹的诗歌，这些诗歌许多个世纪以来一直为人所传唱。虽然加入迦比尔之路派是一项正式行动，可此派的宽容精神允许克希提·莫汉保持自己的生活方式，留有自己合理的首要事项。迦比尔于十五

---

* 四学堂（Chatushpathis），梵文学校，特别是讲授四吠陀或文法、诗歌、法律与哲学等四门学问的学校。——译者注

世纪中叶出生在一个穆斯林家庭（出生年份通常被认为是 1440 年，但尚难以确定），受到了穆斯林与印度教徒的理念及文学传统的熏陶。不难猜测，布班莫汉对此并不赞赏。克希提·莫汉后来对于当时正在发生的具有讽刺意味的情况写道：

> 为了把我留在保守的［印度教］社群之中，给我做了各种各样严格的安排［以排除基督教的影响］，可是主宰我人生的神会被这些招数逗乐的。试图使我成为传统守旧之人的种种努力肯定遭到了破坏，但英语却没有给我带来危险。[①]

随着自身信仰的演进，克希提·莫汉人生的优先事项也发生了变化。在距他前往昌巴还有十年之时，也就是在 1897 年，他刚刚十七岁，就决定漫游北印度和西印度，以搜集和编辑迦比尔、达杜及其他有相似倾向的修道士（sants）的诗与歌。他们以自己的方式追求宗教信仰，对穆斯林与印度教徒的思想均心怀敬意。 68
由于迦比尔及其他修道士的追随者广布于印度的许多省份，克希提·莫汉需要寻访巨大的地域。[②]

我的儿子之所以被命名为迦比尔，在一定程度上就是因为历史上的迦比尔的理念打动了我，同时也因为他的母亲爱娃·科洛尔尼喜欢这个名字。当然，迦比尔是个穆斯林名字，而身为犹太

① 译自穆克帕德亚伊所著《克希提·莫汉·森与半个世纪的圣谛尼克坦》第 17 页中的传主引文。

② 估计目前的迦比尔之路派人数接近 1 000 万，而这一群体的规模在十九世纪最后十年就已经非常可观。他们也已扩散到大片地域上。

人的爱娃对我说："父亲源于印度教家庭，母亲是犹太裔，给儿子取一个美好的穆斯林名字，恰到好处。"克希提·莫汉在深度投入对迦比尔及其传统的研究之中时也意识到，就是在自己的家乡孟加拉，在巴乌尔歌人之中，也有印度教徒与穆斯林互动的丰富而活跃的传统。巴乌尔歌人有类似的豁达的思想观念，受到了两种宗教思想的影响，而且从两个教派都吸引来了追随者。所以，在1897—1898年，他也开始寻觅孟加拉巴乌尔歌人，同时搜集他们的歌与诗。

这些旅行活动，以及克希提·莫汉保留充分记录的决心，耗费了他的大量时间。孟加拉伟大的作家和学者赛义德·穆杰塔巴·阿里[①]是克希提·莫汉家庭的一个亲密友人，曾与他一道工作。阿里指出，他在研究和分析他正在搜集的乡村口传文本时，有一种经典学者对古代文本的那样一种"科学的缜密精神"。

八

虽然父亲布班莫汉似乎不赞成儿子兴趣的广泛化，克希提·莫汉还是获得了母亲达雅玛伊的坚定支持，而且他与母亲关系密切。她引导他做一个独立自主的人，鼓励他追寻自己的梦想，并鼓励他将古典梵语研究与乡村宗教及文学传统结合起来。她也支持他为了采集诗与民歌而在印度农区不停地旅行。她还鼓励他

---

① 参见 Syed Mujtaba Ali, "Acharya Kshiti Mohan Sen," in a Bengali volume of essays, *Gurudev O Santiniketan*（《师尊与圣谛尼克坦》），转引自穆克帕德亚伊所著《克希提·莫汉·森与半个世纪的圣谛尼克坦》，第 466 页。

接受泰戈尔的邀请。她以前就读过泰戈尔的一些作品，曾因他的远见卓识和非凡理念而深受触动。我想，布班莫汉不会赞成克希提·莫汉前往圣谛尼克坦。外祖父总是说：“我母亲对我助力很大。”可是，我未能说动他多谈一谈这方面的情况。

在圣谛尼克坦的一个天色瑰丽的傍晚，就在日落前后，我想起克希提·莫汉曾经问我的母亲（我们当时都坐在游廊上）：“你
还记得我的母亲，也就是你的祖母吗？”我那时已经十二岁了，69
我母亲大约三十三岁，而克希提·莫汉则是六十五岁左右。母亲说，她当时真的太年幼，不记得了；她要是能记得就太好了。外祖父说：“当然，当然，我这么问也是犯傻。”随后，他陷入沉思。那时，外祖父的母亲倘若还活着，得一百多岁了。想到我年迈而睿智的外祖父渴望忆起自己的母亲，我颇有些伤感。在那个令人难以忘怀的美好的傍晚，面对时光流逝的悲憾，一个十二岁的少年还很难抵御袭上心头的忧郁思绪。

九

如果母亲对于克希提·莫汉是非常重要的，那么毫不奇怪，他的妻子，也就是我的外祖母，对于他也是非常重要的。吉兰巴拉是一个技术娴熟而且成功的工程师马杜苏丹·森的长女。她的两个弟弟阿图尔与谢巴克也当了工程师。我不但非常喜欢与他们的孩子（迦纳伊、皮库和尼马伊）聊天，而且丝毫感受不到年龄差距，十分享受同他们的闲谈。我们从达卡来到加尔各答这座大城市时，经常住到阿图尔舅爷在南城的雅致的宅邸中。那时我大

概六岁或七岁，而我与阿图尔舅爷最初的几次交谈，就发生在他修理自己的汽车时。他整个身子都钻入汽车底下，身边是各种工具，我只能看见他伸出来的腿。我以前从未与两条腿交谈过，可是汽车底下的那张看不见的脸却十分吸引人，一直让我乐不可支，占用了我一个多钟头的时间。

在我的这个大家族中，外祖母那头的人全都对技术类事物抱有浓厚兴趣。阿图尔舅爷为加尔各答的一家工程公司工作，谢巴克舅爷负责圣谛尼克坦的电力供应。吉兰巴拉的幺妹图卢外婆也住在圣谛尼克坦，喜欢用有趣的数学难题逗我开心。从我童年伊始，她前来我们家做客，对于我来说就是一个巨大快乐的源泉。

由于吉兰巴拉的父亲马杜苏丹比入不敷出的克希提·莫汉明显富有，她的婚姻导致自己经济地位下降。可是，她在相当严重
70 的困境之中，非常切实有效地经营着他们的生活。她尽管得做许多事情，却总是喜气洋洋，让我感到非常惊讶。她的活计不仅包括煮饭和料理家务，而且还得看管像我这样的孙辈、当产婆以及照料自己患有精神疾患的幺妹英迪拉。在幼年时期，由于染上某种短期流行病，英迪拉的大脑受到损害，落下终身残疾。英迪拉与我们一道生活，而吉兰巴拉终生照护她，长达四十年左右，每天早晨都要细致地给她沐浴，而在整个白天都要护理她，甚至想方设法逗她开心，可谓无微不至。外祖母对处于困境中的人的关爱对我产生了异乎寻常的激励作用。

还有动物，尤其是流浪动物，也得到了她的照顾。这些动物之中有一只流浪狗，是一只居无定所的杂种狗，每天都在同一时

间前来吃外祖母给它的食物。这本来是一件再寻常不过的事情，可非常奇怪的是，在外祖母晚年遭遇厄难时，这只流浪狗却以实在非同寻常的方式救了她一命。一天，时年九十岁的外祖母从附属于游廊的露天台阶上摔下来，当即昏迷不醒，当时家里别无他人。此刻那只狗前来找饭吃，看见外祖母的状况，立即跑到隔壁我父母家。母亲恰好坐在游廊上（我当时住在德里，后来听母亲讲的这个故事）。狗不断冲她吠叫，同时做出奔向外祖母家的姿态，又跑回来，再三反复做同样的事。在尝试数次之后，狗终于成功地让母亲感到好奇和担心，她于是前往外祖母家，发现外祖母躺在台阶底下的地面上。外祖母得以幸存下来，又活了六年，直至九十六岁辞世。医生们说，如果不是得到迅速救治，那天的结果就可能大不相同。那只流浪狗显然是那天的英雄，而这个故事就像其他任何善有善报的故事一样令人感动。外祖母对人对事总是这样满怀善意。

外祖父在几乎所有事情上都完全依靠外祖母，而他们也保持了非同寻常的亲密关系。我非常清楚地记得，克希提·莫汉在下
班到家后，在院子边上就会高声宣告自己回来了，甚至还没进屋 71
就喊一声：“吉兰！”克希提·莫汉是一个了不起的书信作家，但也许鲜为人知的是，他的绝大多数信件是写给妻子的。每当他们不在一起的时候，他似乎总是迫不及待地将自己所想到的一切都向她倾诉。

1924 年，大艺术家南达拉尔·鲍斯陪同他与泰戈尔浮海东行，前往中国和日本。看到克希提·莫汉将自己的空余时间大多用于

给吉兰巴拉写信，南达拉尔觉得十分好笑：这是他“最喜欢的活动”。南达拉尔在关于他们一道旅行的笔记中评论道，收阅丈夫如洪流般涌来的信件，一定会让吉兰巴拉忙得不可开交。

克希提·莫汉的传记作家普拉纳蒂·穆克帕德亚伊，设法弄到了他写给吉兰巴拉的一些信件，开篇是一封写于 1902 年 6 月 29 日的信件。他们那时新婚燕尔，而她正在娘家省亲。外祖父在这封信里说，自从娶她为妻以来，他就变得非常幸福。克希提·莫汉在这第一封信的开端写道：“要是有一支可以测量幸福的温度计，我就可以向你说明我有多么幸福！”我近年在思考测量幸福的方法时曾想起这句话来。如今，这些方法正在引起我的经济学家朋友理查德·莱亚德和乐善好施的不丹国王这样两位操不同职业的人士的关注。

十

泰戈尔之所以决心让克希提·莫汉与他一道在圣谛尼克坦学校工作，主要与我外祖父对经典的学识和对梵语及巴利语文本的掌握有关。他对这个领域有着非凡的专业知识。他在这所净修林工作期间撰写的一些书籍，在激励以更加开明的态度解读经典方面，突破了早先认可的樊篱，因而产生了深刻的影响。人们常常通过曲解古典作品和经书文本来对诸如种姓与性别的不平等表示支持，而他为写作而选择的许多主题就反映了他对印度社会不公的分析。他想要通过对古代文本更为充分的解读来逐渐破除这些罪恶。

我有时会与克希提·莫汉争论。我认为，即便真有经书在背

后支撑不平等现象，他无论如何依然会反对这些不平等现象。他不否认这一点，却告诉我：“许多人受到劣质学识的影响，不但 72
曲解了古代文本，而且在对这些文本的选择上带有偏见。因此，这些不平等现象就得到了他们的支持。无论如何，我反对也改变不了这一事实。”错解经典未必与持续存在的社会实践全然密切相关。即便他认可这一点，他也一定要更正这些在知识领域的越轨行为。他殚精竭虑撰写的诸如《种姓差异》（*Jatibhed*）这类研究性著作表明，经书在依印度教惯例进行人口阶层划分时的准则作用是非常微弱的。《古代印度妇女》（*Prachin Bharate Nari*）论述了古代印度妇女通常享有的自由是如何在中世纪及当代印度被逐渐剥夺的。此外，他在《印度文化传统》（*Bharater Sanskriti*）中说明了古代印度教文献是如何突破宗教、种姓、阶级、性别及教派的界限而利用不同类型的资料的。撰写这些著述充分动用了他的经典学识储备。

正如泰戈尔所希望的那样，克希提·莫汉也帮助舒缓了这所净修林里旧式梵文学习中传统的苦修办法。泰戈尔可能没有料到的是，克希提·莫汉不但会大幅拓宽他对古典及经书文献的理解，而且照样会拓宽他对民间宗教思想以及最为重要的乡村诗歌的了解。如此学问来自克希提·莫汉对这些传统的广泛研究，而起点则是迦比尔。他从十多岁就开始罗致迦比尔的诗集。在泰戈尔的强烈鼓励下，克希提·莫汉开始出版迦比尔、达杜和其他有远见卓识的乡村诗人的作品集以及针对他们的评论集。

就迦比尔而言，克希提·莫汉专注于他的诗歌的口传文本。

岁月悠悠，这些出现于五百多年以前的诗歌，在迦比尔之路派诗人和歌者的手下，经历了有时可谓相当大的变化。他的四卷汇编本[①]收录了迦比尔印地文诗歌的孟加拉文译本，出版于1910—1911年，也就是在他移居到这所学园之后不久。据说，单纯的乡村诗人是有复杂思想的。克希提·莫汉在诠释印度教时，强调该教与
73 其他大宗教尤其是伊斯兰教之间的互动具有创造性而不是破坏性。泰戈尔不仅受到他这种开明而宽容的诠释的很大影响，而且受到他关注那些纯朴诗人的复杂思想的办法的很大影响。

这种古老而又鲜活的诗歌，是矗立在印度教虔信派运动与伊斯兰教苏非派传统之间的一座重要桥梁。它们非凡的质朴和影响范围使泰戈尔大为感动。泰戈尔在伊夫林·昂德希尔的协助下，从克希提·莫汉的收藏中选材，推出《迦比尔诗一百首》的英文译本[②]。在泰戈尔获得诺贝尔文学奖两年后，这部诗集于1915年得以出版。埃兹拉·庞德参与了迦比尔诗歌的另外一个英译本的工作，所依蓝本依然是克希提·莫汉编定的集子。尽管一些英文译本已经出版，庞德心中设想的更为充实也更为宏大的翻译计划[③]却

① 原版出版于1910—1911年。后来的一个一卷本孟加拉文译本近年来再度发行，题为《迦比尔》（*Kabir*, Calcutta: Ananda Publishers, 1995），著名历史学家萨布亚沙奇·巴塔查里亚为之写了一篇大有裨益的导论。迦比尔诗歌的一些优秀译本以及富于启示意义的评论，可见于 Arvind Krishna Mehrotra, *Songs of Kabir* (New York Review Books, 2011)。

② 这部诗集出版时题为 *One Hundred Poems of Kabir*（London: Macmillan, 1915），由泰戈尔翻译，同时得到伊夫林·昂德希尔的协助。诗集导论赞扬了克希提·莫汉的“辛劳”，称正是这份辛劳才“使得现在这一出版任务得以”完成。引文见该书导论第 xliii 页。

③ 参见 Ezra Pound, “Kabir: Certain Poems”, *Modern Review*, June 1913; reprinted in Hugh Kenner, *The Translations of Ezra Pound* (New York: New Directions, 1953; London: Faber, 1953)。

从未完成，成果也从未面世。[①]

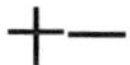

十一

对于克希提·莫汉编定的迦比尔诗集，某些评论家提出了一些问题，因为他的文本中的诗歌并不总是与别的一些文本中的用词严丝合缝，完全相符。在我即将从圣谛尼克坦学校毕业之际，这一话题正在激发人们的学术兴趣。克希提·莫汉稍后推出了一部达杜诗集。我在他为此书撰写的导论中看到了他对这一话题的评论。达杜是另一位乡间修道士，活动于十六世纪，是迦比尔的追随者，而且同他一样，也致力于印度教徒与穆斯林两个传统之间的沟通工作。外祖父在 1935 年出版的那本书中提到了评论家对他持续不断的批评。他们认为，他在自行编定的迦比尔诗集中，没有把自己限定在业已印刷出版的迦比尔诗集《真言集》(*Bijak*)上。他回应道，这些评论家如果读过他有关迦比尔的书的导论，他们就应该看到他的说明，也就是他选诗的重点，在于向公众介绍至今依然盛行于印度乡村民间的口头诗歌传统。他收录了《真言集》中的许多诗歌，但他不想把自己局限在这本诗集中。

---

① 不过，在耶鲁大学可以找到埃兹拉·庞德译本《迦比尔诗选》(*Kabir: Poesie*)的部分校样。有关文献收藏于 Yale Collection of American Literature: Beinecke Rare Book and Manuscript Library, Ezra Pound Papers Addition, YCAL MSS 53 Series II Writings 700（克雷格·贾米森引我注意到这份未出版文件可资利用，令人不胜感激）。庞德不懂印地文，也不懂孟加拉文，是在卡利·莫汉·高希的帮助下尝试这一翻译事项的，参见 *Selected Letters of Rabindranath Tagore*, edited by Krishna Dutta and Andrew Robinson (Cambridge: Cambridge University Press, 1997), p.116。对于克希提·莫汉的迦比尔诗集，还曾有阿吉特·库马尔·查克拉瓦蒂的一部更早的翻译手稿。

我觉得自己被吸引到了这场辩论之中，而且察觉克希提·莫汉至少在一定程度上受到了触动，开始担忧城市精英在解读印度
74 文化方面的专断。我们经常在晚餐桌边就这一话题进行讨论。所以，我会就此向他请教。克希提·莫汉没有异议，但也告诉我，迦比尔诗歌的不同版本之间存在差异完全不足为奇。迦比尔本人并没有动笔记录下自己的任何一首诗，而作为编者，克希提·莫汉认为，将按照当代口头习惯诵读或吟唱的那些诗歌置于优先地位并无不当。迦比尔诗歌的其他收集者，往往宁愿采用曾在某一时期记录在案的文本，认为它们是以更早时期流行的口传文本为依据的。他告诉我，在所有这些辩论中，令人惊讶的事情并非一个生活在许多世纪以前的口头诗人创作的诗歌存在不同的文本，因为文本的多样性正是传统口头诗歌的一个共同特征；真正令人诧异的是，许多编者一味坚持将“已经定型的印刷本”奉为圭臬（他是微笑着说的），并达到了决绝的程度，“而不允许给沿袭至今的活生生的传统留出空间”。我发现，克希提·莫汉在其最早于1910—1911年出版的迦比尔诗集的导论中即已相当详细地说明了这一切：

> 从童年起，我就在迦尸［贝拿勒斯］及其他朝觐圣地熟悉了修道士，其中就包括迦比尔，而且我清楚地听到了诸多与他有关的传说。后来，我进而在印度的不同地区收集了迦比尔所有的歌，包括所有业已出版的迦比尔歌集……我从不同的读本中选择歌，它们不但与那些修行者还在唱的歌高度一致，而且经那些修行者与我判定，都是些符合传统的

作品。几乎无须赘言，我得到了各种各样的意见，我得［借助我的判断力］从中做出抉择。修行者说的往往是与自己所处时代相符的话语。同样的诗之所以有不同版本，是因为那些异本只是在其产生时代才是易于理解的。我得在完成自己编辑的迦比尔诗集时将所有这些表示关切的意见铭记在心。有朝一日，我希望出版一个充分收录迦比尔诗歌所有版本在内的全集。①

这里值得注意的重要事情是，不仅迦比尔的歌存在若干同时流行的不同版本中（所以，宣称某个版本是盖过其他所有版本的独一无二的真本是徒劳的），而且克希提·莫汉一贯将优先权赋予那些依然存在于迦比尔的追随者们活跃的诵读与吟唱传统之中的作品。那些追随者往往来自印度社会的最底层，而克希提·莫汉 75
亲自听到过这些修行者诵读或吟唱迦比尔的歌。在这方面，克希提·莫汉与所谓“庶民研究”（subaltern studies，一译“底层研究”）有很多共同之处。我听克希提·莫汉谈到过我们的精英社会对底层庶民的带有偏见的忽略，而以拉纳吉特·古哈为首的早期庶民研究理论家则告知我们，传统上就存在对处于社会底层的民众的

① 这段引文译自克希提·莫汉为其迦比尔诗集撰写的孟加拉文导论。他总是非常热忱地将鼎力相助之人的名字列出，恰如其分地对他们鸣谢：“我得到了许多人的大力帮助，从他们唱的歌和他们手写的笔记中受益良多。他们是：瓦鲁纳迪凯沙布的达克欣·巴巴、盖比的朱兰·巴巴、佐佐塔尔的尼尔巴伊·达斯、乔坎迪的丁德夫以及［同样来自乔坎迪的］盲人圣徒苏尔希亚马达斯。”他还列出了他见到过和评估过的十二本业已出版的著作，其中包括普拉萨德编的《迦比尔全集》（*Kabir Shhabdabali*）。此书现在常被引用，成为一个堪与克希提·莫汉的集子相媲美的本子。不过，克希提·莫汉的集子，就像其他印本一样，在当时还不是定本，而他得核对其中每一首歌在多大程度上符合“那些职业歌人所唱的内容，以及与他们一道判断哪些歌忠于传统”。

生活与思想的无视。两者之间存在显著的相似之处。[①]

凡是在有可能的时候，克希提·莫汉都会优先考虑乡间民众活生生的口头传统。那些人往往来自社会最贫贱的阶层，而他认为坚持这样做是他的文学责任，而且其中包含着一种正义感。他还主张，这也是理解迦比尔、达杜及其他人的最佳途径，因为他们本身就是口头诗人，力图反映普通人的看法。这种优先倾向非同一般地打动了泰戈尔，并且通过他感染了海外的一些知识分子。例如，法国作家罗曼·罗兰于 1923 年 12 月 30 日给泰戈尔写信说，克希提·莫汉“关于令人惊叹的达杜”的著作深深地打动了他，而“达杜的人格吸引了我”。[②]

然而，对克希提·莫汉的民间选择表示不可容忍的同一帮人，也使泰戈尔面临来自他们的批评。那时肯定存在一种精英主义倾向，力图把迦比尔变成城市有教养阶层的禁脔。[③] 乡间诗人能够像克希提·莫汉与泰戈尔所宣称的那样见多识广、口吐莲花、妙语如珠吗？精英主义倾向对于这种可能性是不屑于考虑的。这在我的学生时代也是一个引发相当激烈争议的事件，我们的一些同学讨论诸多有关问题，特别是精英主义与城市偏见等问题。大量精英主义学者在排斥乡间民众中活生生的口头诗歌传统的同时，表

① 参见拉纳吉特·古哈（Ranajit Guha）所编的 *Writings on South Asian History and Society*, Subaltern Studies series I (Delhi and Oxford: Oxford University Press, 1982)。我于 1956 年结识拉纳吉特，称他为兄长，而我与他的互动将是后面一章中的重要内容。

② 参见普拉纳蒂·穆克帕德亚伊所著《克希提·莫汉·森与半个世纪的圣谛尼克坦》第 199 页和第 516 页。

③ 出于大体相同的精英主义逻辑，当时还有人对克希提·莫汉·森收集的孟加拉巴乌尔诗歌提出了质疑。

现出对书面文字不容置疑的偏好，这也属于我们讨论的一个问题。

我有幸熟识的一位印地语大学者哈扎里·普拉萨德·德维韦迪在圣谛尼克坦任教。他毅然支持克希提·莫汉。在这一过程中，他断言，无论城市精英如何贬低那些富于献身精神的乡间诗人的创造力，他本人都相信他们才思敏捷。有些人觉得难以相信普通人会有复杂精妙的思想。德维韦迪对他们的批评尤其严厉。他称这些评论家为“贵人”，而为了表示尊重，我就不予解释了。他批驳了那种认为克希提·莫汉的集子并非真本的判断。这些评论家 76
还认为，那些诗过于微妙复杂，不可能出自乡村印度地位低微的修道士之口。德维韦迪特意着力批驳了这个煞费苦心的论断。他用印地文写了一本关于迦比尔的书，出版于 1942 年。他在自己这部完整可靠的书中照录了迦比尔的一百首诗，均直接出自克希提·莫汉的集子。他这样描述这部诗集：

> 由克希提·莫汉·森编辑的这部迦比尔诗集，是一部新型著作。通过［迦比尔的］追随者们的歌，他直接听到了这些诗，然后把它们收集起来……其中蕴含的信息带有真本的印记。尽管如此，一些“贵人”受自己私利和任性的左右，力图贬低［克希提·莫汉］此书的深度和重要性。[①]

十二

印度民间文学往往由于精英主义的偏见而遭到忽视。克希提·莫汉投入研究迦比尔、达杜及巴乌尔歌手的口头诗歌的一个

① 参见 *Kabir* [Hindi] (Delhi: Rajkamal Prakashan, 1942; reissued 2016)。

原因就是，他希望能够公正评价这种丰富的民间文学；另一个原因则是，他深度卷入对印度教徒与穆斯林这两个印度传统之间悠久的互动史的探究。他专门围绕这一主题持续笔耕，写出数部论著，而其中最重要的一部则是他广受赞誉的孟加拉文著作《印度教徒与穆斯林在印度的共同追求》(*Bharater Hindu-Mushalmaner Jukta Sadhana*)。此书问世于二十世纪四十年代晚期。当时，印度教徒与穆斯林之间的对立与暴乱已经失控。此书公然采取与有组织地煽动对其他教派使用暴力不同的立场，而且反对给予印度教徒与穆斯林分离主义史学的知识优先地位。印度教徒与穆斯林之间，特别是在普通人之中，实际上曾经存在广泛而且有创造性的互动，因而此书对这段历史的记述具有深远意义。此书还表明，如果印度的各大宗教被视为不可通航的水域所环绕的孤岛，印度丰富的历史就会错失很多东西，而如果这些宗教被视为由热
77 衷于相互攻伐的死敌所各自盘踞的孤岛，情况就会越发糟糕。我将在后面的一章（第八章）中回忆那些与各大宗教相伴的煽动与“理论”。

克希提·莫汉认为，与许多印度教教派主义理论家所宣称的恰恰相反，印度教曾由于伊斯兰文化与思想的影响而变得显著丰富起来。这一肯定属于异端的论题，在他关于印度教的英文书中也得到了充分发挥。[①] 该书最初由企鹅书局于 1961 年出版，而且从那时起曾被多次重印。克希提·莫汉在二十世纪五十年代初告

① 参见克希提·莫汉·森所著《印度教》（*Hinduism*, 1961），近年来再度刊行，阿马蒂亚·森为之撰写了新前言（London: Penguin Books, 2005; reprinted 2020）。

诉我他在准备这本书，要把它写得简明易懂，让所有人都能读懂。我现在得承认，我当时听了这番话是很惊讶的。我之所以惊讶倒不是因为我怀疑他在这个主题上令人敬畏的专业知识，也不是我怀疑他足以驾驭巨量印度教文献的知识，也不是我怀疑他用孟加拉文和印地文（以及古吉拉提文）撰写的许多论著的巨大成功。可是，克希提·莫汉的主要教育是在贝拿勒斯的传统梵文学习中心完成的，而他的英文知识是极其有限的。我自问道，企鹅书局为什么要请他用英文写一本书呢？

我的几个问题促使克希提·莫汉将他与企鹅书局的来往信件拿给我看，原来另一位学者萨尔韦帕利·拉达克里希南（早年曾任牛津大学东方宗教与伦理学斯波尔丁教授，后曾出任印度总统）已经建议企鹅书局说，鉴于克希提·莫汉对这一主题罕见的把握能力，他们应当与他接洽。可是，拉达克里希南也告知了出版人，他们必须安排一位翻译家，将克希提·莫汉·森用孟加拉文或印地文乃至梵文撰写的书稿转变成英文本。于是，企鹅书局请克希提·莫汉寻觅一位翻译家，而他把那一任务托付给一个他在圣谛尼克坦的友人西西尔·库马尔·高希博士。高希的译本在某些方面已经十分得体，但还存在风格乃至编辑方面的问题，使得企鹅书局不再愿意推进此书的出版事宜，而文本也就这样被束之高阁，在他们手里滞留了多年。于是，书稿开始在企鹅书局编辑部蒙上尘土（如果企鹅书局确实允许灰尘进入他们的办公室的话）。在二十世纪五十年代末（我那时已在剑桥大学），我询问有关情况，他们迅即问我是否同意根据孟加拉文本负责推出英文译本。我就

78 此事询问外祖父。他对我说，他非常欢迎我介入此事，可是他也想要修订这个文本。这在一定程度上与时间的流逝有关。

于是，作为一个不信神的社会科学家，我发现自己开始根据克希提·莫汉绝妙的孟加拉语文本，忙于推出一本关于印度教的英文书。就在英文移译以及编辑工作在外祖父有力的指导下不断推进之时，他在 1960 年一场短时间的疾病之后猝逝，我于是必须确保此书得以付梓。我记得，企鹅书局于翌年出版此书后，我曾想到，倘若克希提·莫汉能看到自己的所有指令事实上都得到了贯彻，那么他肯定会感到欣慰的。

对于此书的诸多新特点，我在这里想就其中之一予以简略评论，那就是克希提·莫汉对印度教传统的解读，特别是他对伊斯兰教思想，尤其是苏非派传统，对印度教思想之影响的评估。他强调，印度教徒与穆斯林两个传统之间的具有建设性的交光互影，在当年写作此书时就非常有意义。而在过去的数十年间，在当代南亚政治中，出现了对印度教咄咄逼人而又思想褊狭的解读，还有人对此予以声援，于是此书在当下就变得极为重要。

泰戈尔早就看到，克希提·莫汉“似乎对印度文化与宗教有无穷无尽的知识储备”。此书就动用了这一储备。克希提·莫汉坚持认为，我们绝不能无视印度宗教史上包容与多元这样的特征，无论这些特征与不同派别中好斗的吹鼓手所偏袒的褊狭而严苛的解读相距多么遥远。因此，他在此书论证中援引了口头文学与大量文本。他指出：“他们对现实的狂热关注，导致许多印度人无视 [伊斯兰教的] 这些影响，可是对印度教传统演变的客观研究，必须考虑这一伟大宗教的创造性影响。”

我初到圣谛尼克坦与外祖父母一道生活的时候，还差一点不到八岁，因此我当然不知道我与外祖父母在家里的生活，以及我在学校的生活会让我多么快乐。可是，在我于 1941 年 10 月到达的第一个夜晚，当我坐在厨房的一个矮凳上，与煮饭的外祖母聊天时，我感受到的兴奋之情却不是虚幻的。那是一个迷人的时刻，预示了未来妙不可言的岁月。

第五章
一个争论不休的世界

一

79 1934年1月15日下午2时，在比哈尔发生了一次大地震，那里离圣谛尼克坦不远。当时，我刚两个月大一点，仍然住在外祖父母家里，而我就出生在那里。在地震发生时，我正躺在孟加拉人所说的摇篮（dolna）也就是一种吊床上，就挂在屋外的一棵树上。当地震波袭击圣谛尼克坦时，发生了强烈晃动。我们离震中不远。外婆疯狂奔走，四处寻找我，不太确定母亲外出几分钟时把我搁在了哪里。随后，外婆听见从摇篮传来的笑声，而我当时正随着摇篮的摆动而在非常愉快地挥舞着双手。当然，我对这些毫无记忆，而外婆在日后告诉我："显然，那次地震让你有了最美妙的人生体验。"

尽管圣谛尼克坦景象安详，没有人员伤亡，不远处却是一场巨大的悲剧。这次达到里氏8.4级的地震，在比哈尔造成了严重破坏，将穆扎法尔布尔与蒙盖尔两县夷为平地，导致约三万人殒命，也推毁了成千上万其他人的生活。在泰戈尔等人深感悲痛与同情，并积极着手组织救援活动时，圣雄甘地不但与他们一道奋力赈灾，而且决定发表一项声明，断言此次地震是神因贱民制度的罪恶而给予印度的惩罚。当然，甘地当时深度卷入了反对贱民制度的战斗之中，决定在他对可怕的种姓制度的全面战役中，针对这一事件而发起一场声势浩大的争论。甘地说：“一个像我这样的人只能相信，这次地震是神对我们的罪恶发出的天谴。”他还补充说： 80
“在我看来，比哈尔的灾难与贱民运动之间存在重大联系。”

可以预料到，泰戈尔十分恼火。他当然同样致力于清除贱民制度，并且全心全意地与甘地先生一道参加反贱民制度的运动。可是，这次地震导致包括婴幼儿在内的成千上万无辜民众蒙受深重苦难和死亡，而甘地先生却对一个自然事件做出如此解读，他于是对此大为震惊。他也憎恶将地震视为道德现象的认识论。他在一封写给甘地先生的信中失望地说道：“这更令人感到遗憾，因为这种对自然现象的不科学的看法，太容易被我们同胞中的很多人接受。”

在随后的交流中，泰戈尔对于甘地先生将“道德原则与宇宙现象”联系起来表示惊愕。倘若甘地先生是对的，他倒想要知道，在过去发生的那么多暴行，怎么就没有导致自然灾难突然降临：

> 虽然我们无法指出人类历史上曾有哪怕一个没有至为黑暗的不平等现象的时期，我们还是发现，恶意的堡垒依然坚不可摧，冷酷地靠挨饿的耕种者的赤贫与愚昧而蒸蒸日上的工厂，世界各地实行刑罚制度——往往是一种得到许可的特殊形式的犯罪行为——的监狱，依旧牢不可破地矗立着。这只不过是在表明，引力定律根本不会对人类积重难返的冷酷无情做出反应，哪怕这种负荷日积月累，达到我们社会的基础开始出

现危险的裂痕而且文明已经遭到破坏的地步。[①]

甘地先生在回信中重申了他自己的看法："对我而言，这次地震根本不是出于神的任性，也不是盲目的自然力量会合的结果。"

甘地先生给泰戈尔写信说："我们也许只是偶然发生了一次根本性的分歧。"泰戈尔本来可以轻而易举地对他表示赞同，可是，两人在科学与道德问题上出现了无法弥合的分歧。甘地先生
81 的信写于 1934 年 2 月 2 日。就在同一天，甘地先生在《哈里真》（*Harijan*）周刊上发表了一篇文章，断言他必须拒绝被拖入一场关于他的立场的理性主义争论："人们提出诸多诘难，什么'为什么会惩罚一种年深日久的罪恶'，什么'为什么惩罚比哈尔而不是南方[那里在实行贱民制度方面更为强悍]'，什么'为什么是地震而不是其他类型的惩罚'。我不会受这些诘难的影响。我的回答是：我不是神。"[②]我在若干年后读这篇刊载于《哈里真》的文章时，曾怀疑甘地先生是否真的能够就此止步，因为他当时肯定也是在告诉世界，神在那次地震中的意图是什么。他似乎在区分不同种类的问题——他能代表神回答一些问题，却只得把其他问题留给神。我曾花费一些时间思考甘地先生是如何将那些问题分类的，希望我能更好地理解他的头脑是如何运转的。

甘地先生在另一封信中向泰戈尔表示："我对比哈尔灾难的言

① 这段引文出自 *Selected Letters of Rabindranath Tagore*, edited by Krishna Dutta and Andrew Robinson (Cambridge: Cambridge University Press, 1997), p.990。

② 参见甘地所编 *The Oxford India Gandhi: Essential Writings* (New Delhi: Oxford University Press, 2008), p.372。

论是一个借以击败我的不错把柄。”[1]主要是由于这一原因，泰戈尔在继续与甘地先生唱反调的同时，就个人层面而言，本来还是会深切地同情他的。实际上，对甘地先生的批评声音在整个印度变得越来越响亮（贾瓦哈拉尔·尼赫鲁与众不同，就此发出了强烈的不同意见），泰戈尔于是觉得必须提醒民众，甘地先生“自身带着伟大”的光环。可是，他们对科学的不同态度，他们在是否可以对天灾成因提出道德方面的解释——哪怕是在为最美好的事业提供服务——上的分歧，继续让他们分道扬镳。

两人之间的另一显著分歧，是因甘地先生倡导人人每天都用原始的纺车（charka）纺纱三十分钟而引起的。甘地先生认为，用纺车纺纱是一个促使个人奋进的方法，也是他的替代经济学的一个基础。泰戈尔旗帜鲜明，对此不予苟同，而且对甘地先生版的替代经济学不以为然。恰恰相反，他认为，我们有若干理由和一些资格赞美现代技术在减轻贫困和劳苦方面的解放性作用。对于用一台原始机器来勤奋纺纱能够提升心灵的论点，他也是深为怀疑的。他提醒甘地先生说：“纺车无须任何人思考。人们只是无休无止地转动属于过时发明之列的纺轮，几乎用不着判断力和持久力。”

就在我日渐成长之时，纺车也在变成甘地先生所诠释的印度对人类进步所持态度的一大象征。在一些追随甘地先生的友人［我有许多这样的友人］的激励下，我确实曾经数次尝试纺纱，以弄清 82

① 这封透着悲伤的信件亦可见于 *The Oxford India Gandhi: Essential Writings* (New Delhi: Oxford University Press, 2008), p.372。

这究竟是怎么一回事儿。我感到，似乎永无休止地转动一个纺轮非常无聊。这样说是真诚的，但还不是十分充分，因为我一直在扪心自问：一个像甘地先生这样伟大的人，怎么能够如此看重这么一个异常刻板、不断重复而且完全无须动脑筋的活动呢？我也纳罕，他怎么能如此热衷于让人们从事一种苦工呢？这本来是利用简单的机械发明即可完全避免的呀。一种轻微的技术变革即可使人们更加多产，也更有成就感，而且根据泰戈尔的主张，会让他们有更多从事真正思考的时间。

二

在我们的圣谛尼克坦学生时代，印度两大领袖之间的争论曾一再发生。地震辩论背后隐含着两大问题：第一，科学在理解自然现象过程中的地位；第二，在助力一项伟大事业时对科学方面的谬论的策略性利用。除偶然讨论这些问题外，我异常清晰地记得，在圣谛尼克坦的学年即将终结之时，在漫漫长夜，我的同学们相互辩论，唇枪舌剑，分歧尖锐，性质严重。

泰戈尔与甘地先生在他们有意展开的相互争论中，各自所关注的问题很不相同。与甘地先生对现代科学的怀疑有关的是，他也在多方面对现代医学怀有很大的敌意。此时，朋友们和我都在投身于我们原始的实验室活动，一些让我们熟悉“自然规律”的简单事情，而且我们也读了大量有关科学与医学突破的资料（其一是关于医用辐射线的，在我离开圣谛尼克坦一年之后即救了我一命）。我们所有人一直不同程度地困惑于甘地先生的推理方法，而且明白我们自己在这一分歧中非常坚定地站在了泰戈尔一边。我当时就想，我是在为科学推理而战，而这一点似乎十分重要。

三

不过，我必须说，圣谛尼克坦意见一致的程度让我感到担心，83
因为可以预见，这似乎就像是“泰戈尔学校”训练出来的学生的一种顺从态度。甘地先生于 1945 年造访我们的校园时，说了一些不同于圣谛尼克坦官方思想的话，而我为之感到欢欣鼓舞的一个原因就是我对顺势主义的畏惧。在甘地先生倡导开动纺车之时，我曾想弄清，其中是否有某种我们全都失察的重要关联。

实际上，我们这些年轻人当年所持的思想方法，有可能没有公正对待甘地先生，而泰戈尔也可能对他不公。对于甘地先生来说，做体力劳动者不断在做的同样的事情，可能有认同社会弱势群体的好处，而这是非常重要的。打成一片的思想，也就是与没有我们幸运的他者“同一”的态度，肯定能获得广泛的共鸣。我在后来发现（在我到达剑桥大学三一学院之后），路德维希·维特根斯坦多么深切地执着于仿效体力劳动者的生活方式。他多次与人谈及此事，尤其是与他的朋友皮耶罗·斯拉法（后来成为我的老师）谈及此事。

维特根斯坦的社会信念带有一种感性的渴望，期盼过一个辛勤的体力劳动者那样的艰苦生活。此外，他还有一个极为离奇的希望，就是工人革命将导致对“科学崇拜”的弃绝。维特根斯坦认为，对当代生活而言，科学是一种破坏性力量。这种看法与甘地先生有相似之处。维特根斯坦与甘地先生之间的比较可能看起来十分怪诞，特别是在考虑到前者从事逻辑与数学基础研究，而后者占有精神优势之时。不过，两人之间还是有些共同之处的。我在三一学院雷恩图书馆阅读维特根斯坦的一些文献时，突然首次想到了这一点。

我最初认为，甘地先生当时混淆了理性选择要求与某种对社会弱势群体假设性接近的非理性浪漫。后来，我才认识到，我的这种想法过于幼稚。随着年龄的增长，我开始想到，印度的两个
84 思想领袖之间的分歧远非如此简单，而我当时真的无法确切理解，究竟是什么赋予了甘地先生所主张的东西那么显而易见的力量，因而我感到十分懊恼。甘地先生和维特根斯坦显然均有感性优势。尽管我继续对他们的这一优势持深切怀疑态度，但我还是开始严肃质疑自己早先形成的信念，即对甘地先生一边根本不存在任何争论。

四

在我行将从圣谛尼克坦毕业时，印度的变革之风开始朝着左翼政治的方向猛烈吹动。这一点，无论在 1947 年分治前还是分治后，在孟加拉都是特别重要的。左翼对印度知识分子影响很大。一个显著的案例是，他们对苏联在包括几个教育落后的亚洲国家的辽阔领土上推广学校教育取得成功表示赞赏。在泰戈尔对苏联的赞扬中，它的教育扩张就起了巨大作用。

泰戈尔于 1930 年访问苏联，对其致力于发展，特别是对自己

所看到的在消除贫困和经济不平等方面的真正投入，留下了深刻的印象。然而，最使他受到触动的是基础教育在古老的俄罗斯帝国的扩张。他在 1931 年出版的孟加拉文《俄罗斯书简》（*Russiar Chithi*）中，指责英属印度政府在解决印度广泛存在的文盲问题上完全失败，将它与苏联为推广全民教育而付出的努力进行对比：

> 踏上俄罗斯的土地之后，引起我注目的第一件事就是，在教育方面，无论如何，农民和工人阶级在数年的时间内取得了极大的进步，以致在过去的一百五十年的进程中，甚至我们的最高等的阶级，也没有取得任何可以与之比拟的成就……这里的人们甚至根本不害怕给予生活在遥远的亚洲的土库曼人完全的教育；相反，他们对此是极为认真的。①

1934 年，这部孟加拉文著作在局部被翻译成英文后，英国统治者对这种比较极为恼火，于是立即查禁此书。直到印度于 1947
年从英国统治下获得独立之后，《俄罗斯书简》的英文版才得以面 85
世。我在圣谛尼克坦小书房的一个角落里有此书的孟加拉文全本，但我找一册被查禁的英文本的努力却没有获得成功。可以理解，左翼利用泰戈尔的论点对苏联教育政策表示赞成，对英国殖民政府在公共教育领域的可悲记录表示强烈谴责，而事实也的确如此。

泰戈尔对苏联的称赞是留有重要余地的。他给苏联的教育推广打了高分，但对其政治自由却打了很低的分。我的舅舅克谢门

① 这段引文可参见泰戈尔所著 *Letters from Russia*（《俄罗斯书简》），Translated from Bengali by Sasadhar Sinha (Calcutta: VisvaBharati, 1960），p.108。

德拉·莫汉，我们都叫他坎迦尔舅舅，是个社会主义者，但也是个相当强烈的反共人士。他告诉我，泰戈尔在俄罗斯曾接受过一次采访，批评了苏联禁止不同意见。由于这次采访没有发表，泰戈尔感到不快。对于坎迦尔舅舅是怎么知道这一点的，我当时并不十分清楚。直到很久以后我查看那段历史，才弄清他是绝对正确的。实际上，正如克里希纳·杜塔和安德鲁·罗宾逊在他们的经过深入研究而撰写的泰戈尔传中所论述的，正在苏联做客的诗人在 1930 年接受了《消息报》（*Izvestia*）的采访，但他们后来拒绝发表访谈内容。[①] 在许多政治变化和米哈伊尔·戈尔巴乔夫的改革之后，他们最终在近六十年后于 1988 年将有关内容公之于世。

不过，泰戈尔在接受《消息报》的采访时所表达的疑虑和问题，却在他发表访谈数周后出现在《曼彻斯特卫报》（*Manchester Guardian*）的版面上：

> 我得问你们：你们是要在接受你们训练的人们的心灵中，通过激起对不认同你们的理想的人、你们视为敌人的人的愤怒、阶级仇恨和报复念头，来为你们的理想提供服务吗？……心灵的自由是接受真理所需要的；恐怖不可救药地戕害它……所以，为了人类的缘故，我希望你们永远不要创造一种邪恶的暴力，它会继续编结一条没有尽头的暴力与酷行的锁链……你们已经努力摧毁了 [沙皇] 时期的别的许多罪恶。为什么不

① 对于泰戈尔人生中这一插曲的精彩论述，可参见 Krishna Dutta and Andrew Robinson, *Rabindranath Tagore: The Myriad-Minded Man* (London: Bloomsbury Publishing, 1995), p.297。

设法将这一罪恶也一并予以摧毁呢？[1]

泰戈尔不但要全民教育，而且要说理、持不同意见和争论这
三方面的自由。无论是苏联，还是英国对印度的统治，都不符合
他的希望和要求。他很快就发现，日本也无法符合他的希望和要
求，尤其是在它持续侵略亚洲其他国家时。泰戈尔对世界的悲观 86
主义，在他于 1941 年 4 月最后一次公开演讲《文明的危机》中充
分表现出来，雄辩而又令人悲伤。

五

是泰戈尔过度关注他赋予优先权的说理与自由吗？毫无疑问，他不愿在理性争论的世界里认真体谅甘地先生，是基于他推断甘地先生确实无视批评性说理（承认甘地先生“伟大”并不能排除这一强烈指控）。可是，如果他是在倡导理性完全优先，那就很难理解，在欧美的许多明察秋毫的观察家看来，他何以而且为什么显得恰恰相反，成了一个酷爱神秘而非清晰的盲信倡导者。[2] 我们怎样才能理解这种在领会泰戈尔时出现的怪异逆转？

在二十世纪六十年代，我的一个在圣谛尼克坦就结识的亲密朋友尼马伊·查特吉从他在伦敦（他当时在伦敦印度高级专员公

① 这段话曾被引用于 Dutta and Robinson, *Rabindranath Tagore: The Myriad-Minded Man*, p. 297。

② 纳巴尼塔·德夫·森曾经精彩地论述过这种质变究竟是如何发生的。参见她的文章“The Foreign Reincarnation of Rabindranath Tagore,” *Journal of Asian Studies*, 25 (1966)。此文后来重刊于她的一部论文集中，参见 *Counterpoints: Essays in Comparative Literature* (Calcutta: Prajna, 1985)。

署工作）的家里写出一连串信件，寄给当时忠实的文学爱好者，询问他们对泰戈尔的看法。让我惊讶的是，他们中的大多数不仅写了回信，而且答复十分详尽。其中少数几人（亨利·米勒是其一）表示自己一直钦佩泰戈尔，其他人，从莱昂内尔·特里林到 T.S. 艾略特，不是单纯表示不屑，就是承认自己最初因激情迸发而对泰戈尔表示仰慕，但在后来发现自己受到误导，因而深感失望。泰戈尔的所谓神秘主义以及排斥说理，是他们批评他的最常见理由，此外就是他们认为他的作品明显缺乏文学价值云云。

泰戈尔对待说理和理性的态度遭到误解。有一个很好的例证可以说明这种误解的性质。这一例证可见于伯特兰·罗素写给尼马伊·查特吉的书简中。[①] 罗素在一封 1963 年的信中坦率地写道：

> 我记得那次 [与泰戈尔的] 会见。洛斯·迪金森就此写过文章，只是文笔粗略。此前还有一个时机，是我首次会见泰戈尔。当时，他是由罗
> 87 伯特·特里威廉和洛斯·迪金森带到我家来的。我现在承认，他的神秘主义的风采并没有吸引我，我记得曾经希望他能够更为直截了当……他的气定神闲遭到他的自恋的损害。自然，他的神秘主义观点如同格言一般，是不可能就它们说理的。

四年后，罗素在第二封信中误以为泰戈尔厌恶理性而予以谴

① 尼马伊·查特吉收到这些书简时喜不自禁；他知道我极为钦佩罗素，于是向我出示了这些书简。我不得不说明，我极为钦佩哲学家罗素（尤其是作为数学哲学家的罗素），但并不非常仰慕作为思想史家的罗素。

责，词锋变得更加尖锐。[①] 他还顺便对他所理解的许多印度人的愚蠢略加概括：

> 他关于"无限"的演讲是模糊不清的无稽之谈。很遗憾，许多印度人仰慕的那种语言，事实上毫无意义。

六

这里想必有一个奥秘。泰戈尔十分专注于推重理性，那么他何以在欧美的一些杰出的知识分子看来恰恰相反？这里，为了弄清情况，特别是弄清罗素对泰戈尔的评价，我们得考虑三个因素，而其中只有一个因素是与伯特兰·罗素有明确关联的，也就是他有摈弃自己一时不明事物的习性。泰戈尔肯定从罗素对他的反应中感受到了那种粗犷做派的一面，不过他在这方面的遭遇一点不比尼采那样的人物更加糟糕。在罗素的《西方哲学史》中，尼采被异乎寻常地丑化了。[②] 我从大学时代起就是罗素著述的大仰慕者。可是，我在读到罗素编造的一篇尼采与佛陀之间的模拟对话时却感到大为震惊。这篇对话是用来揭示他所谓的尼采理念的愚蠢性及邪恶性的。我喜欢罗素对佛陀的钦仰，这一点与我并非全然不

---

① 尼马伊·查特吉在 2011 年 1 月猝然去世。他的文学与文化藏品现存于泰特现代美术馆（Tate Modern），名为"the Nimai Chatterji collection"，但他关于泰戈尔在西方的反响的书信尚未刊布。它们属于加尔各答孟加拉学会（Bangla Academy），而且那些藏品拟议在编辑后公布。尼马伊·查特吉曾经让我分享他的一些书简，令我不胜感激。

② 尼采被异乎寻常地丑化了：参见波特兰·罗素《西方哲学史》（Bertrand Russell, *A History of Western Philosophy*, New York: Simon & Schuster, 1945; London: Allen & Unwin, 1946）。

同，可是有谁能够像罗素那样以一种可笑的方式来表现尼采的思想特征呢？

罗素的缺乏耐心尽管有助于说明他对泰戈尔的奇谈怪论，却依然使西方对泰戈尔的广泛误解这一更为重大的问题悬而未决。不过，有一些证据表明，泰戈尔得到了大量赞扬，一类属于过誉，一类让他烦恼，还有一类使他困惑。在叶芝家中举办的那场
88 驰名的文学盛宴，要把泰戈尔作为一颗冉冉上升的文学明星推向西方世界。他在晚会后感到忧虑和失望，立即给我的外祖父克希提·莫汉写信。那是在 1912 年 6 月 28 日早上。他在这封伤感的私信中，表达了自己对这种奖掖方式的怀疑：

> 克希提·莫汉先生：昨夜我与此间一位诗人叶芝共进晚餐。他朗读了我的一些诗歌的散文译本。他字正腔圆，读得非常优美……此间人士喜欢我的作品，但是热情过度，以致我真的难以接受。我的印象是，在不抱希望时突然发生了转折，哪怕是极平常的东西，也会让人们感到惊奇。这就是我现在的心态。[①]

那种推举导致皆大欢喜的结局，“伟大的神秘主义者”在西方受到热烈欢迎，也让泰戈尔在最初多有斩获（诺贝尔文学奖是其中之一），而随着诸多成功最终到来的却是长期的摒弃。

泰戈尔的拥戴者们选择性地推出一种对他的看法。他对世界非

---

① 泰戈尔于 1912 年 6 月 28 日致克希提·莫汉的信件，可见于 *Selected Letters of Rabindranath Tagore*, edited by Krishna Dutta and Andrew Robinson, p.90。

同寻常的特征的诗意阐释，尤其是在《吉檀迦利》（*Gitanjali*）中，因而遮蔽了他对构成世界的寻常而重要的事件的深度参与（他与甘地先生的辩论就是范例）。泰戈尔在散文与诗歌中表达了对世界的深刻信念，与《吉檀迦利》中那些非同寻常的诗歌形成对比，而他的西方拥戴者们没有为任何此类对比留下余地。[①]《吉檀迦利》本身在叶芝的帮助下进行英译时被过分神秘化了。事实上，叶芝甚至对泰戈尔的这部诗歌译本添加了解释性评述，以确保读者能够抓住“要领”——朴素的宗教意旨，从而完全消除了泰戈尔在处理人类之爱及对神之爱时语言含义中丰富的模糊性，对于许多孟加拉文读者来说，正是这一特质才使《吉檀迦利》充满活力。

泰戈尔一度假意顺从对他的作品的这种再创作。一天，克希提·莫汉一不留神（他几乎是盲目钦仰泰戈尔的），对我说道：
“我想，他最初尽管保持了理性的怀疑，却也非常喜欢受到拥戴， 89
而到了他准备进行公开申辩时，他的西方形象已经牢固树立，以致他也不十分清楚该如何摆脱那个加在他身上的偶像。”泰戈尔明白，他在西方受到的热情欢迎中，有多少误解还在继续。1920 年，他给友人查尔斯·弗里尔·安德鲁斯写信说：“这些人……就像是害怕自己酒醒间隙的醉鬼。”可是，他因为已经落入一张感激与怀疑之网，因而继续承受这一切，没有公开表达不同意见。

第三个因素是泰戈尔的诗歌风靡西方之时欧洲不寻常的状

---

① 我已在刊于 1997 年 6 月 26 日《纽约书评》（*The New York Review of Books*）的《泰戈尔与他的印度》（“Tagore and His India”）一文中论述过这一问题，此文亦可见于《爱争鸣的印度人》（*The Argumentative Indian*, London: Penguin; New York: FSG, 2005）一书第五章。

况。泰戈尔于1913年12月获得诺贝尔文学奖，当时距第一次世界大战爆发已为期不远。这场战争席卷欧洲，残暴程度令人难以置信。第一次世界大战中的野蛮和杀戮，使欧洲的许多知识分子及文学大师从他处转向内省，而此时泰戈尔的声音对许多人而言似乎就非常适合那个特殊需要。例如，在伟大的反战诗人威尔弗雷德·欧文死后，他的袖珍笔记本被从战场上找回。他母亲苏珊·欧文发现在笔记本中泰戈尔的诗歌十分显眼。内中包括威尔弗雷德在动身奔赴战场前告别家人时吟诵的那首诗（起句为："当我离开这里的时候，就让下面的话成为我的临别赠言吧"）。苏珊给泰戈尔写信说：那些诗句是"用他那可爱的字体写的，而您的名字就在下面"。

泰戈尔在欧洲很快就被认为是一个带来启示的圣人。在二十世纪初期，欧洲反复发现自身处于战争与背叛的严重困境之中，而他从东方带来的和平与亲善的启示，就被认为很有可能将欧洲从那种困境中拯救出来。这与印度国内的认识相去甚远。印度国内的人们认为，泰戈尔就是一个多方面的富于创造性的艺术家及谨慎的说理者。尽管泰戈尔敦促自己的同胞从盲目的信仰中醒来并使用自己的说理能力，但叶芝还是用完全神秘的措辞来描述泰戈尔的诗歌："我们遇到了我们自己的形象"，或听到了"我们在梦中的声音，而这在文学中或许是第一次"。

还必须承认，泰戈尔在其西方仰慕者的引领下，也开始相信东方确实有可能给予西方启示，尽管这与他在别处的理性的担当与信念大相径庭。不过，以叶芝和庞德一类拥戴者领衔的西方知

识分子所赋予泰戈尔的那种宗教热忱（格雷厄姆·格林认为，他
在泰戈尔身上看到了神智学者们的“明亮的水晶似的眼睛”），与 90
泰戈尔的实际宗教信仰所取的真正形式，存在着严重的不协调之
处。他的一首诗或许能够最为恰当地表明这一切：

> 将赞颂、歌唱和念珠都丢到一边吧！
> 在门户紧闭的神殿里，在这个孤寂而幽暗的角落，你礼拜谁呢？
> 睁开你的眼睛看吧，你的神不在你的面前！
> 他在耕耘着坚硬土地的农夫那里，在奋力捣碎石头的筑路工人那里。
> 在阳光下，在阵雨中，他与他们同在，长袍上蒙着尘土。[①]

一个毫不疏离的神，不是恐惧的根由，而是宽容之爱的来源，而且存在于日常生活之中。这样一个神在泰戈尔的思想中起着巨大的作用，而他将这一作用与明白易懂的说理结合了起来。可是，真正的泰戈尔却很少受到他的西方读者的关注，无论他们曾是为他的所谓神秘主义而斗争的拥戴者，还是已经避而不再信服他的那些诋毁者。当一个像萧伯纳这样的本来具有同情心的作家，谐谑地将罗宾德罗纳特·泰戈尔变成一个名叫“笨宾德罗纳特·贝戈尔”[②]（Stupendranath Begorr [*]）的虚构人物时，泰戈尔真正的思

---

① 我对这一标准译文进行了编辑，去掉了其中的古文用词。

② 参见萧伯纳《回到玛士撒拉》（又译《千岁人》）（*Back to Methuselah: A Metabiological Pentateuch*, London: Constable; New York: Brentano's,1921）。

* 这一剧中人物的名字隐含了萧伯纳对泰戈尔的讥讽。Stupendranath 的词头隐含“蠢笨”之意，而 Begorr 的读音接近 beggar，意思是“乞丐”，影射泰戈尔通过在欧美的演讲为自己在圣谛尼克坦创办的学校筹资的义举。——译者注

想理念得到应有重视的希望就不大了。

七

这些误导性的强加于人的说辞，很长时间以来搅乱了人们对泰戈尔思想的看法。泰戈尔思想的一个重要方面是他愿意认可，即便我们尽到最大努力，许多问题可能依然无解，而我们的答案可能依然是不完全的。我觉得，泰戈尔的世界观是非常令人信服的，对于我自己的思想有巨大的影响。尚未完成的叙说范围会随着时间的推移而变化，却不会自行消失。泰戈尔并不认为这是一种失败，而是在虽然谦卑却也美好地承认，我们对广袤世界的了解有限。

91 在他的独特的教育观中，另一个信念就是特别强调需要自由地从世界各地搜集知识，但在随后只有经过理性的审视才能利用这些知识。作为圣谛尼克坦学校的一名学生，我们的教育的地理疆界并不仅仅局限于印度和英帝国（这在英属印度的学校里却是普遍现象），我们大量学习了有关欧洲、非洲及拉丁美洲的知识，而对亚洲其他国家就学习得更为广泛了（我在本书第三章中提到过这一点），我为此而感到非常幸运。

泰戈尔也曾奋力与制造分裂的教派思想分道扬镳。在他生前，这种基于宗教敌意的思想就开始在印度得到声援，而在他于 1941 年逝世后的岁月中这种声援则达到了顶峰，印度教徒与穆斯林之间的骚乱突然在次大陆爆发，把国家推向分裂。仅靠利用人的某一宗教身份就能激起暴力，这令泰戈尔极为震惊。他认为，政治煽动者正在将疏离强加给一个在通常情况下本来宽容的民族。

泰戈尔没有活到看见一个世俗的孟加拉国的出现。在一定程度上，孟加拉国是从他坚决弃绝教派分离主义以及与别的同他亲近的人们（包括诗人卡齐・纳兹鲁尔・伊斯拉姆）的类似态度中获得灵感的。在独立时，孟加拉国选择了泰戈尔的一首歌［《我的金色的孟加拉》（Amar Sonar Bangla）］作为国歌。由于印度已经采用了泰戈尔的《人民的意志》（Jana Gana Mana）这首歌作为国歌，他因而或许是唯一曾为两个重要国家创作过国歌的人。

八

如果泰戈尔反对教派主义及宗派主义的声音是强大的，那么他对弃绝民族主义当然也是完全直言不讳的。尽管他坚持抨击英帝国主义，但他对印度过火的民族主义表现也不吝批评（这也是造成他与圣雄甘地关系紧张的原因之一）。泰戈尔就可能随同民族主义而出现的恶行与暴力写过多篇文章，其中一些文章被整理成 92
一本演讲与文章的合集，以《民族主义》（*Nationalism*）为题问世，可是他的忧虑也反映在他的一些虚构作品中。泰戈尔精彩的普世主义的长篇小说《家庭与世界》（*The Home and the World*），就旗帜鲜明地揭示了民族主义虚幻而且具有破坏性的力量，后来被萨蒂亚吉特・拉伊拍摄成一部优美的电影。

泰戈尔对民族主义的批评，包括他在长篇小说《家庭与世界》中采用微妙形式进行的批评，遭到很多人的诋毁，而且诋毁者不仅仅局限于印度热忱的民族主义者。[1] 马克思主义哲学家格奥尔格·卢卡奇认为，这部长篇小说是“一部最为低劣的小资产阶级奇谈”，是“在为英国警方提供智力服务”，是“一幅可鄙的甘地漫画像”。这种解读近乎荒唐。非正统派男主人公桑迪普绝非甘地，而泰戈尔也丝毫没有那样把甘地当作原型，两者确实相差甚远。正如这部长篇小说所清楚揭示的那样，桑迪普缺乏甘地先生所特有的真诚与人道主义。可是，对于民族主义正在唤起的愤激之情，泰戈尔深感忧虑。尽管民族主义有时会有崇高的目标，但它也有造成危害的力量。泰戈尔在这本书中无疑对此提出了警告。贝托尔特·布莱希特是一个与卢卡奇大不相同的马克思主义者。他在自己的日记中记下了自己对泰戈尔的殷忧的强烈认可，主张《家庭与世界》是对民族主义堕落性的“强烈而文雅的警告”。

尽管泰戈尔极为赞赏日本的文化、历史和教育，尽管他持续称扬日本社会的很多特色，但他在后来还是批评了日本的极端民族主义及其对中国、东亚其他国家和东南亚国家的凌虐。他也特意表明，他对英国在印度的殖民统治的批评，并非对英国人民和文化的谴责。甘地先生在英国时曾被问及他对西方文明的看法，他回答这一问题的出名隽语（甘地说：“这或许是个美妙的想法”），即便是在开玩笑时，也不可能出自泰戈尔之口。

---

① 泰戈尔对民族主义的批评，尤其是在他的长篇小说《家庭与世界》中的批评，引起了不同类型的反应。杜塔和罗宾逊在《思绪万千的人——罗宾德罗纳特·泰戈尔传》（*Rabindranath Tagore: The Myriad-Minded Man*, 1995）中精彩地审视了这些反应。

第六章 往日重现

一

我于 1941 年从圣格列高利学校前来，在圣谛尼克坦读书十年，93
直到 1951 年我前往加尔各答进入管区学院。我在圣谛尼克坦极为喜欢的课程是数学和梵文。在学校的最后两年，我专攻科学，特别是物理和数学，而且准备在管区学院深造。迷上数学并不罕见，但在学校里成为梵语迷却更不寻常。我深度沉迷于那种语言错综复杂的细节，而梵语多年来差不多就是我的第二语言，仅次于孟加拉语，这在一定程度上也是因为我的英语进步非常缓慢。在达卡圣格列高利学校时，总的说来我不想接受教育，而且特别不愿学习英语。在我移居圣谛尼克坦之后，教学媒介铁定就是孟加拉语。不知怎么地，英属印度政府的语言竟然至少有多年与我无缘。

与我对英语的忽视相对照，我没有任何理由在梵语学习方面落后。实际上，我由于在家里不断受到外祖父的激励而向前迈进。他事实上不必猛力推我前行，因为我已经对梵语文学深深入迷。我的重点主要是在古典梵语文学上。不过，在外祖父的帮助下，我也能读一些吠陀梵语和史诗梵语，而它们在更早的时代即已呈现繁荣局面，其中吠陀梵语则可以追溯到公元前 15 世纪前后。

我变得完全沉迷在梵文语言学这一学科里。阅读公元前四世纪伟大的语法学家波你尼的著作，是一次令人兴奋的智力冒险，

与我一生中所经历的任何此类活动一样。事实上，波你尼在多方面教我掌握了理性训练的基本要求，收益远远超越了梵文学养本
94 身。在我的一生中，他的远见卓识，也就是我们理解为知识的大多数东西，实质上是对诸多清晰看法的一种分类，一再浮现在我的脑海中。

近年来，在印度的学校里振兴梵文教育的呼声很高。我一直赞同这一基本想法：鼓励学生学习一种古典语言。它可以是梵文，但也可以是古希腊文、拉丁文、阿拉伯文、希伯来语或古汉语乃至古泰米尔语。然而，赞同学习梵语的声音，常常是不允许做出如此广泛选择的人们的声音。他们要的是梵语，其他任何古典语言都不行。这些梵语卫士一般倾向于视梵语为印度教经典的伟大语言。当然，这是事实，可是梵语的意义远大于此，非同小可。实际上，它也是古代印度理性主义思想、唯物主义（包括无神论）思想的载体，而且文献数量极大。梵语以及巴利语（派生于梵语而且一直与之十分接近），也是从事佛教学术研究的语言，而随着佛教的传播，在公元一千纪期间，梵语在一定程度上成为亚洲许多地方的通用语。[①]

二

即将完成在圣谛尼克坦的学业时，必须将我对古代印度的理解置于某种系统性框架之中的想法变得强烈起来，实际上已经近

---

① Sheldon Pollock, “India in the Vernacular Millennium: Literary Culture and Polity, 1000-1500,” *Daedalus*, 127 (2) (Summer 1998), pp.41-74.

乎痴迷。我用了多个小时思考这一点，力图将综合理解所必需的不同要素汇集起来。我现在不能确定我当时是否成功了（我使用的练习本在我一再搬迁中丢失），但我在思考过程中，特别是我在圣谛尼克坦学校的于 1951 年夏季结束的最后一个学年，对这一切都有所感悟。

在梵语文学中，我热爱迦梨陀娑、首陀罗迦、波那等人的伟大剧作，它们读来不但令人感觉妙趣横生，而且极易启发人们对哲学问题的深入思考，从而引人步入哲学殿堂。我也沉浸在史诗《罗摩衍那》与《摩诃婆罗多》之中。尽管这些史诗常被认为是宗教经典，或至少是半宗教文本，但它们实际上就是连绵不断演绎
故事的史诗［就像《伊利亚特》（*Iliad*）和《奥德赛》（*Odyssey*） 95
一样］，没有任何基本宗教立场。《摩诃婆罗多》中的《薄伽梵歌》（*Bhagavadgita*），描述了黑天大神在争论中说服持不同意见的武士阿周那参战（他一开始表示不愿打一场大仗并杀灭许多人），因而成为许多宗教人士所大为尊崇的圣典。然而，《薄伽梵歌》只是这部大部头史诗中的很小一部分。事实上，《摩诃婆罗多》展现的真知灼见远远超越了《薄伽梵歌》，也超越了黑天所谓阿周那负有为正义战争搏击之责任的说教。这部史诗在接近尾声时，描绘了那场高贵的般度兄弟理所当然获胜的战争的余波，呈现了那幕悲惨的景象——熊熊燃烧的火葬堆布满川原，妇女们为丧生的丈夫而悲泣。按理说，此番画面更接近阿周那反战的远见卓识，而不是黑天要求阿周那无论后果多么严酷，定要履行参战职责的坚韧不拔。

三

虽然梵语是祭司的语言，但它也有坚定的不可知论者和无神论者的文献，保存在顺世论与斫婆迦等派的著作中，而其规模比世界上别的任何古典语言中所能找到的同类文献都更为庞大。它也包含乔答摩佛公元前六世纪以来的深度理性主义的和坚定不移的不可知论的说理文献。

外祖父曾给我一本关于佛陀的小书。从这第一次偶然接触他的思想起，我就经常自问，我为什么一直如此深为乔答摩佛所感动。那时我大约是十岁或十一岁，我记得当时我就为佛陀说理的清晰以及他对任何说理对象都能做到平易近人而完全折服。

随着年齿渐长，我对佛陀的信仰得到深化。在我想到他的方法时，我认为我之所以如此被他感动，是因为至少有四个不同方面将他与大多数伦理学倡导者区分开来，也使他贴近人们所认为的宗教的边界，尽管人们的判断有时也会出错。

第一，在接受一个观点而弃绝另一个观点时，佛陀的方法聚焦于这样做的理性，而绝不诉诸未经论证的信仰。不错，他也曾
96 经推出一种世界玄学，可是他在捍卫具体的道德结论时，却不以让人们接受那种玄学为条件。他倡导的道德结论包括：不分教派与种姓，所有人类一律平等，善待动物，以博爱取代对他人的仇恨。恰恰相反，每一个道德结论都需要得到说理的支持，哪怕这种说理有时是含蓄的，而不是直截了当的。

第二，在我看来，佛陀似乎是明显具有人情味的，有着和我们一样的寻常忧虑，而在一定程度上，大神或法力无边的男女诸

神并不是这样的。当年轻的乔答摩为了获得觉悟而离开自己在喜马拉雅山麓的王室时，是受到他所见到的疾病、残疾、死亡等景象的触动的，这表明他有与普通人同样的忧患意识。那时令他忧心不已的问题，今天依然让我们满怀愁绪。与大多数宗教领袖不同，在他与我们之间实际上没有距离。

使佛陀具有如此吸引力的第三个特征是他所力图捍卫的东西。在读过我当时所能找到的佛陀的任何著述之后，我确信他已努力做到了将我们的宗教关切点从信仰转向了行动。信仰是关乎大神以及其他与人类生存攸关的推断的，而行为与行动则是此时此地所决定的。佛陀改变了一个宗教问题，使之从“有神吗”转而成为“我们应当如何行事”，而不在乎是有神还是无神。他确认，人可能在未必认同宏大的玄学宇宙观的情况下赞同善行。我认为，这是具有极大意义的。

第四，佛陀的伦理学方法与“社会契约”的道德规范迥然不同。社会契约曾经断断续续却很有力地出现在印度思想中［例如在《薄伽梵歌》中］，而在霍布斯之后以及卢梭之后的西方伦理学思想中已经成为一个显著特征。社会契约所取的形式是，契约每一方为其他各方做明确规定的好事，回报条件是其他各方也必须做他们应对其余每个人做的事情。相反，佛陀主张，行善是不应当带有如此交易性质的，人们有单方面做自己认定的善事的责任，即便他人并不履行自己的相应责任。

在一部名为《经集》（*Sutta Nipata*）的文献中，佛陀指出，母亲有为婴儿做他力所不及的事情的责任，从而阐明了这一推理方

法。这就提供了一个母亲之所以帮助婴儿的令人信服的理由，不
97 是因为她像社会契约所规定的那样，会期待婴儿做什么事情来回报她。佛陀主张，使道德规范具有交易性就会错失道德的核心要求，甚至会将这一点应用于人类本来有理由为无助动物做的事情上。

在主张无条件做正确事情这一方面，佛陀事实上并不是孤独的。在《路加福音》（St Luke’s Gospel）里关于善良的撒玛利亚人的故事中，耶稣就提出了相似的主张。当撒玛利亚人前去帮助那位受伤的男子时，他并不是受任何种类的间接的或直接的社会契约所驱使。他看到那个躺在道路另一边的人需要帮助，而由于他能够给予那种帮助，他于是就慨然出手。基督徒帮助邻里的责任得到广泛承认，而如果人们理解“邻里”一词的规范用法，那么这里对路人的帮助就不是出于那种责任。然而，耶稣引申邻里这一概念，使之涵盖所有我们能够给予帮助的人，从而在与地方律师的争论中胜出。佛陀与耶稣最终得出相同的结论，但佛陀采用的是直截了当的伦理路径，而耶稣的推理则是再也无法简化的认识论方法。①

在圣谛尼克坦学校的一次文学晚会期间，我试图主张“无条件责任”（shartaheen kartavya）的伦理优于“社会契约”的伦理。虽然一些同班同学不断为我喝彩，我还是怀疑我没有让多少听众信服。我在圣谛尼克坦时，曾有数年实际上想把我的宗教登记为

① 关于这一问题的进一步论述，参见阿马蒂亚·森的《正义的理念》（Amartya Sen, *The Idea of Justice*, London : Allen Lane, 2009），第 170-173 页。

佛教。学校当局视之为恶作剧，不予允许。在方圆数百英里之内，根本没有别的佛教徒。这一事实难道没有使我望而却步吗？这一事实使我明白，将我的宗教信仰记录在案更有必要了。不过，我没有通过如此回应来使自己出名。我在这场辩论中确实赢了一两个回合，却完全输掉了这场战争。学校当局对我登记为一个孤独的佛教徒的要求一笑置之。

四

就在我变得越来越投入梵文为我打开的世界时，数学的分析
挑战也开始让我倾心。这一点在数学哲学领域尤其突出。我现
在还记得，我在初次遇到公理、定理和求证的应用时有多么兴 98
奋——我们能从一种类型的理解开始，从中推导出很多其他种类
的发现。我愿不惜一切代价换来一张前往古希腊的票，以便我能
够去那里侵入欧几里得的私域。分析性推理的简洁明快与影响范
围以及证明的吸引力让我一生欲罢不能。[①] 实际上，我将自己学术
生涯中的大量时间，用于尝试证实社会选择理论与决策性分析的
成效，而在这项工作中，我对数学推理的基本原理的兴趣一直至
关重要。

幸运的是，我很快就发现，我对梵文和数学的双重兴趣具有强烈的互补性。我能够轻而易举地从迦梨陀娑的《云使》

① 我在大学时代曾沿着这些思路写过一些东西，但它们后来散失了。我亲爱的音乐家朋友 T.M. 克里夏复原了这一包含在我当年在一次公开讨论会上想说的话中的理念，对此我不胜感激。

(*Meghaduta*)中优雅的诗章以及首陀罗迦引人入胜的剧本《小泥车》(*Mricchakatika*,属于我特别喜欢的文学作品)转向阿利耶毗陀(意译圣使)、婆罗门笈多(意译梵藏)或巴斯迦罗(实际上有两个巴斯迦罗,都很有名)的数学和认识论。我为这一事实感到极为欣慰。实际上,在这些数学家的梵文著作中,我的两个主要兴趣似乎一同找到了一个安稳的寄托。

如果梵文与数学不同而兼容的诱惑是一种复合因素,影响了我在学生时代的教育探索,那么我对抽象思维的迷醉和对周围世界浓厚的好奇心则把我拉入了另一个天地。在我回顾自己一生中所能够做的一点工作(我倒是想多做一些事情)之时,那些工作似乎可以宽泛地分为十分抽象的推理(例如,用公理、定理和证明来探讨公正理念及探索社会选择理论的不同路径)与颇为世俗的实际问题(包括饥荒、饥饿、经济剥夺,以及阶级、性别、种姓的不平等,如此等等)。我在学生时代就已经十分牢靠地奠定了这两方面的基础。

当诺贝尔基金会让我向它提供两件与我的工作密切相关的物品,以供诺贝尔博物馆长期借用和陈列之时,我开始反思这一切。瑞典皇家科学院用以宣布我获奖的颁奖词,高度偏重于我在社会选择理论方面的分析工作,援引了一些章节和诗歌(事实上就是
99 数学定理和证明),但他们也在这一声明的末尾简略地提到我在研究饥荒、不平等与性别不平等等方面的工作。在一番踌躇之后,我将一册自己曾从中受益良多的《阿利耶毗陀论》(*Aryabhatiya*,伟大的梵文数学经典之一,成书于公元 499 年)及一辆从学生时

代就伴随我的老自行车，一并交给了诺贝尔博物馆。

我在研究发生于 1943 年的孟加拉饥荒时，不仅用这辆自行车到诸如农场老旧茅棚与仓库一类的偏远地方收集工资和物价数据，而且用自行车将体重秤运到圣谛尼克坦附近的村庄，给五岁以下的男女儿童称量体重，以考察性别歧视和对女童的相对剥夺一类逐渐曝光的现象。我很想将那台体重秤也送给诺贝尔博物馆。我得随时接手我的研究助理由于害怕被长了牙的孩子咬伤而不敢做的事情，并为之感到自豪。我成了一名没有落下齿痕的儿童体重称量专家。自诺贝尔博物馆从斯德哥尔摩开始举办环球巡展以来，我常常收到关于一辆自行车与阿利耶毗陀的数学有什么关系之类的问题。答案只能是“事关重大”。我为自己能够说清这一答案的由来而感到欣慰。

这辆自行车，外加一本普通的地图册，是父母给我的礼物。我是在长身体时得到这辆自行车的，所以它多少比正常的成人自行车短一些。可是，从 1945 年至 1998 年，我持续使用此车长达五十余年，直到诺贝尔博物馆把它收藏起来。这辆自行车不但让我在圣谛尼克坦内行动快捷得多，而且在我们为没有接受过小学教育的部落民儿童开办夜校时，让我得以自如前往周边村庄（第三章已描述此事）。我的一些同班同学也在夜校同样担任教师。他们没有自行车，所以我在骑行时后座上不搭载同学的情况很是罕见，有时还在连接车把与车座的横梁上搭载另一名同学。

五

我从早期学习起就开始逐渐了解的印度有几个令人痛心的特征，尤其是种姓制度对国家的强力控制（佛陀在公元前六世纪就
100 已经对此表示反对），同时也有许多极为有趣而且鼓舞人心的理念。印度的这种两重性可以追溯到古代。我在阅读了史诗和整个一千纪的古典梵语文学之余，还增补了对后来的思想家的说理与思辨著述的阅读（从胜天与摩陀婆阿阇梨，到迦比尔与莫卧儿皇帝阿克巴的顾问及合作者阿布·法扎尔）。这些坚定的异端思想家的学说特别扣人心弦。可是，尽管伟大的遗产令我着迷，但是有人也在力图将印度文化限定在狭隘的教派视角之内，这让人极为痛心。

古代经典十分有力地向我表明，人的身份认知并不取决于一个单一的限定条件。请想一下首陀罗迦的《小泥车》中的女主人公春军。那是一部在四世纪前后出现的激进而且具有颠覆性的剧本，提出了几个清晰而重要的主题。其中之一就是要看到一个人会有多重身份。这一理念有助于我抵制将一种单一的压倒一切的身份强加于人。这种强加于人的身份，是以宗教或社群为基础的（包括仅专注于印度教徒与穆斯林之间的分界）。这一现象随着我的学生时代的推移而变得越来越常见。

春军是一个大美女，一个富有的名妓，受到迫害而且赤贫的贵族善施的一心一意的恋人和忠诚的伴侣。善施还是一个社会改革家，一个政治革命者，而且最终是个能够明察秋毫且宽宏大量的法官。轮到善施在一次反对统治集团的成功的革命之后

审判不法之徒时，他宁愿宽大为怀，决定释放腐败的统治者雇来试图杀害他与春军的凶手。他不以复仇为重，而是专注于最有利于人民的社会乃至心态改良。春军赞赏他的富于远见的决定。善施的判决是，他们应当释放谋杀未遂的凶手，因为“以施舍消灭不法之徒是社会的责任”（表示这一创新性惩罚的梵文短语 upkarhatastakartavya 本身是很雅致的）。这一重大的理念，无论是出自善施之口还是春军之口，都是适宜的。于是，善施让所有人都大吃一惊（可能春军是个例外）。在这部戏剧中，春军早先曾雄辩而动人地谈到权利不平等和富人的堕落造成的不公正。最后，她敦促人民奋起反抗，与善施一道弃绝复仇观念，赞成实 101
行宽容政策，借以让不法之徒洗心革面，并帮助社会远离冲突与暴力。

《小泥车》中促使我们思考的第二个理念是善施向世界提出的法学理论。我在学生时代首次读到这个剧本时，感到自己被首陀罗迦的说理方法彻底改变了。善施摒弃惩罚传统，吸引我们思考一桩行动的全部后果，而此处指的就是一种特殊惩罚的后果。这种方法有助于我们区分对正义的两种不同的阐释。在我首次怀着敬畏之心与钦佩之情读《小泥车》六十多年后，我在《正义的理念》中勉力探索了对正义的两种不同的阐释。两个梵文术语 niti（道德）和 nyaya（正理）分别都有正义这一概念的含义，需要予以区分。niti 的主要用法义项是指遵循明确的规则和组织规范的美德。与 niti 相对照，nyaya 这一术语则是一个综合概念，表示业已实现的正义。按照这一观点，制度、规则和组织的作用尽管十分重要，也必须依从在正义过程中实际出现的更为广阔也更为包容的世界视角予以评估，而不能只是拘泥于我们恰好现有的制度或规则。在我看来，善施之所以将追求正理置于首要地位，是为了建立一个美好的世界，以便我们可以公平合理地生活在这个世界上，而不是停留在服从固定规则的道德层面，包括依从标准理论，接受与所犯罪行“相当”的规定惩罚。

我们可以考虑一项具体应用。印度早期的法学理论家曾经轻蔑地谈到过他们所谓的鱼正理（matsyanyaya），也就是“鱼世界的正义”。在这个鱼世界里，大鱼可以随意吞噬小鱼。我们受到警告：避免鱼正理，必须是正义的一个必不可少的组成部分，而至关重要的是，坚决不允许可怕的“鱼世界的正义”侵入人类世界。这里最重要的认识是，正理意义上的正义的实现，不单纯是一个判断制度和规则的问题，而是一个判断社会本身的问题。无论已经确立的组织多么中规中矩，无论社会建立的规则（例如有
102 关惩罚的规则）多么无可挑剔，如果一条大鱼可以恣意吞噬一条小鱼，那就必须视之为对正理也就是正义的明显违背。我们需要一个不同的更加美好的世界，而不只是遵循旧规则和神圣的惯例。

我在多年以后发现，在《小泥车》的英译本（*The Little Clay Cart*）于 1924 年在纽约的舞台上演出后，《民族》（*The Nation*）周刊的戏剧评论家（约瑟夫·伍德·克鲁奇）在一篇热情洋溢的评论文章中写道，他认为这部戏剧是“深深地打动人心的”，继而宣称他无比赞赏这部戏剧。“在我们欧洲的历史上，我们在哪里也找

不到……一部比此剧更能全面体现法制伦理精神的作品。”[1]这种说法可能略显夸张，但在这部非凡的戏剧中，“激情”与一个智者的决策相辅相成，而克鲁奇指出理解这一点的重要性，肯定是正确的。由于协调激情与理性反思是我在学生时代最感兴趣的理念之一，因此我在克鲁奇关于首陀罗迦剧作的评论中发现了许多值得称赏的东西。

六

我对印度古代文学持豁达看法的尝试，在我的学生时代曾让我陷入争论，在今天也许仍然会遇到抵制。请细想《吠陀本集》(*Vedas*)。这是一本由四个部分组成的书，常被视为印度教基本经典。印度的许多热衷于宗教信仰的政治倡导者，为捍卫古代《吠陀本集》的尊崇地位而斗争。这在我的青年时代就很常见，而在今天还是同样常见。从六十多年前我首次尝试阅读《吠陀本集》时起，我就被引导而对这部经典怀有高度敬仰之感。这倒不是因为这套书已被视为印度教的基础，也确实不是因为我们可以从中发现复杂精妙的数学。在我的学生时代，就有对所谓深奥的“吠陀数学”的混乱说法，让人们有诸多理由感到担忧。如今，印度的一些大学为“吠陀数学”这一所谓学科提供研究生教育（人们甚至可以获得这个基本虚假的领域的研究生学位），对这种混乱说法的担忧就有了充分得多的理由。印度对数学世界的深刻贡献出现得很晚，是从五世纪开始的，由阿利耶毗陀、婆罗门笈多等引

① Joseph Wood Krutch, *The Nation*, 69 (12 May 1924).

103 领，而在《吠陀本集》中寻觅这样的贡献则是一种十足的愚行。

我们有理由珍惜的东西反而应该是《吠陀本集》中大量绝妙的诗章。它们是深刻的、豪迈的、优雅的和富于情感的。内中许多诗篇具有深刻的宗教性，但它们也包含着主张怀疑论和不可知论的有力而清晰的论点。前面引用过的《梨俱吠陀》第十卷中的所谓《创世歌》就是其深刻的怀疑主义的一个范例。

我少年时在外祖父的指导下第一次读此诗时，正是我自己作为一名非信教者的信念植根之时，于是因为得到这一来自 3 500 年前的支持而感到欣喜若狂。接近吠陀经典尤其是《梨俱吠陀》的一种方式，就是把它们看作朝不保夕的人类借助优美的诗篇对不对等的自然力量的回应。那些诗章显然愿意赋予极为强大、无法控制的自然力量某种神异地位。这会导致多神信仰，也会产生对一神论的推测，认为可能存在一个既是创造者、保护者也是毁灭者的唯一神，由该神主宰所有那些迥然不同的强大力量。《梨俱吠陀》中就有趋于这一方向的优雅诗篇，可是（在另一方面）它也披露了那些早期思想家的批判性思维方式，考虑到了可能根本不存在这样一种统一万有的力量，也就是没有一个创造万有并且记得自己所行之事的神。存在一种强烈的怀疑，就是在自然力量的背后，也许根本就是虚无。《梨俱吠陀》第十卷中的这首诗就是对这一不可知论的一种表述。

七

古代印度的知识史包括各种宗教思想，也同样不乏各种乐趣和游戏。在了解印度遗产之时，我们不能也不应任意抹杀那些东西。国际象棋可能是源于印度的最为知名的游戏（也许还是最为复杂的游戏），此外还有许多其他游戏。在我看来，印度古代的一种被称为“知识游戏”（Gyan Chaupar）的棋类游戏，似乎可以让我们洞悉人类生活如何高度依赖机
遇。这种游戏又被称为“解脱棋”（Moksha Patam），约在一世 *104*
纪以前传入英国，逐渐以“蛇梯棋”（Snakes and Ladders）[①]而知名。

我非常喜悦地看到，甚至《吠陀本集》都有讨论游戏的余地。那是一种能够影响人类生活的真正的游戏。吠陀经典的虔诚读者可能会轻易错过《梨俱吠陀》中一首题为《赌徒恨》（又译《骰子》《赌徒歌》）的富于教益的诗：

跳跳蹦蹦的，高树上采来的骰子，
是风地所生，在骰板上旋转；
像最好的苏摩酒的醉人美味，
它们使我得到无限狂欢。

…………

我想到不再跟这些朋友走；

① “蛇梯棋”这一游戏似由著名玩具制造商弗雷德里克·亨利·艾尔斯于1892年在伦敦取得专利。

朋友走了，把我撇在身后。
这些黄东西掷下时发出呼声，
我立刻去了，像赴密约的女流。

赌徒到赌场，浑身发抖，
自己问自己：会不会赌赢？
骰子违反了他的愿望，
让他的对手交了好运。

…………

“别掷骰子了。种你的田吧。
享受你的财富，用心求富饶。
赌徒啊！那儿有你的母牛，你的妻子。”
崇高的太阳神这样向我宣告。①*

这个赌徒终于认识到，他应当做点诸如耕种土地之类有益的事，而不是屈从于自己的赌瘾。可是，尽管他极力试图戒掉赌博，他还是不断盘桓在赌场，从而毁了自己的人生。由于我越来越对哲学感兴趣，我想这可能是世界上第一次讨论“意志薄

① 此处引文出自《梨俱吠陀》，由温迪·多尼格译成英文，参见 *The Rig Veda*（London: Penguin Books, 1981），p.241。

* 中文译文摘自金克木的译本。——译者注

弱”（古希腊人称之为 akrasia，即无自制力，并对之进行了广泛研究）这一著名问题，而这是一个在当代哲学中也依然非常重要的话题。

我第一次读此诗时就认为，它还有一个显著特点，那就是逗乐：几乎可以肯定，这是第一首抱怨岳母的诗，而对于岳母的怨诉，即使在当代世界，也依然是二流幽默的流行素材。《梨俱吠陀》中的赌徒悲叹道：“岳母恨我，妻子赶我走；/ 倒霉的人得不到同情。”* 读《吠陀本集》而看不到人性品质，如人的想入非非与高 *105*
度脆弱，未免会错失其中趣味。对岳母不满的担忧在书中有一定地位。

八

我的学校拒绝让我登记为佛教徒这一行为让我特别失望，因为比哈尔在古代非常繁荣，是佛教、佛教文化和佛教启蒙的原初中心。从公元前三世纪始，在长达一千余年的漫长岁月中，比哈尔的首府华氏城（Pataliputra，今名巴特那）曾是早期若干统治全印度的帝国的都城。比哈尔最大的荣耀之一，是建立了世界上最古老的大学那烂陀大学。从五世纪到十二世纪末，这所佛教机构一直欣欣向荣。相较而言，欧洲最古老的大学在意大利博洛尼亚，创建于 1088 年。所以，到博洛尼亚大学问世时，那烂陀大学业已运行达 600 余年，每年培养成千上万来自世界很多国家的学生。

---

* 中文译文摘自金克木的译本。——译者注

由于学生曾从整个东亚前来那烂陀大学，2009 年举行的所谓东亚峰会强烈决意重建这所大学。当那烂陀大学于 2014 年 9 月再度开学后，“重归那烂陀”（Ritorno a Nalanda）成为意大利发行量最大的报纸《晚邮报》（*Corriere della Sera*）的重大新闻标题。这是世界高等教育史上的一个值得关注的时刻。作为这所新近重建的那烂陀大学的校长，对我个人而言，这也是一个引起我的深切怀旧之情的时刻。近七十年前，我还是个易受外界影响的孩子。我曾纳罕，那烂陀大学是否还能再生。我记得那一时刻。我问外祖父克希提·莫汉：“难道它真的永远消失了吗？”老人说：“也许没有。它今天还能对我们有大量益处。”他总是激发文化乐观主义。

现在，我们对全球的大学是有所期许的。1 500 余年以前，在那烂陀大学开课之时，这里就是当时世界上唯一能够提供我们所期许的那种教育的地方。那烂陀大学独辟蹊径，使自己成为驰名的学府，在许多伟大的领域提供高等教育，不但在佛学方面是如
106 此，而且在语言与文学、天文学与观察科学、建筑与雕刻以及医学与公共卫生等领域也是如此。它不仅吸引了来自印度各地的学生，而且借助佛教方面的联系，吸引了中国、日本和朝鲜以及亚洲其他国家的学生。到七世纪时，它有了一万名住校生。它事实上是古代中国人在国外接受高等教育的唯一学府。不仅印度，世界也需要一所那样的大学，于是那烂陀大学不断走强，日益兴隆。正如古老废墟的发掘所揭示的，在那烂陀大学榜样的激励之下，在那烂陀大学以及全比哈尔的邻近地区，教育机构拔地而起。那

烂陀大学向世界贡献了一些具有伟大价值的东西。[①]

尽管我在很小的年纪就已亲身走近那烂陀大学，但在看到最近于台尔哈拉（Telhara，毗邻那烂陀大学）推进的考古发掘情况，看到一千余年前一片堪称独一无二的演讲厅及学生宿舍的出土过程，我还是感到十分震撼。我们发掘历史废墟时，最意想不到的能够看见的东西居然是一组可能用于演讲和授课的大厅，以及一连串类似今天学生宿舍的小卧室。作为一所入学资格很高的高等学府，那烂陀大学由附属教育组织网供养。一些中国学生前来留学，其中包括著名的义净（635—713 年）。他在那烂陀大学学习了十年，对比了中国与印度的医学实践，撰写了第一部国家间医疗体系比较研究报告。他先从广州前往苏门答腊（当时是室利佛逝帝国总部所在地）学习梵文。在那里的学校习得充分的梵文知识之后，义净再度乘船泛海，在前往那烂陀大学途中，抵达离今天加尔各答不远处的耽摩栗底。在七世纪时，在比哈尔还有其他四所以佛教为本的大学，基本都是在那烂陀大学的激励下创办的，而到了十世纪时，其中之一超岩寺（Vikramshila，又译超戒寺）大

---

① 对于那烂陀大学是否真是实际上最古老的大学，是可以质疑的。古代印度西端呾叉始罗（今塔克西拉，在巴基斯坦境内）紧邻阿富汗。这里名副其实的佛教教育中心约于公元前 500 年前后开始运作，当时距佛灭不久（远在那烂陀大学建立之前）。该如何看待这一说法？塔克西拉的这所学校纵然驰名，但确实是一所宗教学校，而且在从事佛教教育方面还相当狭隘。在阿富汗东缘和邻近的古代印度（两者在文化上是一体的），肯定不存在学问匮乏的问题，甚至印度最伟大也最早的令人肃然起敬的语法学家波你尼，还是于公元前四世纪出自阿富汗边境的。然而，塔克西拉并没有尝试提供囊括不同高等学科（特别是世俗学科）的系统教学，而那烂陀寺及其在比哈尔的效法者超岩寺（又译超戒寺）、奥丹多补梨寺（又译飞行寺）等，却都提供有关的系统教学，而它们的所在地被宽泛地描述为由那烂陀大学激发的高等教育世界。承认那烂陀大学为世界上最古老的大学，并不会有损于塔克西拉的荣光，因为它有自己的背景。

学业已崛起，成为一个不可小觑的竞争者。

在十二世纪九十年代，在进行了七百余年的成功教学之后，古老的那烂陀大学遭到来自西亚的侵略军一连串的攻击，因而被摧毁。侵略军也将比哈尔的其他大学夷为平地。残酷无情的侵略者巴赫蒂亚尔·希尔吉曾指挥征服军横扫北印度。对于他本人是
107 否负有洗劫那烂陀大学的责任（民间说法），现在依然聚讼纷纭，但侵略军用暴力摧毁那烂陀大学的事实却是证据确凿的。那烂陀大学图书馆是一座收藏了大量写本的九层楼，据说被纵火烧了三天。那烂陀大学的毁灭发生在牛津大学从 1167 年开始发展后不久，而在它消失约十年后，剑桥大学于 1209 年问世。安然定居下来的穆斯林君主，尤其是莫卧儿君主，很多年后才开始对印度高等教育予以赞助。到那时，那烂陀大学的一切均已不复存在。

九

那烂陀大学既是印度遗产的一部分，也是世界遗产的一部分。在当今世界，在现代背景之下，让那烂陀大学重现辉煌的意图，获得了亚洲其他国家尤其是那些参加东亚峰会的国家的鼓励和支持。印度政府在草创阶段非常热情，但治理国家的政治权力于 2014 年前后生变，印度教特性和印度教政治化随而占了上风，处于优先地位，于是重现那烂陀大学辉煌及其佛教世界愿景的规划出现显著疏失。

然而，对古典那烂陀大学的需求依然存在。这在一定程度上是由于那烂陀大学致力于优质教育，而对优质教育的要求是今天

印度高等教育所非常忽视的。那烂陀大学明确的佛教特征，包括它对人类的非教派观点，对于那些如今极端热衷于把古代印度解读为印度教印度的人士可能没有吸引力。同样重要的是，我们也应当意识到，印度古老传统中的分割，包括种姓等级制度和贱民不可接触制度，存在着重大的瑕疵，曾遭到佛陀和佛教传统的强烈抵制，而在二十世纪，与这种分裂进行斗争的最重要的有识斗士比姆拉奥·拉姆齐·安贝卡博士，皈依佛教从而确立了自己的正确位置。平等主义的愿景，对于一般教育是非常重要的，而对于高等教育则尤其重要，而那烂陀大学就与这一愿景联系在一起。

在那烂陀大学的教学法中，也有一些东西依然与今日世界紧 108
密相关。正如中国学生所记载的那样，那烂陀大学的授课方法大量采用对话与论辩的形式（论辩的作用似乎比古希腊还要大些）。这种辩证方法不仅非同寻常，而且极为有效。那烂陀大学的影响传遍亚洲，就源于相互交谈与相互学习。新加坡亚洲文明博物馆将这种影响称为“那烂陀路径”。

有一次，我在造访那烂陀大学新校园并组织一场亚洲历史研讨会时，有人提出一个关于丝绸之路对那烂陀大学的冲击与影响的问题。丝绸之路绵亘达 4 000 余英里，使商品能够在亚洲与欧洲之间流动。丝绸是中国的主要出口产品之一，丝绸之路即缘此而得名。丝绸之路初建于公元前三世纪至公元三世纪之间的汉代时期，不仅对贸易与商业，而且对人与思想的交融，都具有深切的重要意义。

可以提出的关键问题不在于丝绸之路的重要性，也不在于贸易在使人彼此跨境联系起来这一方面至关重要的作用，因为对这两者均无争议。持续关注人际联系中的贸易与商品交流，因而夸大丝绸之路的作用，是否有可能贬低其他影响？人们一直在这些影响之下跨越疆域和边界进行互动，包括进行由“那烂陀路径”所产生和维系的大幅度文明互动。毋宁说，这才是一个至关重要的问题。

令人费解的是，近年来有些人甚至试图将古老的那烂陀大学本身视为丝绸之路的一个副产品。这样做会成为一个巨大的错误，因为那烂陀大学不仅不在丝绸之路上，甚至与丝绸之路没有稳固的联系，而且还因为那烂陀大学是一条不同的互动渠道的最重要部分。此外，商品贸易不是这条互动渠道的主要动力。如果贸易能够将人聚集在一起（事实确实如此），那么对知识和悟道的追求也会造成同样的结果。几千年来，数学、科学、工程学、音乐与艺术，以及宗教与道德责任，也一直促使人们跋山涉水，跨越区域，寻找新知。这些行程背后的动机，并非追逐商业利益，而是
109 求取思想，包括但不限于宗教思想。现代人十分流行透过贸易棱镜观察全球联系，其中对丝绸之路的看法就是这方面的一个重要例证，不应当由此而对一个事实视而不见：在同样长的时间里，交光互影式的接触一直在激励人们逾越国界和区域流动。全球化不但是寻求商业机会的一个结果，而且是彼此交谈和相互学习的一个结果。

十

老那烂陀大学属于全球互动的传统，而对这种传统的需求今天依然强劲。新那烂陀大学校园与原先那所大学的废墟相距数英里，位于拉杰吉尔 (Rajgir) 老城的边缘。拉杰吉尔在昔年被称为王舍城（Rajagriha）。这里正是佛灭后不久为“通过商讨解决分歧”而举行第一次“结集”* 之地。后来的一次结集，也就是第三次结集，是应阿育王的邀请于公元前三世纪在华氏城（今巴特那）举办的。这次结集之所以成为最著名的一次结集，既是因为会议规模盛大，也是由于通过商讨而予以解决的分歧的重要意义。因此，那烂陀大学就可能处于切近世界上第一个尝试提出“协商式治理”理念的地位，而直到在十九世纪，沃尔特·巴杰特（一译白哲特）才追随约翰·穆勒，提出“协商式治理”（government by discussion）这一理念。在民主思想的历史上，过去的东西依然大量存在，构成一部在当代世界既能启发灵感也富于教育意义的历史。

在圣谛尼克坦学校的学生中，我们许多人在那年后期频繁前往拉杰吉尔和那烂陀大学远足。我们待在帐篷里，略微受了一点风寒之苦，可是户外的篝火总能提供温暖，于是我们就围坐在火边谈天说地，过了午夜许久才作罢。交谈常常远说不上深刻（尽管随队的老师们颇费心力，努力采用一些教育手法），而且还有很多不恭不敬的谐谑之语。有时，在这些旅行活动中，在男女同校的学生中，一些不温不火的恋爱关系会以相当快的速度推进，随

* Buddhist council, 字面意义即“佛教会议”。——译者注

后又以同样迅疾的速度终结。但是，这些事情无一会干扰白天对佛教遗迹以及古代历史的勤奋探索。

第二编

第七章
最后的饥荒

一

到了 1942 年初的几个月间，我还觉得安居于圣谛尼克坦是令 113
人惬意的。“寂乡”的静谧自然令人十分动心。能够步行或骑车四处走动也是令人非常快意的。我在习惯了那里的生活方式之后，那种机动车辆的几乎完全阙如，就是一种让我越来越欣赏的好处。我特别喜欢圣谛尼克坦学校宽松的教学氛围，也非常珍惜学习各种各样异常有趣的事物的机会，而它们通常多在课程安排范围之外。我持续在我们开架的和用户友好型的图书馆里四处徜徉，以一种业已让我的人生发生了变化的随性，一会儿品读这本书，一会儿又沉浸于那一本书。

不过，即便我自己的生活过得很好，我还是日益意识到，我周围的世界，在印度国内和印度外部，都存在着高度紧张的局面。一场穷凶极恶的世界战争在推进，而且这场战争的东方战线越来越向我们靠近。可是，印度的问题并不只是外源性的。在印度教徒与穆斯林之间，就存在政治原因促成的紧张关系。此外，还有迅速上涨的食品价格。它们造成的强烈苦难，是许多乃至大多数孟加拉人家不断谈论的话题。我那时与外祖父母生活在一起。所有那些问题和需要关切之事，都使他们以及我们的亲人忧心忡忡。亲人中当然包括我自己的父母。他们频繁前来圣谛尼克坦看望我们。我在学校暑假期间去达卡与他们团聚时，发现那里的忧虑气氛更加明显可感。

二

114 1943 年 4 月，我看到了饥荒的最初迹象。这场所谓“孟加拉大饥荒”（Great Bengal Famine）夺去了二三百万人的生命。1942 年，也就是饥荒前一年，粮食价格开始非常迅猛地上涨。

1943 年春季一节课结束时，我们听一些低年级学生说，一个明显患有精神错乱疾病的男子，刚刚出现在圣谛尼克坦校园里，正在遭到几个霸王学生的残酷戏弄。我们到达发生这种野蛮行为的现场，就在板球场附近。虽然两个霸王都比我们这边的每个人都更为强壮，但我们人多势众，能够合力使他们停止作恶。在几个折磨人的坏种口吐气话离开后，我们设法与受害人谈话。他几乎语无伦次，而我们猜测，他已经差不多一个月没有吃过任何东西了。我们正在交谈时，我们的一位老师加入我们的队伍，而我们从他那里获悉，长期挨饿往往确实会导致精神失常。

那是我平生第一次直接接触一个饥荒受害者。可是，很快就有其他受害者怀着逃脱饥饿的希望，接踵来到我们的邻里。学校在 5 月停课放暑假时，他们的数量增加了。就在饥肠辘辘的难民络绎到来，人数也越来越多之际，父母前来圣谛尼克坦与我会合（父亲所在的达卡大学也放了暑假）。到学校于 7 月份重新开学之时，难民队伍的涓涓细流已经变成了滔滔洪水。他们在寻找一切能吃的东西。他们大多数人是在前往小一百英里之外的加尔各答途中，因为他们听传闻说，那里有给穷人提供食物的安排。这些传闻言过其实，被过度夸大了。事实上，政府并不提供任何救济，而私人慈善机构则严重不足。可是，由于这些传闻不胫而走，这些正在饱尝饥饿之苦的人就是要前往加尔各答。他们只是跟我们要一点食物，剩饭或变质食品也行，以让他们幸存下来，继续前往加尔各答的旅程。

局势继续恶化，到9月份时，我们觉得，已经有十万穷人在前往那个大城的漫漫长途中行经圣谛尼克坦。七十七年之后，甚
至就在今天，那种来自孩子、妇女和男人的持续不断的呼救声， 115
依然回荡在我的耳朵里。外祖母允许我给任何上门乞食的人满一香烟罐的大米，而她解释说：“即使情况让你心碎，你也不能给任何人多于一锡罐的大米，一点都不能多，因为我们得帮助尽可能多的人。”我知道，一小罐大米不会让人维持多久，可我还是为我们能够略尽绵薄之力而感到欣慰。如我在前文（第四章）所述，那时来到我家的一个人是乔盖希瓦尔，一个已因饥饿而几乎奄奄一息的十四岁少年。他来自杜姆加，距圣谛尼克坦约四十英里。姨妈即刻让他吃饭，救了他一命。

三

1943年春夏之交，饥荒爆发，来势凶猛。当时，我即将迎来我的十岁生日，对突如其来的灾情感到困惑不解。对于迫在眉睫的覆亡厄运有无可能，我听到了一些忧心忡忡的议论（“倘若情况继续如此发展下去”）。对于物价上涨的原因和方式，父母和外祖

父母、舅舅和姨妈都有自己的看法；如果物价继续上涨并强化，就会出现普遍的饥饿。我想，是在 1943 年初，坎迦尔舅舅一天早上说道："我不排除一场大饥荒。"我当时还不完全清楚饥荒究竟意味着什么，但我心里充满了恐惧。当然，我当时对经济学一无所知，可是我已经意识到，如果粮食价格持续上涨而人们的收入并不增加，许多人就会挨饿乃至陷于死亡。听家人的这些关于悲剧与劫难的交谈，是一个令人在快速成长中变得冷静而持重的办法。

急迫的问题是：是什么在引起 1942 年的粮食价格急剧上涨，尤其是孟加拉主食大米的急剧上涨？记住，1942 年不是饥荒之年，而是饥荒发生前的一年。通常公开发布的意见认为，在 1942 年，粮食价格已经在上涨（因而造成恐慌）。这种说法正确吗？三十年
116 后，作为一名经济学家决定研究一般饥荒尤其是孟加拉饥荒之时，我发现大众的看法是正确的。例如，在 1942 年 1 月初与 8 月中之间，加尔各答学院街市场的大米价格（在这一方面，我能获得相当可靠的数据）已经上升了 37%。到该年底，那些物价已经上升了 70%。对于靠极低收入生活的人们来说，此类猛烈的物价大幅增长会造成非常严重的生存问题。在 1943 年，这一问题得到强化，而到 1943 年 8 月时，大米价格已高达 1942 年初的五倍。那时，对于大部分孟加拉人口而言，饥饿已经变得不可避免。

为什么会发生这种情况？虽然印度人没有发起反饥荒政策的权力，可英国人又怎么样呢？难道这场饥荒真的那么难以遏制吗？事实上，恰恰相反。问题并不是英国人掌握的孟加拉粮食数

据有误，而是他们的饥荒理论是完全错误的。英国政府当时宣称，孟加拉有很多粮食，那儿不可能有饥荒。就整体而言，孟加拉实际上确实有大量粮食，那是千真万确的。可是，粮食被掌握在供给方手里；需求在非常迅猛地上升，将粮价推到了堪比天高的程度。在战时经济繁荣时期被抛在后面的人们，在购买粮食的竞争中依旧落败。

当时，日军已经兵临缅甸与印度的边界。事实上，部分日军与反英的印度国民军（兵员系从东亚和东南亚的印度裔居民及俘兵中招募，由印度领袖苏巴斯·钱德拉·鲍斯组建）实际上正在抵达印度，屯兵于英帕尔。英属印度军、英军以及后来的美军，都在买粮食。他们，以及所有被雇来为战争效力的人，包括参加军事设施建设的劳工，都在消耗大量粮食。与战争有关的建设工程创造了新的工作和收入。例如，我记得，当时在孟加拉各地，有许多新的小型飞机场正在兴建之中。需求导致物价暴涨，而恐慌又进一步推高物价以及市场对买卖粮食的操控。

人们不能靠周边有许多粮食这样的认识活命，无论这一事实多么确切无疑。他们必须依赖自己购买所需粮食的能力，与他人
在市场经济中竞争。粮食可获得性（在整个粮食市场有多少粮食） 117
与粮食赋权（每个家庭能够从市场购买多少粮食）之间存在巨大的差异。挨饿是不能在市场买到足够粮食的人们的一个特征，而不是市场没有足够粮食的一个特征。二十世纪七十年代，在研究全世界的饥荒问题时，我清楚地认识到，关注粮食赋权而不是粮食可获得性有多么重要。

我应当强调，这种对饥荒原因的基本分析并不复杂，也不是特别新颖。孟加拉的粮食供应并没有急剧下降，可是战争经济中的需求上升却在将粮食价格猛烈推高，从而使得靠固定而微薄的工资维生的贫穷劳工无力承受这样的粮食价格。由于战时经济对劳工的需求越来越大，城市的工资是灵活的，在程度不一地向上浮动，可是农村工资上涨不多或毫无提升，所以，最大的饥荒罹难者群体是农业工人。政府对他们并不特别担心，而由于对战争事务的影响在悄然弱化，政府最害怕的是城市民众的不满。

为了保证城市人口尤其是在加尔各答的人口有足够的粮食，政府安排在加尔各答通过定额配给粮店以管制价格分配粮食。粮食定量配给制度实际上覆盖了加尔各答的全部人口。需要在加尔各答分配的粮食是在农村市场按照时价购买的，从而进一步推高了农村粮食价格，在农村造成更多的贫困与饥饿现象，而城镇居民则享有从定额配给粮店购来的受到很高补贴的廉价粮食。于是，农村地区的困苦由于政府政策而被强化。

四

孟加拉的一些文化杂志深信，如果能够得到更多粮食，出现在孟加拉的饥荒就会得以终止。它们责备英国政府对饥荒不作为。其中一家杂志《祖国》（*Desh*）于1943年7月发表了一篇振聋发聩的社论，提出了尼禄皇帝在罗马燃烧时拉小提琴的类比。这篇饱含辛辣嘲讽意味的社论的标题是《丘吉尔政府的荣光》（The
118 Glory of the Churchill Government）。这篇社论用有力的孟加拉文宣

告，如若温斯顿·丘吉尔首相曾经允许将更多的粮食运入孟加拉，这场饥荒本来可以避免。这一追根溯源的判断，可能忽略了政府在无法弄清造成饥荒的原因以及防止饥荒的各种办法方面所表现出来的一些特征，可是它批评政府政策的基本要点却大体不差。

在饥荒时期，几家孟加拉文日报遭到审查和大幅删减，但文化杂志的读者群比较小，因而还能相当自由地销售。外祖父母总是定期购买数种此类期刊，其中《祖国》（一种孟加拉文周刊）和《旅居者》（*Prabashi*，一种孟加拉文月刊）尤其受到钟爱。外祖母午饭后在她非常喜欢的木床上休息时，下午多半在读这些杂志，而且经常与我分享她读到的那些文章。我不仅对这些文章中提出的论点感兴趣，而且对它们非常投入。我的一些表兄不时前来看望我们，也想尽可能弄清周边糟糕的事态动向。我与他们尤其是年长我两岁的科孔哥（迦尔延·达斯古普塔）高谈阔论；他经常在别人说话间隙插入自己更为“成熟”的观点。坎迦尔舅舅送给我一本赛珍珠的《大地》（*The Good Earth*，出版于 1931 年），而我怀着一种病态的痴迷心态，慢慢地读了她对一场饥荒的长篇小说式的描述。

一天，外婆给我读了《旅居者》斯拉温月（Shrabon，一个雨季月）号上一篇对“粮食问题”的分析文章。这期刊物应该是在 1943 年 8 月出版的。我后来核对过，我对这篇文章的真实内容的记忆是正确的。此文确实将粮食价格的上涨与城市地区由战事导致的额外开支及粮食采购量的增大联系了起来，包括驻扎在孟加拉及其境外的军人，他们在与离我们并不遥远的日本人对峙，也需要消费粮食。《旅居者》对于战事需要并无异议，但质疑当局对由战事造成的苦难（包括战事对粮食价格的影响）完全视而不见，结果毁灭了农村穷人的生计。

五

119 难道在威斯敏斯特的英国议会没有讨论这场饥荒造成的灾难吗？直到1943年10月，这场饥荒行将结束之前，他们一直没有关注此事。实际上，直至那时，他们一直小心翼翼，不让英国公众知道有关那场饥荒的消息。这样做之所以至关重要，是因为尽管印度遭受的是专制帝国的统治，这种治理却是受制于英国的职能民主制的。在达卡和圣谛尼克坦，这一矛盾是人们在交谈中特别喜欢提到的一个话题。我的身为共产党党员或亲近共产党的亲戚，对信任无能的“资产阶级民主政体”的想法持嘲讽态度，而由于苏联在战争中与英国人的合作（在斯大林于1941年6月彻底转变之后），他们的反殖民主义思想变得更加混乱。其他人，包括甘地信徒、印度国大党社会主义派、苏巴斯·钱德拉·鲍斯（第九章将会对此人多所落墨）的追随者等，则将英国议会的不作为归咎于一项政策选择，而不是他们在应对孟加拉饥荒这样大规模灾难时固有的无能为力。我觉得，这些论点非常有趣，但很难把它们梳理清楚。四十年后，我总会想起自己曾经呆若木鸡地坐在起居室的一个角落里，试图确定舅舅和姨妈中哪个在争论中“胜出”。

然而，事实是，孟加拉在遭受一场饥荒的重创，而自十八世纪（英国人统治孟加拉的开端）以来，这里还没有发生过如此严重的饥荒；尽管如此，无论是在威斯敏斯特的英国议会，还是向来活跃的英国报纸，都没有充分而广泛地报道或讨论这场饥荒。实际上，令人惊异的是，英国公众居然被蒙在鼓里。正如我在上文所说，发行量高的孟加拉文报纸受到当局审查（以避免在世界大战进行期间出现有害传闻），而加尔各答的英文大报《政治家报》(*The Statesman*，由英国人所有并由一个忠实的英国人伊恩·斯蒂芬斯主编）却为了维护战时团结而主动选择了一项避而不谈这场饥荒的政策。不过，该报确实发表了一些有关饥民惨状的照片，但没有评论或说明。

直到斯蒂芬斯于 1943 年 10 月挺身而出，这场新闻封锁才告终结。直到那时，英属印度政府强加的报刊审查制度，再加上《政治家报》的沉默，一直阻碍了新闻界对孟加拉的饥饿与饥荒问 *120*
题的大规模讨论。尽管存在政治上的分歧，我的同堂家庭的所有成员（他们包括民族主义者、社会主义者、共产主义者和自由民主党人）却一致对压制有关时事的新闻与分析表示了出离的愤怒。

六

1943 年，战事持续并激化，粮食价格的上涨越来越快，不但受已经增长的经济活动和快速增大的市场需求的驱动，而且受恐慌和对市场的投机性操纵的推动。大米价格继续迅猛上涨，一直持续到 8 月份（我在上文提到了这一点）。此时的米价已大约是 1942 年初的五倍。当然，我当时并不知道有关数字，而《旅居者》《祖国》及其他孟加拉文期刊对那些数字也语焉不详。可是，它们确实付出了巨大的努力来吸引读者关注普遍的事实，了解涨价的原因和后果以及涨价对饥饿扩散的影响。它们也批评了英属印度政府在处理战争遗留后果造成的物品匮乏时的不作为。

像几乎所有饥荒一样，1943 年的孟加拉饥荒是一场以阶层为特征的灾难。出自比较富裕家庭的人，包括我的同堂家庭成员或学校同班同学的家人，都在这场夺去了数百万人生命的灾难中幸存下来，无一遇到任何困难。当然，每个人都对粮食价格上涨愤愤不平，但相对富裕的人并没有被推到饥饿的边缘。

七

1943 年 10 月初，饥荒处于最严酷阶段时，我随父亲前往加尔
各答数日。他在那里有公干，而我在上一年 12 月曾在加尔各答度
过一段非常有趣的时光，因而也想再看看这座大城（尽管日本人
121 的炸弹落在了远处的吉迪尔布尔码头）。可是，此时看到的加尔各
答已经全然不同，令人恐惧。所有的街道上都是饥肠辘辘的穷人，
而我则是平生第一次见到因为饥饿而实际上已经奄奄一息的活人。
在城市的不同地区有供应食物的安排，是由私人慈善机构组织的，
确实提供数量有限的食物。所有这些施舍食物的场所在同一时刻
开门，所以无人可以吃完一家又去吃另一家。饥民为了得到队列
截止号之前的一个位置而相互打斗。

这场饥荒导致人的道德沦丧。这是由困境造成的，非人力所能控制。饥民推推搡搡，争先恐后，让人难以看下去。可是，我尽管还只是个十岁的孩子，却能理解这一现象在当时境况下是不

可避免的。

这场孟加拉饥荒的梦魇让我下定决心去尽我所能防止饥荒再度发生。当我把这种想法告诉学校的一位老师时，他微笑着赞许了我的志向，但也力促我“面对现实”（这是他的原话）。他说，饥荒是几乎不可能消灭的。到了二十世纪七十年代，我怀着希望开始分析饥荒问题，以图找到一种解决之道，至少也要对局部饥荒预防有所裨益。那时，我记起了我与老师的那次令人沮丧的交谈。

第八章
孟加拉与孟加拉国理念

一

122 1944年的一个下午，一个男子穿过我们家的几道门进来，浑身血流如注，痛苦地尖叫着。我在学校放假期间回到达卡，独自待在我们家也就是世庐的花园里。此人是一个穆斯林零工，名叫卡迪尔·米亚，他的前胸和后背都被人用刀严重捅伤。他在附近一户人家为了一点报酬干了一些活后，正在回家的路上，在途经我们这个以印度教徒为主的地区时，在街上被教派主义暴徒手刃。[①] 由于受伤严重并处于剧痛之中，卡迪尔·米亚要水喝并呼救。在随后令人不知所措的时刻，我跑去找水，同时大声呼叫父母。父亲火速将他送往医院，可是，唉！卡迪尔刀伤过重，不治身亡。

我那时快十一岁了。我当然知道，教派分立可以是非常凶险的。可是那天下午，在我试图扶住卡迪尔流血的身子和帮助他喝些水时，虽然他的呼吸在变得更加沉重，我还是能突然明白，精心策划的分裂与人为煽动起来的敌意，会造成极度的恐惧和可怕

---

① 在印度和次大陆其他国家，使用 communal（教派的）一词来表示一种宗教针对其他宗教信徒的教派敌意，现在已得到十分普遍的认可，而且这一用法在二十世纪四十年代就已十分常见。这一术语有时可能会令人感到混乱，但还不能轻易用诸如 religious（宗教的）这样的词取而代之，因为持有此类敌意者往往并不特别笃信宗教，但对出生于敌对宗教社群之人怀有根深蒂固的敌对态度。我将继续这样以通行于次大陆的方式使用 communal 这一术语，但如上所言，要保持警醒，使之避免与非宗教意义上的社群（community）一词发生混淆。

的后果。除这一事件的惨无人道之外，我觉得根本无法理解或弄清卡迪尔为什么会被连他都不认识的杀手夺去性命。对这些一心杀人的凶手而言，唯一起决定性作用的是，他们知道他是个穆斯林，有一个独特的教派身份。[①]

我从震撼与悲伤中完全平复过来之后，与父母就所发生的事情进行了一次长谈。父亲说："你会逐渐明白，在每一个恶性事件发生之后，很可能还会有另一个更加令人憎恶的事件接踵而来。"（他在那个可恨年代变得越来越悲观。）母亲说："不，人们不能继续生活在这么野蛮的状态之下。"父亲说："这是人的另一面，充满了无端的暴力，同我们非常喜欢的慈悲与人道的一面一 123
样真实。"

当我想到往往潜藏在人们的以教派为主的身份认同之中的残暴时，那个下午留下的记忆便会一再浮现在我的心头。可以肯定，如果我们把宗教社群视为自己主要的乃至唯一的身份归属，我们到头来就会把人们看成只是穆斯林，或只是印度教徒，而我们还可以采用别的一些排他性鉴别标签。在一个教派冲突的时代，这种将人降低到单维状态的做法，就能起到煽动暴力的作用。尽管教派主义哲学也能在一个特定群体内部产生凝聚力和同情心，但我一生之所以都是教派主义哲学的怀疑论者，就是因为我早期对那种以教派为主的分类所蕴含的非人性的体验。数十年后，我

① 对身份在暴力中的作用的分析，可参见阿马蒂亚·森的《身份与暴力——命运的幻象》（*Identity and Violence: The Illusion of Destiny*, New York: Norton, and London: Penguin, 2006）。

写了一本书，名为《身份与暴力——命运的幻象》（*Identity and Violence: The Illusion of Destiny*），于2006年出版，论述了根据单一身份看待他人以及自身的多重危险。我在撰写此书时不禁感到，我只是在完成数十年前即已开始的一段旅程，而那个因卡迪尔·米亚遭遇谋杀而喋血的下午就是起点。

二

在父亲送卡迪尔·米亚前往医院时，后者告诉他，他的妻子曾恳求他，在教派骚乱期间，不要进入存在敌意的地区。可是，他不得不外出寻找工作，以挣一点工资，因为他家里已没有任何可吃的东西了。对那种在经济上缺乏自由的惩罚，到头来竟然就是死亡。在那个混乱的时代，如果家里没有那笔小钱也能对付，卡迪尔·米亚就无须外出赚取那么一丁点儿收入了。卡迪尔告诉我母亲，他看到自己的孩子们正在挨饿，作为一个父亲，他不得不外出赚点钱来给他们买粮食。

我一再想到，卡迪尔的妻子曾经恳求他不要冒这样的风险。这个事件挥之不去，让我深思了许久，而我也逐渐认识到，贫困
124 在剥夺一个人的全部自由时，可以涉及巨大的范围，甚至连一个人不冒非常可能出现的被谋杀风险的自由，也会被剥夺。阶层在这样的事件中起到了重大作用。显然，告诫人们不要离家外出（我们在骚乱时期一再听到这样的告诫）是稳妥的建议，可如果待在家里意味着让孩子们挨饿，那你又能怎么办？毫不奇怪，教派骚乱的大多数受害者来自社会最贫穷的阶层，而他们总是最易

于遭到杀害。我在年龄还不算很大的时候就认识到，迫切需要让经济贫困阶层理解印度的教派暴力与大屠杀的恐怖。在二十世纪四十年代的印度教徒与穆斯林骚乱之中，大多数被杀害的人尽管宗教或教派身份有异（或为穆斯林，或为印度教徒），但他们却有同样的阶级身份（他们均出自劳工和被剥夺者家庭）。

当然，在我的少年时代，在我的家族成员中，在父族和母族两边，都对阶级话题谈论甚多。母亲唯一的兄长，也就是我的坎迦尔舅舅，属于国大党社会主义派，而他们的一个堂弟萨蒂延·森，我们叫他兰迦尔舅舅（我把他视为另外一个舅舅），则属于印度共产党。在分治后，兰迦尔舅舅继续留在东巴基斯坦，而且积极投身于那里的左翼政治发展活动。还有一个叔叔，也就是父亲的堂弟乔蒂莫伊·森古普塔（我称他为希图叔叔），最初是一名民族主义革命者，但在印度共产党的发起者之一穆扎法尔·艾哈迈德的强烈影响之下，逐渐开始赞同共产主义运动。他是在英属印度监狱（那时是一个遇到知识分子的好地方）里遇到艾哈迈德的。

母亲是一个热心的听众。他们的意思虽然有几分歧异，但基本都是围绕阶级话题的，是对印度实际存在的问题的分析，范围远远超出了对英国人统治的不公正的议论。毫无疑问，他们也在与英属印度政府进行斗争，而在我童年时，这些舅舅和叔叔会不时被关进英属印度政府的监狱（我将在第九章讲述有关情况）。父亲一直怀疑民族主义政治是否有驱逐英国人的能力，而母亲与他不同，非常认可并特别赞成左翼活跃分子的想法。她对马克思主

义思想抱有特殊兴趣，喜欢与我谈论政治，常常会补上一句：“你爸爸很可能不会赞同。”环顾四周，到处都是饥荒与骚乱。此时，
125 对我而言，似乎阶级分析至少能提供一种方法，让在一定程度上理解正在困扰着我们的诸多问题，包括贫困、不平等以及对基本自由的剥夺（还有不冒巨大的生命危险的自由）等问题。我将在本书后面回头讲他们的那些讨论内容。可是，这些思想除对我的政治理解以及我所要提的问题产生影响之外，也表明了一点，也就是与数学的抽象观念以及我对历史文化的着迷相比，人类生活正在我好奇的心灵中变得越来越重要。

三

在孟加拉，教派骚乱并不全然是一种新现象。在二十世纪的不同时段，就像在印度其他地区一样，孟加拉偶然会发生印度教徒与穆斯林骚乱（1926 年在加尔各答就发生了若干起此类骚乱事件），是由教派主义煽动酿成的。可是，在二十世纪四十年代发生的事情，却确实是非同寻常的，也是前所未有的。一些人要求政治分治，其他人则对此表示抵制。主张政治分治一方于是乞灵于制造印度教徒与穆斯林之间的不和，使这种现象急剧增加，比以前常见得多。这十年间一触即发的暴力，在我于达卡生活期间，是一个无可避免的现实，而在我的圣谛尼克坦学城，出于不言而喻的原因，却无影无踪。就在 1947 年即将到来之前，在印度独立在望而国家分治迫近之时，暴力达到巅峰。

穆罕默德·阿里·真纳领导的穆斯林联盟强烈要求实行国家

分治，让穆斯林有一个单独的家园。[①] 在该联盟的一些声明中，这一要求是以“两个民族”学说来支撑的。这一理论认为，在尚未分割的印度，存在印度教徒与穆斯林这样“两个民族”。在我家里，大家对这一论点进行了大讨论，结果众口一词，认为这一论点是完全错误的。外祖父克希提·莫汉认为，这一说法是建立在对印度历史全然无知的基础之上的。我的家人认为，穆斯林与印度教徒之间持续存在的关系是建设性的，而且总体来说是友好的。同时认为，除宗教习俗之外，他们之间的分歧基本上是无关紧要的。

虽然分割国家的要求是由穆斯林联盟带头提出的，但是孟加 126
拉的许多地位显赫的印度教徒（大多数属于高级种姓）也迅速倾向于分割孟加拉省，使这项工作成为整个印度一分为二进程的组成部分。孟加拉有一个实实在在的穆斯林多数群体，如果他们全体前往巴基斯坦，那么在政府和职业生活中占主导地位而且平均下来明显更为富裕的、享有相对特权的印度教徒，就会失去他们的权力和优势。在印度教徒中，中产与上等阶层中特权人物为分割孟加拉而出力到了什么程度？霍亚·查特吉最近进行的一项极富启发性的研究非常清楚地揭示了这一点。[②]

---

① 在这一背景下，注意到下述事实是很重要的，也就是说，艾莎·贾拉勒令人信服地主张，真纳对分治的坚持，至少在一定程度上被表述为一项讨价还价的要求，即让穆斯林在一个完整而独立的印度获得更为重要的地位。参见她的《唯一的发言人：真纳、穆斯林联盟与分治要求》（*The Sole Spokesman: Jinnah, the Muslim League and the Demand for Partition*, Cambridge: Cambridge University Press, 1985）。

② Joya Chatterji, *Bengal Divided: Hindu Communalism and Partition, 1932-1947* (Cambridge: Cambridge University Press,1994).

同一时代的人的观察，由于所能接触的资料有限，因而显然无法与后来更为广泛的历史研究所得出的结论相比。可是，即便对一个在那一时期生活在孟加拉的小观察者而言，也不会看不到，当时印度教徒精英在谈到孟加拉统一时的语词出现了变化，在从坚定不移的积极态度转向怀疑乃至困惑不解。这种情况使克希提·莫汉大感失望，而到了整个印度面临可能的全面分割之时，他就变得更加沮丧。

四

实际上，分割孟加拉，或以前拟议的分割孟加拉的企划，还有一段相当重要的历史。1905 年 10 月，当时的印度总督寇松勋爵即曾尝试实行这一计划，使达卡成为新建的僻远的“东孟加拉与阿萨姆省”的首府。寇松这一决定的原因之一是，他担心团结一致的孟加拉民族主义，会在激发反对英国统治的情绪方面起作用。尽管英国人在做出分割孟加拉的决定时曾心怀希望，以为该项决定会获得孟加拉穆斯林（他们将成为达卡占支配地位的政治集团）的支持，但结果竟然是，寇松的分割企图遭到了来自孟加拉社会各界的抵制。孟加拉于 1911 年再度获得统一，而寇松最终不得不同时放弃自己决定将英属印度首府从加尔各答迁往德里的动议。这场反分治运动的成果之一是，泰戈尔谱写了一首深情而感人的
127 孟加拉语歌《我的金色的孟加拉》。1906 年，他在一次反分治会议上发布并演唱了这首歌。1972 年，在孟加拉国成立后，这首歌被选定为这个新生国家的国歌。

在二十世纪四十年代，孟加拉事实上有可能避免分割，保持完整，而自行成为一个国家。如此一来，老印度当时就会被分成三个部分，即印度、巴基斯坦和孟加拉。这确实是一些孟加拉政治领袖提议的备选方案之一。可是，这一动议虽然受到了一些穆斯林的拥护，却几乎没有得到印度教特权阶层的支持。对于将一个统一的孟加拉留在分治后的印度这一方案，我们家族内部也众说纷纭，莫衷一是，因而只对这一方案给予有限的支持。他们基本全都反对任何类型的分解印度的方案。

五

我们在达卡，在加尔各答，在圣谛尼克坦，都有许多穆斯林友人。由于友谊一般是在阶层壁垒之内发展的，我们的大多数穆斯林友人属于与我们相似的社会阶层。可是，那个群体是一个相对较小的少数，比富裕的印度教徒的规模小多了。在与家人讨论以及观察的基础上，我逐渐意识到，在受过大学教育的公务员一类精英中，在医生、律师之类的职业人士中，以及在更为常见的还算成功的中产阶级中，穆斯林相对较少。这里与北印度形成了鲜明的对比。在北印度，穆斯林在精英中阵容可观。主要因为我母亲的妹妹玛玛塔（我叫她拉布姨妈）与她的在勒克瑙大学任历史教授的丈夫赛伦·达斯古普塔住在勒克瑙，我于是频繁前去造访那座北地城市，因而总是感觉到这种对比令人震撼。作为一名学童，我非常喜欢参观大学校园，而我之所以最喜欢勒克瑙是因为，我可以同拉布姨妈与赛伦的儿子索姆·尚卡尔（我称他为巴楚哥）以及他们的女儿伊丽娜及苏莫娜一道玩。

受上层穆斯林影响的勒克瑙文化丰富多彩，也给我留下了深刻印象。勒克瑙的上等阶层传统上就一直是穆斯林士绅，不独是
128 往日的省督一类王公贵族统治者纳瓦布，而且包括一个也是穆斯林的平民织成的网络。即使在遭遇英国人的征服而面临厄运时，勒克瑙穆斯林精英依然过着悠闲、惬意而祥和的生活。萨蒂亚吉特·拉伊的大片之一《棋手》（*Chess Players*，1977）优美地描绘了那种生活方式。达卡当然有自己的穆斯林王公贵族，但在那个小群体之外，广大孟加拉穆斯林一般并不十分富裕。

由于孟加拉曾被穆斯林君主统治了多个世纪，这里就有一种怪异现象。可是，这些穆斯林统治者似乎并不想要颠覆印度教中上层安逸的社会地位，也不强迫他们信奉伊斯兰教。印度教徒不必放弃自己的宗教就可以在宫廷或军队担任穆斯林统治者的官员。对莫卧儿军队的宣誓仪式，有一些引人注目的描述。① 根据那些记载，穆斯林军官以安拉的名义起誓，而印度教军官则以毗湿奴的名义起誓。

从十六世纪后半叶时的莫卧儿皇帝阿克巴开始，这种对宗教多元性的认可，一般都会被果决地宣布为莫卧儿人的政策。（甚至当焦尔达诺·布鲁诺正以叛教罪而在罗马百花广场的火刑柱上被活活烧死时，阿克巴就在阿格拉畅谈着宗教宽容的重要性。）虽然许多印度教历史学家已经尖锐地评论了莫卧儿王朝后期的“教派”

① 参见 Richard M. Eaton 的“Who Are the Benhali Muslims?”一文，载于论文集 *Essays on Islam and Indian History*（Oxford: Oxford University Press, 2000）。

性质，尤其是一个世纪后在奥朗则布皇帝统治之下的帝国的“教派”性质，可外祖父克希提·莫汉常对这一众人一致认可的结论提出质疑，在那些充满争斗的岁月中，在我正在长大成人的时期，反复强调那种认识之下的历史，不过是“想象出来的历史”。在奥朗则布的宫廷及其亲信之中，有大量印度教徒。克希提·莫汉很难闭口不谈这一话题。我想，这主要是由于他认为，教派主义的反穆斯林史，在产生不满与暴力方面，在固化印度的教派分立方面，起了非常恶劣的作用。

甚至在十六世纪莫卧儿人征服之前，孟加拉的穆斯林统治者（来自阿富汗的帕坦人）就已经愿意在宫廷和军队中任用印度教徒。印度教社会顶层几乎无人皈依伊斯兰教。此外，只有相对很少的上层穆斯林从印度北部流入孟加拉。当然，“阿什拉夫们”* 129
声称，他们的祖先来自开伯尔山口迤西地区，来自波斯、阿拉伯或土耳其的王国，也就是来自穆斯林核心势力范围内的各个国家，但移居海外的阿什拉夫们并不算多。大规模皈依伊斯兰教事件（从十四世纪起人数显著增加）主要发生在不够富裕的人群之中，而他们常常出自印度教社会的外围地区。其实，是否可以把所有接受伊斯兰教的人都说成是由印度教改宗伊斯兰教的，这一点实际上并不十分清楚，因为他们此前往往并未融入印度教社会本身。

在英国人的统治下，最初是在东印度公司的统治下，印度教徒与穆斯林之间的隔阂加深了。在 1793 年，英国总督康沃利斯

---

* 阿什拉夫们（Ashrafs）一般指穆斯林上流社会，也就是穆斯林贵族。Ashraf 是阿拉伯语和波斯语中的一个姓氏，后来被赋予新的含义。在印度穆斯林种姓制度发展起来后，Ashraf 成为穆斯林高级种姓的同义语。——译者注

（一译康华里）勋爵颁布一项公告（以《康沃利斯法规》而著称），“永久性地”解决了土地所有者向国家交纳田赋的问题，除保障他们的产权之外，还给予他们免于增加田赋的权益。这些心里踏实的土地所有者中有许多人是印度教徒，其中一些人靠自己土地的租金生活，成长为一个阶层，可他们实际上住在很远的地方，而且自己并不耕耘土地。大多数向地主缴租并受到严重剥削的佃农是穆斯林。这项“永久解决”法规，废除了几乎所有提高农业绩效的刺激措施，也固化了基于土地所有权的不平等现象，从而对经济造成了非同寻常的损害。

六

随着年齿渐长，我开始对阶层分类的重要性有所了解，我明白了孟加拉分割之前印度教徒与穆斯林之间的那些经济不平等的影响有多么深远。母亲受到自己激进主义的堂表兄弟以及姻堂表兄弟的强烈影响，就生产资料的所有权造成的社会距离这一问题，向我提供了一些支离破碎的信息。这里的所谓生产资料，主要就是土地。她当然说到了一些重要的事情，但她从来不曾完全沿着自己的思路跟进，连那些她编辑了多年的杂志也是如此。

130 我家并不拥有大量土地，而且家人之所以还能安居，就是因为职业收入，但在那些岁月中，我在加尔各答逐渐认识了大量信奉印度教的在外地主。他们拥有的土地数量多寡不一，定期从中获取进项。历史学家拉纳吉特·古哈（后来成为我的朋友和同事）对“永久性土地整理”所造成的完全有失公正的土地制度的来龙去脉推出了一项研究报告，他在该报告中的观点、堪称不刊之论而且意义深远。作为在外地主阶级的一员，他在报告中承认，他本人就是那项制度的一个受益者：

> 笔者在少年时期，与孟加拉的许多其他同代人一样，是在“永久性土地整理”法规的阴影下成长起来的：他的生计，就像他的家庭一样，是从他们从来不曾造访过的僻远的地产得来的；他的教育，则由殖民地官僚体制从康沃利斯勋爵方案受益者的子弟中招募骨干，因而是以适应这样的需求为导向的；他的文化世界，受到一个养尊处优而又脱离农民群众乡土文化的中产阶层的价值观的严格制约。[①]

另一位重要的历史学家塔潘·拉伊乔杜里，描绘了自己作为拥有土地家庭一员的体验。他家拥有的土地比古哈家多得多，而他实际生活在他们家位于巴里萨尔县保有土地的附近。拉伊乔杜里本人抱有强烈的实行平等主义的志向，从而异常清晰地揭示了孟加拉土地所有权制度的诸多不公平之处：

> 身为柴明达尔 [zamindar，土地拥有者] 就意味着，佃户也就是贫苦农民，会把他们当成王公贵族一般……我们在偶遇莱特 [ryot, 农民] 时，他们的确把我们当成了老爷和领主……孟加拉的柴明达尔……在一个多

① 参 见 Ranjit Guha, *A Rule of Property for Bengal: An Essay on the Idea of Permanent Settlement* (1963)(Durham: NC, and London: Duke University Press, 1996), Preface to First edition, p.xv。我将在本书后文再谈古哈。

世纪的岁月中，主宰了那一地区的农村社会，而且也在一定程度上支配了那一地区的城市社会。[①]

一些卑躬屈膝的莱特，是社会生活地位低下的印度教徒，但其中许多人，实际上是其中大多数人，是穆斯林。

鉴于这种经济上的不平等，孟加拉的穆斯林很容易参与表达不满情绪的政治活动。在二十世纪四十年代中期，在赢得孟加拉穆斯林的忠诚方面，穆斯林联盟之所以在孟加拉获得了暂时的成功，就与这一土地所有权问题息息相关，而穆斯林联盟在孟加拉的成功这一点，对于将整个印度分割开来是至关重要的。然而，
131 尽管存在利用教派分裂的可能性，孟加拉的穆斯林还是继续支持由教派聚合而成的政党，直至 1943 年方才罢休。法兹卢尔·哈克时任孟加拉首相，一个基于选举政治的职务，但在英国的统治之下，在先与穆斯林联盟后与印度教大会组建的各种联合政府中，他只有十分有限的权力。他自己的党是世俗的农民与佃户党（Krishak Praja Party），致力于土地改革和废除康沃利斯的“永久性土地整理法规”。这并不是一个教派党，但鉴于孟加拉经济的性质，该党的大多数支持者事实上是孟加拉的穆斯林。

法兹卢尔·哈克被国大党内的一些人指控为“教派主义者”。他们援引他频繁发表的声明，说他“首先是穆斯林，其次才是孟加拉人”，而穆罕默德·阿里·真纳曾在 1940 年劝勉他提出穆斯

① 参见 Tapan Raychaudhuri, “Preface” to *The World in Our Time: A Memoir* (Noida, Uttar Pradesh: HarperCollins Publishers India, 2011)。

林分离主义的《拉合尔决议》议案。可是，孟加拉的穆斯林与次大陆其他地方的穆斯林的经济地位大不相同，所以作为孟加拉穆斯林的领袖，哈克继续积极致力于自己的优先事项，而且实际上于 1941 年被真纳逐出了穆斯林联盟。[1]

当然，孟加拉穆斯林的利益，与土地改革和消除孟加拉土地所有制下的不平等以及剥削现象一类本质上属于世俗范畴的问题密切相关。哈克自己关注的是孟加拉更为宽泛的利益与荣耀。试举一个小例子：塔潘・拉伊乔杜里有一次考试成绩优异，居然收到法兹卢尔・哈克的一封电报，祝贺他增进了“巴里萨尔的荣耀”。对于“法兹卢尔・哈克究竟代表谁”这一问题，我的家庭成员之间曾发生多次争论。可是，他们之中的许多人，包括我的父亲，都非常了解哈克，也赞同他的基本主张，因而这些争论往往以对他的称赏和肯定而告终。

七

从我的学生时代起，孟加拉就有许多事情发生了变化，但是最为根本的变迁却是清除“永久性土地整理”造成的沉疴和不公平现象。塔潘・拉伊乔杜里描述了富裕地主的生活方式如何“于 1947—1948 年几乎在一夕之间消失”的情况。公正地说，这种
“一夕”之变使得出现一个矢志奉行世俗主义的孟加拉国在一定程 *132*

① 关于这些问题，参见萨那・艾亚尔的重要论文《法兹卢尔・哈克、地区与孟加拉的宗教；被遗忘的 1940—1943 年备选方案》（“Fazlul Huq, Region and Religion in Bengal: The Forgotten Alternative of 1940-1943”），载 *Modern Asian Studies*, 42(6) (November, 2008), 也请参见艾亚尔提到的其他研究文献。

度上成为可能，而几乎可以肯定，在二十世纪四十年代，这种事变还是渺无踪影的。可是，故事还远没有完结。在孟加拉国伟大的政治家谢赫·穆吉布·拉赫曼（又被尊称为“孟加拉之友”）的领导之下，给人以很好印象的世俗主义政治的发展尤其令人回味。

“土地问题”是令穆斯林不满的主要问题，曾经阻滞法兹卢尔·哈克推行世俗主义。一旦这一问题突然烟消云散，孟加拉人在东巴基斯坦的诉求更为一致的政治运动就有了发展余地。在这些政治运动中，孟加拉语言运动（bhasha andolan）从 1952 年 2 月起就开始先声夺人，而那时距离印度分治和东巴基斯坦的建立还不到五年。这并不是说，一旦土地公平问题得以转变，孟加拉人的此类与分裂无关的运动就不可避免。恰恰相反，发生此类运动的可能性已经开始出现，不过也就仅此而已。

关于建立一个世俗而民主的孟加拉国的理念，是需要建设性的政治养成的，而数十年间，虽然非常艰难，但人们却一直在致力于实现这一理念。归根结底，这一理念需要一种远见卓识与矢志不移，而孟加拉之友谢赫·穆吉布·拉赫曼就具有这样的品性。重要的是，谢赫·穆吉布·拉赫曼可以从孟加拉许多世纪以来特殊的教派关系史以及充斥激烈教派暴力的近代史中汲取经验教训。我在想到孟加拉的文化史时，无论我身在达卡、加尔各答还是圣谛尼克坦，所有这些历史风雨之间的联系，显然都与解决我们能否合法谈论“孟加拉人”这一难题有关。

对我而言，一个孟加拉人的身份始终是很重要的，而这一身份并不足以侵害乃至消除我对自己职业、政治、国籍以及其他隶属关系的忠心耿耿，包括我对所有其他人共同的人性的忠贞不渝。对历史上不同文化来源的兼收并蓄，是孟加拉人身份认同中非常重要的一部分。二十世纪三十年代初，泰戈尔在发表其“希伯特演讲”*时，带着显而易见的自豪之感告诉牛津大学的听众，他来自“印度教、伊斯兰教与英国三种文化的交汇处”。这一说法，既是对任何教派界线的明确否定，也是对一种气度恢弘而不是狭隘自闭的尊严的绝对赞许。

可以断言，人们的宗教认同，可与他们在政治上的自我认识 133
分离开来。与此完全一致的是，对政治上和文化上的世俗主义的肯定，并不会剥夺一个孟加拉国穆斯林的宗教身份。对于孟加拉人中的印度教徒，无论其身在孟加拉国还是印度，都可以做出如是断言。

八

在想到这些辩论时，我们应当从孟加拉的历史中寻觅什么？在经过一千年之后，佛教在作为一种修行方式从印度的许多地方消失之后，依然在孟加拉呈现繁荣局面，并一直持续到十一世纪末期，而信奉佛教的波罗诸王**，则代表了国内佛教王权最后的捍

* 泰戈尔的这次“希伯特演讲”（Hibbert Lectures）随后被结集为《人的宗教》，刘建中译本可见于刘建和刘竞良翻译的《在爱中彻悟》（天津：天津人民出版社，2009）。——译者注

** 波罗诸王，指孟加拉历史上波罗王朝（Pala Dynasty，8—12世纪中叶）的列王。他们虔信佛教，提倡佛学，鼓励对外弘扬佛法与文化。波罗王朝近四个世纪的统治时期被认为是孟加拉历史上的黄金时期。孟加拉民族的荣耀和对外影响在这一时期达到前所未有的高度。——译者注

卫者。在一个短时期之后，从十三世纪初起，由于穆斯林征服者的到来，印度教统治被取而代之。尽管这些来自阿富汗的早期穆斯林统治者（帕坦人）拥有一部残酷厮杀和无情毁灭的历史，孟加拉的穆斯林统治却在一段相当短的时间内扎下根来。实际上，早期的几个穆斯林国王尽管源于异国他乡，却学习了孟加拉语，从而充分认识到这一地区多元文化历史的重要性，以至任命专才推出梵文史诗《罗摩衍那》与《摩诃婆罗多》的优异孟加拉文译本。那是在十四世纪，而这些早期译本至今依然位列这些古代史诗最为人所喜欢阅读的文本之列。有一位穆斯林国王每天晚上都要一再聆听那些古老的梵文故事，对此有一些动人的描述。他们当然绝不是在放弃自己的伊斯兰教信仰，而是在恪守自己的宗教信仰之余建立非宗教方面的密切联系。他们早在七百年前就非常清楚地表明，一个人在坚守自己宗教身份的同时，无须毁弃其余所有隶属关系。

在十六世纪末（1590 年前后），当时最为杰出的印度教诗人穆昆达罗姆的《琼迪颂》（*Chandimangal*）描绘和颂扬了进入这一地区的新穆斯林的活力。穆昆达罗姆进而注意到，他们的经济活动除产生通常的成果外，甚至将令人畏惧的老虎驱逐出了这一地区：

134 从西边来了个扎法尔·米安，
一起还带来了雄兵两万两千。
他们的手上是苏莱马尼念珠，
他们把导师和先知的名字呼喊。

在把森林开辟出来之后，
他们建起了市场店面。
成百上千的异邦人
进入并靠森林吃饭，
听到斧斤伐木的丁丁响声，
老虎惊恐，于是咆哮着逃离家园。①

工业企业，包括需要高水平的专门技术的纺织品生产，迅速发展起来，驰名的达卡细平布（muslin）便是其中一例。尽管稳定的农业在东孟加拉的起步晚于西孟加拉，东部诸多地区却很快就与西孟加拉展开竞争并在生产率上经常后来居上。穆斯林与印度教徒在经济活动中得以很好地融为一体，可是也已经开始牵扯到土地所有权方面多寡悬殊的问题。后来，在英国人统治的早期，尤其是由于康沃利斯的“永久性土地整理法规”，这一问题急剧发展并扩散开来。

九

虽然共同的历史确实会起重大作用，但使孟加拉国的孟加拉人联合起来的原因，不但在于共同的经济历史或政治历史，而且更在于共同的语言孟加拉语以及他们对这一语言本身的丰富及成

① 理查德·M. 伊顿在其《伊斯兰的兴起与孟加拉的边地（1204—1760）》一书中翻译了这首诗，参见 *The Rise of Islam and the Bengal Frontier, 1204-1760* (Berkeley, CA: University of California Press, 1993), 第 214-215 页。

就的自豪感。对于孟加拉国与印度之间政治边界两边的孟加拉人这一族群的身份，这一语言产生了令人惊异的强大影响。我已在前文提到，曾在东巴基斯坦发生的导致独立战争并最终导致新的世俗主义国家孟加拉国形成的政治分离主义运动，就是以旨在捍卫孟加拉语的“语言运动”为先导的。1952 年 2 月 21 日，首开先河的会议在大学校园举行。巴基斯坦当局试图用武力驱散参会人员，造成了重大生命损失。现在，作为“语言运动日”，这一天在
135 孟加拉国受到广泛庆祝。此外，联合国在 1999 年向全世界宣告，将这一天定为“国际母语日”。

就文学贡献的质量和为自己的一体化观点挺身而战而言，最强硬的声音之一是卡齐·纳兹鲁尔·伊斯拉姆的声音。他是泰戈尔之后在孟加拉最受民众喜爱的诗人。纳兹鲁尔·伊斯拉姆对于教派分裂的态度与泰戈尔其实并没有很大差异（纳兹鲁尔·伊斯拉姆在青年时代是个泰戈尔诗歌的大朗诵家，并因此而享有声誉），但他在写作时更为锋芒毕露，而且将自己人文主义的孟加拉观同一种追求经济与社会平等的强烈左翼情怀结合起来。他是穆扎法尔·艾哈迈德的一个朋友，而且深受后者影响。我在本章前面提到过艾哈迈德。我的堂叔乔蒂莫伊·森古普塔在身陷英属印度监狱之时，曾经受到过他的激励。艾哈迈德也曾写过一部绝妙的纳兹鲁尔·伊斯拉姆传，其中关于他献身于世俗人文主义与社会公平事业的章节尤为精彩。

一家与共产党有联系的名为《犁》（*Langol*）的文学杂志创办于 1925 年。第一期发表了一篇对一部卡尔·马克思传的评论，还

有一篇对马克西姆·高尔基的《母亲》译本的评论，也刊登了纳兹鲁尔·伊斯拉姆的一些诗歌，同时承诺今后将定期推出他的作品。《犁》以刊头形式出现的刊训是精心挑选的，出自十五世纪孟加拉语诗人琼迪达斯：

请听我说，我的人类兄弟，
人是我们寻求的至高真理，
此外再也没有更高的真谛。
（Shunoho manush bhai,
Shabar upor manush satya
Tahar upor nai.）

纳兹鲁尔·伊斯拉姆对孟加拉人思想的影响是深刻的。他作为“叛逆诗人”（bidrohi kabi）的名声让他获得了特殊的关注，而在许多政治背景下，连泰戈尔的狂热仰慕者也宁愿寻觅纳兹鲁尔·伊斯拉姆浓烈的阿萨姆茶，而不是泰戈尔的大吉岭茶的清淡风味。在我的那个时代，只有寥寥无几的孟加拉人不会背诵一首题为“Kandari Hushiyar”的诗。可以把此诗之题意译为《小心，我们的船长》。对船长的特殊告诫是在警示他：“有人问道：这个马上就会被淹死的人是印度教徒还是穆斯林？领袖，告诉他，此 136
人就是一个人，是我母亲的孩子。”

我在前文业已论述，在研究、授课和著述之中，我的外祖父克希提·莫汉·森曾深度投入孟加拉文化中印度教徒与穆斯林之间的广泛互动这一课题。因此，在这一课题上，我在阅读他写的东西之余，还能定期在家里受到辅导。他还收藏了大量故事，是讲述文化分离主义者们的狭隘境界的。有个故事我非常喜欢，因为其中包含着教派融合的平和主张，同时也因为故事反映了孟加拉人对祭司普遍的怀疑态度。故事发生在一天晚上。当时克希提·莫汉的兄长阿巴尼莫汉正在家里与一个名叫马哈菲祖丁的穆斯林祭司朋友聊天，同时与他一道分享一筒水烟。他们看到一个名叫查克拉瓦蒂的印度教祭司路过。马哈菲祖丁热情地邀请他一道坐坐。查克拉瓦蒂谢绝了邀请，并表明了他这个纯粹的婆罗门祭司与这位穆斯林大毛拉之间的区别。查克拉瓦蒂坚称，他们“大相径庭”，他们在一起吸烟是不合适的。大毛拉答道：“我的朋友，我们之间其实毫无二致。我们从事的是完全相同的工作。”

十

作为一名学生，我对孟加拉的多元文化融合的一个异乎寻常的实例留下了特别的印象。如今，有关情况大多已忘掉，但那在事实上是一段非凡的历史：孟加拉历（San）的历史。孟加拉历是印度次大陆唯一现存的历法，其中还留存着莫卧儿皇帝阿克巴试图设立一部供全印度使用但没有成功的非教派历法也就是圣历的影响。在十六世纪晚期，随着穆斯林太阴历也就是希吉拉历第一个千年终点的迫近，阿克巴想要为印度设立一部多元文化的太阳历，使之类似于印度教徒、耆那教徒或帕西人*的历法，而且其中

* 帕西人（the Parsees），琐罗亚斯德教徒，祖籍波斯。——译者注

还要包括穆斯林的希吉拉历的一些重要特点。零年被定在 1556 年（阿克巴登基之年），该年分别对应于印度教塞种历中的 1478 年以 137
及穆斯林希吉拉历中的 963 年。

尽管阿克巴心怀崇高的希望，尽管他率先在自己的宫廷垂范，但圣历却从未在德里或阿格拉流行开来。但是，这一历法却在他的帝国新近获取的孟加拉得到良好接纳。在那里，经过改良的旧孟加拉历受到阿克巴圣历的强烈影响，被人们坚持沿用至今，而且还一直对印度教的许多典礼具有至关重要的作用。我写这几行文字之时，正是孟加拉历的1427年[*]。在这样一个太阴与太阳合历的计数体系中，有对先知穆罕默德从麦加迁往麦地那予以纪念的标记。在孟加拉历中，穆斯林太阴历终止于希吉拉历963年[**]，而印度教太阳历则从那时起开始启用。一位虔诚的印度教徒在一场印度教典礼中提到这一日期时，可能根本意识不到孟加拉历法与伊斯兰教先知的这种联系。

我记得，在孟加拉历法史主要由才华横溢的科学家梅格纳德·萨哈在二十世纪五十年代中期予以厘清之后，我对历法中这种巧妙的兼容并包感到既钦仰又开心。不过，在四十年之后，在《文明的冲突》一书于 1996 年出版从而导致塞缪尔·亨廷顿关于“文明冲突”的论题引发举世高度关注之后，就有了进一步慎思的余地。支持沿着亨廷顿分离主义路线的文明分家的信徒得弄清楚孟加拉历是“印度教文明”的一部分还是“伊斯兰文明”的一部

* 公历 2020 年。——译者注

** 1556 年。——译者注

分，而亨廷顿在这两种文明之间看到的是一种尖锐的失谐。当然，答案是，孟加拉历兼而是之，而不能归入亨廷顿式具有破坏性的简单分类之中。

因此，孟加拉的历史是一个文化整合的故事，而不是一个宗教分割和文化碎裂的故事。正是那种哲学、那种理解，使一个统一的和世俗的孟加拉国成为一种可行的和有启发性的理念，并允许它凭借自身条件面对这个世界。

第九章
抵抗与分裂

一

“兰吉特好吗？”我的叔叔希图（我父亲的堂弟）在一封从布 138
德万监狱寄给巴尼婶婶的家书中问道。他抱怨阿马蒂亚这个名字太复杂，责怪泰戈尔给一个小孩起这么一个“佶屈聱牙”的名字，表明他已“成了一个完完全全的老糊涂虫”。希图叔叔宣告：“我将叫他兰吉特。他怎么样？”这封情真意切的信件写于 1934 年 8 月 22 日，在我快满一周岁的时候。希图也就是乔蒂莫伊·森古普塔（这是他的正式名字），从 1932 年夏季起就开始身陷囹圄，而那时我尚未出生呢。他被指控犯有致力于破坏英属印度帝国（这个当然没错）的一般罪名，也被指控犯有协助将政府资金输送给一个献身于暴力叛乱的革命群体的特别罪名，因而被判刑七年。希图被当局辗转从一所监狱转向另一所监狱，先后蹲过达卡监狱、阿里布尔中央监狱、布德万监狱、米德纳布尔中央监狱等。当我还是个小孩时，就被大致定期带到这些不同的关押人犯的牢房探望叔叔。

希图被判刑后，作为一名出身于有教养的中产阶级家庭的政治犯，尽管可以获得存在阶层意识的英属印度监狱制度的许可，让自己置身于舒服得多也不那么有辱人格的囚室之中，但他却宁愿戴着脚镣接受严厉的监管。他定期给自己的母亲写信，说他

139 "身体很好"，但是几乎可以肯定，他在不同监狱遭遇的营养不良导致他身患肺结核重症，从而使他的体重以令人惊恐的速度下降。他的难友穆扎法尔·艾哈迈德曾通报过有关情况。由于严重的肺结核威胁着希图的生命，而且他在各个收押他的监狱都不曾给任何人制造过麻烦，他最终于1937年12月获释，因而他的七年刑期还是多少缩短了一点。唉！到他获释之时，他已离死亡为期不远了。不过，幸运的是，在他获释后，我确实曾经与他多次交谈，倾听他就诸如印度的统一以及印度教徒与穆斯林分裂的政治细节一类重要话题发表意见，从而留下了一些温馨的记忆。我的母亲是希图的一个大仰慕者，非常热衷于让"兰吉特"与他那既有远见卓识又英勇无畏的叔叔聊天，并从中学到一些东西。

二

在我成长之时，一个事实让我感到震惊，就是我的叔叔一辈之中有很多人，也包括我母亲唯一的兄长坎迦尔舅舅以及两边的诸多堂表兄弟，都曾身陷这所或那所监狱。他们之所以都被羁押，并不是因为他们被宣判犯了什么事，而是因为殖民统治者认定，如果任凭他们逍遥法外，他们就可能危害英国对印度的统治。所以，他们是依据广泛采用的"预防性拘禁"这一殖民地惯例而被投入监狱的。他们之中有数人确实与暴力事件的组织者有联系，但他们之中的大多数人，如坎迦尔舅舅，就是矢志恪守非暴力主义的。不过，赞同非暴力主义的著述和讲话，特别是那些支持圣雄甘地的东西，就足以成为一个遭遇英属印度殖民政府预防性拘禁的条件。

不过，希图并不是这样一个被拘押者，而是我的被监禁亲戚中唯一实际在法庭被判有罪之人。他的具体罪名是曾经接触并援助在达卡抢劫一辆火车的激进分子。那辆火车当时正在用一个密封车厢运输政府的军用资金，而反政府人士卸下那些资金并将它们转交给革命者。袭击就是在火车刚刚离开达卡站之后进行的。至于希图在多大程度上直接参与了此次袭击活动，至今也不是完全清楚，但他确实助力将那些资金运送到了反政府激进分子手上（用于执行这次转用任务的汽车司机在一次辩诉交易中成为“政府方证人”并显然指认了希图）。

我父亲阿舒托什·森从未参与这些活动，也从未表现出要参 140
与这些活动的倾向。他确实钦佩那些叛逆者的勇气、投入和自我牺牲精神，特别赞赏那些一个人也不杀不伤的造反者，而且非常愿意帮助那些个人生活陷于贫困的激进分子。可是，暴力造反并非他所心仪之事，而且他也根本没有时间从事所谓“恐怖主义”（此处沿用英属印度政府喜欢的这一专门用语）活动，而当时的这些活动多以用炸弹攻击英国军官为形式。父亲认为，此类活动既残暴又令人厌恶，而且在将印度从殖民统治下解放出来的运动中完全无用。他对这些激进分子的勇气和献身精神表示钦佩，但并没有进而对他们的道德或思路表示赞赏。

抢夺来的钱于打劫行动次日早晨被转交给反政府人士。我父亲问一个参与此事的堂弟——我觉得不是希图——他们那天夜里把钱放到了哪里，因为警察一直在达卡四处卖力寻找这笔钱。这位激进分子告诉父亲，他们就把那笔钱放在他家里，也就是我父亲家里的一个有些年头的装饰精美的大木箱中。父亲平时就把这个箱子放在楼下的游廊里。他闻言（“我们知道，他们绝不会到您家里来”）感到十分惊讶，也觉得有些不快。多年之后，我才从汤姆·斯托帕德妙不可言的剧作《故意犯规》（*Professional Foul*，一译《职业犯规》）中了解到，全世界都在使用与之类似的策略，也就是为了逃避当局的侦察，案犯会把赃物藏匿在深孚众望之人的财产中。我听说，阿舒托什怒气冲冲地对那些激进分子说了一番话，批评了他们在政治上以及道德上的缺陷，但也仅此而已。

希图在其铁窗岁月中发生了政治上的转变，受到了马克思和弗洛伊德的政治与社会理念的强烈影响。两人都令他着迷，不过马克思却让他逐渐坚信，恐怖主义是一个巨大的错误，必须培养有组织的群众运动来取而代之。他在各所监狱里博览群书，这使他变得彻底反对伤害或刺杀英国官员的恐怖主义愚行，而且他一直规划未来生活，打算通过工会运动将工人和农民组织起来（在获释出狱后，在来日无多的情况下，他依然继续进行这一工作）。我在前面提到过，他在狱中逐渐与印度共产党的创始人之一穆扎法尔·艾哈迈德变得熟稔起来。在希图获释后，穆扎法尔也为他
141 而感到激动，解释说他自己业已切断了也许曾经有过的与恐怖主义者的任何联系，打算集中精力，专做工会工作。

三

由于我定期看望叔叔和舅舅，喜爱与他们聊天，我被一个事实迷住了，那就是他们彼此有异，分别属于不同的政党：坎迦尔

舅舅身在印度国大党社会主义派（国大党的一部分），兰迦尔舅舅则加入了印度共产党，如此等等。我被家里年长成员带去看望他们。我记得，有一次坎迦尔舅舅告诉我，他刚被转移到了一个房间，外面有一株他已经久违的树，他因而非常开心。我记得，他这一番话也让我深受触动。他告诉我："这是一种令人非常舒心的景象，是在特意提醒我，鉴于高墙外面还有一个正常的世界，在春天就会有新叶生长出来。"

他告诉我，他也因为有一幅我画的有一些鸭子的图画而非常开心。我曾给他寄过一张明信片，上面有我们自家院子里的几只鸭子。有一次我问他共产党人与社会党人之间有什么区别时他告诉我，他虽然不能在严密监管之下的"探监时间"讨论政治问题，但他愿意在获释之后马上与我探讨这一话题。他对印度共产党人持强烈批评态度，尤其对他们"盲从"苏联不以为然。（他跟我说："这就是一种政治破产。"）

我的外祖母，也就是坎迦尔舅舅的母亲，在每周一次的探监时间结束与他告别时，情绪总是相当激动。我的外祖父克希提·莫汉则显得冷静而坚强，然而于事无补。他甚至使得短暂的探监时间变得更短（对外祖母来说，这个时间就更不够用了），因为他每隔一段时间就告诉我们，我们只有二十分钟（或十五分钟，或十分钟，或五分钟）了。"有什么重要的事情要商量，你们现在就赶紧说。"他这样的警告使所有的交谈戛然而止。直到他与我在黎明前的清晨多次一道长途步行，我才知悉他对自己儿子被囚禁一事总是那么心怀悲伤。在我们漫步之时，头上群星还在闪耀。

142 除到监狱探望儿子之外，外祖母亦曾尝试向她认识的（或有亲戚关系的）某些英属印度政府官员陈情，申明自己的儿子是无辜的，不应当一直遭到预防性拘禁。有一次，她去拜访一位大名鼎鼎的印度文官体系高级官员比纳伊·兰詹·森（Binay Ranjan Sen），我与她一道见了这位远亲。比纳伊·兰詹·森曾任米德纳布尔县执法官，但当外祖母前去拜访时，他正在帮忙协调英属印度政府的粮食政策。（他在孟加拉饥荒发生时不幸恰好身为一名负有粮食政策之责的高级官员。）我们在外面的一间接待室里等候他，被告知他会在修面之后会见外祖母。我们等了约两个小时，其间我们听到了从他的办公区里传来的一些持续进行的轻松的谈话声，偶然还会夹杂着笑声。我记得自己曾经问外祖母，他是否可能有一脸非常浓密的胡须。

他终于有时间——也就几分钟，来会见外祖母，允许她说明自己的儿子根本没有参与任何暴力活动了。比纳伊·兰詹·森告诉她："除非他改变对政府的政治态度，否则我对他爱莫能助。对他的指控不是暴力，而是他的著述制造了对帝国的不满情绪。他一旦停止这样做，就会被释放。"我与外祖母返回家中，她极其失望，但她后来总喜欢重复我对那次会见更为正面的看法。我跟外祖母说过："他的脸倒是刮得干干净净。"

1947 年后，曾为英国统治效力（包括将起而造反的印度人关入监狱）的印度文官体系前高级官员被授予国际社会的显赫职位，成为一个新独立国家的代表。纳伊·兰詹·森成为设立在罗马的联合国粮食及农业组织（FAO）总干事。他在那个职位上的服务工作非常值得赞许，无论做什么事都富于效率，就像他早先为英国主子尽责那样。他对世界粮食问题显然确实采取了一些富于想象力的新方案，但他在联合国粮食及农业组织继续保留了英属印度高级官员的传统，就是从未有人见过他带自己的公文包，他的勤务员行走在他身后两步之遥的位置，总是为他提着公文包。英属印度政府文化的卫道士们获悉这一情况，一定会感到宽慰。我在罗马的一些意大利友人逐渐听说了他的有关情况，他的这个做派让他们乐不可支。我于是还得给他们说明英属印度政府根深蒂固的“勤务员文化”。

四

在我的童年时期，印度独立运动在变得更为波澜壮阔，更为 143
坚定不移。有许多不同的行动和骚动，而由于我正在成长，我想要尝试并理解它们如何不同以及原因何在。

随后，第二次世界大战成为英国的印度统治者的主要关注事项。1939 年，印度总督林利思戈勋爵发布单边宣言，宣告印度是这场战争的一方，当然是在英国人一边。这一通知发布之时，我快六岁了，而我们正在从曼德勒返回达卡途中，父亲将在达卡大学恢复履行其教学职责。林利思戈宣言是在未经与印度进行任何磋商的情况下发布的，因而激起了声势浩大的批评，而我隐隐约约地意识到，尽管家里几乎所有成人似乎都是非常反对纳粹德国的，但他们也认为，在未经首先与印度人磋商的情况下，不应当把印度拖入战争。

与其说是印度缺乏对英国反纳粹主义立场的同情，毋宁说是英国否定印度的咨询权导致了巨大的挫折感和愤怒情绪。在咨询权之外，还有别的一些更大的问题。倘若印度独立问题能够得到妥善处理，印度国大党将准备与英国人合作。印度认为这场战争是很严重的，而且战火很快就会延烧到缅甸。我们刚从那里回来。关于日本人在中国的种种暴行的报道，业已为许多印度人所知晓，因而激起了他们的强烈谴责。

为了应对在印度升腾的不满情绪，英国政府于 1942 年 3 月派出一个使团前来与印度的政治领袖们洽谈在战事中的充分合作。使团是由工党最资深人物之一斯塔福德·克里普斯爵士率领的，而我根据父母和舅舅们的谈话猜测，他是个“很好的人”。他应当与印度领袖们商谈，敦促他们在战事中合作，从而换取英国的坚定承诺：战后认真考虑印度独立问题。然而，英国统治者并没有立即对印度独立做出让步。

144 甘地认为，这样缺乏任何直接变化是非常不可接受的，但是丘吉尔政府不允许克里普斯提出任何可能更受印度领袖们欢迎的协议。克里普斯许诺，谈判将在战争结束后开始。甘地依然不为所动。当克里普斯问他何以似乎无动于衷时，据悉甘地曾说，他在竭力算计，看他到底能用“一张预填日期的支票在一家行将倒闭的银行”做点什么。人们有一些推测，认为丘吉尔派克里普斯到印度，与其说是为了赢得印度政治领袖们的合作（鉴于授权有限，克里普斯不可能做到这一点），毋宁说是为了破坏这个来自工党的“很好的人”的声誉，因为此时有人在谈论，如果丘吉尔下

台，克里普斯将是一个可以取而代之的首相人选。

在 1942 年 8 月 8 日，在克里普斯使团于 4 月间出师失利之后，甘地发起了“退出印度”运动。这一运动得到了国大党领导人的合作，而在发表有关宣言的翌日，甘地、尼赫鲁等几乎所有领导人均遭逮捕。到 1942 年夏季，三万余人被作为政治犯关押在英属印度的诸多监狱之中。起而造反的民族主义者所称谓的“荣名榜”，收录了我们这个大家庭中的数名成员。坎迦尔舅舅及其他几个叔叔重陷囹圄。“退出印度”运动激起的“八月起义”势头强劲，在孟加拉则尤为锐不可当，而我至今依然记得，当年曾为记述参加这一运动的人们的英雄主义的报道而感动。然而，到了该年年底，当时这场基本上群龙无首的运动就已经偃旗息鼓了，因为国大党的所有领导人都已经入狱。尚未终结的则是各种迅速变化的事件在各地引发的辩论，包括在我的家里和我的学校里的辩论。

随着德国人于 1941 年 6 月进攻苏联，印度共产党也将赢得对轴心国的战争置于印度独立事业之先。印度共产党人态度的这种猝然转变，使他们遭到了民族主义者的猛烈抨击，从而导致他们在 1946 年的省级选举中大败亏输。围绕这一问题的辩论使我们这个大家庭的成年成员发生分裂。兰迦尔舅舅是一名活跃的共产党党员，竭尽所能为印度共产党游移不定的立场提供可信的理由，可是我的大家庭中的其他成员没有一人对该党 180 度的大转弯抱有丝毫同情。不
过，他们中间有许多同情者，认为击败纳粹德国比任何“民族主义 *145*
的”问题都更为重要，而国大党则全神贯注于民族问题的解决。

因此，对国大党也是有批评的；甚至自身在国大党社会主义

派的坎迦尔舅舅也告诉我说："我们必须记住，在印度和英国之外，还有一个世界。"不过，他对印度共产党人无力"抵制，亦步亦趋，照搬苏联路线"的批评就强烈得多了。印度共产党人没有参加"退出印度"运动，在许多方面起了对抗作用，而且该党与一些人所称谓的"苏联主子"结盟的速度，也在家庭讨论会中引来了尖锐批评。我曾是这些讨论会的一个如饥似渴的聆听者。

五

那一时期的一项无与伦比的有趣的发展，涉及独立运动的一个伟大领袖苏巴斯·钱德拉·鲍斯（通常被称为 Netaji，意思就是"领袖"）。鲍斯是国大党里的一个重要人物，曾激励人们为印度独立而战斗；他在 1938 年曾被选为国大党主席。他的激进政治观点和他对世俗主义的矢志不移的执着，使他在我的大家庭里很有人望。不过，他对以暴力手段获得印度独立这一提法持模棱两可的态度，却引发了一些人的怀疑，而家里的甘地追随者（如坎迦尔舅舅）因此而对他持保留意见。在 1939 年，他被革除了国大党内的职务。据说这次排挤所用手段可以被认为有失于光明磊落。

在遭到排挤之后不久，鲍斯被英属印度政府监禁于加尔各答，随后又被置于软禁状态。1941 年，他逃脱软禁（得到了侄子西西尔·鲍斯的大胆帮助）。他一路奔赴阿富汗，最终于该年 4 月到达德国。他想在德国人的帮助下组建一支印度人军队，从而为印度独立而战斗。我们只是到了后来才获悉，鲍斯在德国有个女朋友，是早先于 1934 年造访德国时结交的，名叫埃米莉·申克尔。他也渴望回到她的身边。他们继而于 1942 年有了一个女儿。尽管德国人帮助建立了一个自由印度广播电台，但在鲍斯看来，他们对印度独立所能起的作用似乎微不足道。他决定再度迁徙，最终设法 146
于 1943 年初抵达日本。他经历了一次危险的海上航行，主要待在一艘潜艇里。

随后，事情开始取得快速进展。鲍斯，也就是“领袖”，组建了一支人数可观的部队，兵源来自东南亚的被俘印度士兵，而英国人在日本人的进攻下业已从那里撤出。这支军队叫印度国民军（INA），又名自由印度军（Azad Hind Fauj），还从居住在东南亚的印度侨民中招募了许多人，从而增添了自己的力量。印度国民军与日本人并肩战斗并抵达位于印度最东部边地的英帕尔。此时，战势正在发生逆转：就像日本军队一样，印度国民军遭到了一系列挫折，于是被迫撤退。到了 1945 年，在美国 8 月 6 日及 9 日分别向广岛和长崎投掷原子弹后，战争完全结束。一个星期多一点之后，在同盟国军队到来之前，鲍斯于 8 月 18 日乘坐由日本人驾驶的飞机飞出日本，却死于一场空难。他在死亡前三天，也就是 1945 年 8 月 15 日（距离印度独立恰好整整两年），在一次对全国的讲话中重申了自己所有活动后面的目标：“世界上没有哪个强国能够一直奴役印度。印度将会获得自由，而且这一天已经为期不远了。”①

① 欲了解苏巴斯·钱德拉·鲍斯一生富于启示意义的历史，请参见苏加塔·鲍斯所著《陛下的对手：苏巴斯·钱德拉·鲍斯与印度对帝国的斗争》（*His Majesty's Opponent: Subhas Chandra Bose and India's Struggle Against Empire*, Cambridge, MA: Belknap Press of Harvard University Press, 2011）。

随着有关“领袖”踪迹和行动的消息经过滤传入我们在印度的人的耳朵里，在我的学校和家里都发生了多场辩论，争执的是他正在做的事情是否有效和得体。一些人深受感动，兴奋不已；其他人则怀疑在全球战争的背景下与日本及德国合作是否正确；还有些人则只是对如何看待这一难题感到困惑。鲍斯事实上一直不曾是纳粹德国乃至好战的日本的仰慕者。实际上，他于 1938 年在诃利普罗向印度国大党发表主席致辞，将新近崛起的扩张主义的日本描述为“好战的、侵略的和帝国主义的”。可是，显而易见，鉴于终结英国人在印度的统治这一压倒一切的目标，鲍斯是愿意与日本合作的，而日本在其与印度的关系方面没有帝国凌虐的历史。

英属印度政府明令禁止印度国民军的广播节目，因而收听这些节目在当时被视为一项严重罪行，可我们之中的许多人当然都
147 将收音机调到了能够听取遭禁信息的波段。我们通常总是聚集在圣谛尼克坦名为真庐（Satish Kutir）的学生宿舍的一个房间里，关上所有窗户，打开收音机，让声音低沉而清晰。即便在我们不能完全相信印度国民军发言人所告诉我们的话语时，我们也兴奋难已。连那些强烈怀疑鲍斯所采取措施的有政治智慧的人，也只能对他和他的追随者们试图为印度做的事情表示钦佩，因为他们是在冒着巨大的人身风险，在一个非常艰难的世界做事。

当英国的印度统治者们开始将被俘的印度国民军军官送交军法审判时，全国出现了巨大的不满情绪，因为这些军官当时在印度已经被视为爱国者。我至今记得，就像我所在学校里的大多数

学生一样，我戴上了支持释放印度国民军军官的徽章。不过，就在这个关头，英属印度帝国开始崩溃，而那些等待审判的军官们最终被英国人释放。

六

此时，对于英属印度的前景而言，也许没有任何事情像穆斯林联盟在富于经验的政治家穆罕默德·阿里·真纳的领导之下登场那样举足轻重。穆斯林联盟于二十世纪二十年代开始成为一个政治实体，声称自己代表次大陆穆斯林的利益。它逐渐成为一支重要的政治力量，提出了无异于裂国而治的观点，认为只有建立一个印度教徒的印度和一个穆斯林的巴基斯坦，才会满足印度穆斯林对公平待遇的要求。在我的大家庭里，尽管他们是坚定的世俗主义者，但这一观点当然还是不受欢迎的。还有更为重要的一点是，全家人特别是克希提·莫汉·森（在第八章中已有所论述）坚信，印度教徒与穆斯林划分界线，虽然就宗教信仰而言是重要的，但是毫无政治重要性（只有将宗教身份人为插入政治之中，这个界线才可能有政治意义）。

然而，真纳的影响力在变大。这一趋势最初发展缓慢。在1937 年的省级选举中，穆斯林联盟即使在穆斯林占多数的孟加拉省与旁遮普省，也未能获得多数席位之类的收益。可是，在二十
世纪三十年代后期至四十年代之间，穆斯林联盟的影响急剧增大， *148*
而真纳安排的 1940 年《拉合尔决议》，增添了类似依照宗教路线分解印度的规划一类的东西。

对许多印度穆斯林而言，这条制造分裂的思想路线是完全不可接受的。印度的一位重要的政治分析家拉菲克·扎卡里亚在其《分裂印度的人》（*The Man Who divided India*，2001）中指出，真纳之所以提出“有害的两个民族理论”，只是为了追求自己狭隘的目标。[①] 真纳广泛宣传自己的理论，表示印度教徒与穆斯林形成了两个截然不同的民族，并用这一理论为他的要求辩护，而他的要求是“印度必须分割，必须给予穆斯林一个单独的家园”。当时，印度的许多穆斯林认同那种对这一理论有害性的判断，可是在二十世纪四十年代，那些积极倾向于接受两个民族理论的人的数量也在增长。就在分治前仅仅一年，在 1946 年 1 月于孟加拉举行的省级选举中，穆斯林联盟首次赢得所有席位中令人信服的大多数，尽管还不是绝对多数。

在 1940 年《拉合尔决议》颁布之时，我还不到七岁。可是，在我的学生岁月发生的那些讨论中，那个转折点已经成为话语的核心。由于在以前被认为很好地实现了一体化的孟加拉，印度教徒与穆斯林的骚乱变成了常见事件，因此在我身边进行的交谈中，《拉合尔决议》煽风点火的性质就牢固地占据了中心地位。在 1946 年，真纳要求穆斯林采取“直接行动”，以实现国家的分割，从而印证他的政治纲领。穆斯林与印度教徒的大规模教派残杀，突然在加尔各答以及孟加拉的其他地方爆发，比以前发生的任何此类事件都要严重得多。世俗统治可资利用的政治选择在迅速减少。

① 参见拉菲克·扎卡里亚所著《分裂印度的人》（Mumbai: Popular Prakashan, 2001），第 79 页。

然而，将启动暴力和骚乱完全归咎于真纳以及穆斯林联盟，有两个显著的局限性：

首先，从尼赫鲁到阿布·卡拉姆·阿扎德大毛拉，虽然占压倒性多数的国大党领袖都坚定不移地忠于世俗政治，但是即便在分治前的印度，也有许多声音明确或含蓄地支持印度教多数主义。甚至两个民族理论也不是首先由真纳宣布的，而是由维纳亚克·达莫达尔·萨瓦尔卡于1937年在印度教大会主席致辞中率先披露的。萨瓦尔卡是个印度教政治的坚定倡导者：是他创造了“Hindutva”一词，可以将之从梵语译为“印度教特性”，此词如今 *149*
已经广为流行。在今日印度，在印度教多数主义思维中，他的思想依然保持着很大的影响力，但他在力主建立一个“印度教国家”（以及印度教政治优势）而不是一个世俗的多宗教的印度方面并非单枪匹马。一个支持印度教特性的重要人物是马达夫·萨达希夫·戈尔瓦尔卡。他为印度教相当奇特的分离理论以及这一运动提供了急需的组织上的领导力量。

其次，国大党行动不力，没有留住其穆斯林支持者的忠诚。正如拉菲克·扎卡里亚所指出的：“真纳的策略就是威胁要让印度教徒与穆斯林失和，从而破坏国家的多元复合特色，而国大党方面没有同心协力，未能采用理性的方法来揭穿这一把戏。”[1] 国大党领导集体的重心似乎没有超越消极的相互包容，几乎从来没有提到过穆斯林与印度教徒在许多世纪的协力劳作。我记得，克希提·莫汉因此而有多懊丧。他不断告诉我：“在我们合力兴建起来

① 扎卡里亚所著《分裂印度的人》，第84页。

的印度，绝不仅仅是在一起平和地生活，还有别的多得不得了的东西。”

七

随后的研究，尤其是艾莎·贾拉勒的研究，披露了真纳本人实际上并不非常热衷于彻底分治。他要的是一个有条件分裂的国家，也就是分立一个印度教徒占多数的印度和一个穆斯林占多数的巴基斯坦，但它们还要有共同的外交政策和国防力量，与后来实际出现的情况相差很远。对于真纳在分治问题上模棱两可的态度以及他奉行的国内问题政策，贾拉勒提供了强有力的论断。她问道：“一个符合大多数极贫穆斯林利益的巴基斯坦是如何产生的？”[①] 由于军方在巴基斯坦的优势变得日益清楚，随着时间的流逝，这个问题变得越来越有意义。真纳并不是特别笃信宗教（他的形象就是一个饮用威士忌的西化绅士），而且实际上，他在巴基
150 斯坦诞生前不久成为其首任总督，发表了一篇讲话，为所有人的宗教自由和平等权利而大声疾呼。可是，有点政治讽刺意味的是，他帮助创立了一个会让伊斯兰原教旨主义呼声迅速得势的国家政体。在尼赫鲁同意的条件下，印度新任总督蒙巴顿勋爵似乎愿意赋予真纳超出实际需要的东西。

宗教极端主义问题，以及巴基斯坦军方在宗教名义下的支配地位，当然只是逐渐出现的。可是，在二十世纪四十年代的世界，

① 参见艾莎·贾拉勒所著《唯一的发言人：真纳、穆斯林联盟与分治要求》（Cambridge: Cambridge University Press, 1985），第 4 页。

穆斯林与印度教徒的分裂政治猖獗，导致混乱与喋血，使印度教徒与穆斯林的骚乱成为印度国内的一种常态，而孟加拉的情况也是如此。最终，在分治实际出现时，许多人在骚乱暴力与有组织的教派谋杀中死于非命，更多的人被迫离开家园。才华横溢的作家萨达特·哈桑·曼托写道，这些骚乱表明，人类可以成为“盲信的奴隶……宗教激情的奴隶、动物本能与暴行的奴隶”。他的描述在字里行间准确地刻画了我们的沮丧感。

八

在鼓吹印度分治的骚乱声势日益壮大时，父亲仍然在达卡大学教书。可是，骚乱与失序使达卡大学所在的兰纳地区的课堂教学难以坚持下去。在分治前两年，在连续多月中断教学与研究之后，达卡大学的一些教师决定离开。除父亲外，这一群体还包括物理学家萨特延德拉·纳特·玻色（玻色-爱因斯坦统计法的创立者之一）、经济学家阿米亚·达斯古普塔、文学作者布托德布·鲍斯及其他一些人。我们在达卡沃里的可爱的家被锁起，我的父母移居加尔各答。我已经身在圣谛尼克坦，就像加尔各答一样，这里将成为分割后印度西孟加拉的一部分，而达卡则将成为东巴基斯坦首府。

即使在离开达卡之后，父亲依然密切关注自己大学的政治状况。由于孟加拉的国大党政治是由印度教土地所有者控制的，他对此感到厌倦，因而寻求一种更人性的政治来取而代之。他在达 151
卡大学的密友之一法兹卢尔·拉赫曼已经加入穆斯林联盟，却一直与他保持联系。拉赫曼尽管是穆斯林联盟的成员，却在 1945—1946 年期间声称他想要实现某种真正的世俗主义。阿舒托什以赞赏的态度看待拉赫曼在省级选举中的候选人身份，言之凿凿地主张，必须给予一个人的天性和“品质”更多的权重，而不是看他所属的党派。他和阿米亚·达斯古普塔对有关选择的意见广泛一致。在达卡大学选区的省级选举中，拉赫曼代表穆斯林联盟胜出，而且他还得到了包括我父亲和阿米亚·达斯古普塔在内的一些印度教教授的支持。

拉赫曼显然是一个正派的人，但阿舒托什以及那些为拉赫曼投票的同事却一定十分天真，因为他们以为，在 1946—1947 年的政治气氛下，一个穆斯林联盟的成员还有很多追求任何种类的独立政治路线的自由。阿舒托什永远是个乐天派，对一个人成为独立思想者和行为主体的能力抱有巨大的信心。[①] 我的叔叔和舅舅们则认定，我父亲总是低估政党和组织的作用，而他们很可能是对的。

九

当分治逐渐显得越来越无可避免时，我们就完全搬迁到了圣谛尼克坦，而我就在那里继续做学生读书。不过，父亲需要赚取一笔收入，所以父母在加尔各答一处租来的房屋里安身立命。

① 我们从来不曾讨论过这个问题，事实上我甚至不知道他的投票困境，直到借助阿拉卡南达·帕特尔（阿米亚·达斯古普塔之女）对阿米亚·达斯古普塔与我父亲之间书信的研究，我才对这一问题有所了解。

阿舒托什最初想要开创一门生意，制作一些能让人们买得起的廉价的日用瓷杯瓷盘。他为此而借了一些钱，建立起一家新工厂，将巨大的精力投入其中，但他显然相当缺乏商业技巧。这门生意最终未能获得成功，而过了大约不到一年，他开始寻找一份赚取薪水的工作。他告诉我，在他那家企业里，在工厂经理的手下，加尔各答的劳工们受到了粗鲁乃至有时残酷的待遇（这一问 152
题后来终由富于战斗精神的工会予以解决，而且实际上并没有到此为止。工会在这座城市扎下根来，从二十世纪七十年代起，为富于战斗精神的印度共产党提供了坚实的基础），他因而感到十分震惊。阿舒托什无力改变他的工厂里的任何东西，也无法与他目睹的正在"自己"工厂里发生的事情妥协。他非常强烈地想要弃之而去，以寻找在道德上更可接受的行当。

阿舒托什最终确实找到了一份可以领取薪水的工作，更为确切地说，是德里的中央政府的一份工作承诺，而条件是，为了换取为政府工作至少五年的保证，他得在美国接受与农业有关的工程管理培训。（他自己在化学领域的专业是土壤化学。）于是，他与五位其他同道动身前往美国，在那里接受了为期约六个月的培训，造访了诸如著名的田纳西河流域管理局一类的机构。可是，虽然父亲及其一行接受了美国的培训，但印度政府改变了对有关项目的想法。这些受过培训的人在回国后被告知，他们的五年项目被取消了，因此该项目现在不会雇用任何人，而且实际上，这一项目将不复存在。印度经济计划的不确定之处开始变得显而易见。

阿舒托什从美国回来时，带回了一辆大而廉价的雪佛莱轿车、一台家用电影摄影机、一台电影放映机（不时会给予用户轻微电击）以及一些新近面世的圆珠笔。这些东西全都令人十分高兴，特别是家里的其他人更为开心，可是父亲仍然不得不找一份工作。令人欣慰的是，他很快就被德里地方政府雇用，得到了一个有趣的职务，头衔还大得吓人，是土地开发专员。户外生活与他非常相宜，于是这位新专员带着一批拖拉机以及地面移动设备，怀着成就良好住区、高效种植和精细环保的目标，开始满腔热情地在德里周边奔走。

我在造访德里时，喜欢与他一同在乡间转悠，但特别乐于待在德里政府给他的那所令人惬意的住宅中。这所房子位于优美的阿里布尔路上，在新德里的北面，旁边挨着达里亚甘杰。我爱在
153 那里度过我的假期，一边是一座有历史意义的“山岭”，1857 年哗变最后的几场战斗就是在那儿打的，而德里大学则在另外一边。我时常会斗胆翻越山岭，进入校园，而在十余年后，我竟然开始在那里执教。在早年造访德里大学的时候，我的目标不过限于在校园里四处转悠，凭借一张当日有效的读者卡探索一下图书馆，在那里的咖啡店里喝几杯冷咖啡。在暑假期间，室外温度通常是华氏 115 度（约合摄氏 46 度），这就使我爬上爬下那座暑气蒸腾的山岭的行程成为一种富于挑战性的人生阅历。

十

英国人最终非常匆促地离开印度，而印度的分割或许是此前此后任何国家都不曾经历过的最为迅速决定的划界而治事件。西

里尔·拉德克利夫爵士被限定在不足两个月的时间内划出著名的拉德克利夫线，将印度一分为二。他是在1947年6月底开始着手工作的，到8月中旬就完成了任务。当然，他主要是依据英属印度不同地区穆斯林与非穆斯林人口的比例来划线的，可是有许多例外情况有待发现，虽然其中一些例外可以理解（如地理可行性），但其他例外情况就显得不可思议和随心所欲了。有一种传言说，拉德克利夫在熬夜工作时，一边划着线，一边可能就睡着了。我认为这一传言不无道理。正如他飞速赶来印度那样，他又飞速返回英国，看不到他对自己刚刚分割的这个国度有丝毫的眷恋之情。

然而，这个故事还有后续部分。多年后，在1973年，我在伦敦经济学院任教时，应邀在沃里克大学（又称“华威大学”）就经济问题举办了一系列讲座，而这些让我颇为兴奋的讲座就是以拉德克利夫爵士之名命名的，叫“拉德克利夫讲座”。我讲了经济不平等问题。[①] 拉德克利夫勋爵（他那时已经成为勋爵）当然是印度历史上一个重要人物，而由于他住得十分靠近校园，我于是问校方我是否可以前去见他。一开始我被告知说，他并不特别喜欢 154
与来访的印度人谈话，可是当他获悉我不是过客，而是长住伦敦之人时，他告知我的东道主说，如果我不逗留太长时间，他愿意与我喝杯茶。（由于是我想要见他，）听到这样的回音，我已经十分开心，于是同意前去喝茶。可是，就在我准备离开沃里克大学

① 参见阿马蒂亚·森所著《论经济不平等》（*On Economic Inequality*, Oxford: Oxford University Press, 1973）; expanded edition, with James Foster, 1997)。

副校长的房间时，我被告知说，拉德克利夫勋爵刚刚改变了主意，那天下午不再想要喝茶。

这就让我多了一点与我的东道主即沃里克大学第一副校长约翰·布莱克斯托克·巴特沃思谈话的时间。他是一个有趣的学者，常被人称为“快活人”。我与他进行了令人非常愉快的交谈。他谈论了拉德克利夫勋爵喝茶爽约一事。他承认，他对那些“印度老手”的不可预测性感到非常好笑。他告诉我：“我总是纳闷，这一帮人究竟是如何治理一个帝国的。”

第十章
英国与印度 *

一

英属印度帝国实际上是在 1757 年 6 月 23 日普拉西战役之际 *155*
建立的。这场战役进展神速，开始于黎明，终结于接近日落之时。那是雨季中一个正常的日子，在普拉西镇的杧果林中，偶然会有雨水洒下。普拉西镇位于加尔各答与穆尔希达巴德之间。加尔各答是英国人的总部所在地，而穆尔希达巴德则是孟加拉王国的首府。英国军队就在那些杧果林中与纳瓦布 ** 西拉吉 - 乌德 - 道拉的军队对阵，而且以锐不可当之势击败了对手。

由于我们的学生时代是在普拉西战役近二百年之后才终结的，因此在诸多令人关注的问题中，就包括对英国人轻而易举获胜的原因的探寻。孟加拉是一个闻名于欧洲的地区，这里的一个富饶王国的纳瓦布，被英国人击败竟然易如反掌，何以会如此？英国人的军队规模虽然明显小得多，但他们拥有强大得多的火力和更为严明的军纪。这样标准的军事原因无疑是重要的，但对西拉吉军队的分裂性质起了什么作用也有诸多问题。

---

* 此章原文曾摘要发表于英国《卫报》，题为《帝国的幻觉：阿马蒂亚·森论英国统治给印度造成的实际后果》，参见 Amartya Sen, “Illusions of empire: Amartya Sen on what British rule really did for India,” *The Guardian*, 29 Jun 2021。——译者注

** 纳瓦布（Nawab），对印度莫卧儿帝国时代副王和各省总督的称谓。在莫卧儿帝国衰落时期，孟加拉等地独立的地方统治者亦使用这一称谓。在英国殖民统治时期成为印度一些土著封建王公的称号。——译者注

在此次战役后，英国人在统治次大陆期间，就充分利用了所谓印度教徒与穆斯林之间不可调和的敌意（据说，在印度的英国人蓄意让这些教派相互保持距离），而且提出一种理论，说这些教派之间的不和促成了西拉吉的毁灭。然而，事实绝非如此。在孟加拉，印度教徒与穆斯林之间并没有明显的敌意，而西拉吉在穆尔希达巴德的政府并没有背离对印度教徒与穆斯林一视同仁的
156 政策。在穆斯林征服初期的不对等待遇之后，穆斯林在孟加拉的统治就具备了这种不偏不倚的特征。西拉吉将印度教徒米尔·马丹安排在自己宫廷内的一个最高职位上，而马丹到最后成了唯一对西拉吉始终忠贞不渝的将军，是在普拉西同英国人的战斗中捐躯的。西拉吉的首席大臣莫汉·拉尔也是一名印度教徒，一直完全忠于国王。西拉吉的军队分为三部分，分别由三个反对他的阴谋家统领，其中有米尔·贾法尔（西拉吉的叔父）和亚尔·拉蒂夫·汗两个穆斯林，以及一个印度教徒拉伊·杜尔拉布。

罗伯特·克莱武在挥师向普拉西进军，依然假装寻求和平（当然，这种骗术是他的策略的一部分）时，给西拉吉写了一封信，提议将他们的争议交由这位年轻的纳瓦布所信任的人仲裁。按照克莱武的提议，这些人就是“贾格特·塞特、拉贾·莫汉·拉尔、米尔·贾法尔、拉伊·杜尔拉布、米尔·马丹及你手下的别的伟人”①。这是一份由一个穆斯林和四个印度教徒组成的名单。在克莱武看来，他们是这个孟加拉穆斯林国王的核心集团。

---

① 转引自 Michael Edwardes, *Plassey: The Founding of an Empire* (London: Hamish Hamilton, 1969), 第 131 页。

克莱武在穆尔希达巴德蓄意策划的分裂与阴谋，在路数上与宗教路数迥然不同。它们主要是以争权夺利来驱动的。随着孟加拉以往帝国权力的衰落，口是心非就成了地方巨富绅士阶层和在孟加拉的欧洲商人活动中的家常便饭。这些人中不仅有英国人和印度的商人及金融家，而且还包括法国人。实际上，法国人在普拉西战役之前一直与西拉吉结盟，定期信誓旦旦地向他重申肯定予以支持的态度，可是在西拉吉最需要支持的时候，他们却袖手旁观。战时通敌的中心人物原来竟是西拉吉的叔父米尔・贾法尔，而他觊觎王位的野心既强烈又受到克莱武的极大鼓励。米尔・贾法尔在这场军事战斗中的作用至关重要。就在战役进行之中，他统率的位于纳瓦布侧翼的部队突然撤离战斗。这支部队径直退出，似乎是由他与克莱武安排的。

在取得胜利的当天晚上，克莱武收到首屈一指的阴谋家米尔・贾法尔的一封贺信："我祝贺您如愿以偿。"克莱武进而处死了西拉吉，而西拉吉始终英勇不屈，坚持反抗到底。克莱武把米尔・贾法尔送上了宝座，但他徒有虚名而并无实权，只能听任英国主子的摆布。所以，帝国开局的一件大事，不是借助于任何宗 157
教对立，而是诉诸一个精心策划的以奖赏背叛为手段的阴谋。倘若普拉西战役是一场板球比赛，那么队长克莱武就会被禁止再度参加未来多年的此类竞技运动。

近二百年后，1947 年 8 月 14 日午夜，尼赫鲁发表著名讲话，谈论印度"与命运之神的幽会"，这成为英国人对印度统治终结的标志。当英国国旗在整个次大陆被降下时，不乏对过去殖民统治的不满之声，而人们不必熬夜聆听尼赫鲁的讲话，就能明白英国殖民统治终结令人欣慰的意义。一个公开的秘密是，英国陆军特别喜欢的曲调是《鸣金收兵》(Beating Retreat)，而许多印度人觉得这支曲子令人开心。然而，在 1944 年，当我第一次听到那支令人难忘的优美乐曲时，还几乎没有英国人准备撤出印度的任何迹象。三年后，当独立相当突然地到来时，还是让人感到颇为吃惊并在印度引发了诸多庆祝活动。正如杰出的历史学家尼尔·弗格森在其引人入胜的《帝国》一书中所描述的那样，印度的独立终结了“一个前所未有的独一无二的最大帝国”①，而此书是一部出言谨慎而又热情洋溢的英国帝国主义史。

二

二百年是一段很长的时间。英国人在印度取得了什么成就，他们未能完成什么使命？在圣谛尼克坦聊天时，这些问题总是在我们的讨论中出现。它们甚至至今依然是重要问题，在讨论全球成功治理之道时尤其如此，因为人们经常援引英帝国之例。有人（又是尼尔·弗格森）亦曾援引英帝国为例，试图劝说美国承认其作为出类拔萃的帝国在今日世界的作用：“美国应当谋求摆脱还是肩负起自己业已继承的帝国重任？”这肯定是一个耐人寻味的问题，而弗格森主张，如果不能理解英帝国的兴衰之道以及它勉力

① Niall Ferguson, *Empire: How Britain Made the Modern World* (London: Allen Lane, 2003) p.xi. 至于对英帝国成败更具批判性的评估，参见 Shashi Tharoor, *Inglorious Empire: What the British Did to India* (London: C. Hurst & Co. and Penguin Books, 2017)。

做过的事情，就无法回答这一问题。弗格森是对的。

在圣谛尼克坦就这一切进行争论时，我们曾为一个棘手的方法问题所困扰。我们难以设想，倘若英国人从来不曾统治过，那么印度在二十世纪四十年代时会是什么样子？一个频繁的诱惑是将 1757 年（英国人的统治开始之时）的印度与 1947 年（英国人 158
离开印度之时）的印度进行比较，而我们能从中得到的教益很少，因为即使没有英国人的统治，印度也当然不会一成不变，与它在普拉西战役时一模一样。即便英国人不曾征服印度，这个国家也不会一直停滞不前。可是，英国人的统治造成了什么影响？我们该如何回答这个问题？

为了说明这样一部“或然历史”的意义，我们可以考虑另一种情况——潜在而事实上并没有发生的帝国征服。让我们设想一下美国海军马修·佩里准将于 1853 年率领四艘军舰驶入日本江户湾之事。现在考虑一下，佩里是否可能不仅是在炫耀美国的力量（情况确实如此），而且就是美国征服日本的先锋，并且就像克莱武在印度所做的那样，在日出之国的土地上建立一个新的美利坚帝国。倘若我们诉诸简单的方法，通过比较 1853 年帝国征服前的日本与美国主宰随时终结之后的日本，来评估所谓美国统治日本的成就，并将所有变化归功于帝国统治，那么我们就不会看到 1868 年以来明治维新的以及当时正在展开的其他全球化变迁的所有贡献。当时，日本没有停滞不前；印度也不会停滞不前。

虽然我们可以看到在明治天皇统治之下日本实际发生了什么变化，还是极难有任何把握地猜想，倘若英国人没有征服，印度次大陆的历史会走向什么样的进程。印度会像日本一样，在日益全球化的世界走向现代化吗？或者会像阿富汗那样一直抵制变革？抑或像泰国那样，缓慢地加速前行？这些问题是不可能回答的难题。然而，即便在没有真实的或然历史场景的情况下，一些有限的问题还是可以回答的，从而可能有助于明智地理解英国人的统治在印度所起的作用。我们可以问：在英国人征服时，印度面临的挑战是什么？而在英国人统治期间，在那些至关重要的地区发生了什么？当时，在一个相当混乱和制度上落后的印度，肯定需要重大变革。

三

159 承认印度在十八世纪中叶需要变革，并不意味着要求我们无视印度过去的伟大成就，而印度有许多超级民族主义者对此表示担心。印度在哲学、数学、文学、美术、建筑、音乐、医学、语言学和天文学等领域的成就，构成了一部非同寻常的历史。远在殖民时期开始之前，印度还建立了兴旺的经济，拥有繁荣的贸易和商业，取得了相当可观的成功。印度的经济财富得到了诸如亚当·斯密这样的英国观察家的充分认可（我们在第二章中已论及这一点）。不过，事实是，即便取得了那些成就，在十八世纪中叶，印度还是在许多方面远远落后于正在不断进取的欧洲。在圣谛尼克坦学校晚间进行的活跃辩论中，印度这种落后状况的确切性质和意义是经常提到的话题。

在思考这一问题时，卡尔·马克思于1853年发表在《纽约每日论坛报》（*New York Daily Tribune*）上的一篇关于印度的富有洞察力的论文特别吸引了我们之中一些人的注意。马克思指出了英国人在印度统治的建设性作用，理由是印度需要彻底的反思与自省。实际上，英国的确充当了印度与西方的主要联系国，尤其是在十九世纪的进程中。这种影响的重要性难以忽视。当时正在印度缓慢兴起的本土的全球化文化，不仅深深地蒙受了英国人著述的恩惠，而且受益于英语之外的欧洲其他语言的书籍和文章，而这些著述也是通过英国人才在印度为人所知的。例如，可以考虑一下克里斯托弗·贝利 [在其包罗万象的《现代世界的诞生（1780—1914）》一书中] 的重要范例，也就是加尔各答的哲学家罗姆·莫罕·罗易。罗易生于 1772 年，“在二十年间跳出令人震惊的一步，发生了身份变化，从莫卧儿王朝晚期一个行省的士大夫跃升为印度的第一个自由主义者……[他] 独立提出了加里波迪与圣西门同时在欧洲阐明的一些主题”。[1] 要想理解罗易的创新精神，就必须知道，他的深思远虑不仅受到梵语、阿拉伯语和波斯语文本中传统知识的熏陶，而且受到印度知识界日益熟悉英文著作这
一现象的非常强烈的影响。当时，在东印度公司的奖掖下，英文 *160*
著作流行于加尔各答。

罗姆·莫罕·罗易只是许多此类激进士人之一。在他之后，在孟加拉地区还出现了伊斯瓦尔·钱德拉·维迪耶萨伽尔、迈克尔·马杜苏丹·达塔和泰戈尔家族数代人以及他们的追随者，他

---

① 参见克里斯托弗·贝利所著《现代世界的诞生（1780—1914）》（Oxford: Blackwell Publishing, 2004），第 293 页。

们参照自己所目睹的于十八与十九两个世纪在欧洲发生的情况，反思他们所继承而来的印度。由于英国人的统治，流行于印度的书籍（通常是英文的）是他们的主要信息来源，而且往往是他们唯一的信息来源。时至今日，即使英国人的军事、政治和经济力量已经急剧衰落，那种包含着广泛的欧洲文化的理性知识的影响依然强劲地存在着。我认为，由于未能成为文艺复兴和工业革命在全世界引发的知识与经济全球化（唉！随之而来的还有殖民主义）的一个组成部分，印度的旧秩序正在土崩瓦解，因此马克思关于印度需要某种彻底变革的判断是基本正确的。

不过，可以说，在马克思的命题中，尤其是在他关于英国人的征服可能是已为印度打开的了解现代世界的唯一窗口这一含蓄的推断中，存在一个严重的瑕疵。印度那时需要的是更具有建设性的全球化，但这与帝国主义并不是同一回事。这种区别是很重要的。印度在其整个悠长的历史中，一直热衷于与外部世界进行商品和思想的交流。从两千余年前开始，在许多世纪之中，商人、移民和学者就在印度与远东之间流动，与中国、印度尼西亚、马来西亚、柬埔寨、越南、泰国以及其他地方来往。甚至在今天，还能大量看到这一活动的深远影响，在语言、文学和建筑方面尤其如此。印度从很早的时期起就持开放边境的态度，欣然接纳来自海外的亡命者及其他移民，从而也产生了巨大的全球性影响。

就在耶路撒冷于一世纪陷落之后，犹太人开始移民印度，并持续了数百年之久。甚至迟至十八世纪，巴格达的犹太人，如极为成功的沙逊家族（the Sassoons），还大量前来印度。基督徒起码从四世纪开始到来，而且很可能还要早得多。对于此事还有一些有趣的传说，其中一个告知我们，使徒圣托马斯于一世纪来到印度后遇到的第一个人是一位在马拉巴尔海岸吹奏长笛的犹太姑娘。 161
在我们的圣谛尼克坦讨论会上，我们喜欢这则令人动情可无疑不足为信的逸闻，因为它显示了印度传统的多元文化根源。

从八世纪初起，帕西人刚在伊朗遭到迫害，就开始离开故国前来印度。在同一世纪晚些时候，在从喀拉拉到孟加拉的旅途中，亚美尼亚人开始在印度留下他们的足迹。大约也是从那时起，阿拉伯穆斯林商人大量出现在印度西海岸，在时间上远早于多个世纪后穿越次大陆西北干旱地带到来的穆斯林征服者。在十九世纪，遭到迫害的伊朗巴哈教派才开始来到印度。

我已经描述过，由此上溯近两千年，毗邻恒河口，在东印度公司十八世纪首次发动征服印度之役的所在地附近，就有早已建立的贸易机构。在普拉西战役之时，已有来自欧洲若干不同国家的企业家、商人及其他职业人士在那里安居下来。因此，臣服于帝国统治并不是与外国进行联系或向它们学习的唯一途径。当明治维新于 1868 年在日本建立了一个新的改良主义的政府时（与十年前海军准将佩里炫耀武力对日本内政的影响不无关系），日本人并没有臣服于帝国主义，而是直接前去向西方学习。他们派人到美国和欧洲接受培训，并做出了显然是由西方经验所激发的制度性变革。他们并没有坐等被帝国主义强行裹挟进全球化的潮流之中。

四

在印度独立时，我们曾就英国人在印度的统治进行过辩论。现在回忆辩论会上的这一切，也就想到了我们曾经尝试广泛利用圣谛尼克坦学校非常热切地收藏的全球史。我们曾经终日一刻不停地在我们的开架图书馆里上下求索。我们得出的结论是，英国
162 人很可能确实使印度受到了它所急需的猛然一击，但印度也可能以其他方式觉醒过来。

然而，我们没有确凿的理由为英国人统治之外的另类道路辩护。比较而言，出自英国行政官员之手的诸多改革是非常具体的，值得赞赏的。英国确实成了印度出色的西方联系国，而这肯定意味着印度与英帝国密切联系在一起。倘若不曾被英国人征服，印度可能已经走上了另外一种历史进程，而承认上面的事实绝不意味着无视这一点——这是一个重要但全然不同的问题。然而，实际发生的情况，也就是事实上出现的变革进程，肯定值得予以特别关注。

我们在这条探索路线上发现了什么呢？英帝国理论家往往予以大力强调的成就之一，就是英国人在创建一个统一的印度中的作用。照此说来，印度就是一个由四分五裂的王国组成的集合体，直到英国人入主，才把这些形形色色的政体打造成一个国家。有人甚至振振有词地说，印度以前根本就不是一个国家，而是一片彻底分裂的陆块。有人进而声称，是英帝国把印度锻造成一个国家的。温斯顿·丘吉尔甚至说，在英国人到来之前，根本就没有印度这个国家。“印度是一个地理学术语。它不比赤道更像是一个

统一的国家。”

倘若事实果真如此，英帝国显然通过其所发挥的统一作用为印度的现代化做出了一项间接的贡献。日本在明治时期采取的那种改良措施，很难在一个没有实现某种程度统一的国家取得成功。然而，有关英国的统治对于成就一个统一的印度起了重要作用的大言是正确的吗？毫无疑问，在克莱武的东印度公司于 1757 年击败孟加拉的纳瓦布时，没有任何一个单独统治全印度的强国。可是，从英国将一个单一而且统一的政体强加于印度（这种情况的确发生了）的准故事，到只有英国人才能将一批迥然不同的邦国缔造成一个统一的印度的大言不惭，是一次巨大的跳跃。

这种观照印度历史的方法无疑与现实完全悖反，而若干本土大帝国执政是过去数千年间印度历史的一个特征。从公元前三世纪起，雄心勃勃而又充满活力的皇帝们（以孔雀王朝的旃陀罗笈多为始）认为，直至他们视为一个国家的主体在他们的统治下获得统一时，他们的政权才是完整的。孔雀王朝的阿育王、笈多王朝诸帝、阿拉乌德丁·哈尔吉、莫卧儿王朝诸帝等等都在这方面 163
起了重大作用。印度历史表现为一种本土大帝国与成簇的四分五裂的王国的次第交替模式。所以，我们不应当错误地认为，在十八世纪中叶，也就是克莱武时代，印度支离破碎的统治模式就是这个国家在整个历史上的通常呈现的状态，直到英国人满怀热情到来才使之统一起来。

尽管英国人在历史教科书中常被认为是印度莫卧儿人的继承者，但在莫卧儿人还是一支不容忽视的力量时，英国人事实上并没有与他们较量，而留意这一事实是十分重要的。虽然连英国人所击败的孟加拉纳瓦布表面上也还仍然是莫卧儿人的臣子，但他们的政权业已衰落，而英国人的统治就始于此时。孟加拉的纳瓦布已不再非常听命于莫卧儿皇帝，但依然宣誓效忠于他。尽管强大的帝国本身正在烟消云散，但莫卧儿主宰印度之权的帝国地位继续得到广泛承认。

1857 年，当所谓“印度士兵哗变”威胁到英属印度的根基时，形形色色的参加联合起义的反英武装力量，可以通过共同承认莫卧儿皇帝作为印度统治者在形式上的合法性而结盟。事实上，这位皇帝是不情愿领导那些起义者的，但这并没有阻止起义者们宣告他为全印度的皇帝。八十二岁的莫卧儿君主巴哈杜尔·沙二世，常被人称为扎法尔 *，非常热衷于阅读和作诗，而对进行战争或统治印度则意兴阑珊。在这次哗变被残暴镇压、德里城大部被摧毁时，他对于救助遭到英国人杀害的 1 400 名手无寸铁的平民几乎无能为力。这位诗人皇帝被放逐到缅甸，约五年后在那里故去。

二十世纪三十年代，作为一个在缅甸成长中的孩子，我曾被父母带着去看扎法尔在仰光的坟墓。这座坟墓就在著名的瑞光大金塔 ** 附近，规格遭到限制，不过就是安放了一通毫不起眼的石板，上面覆盖着波纹铁皮，丝毫没有显贵之处。我记得曾与父亲谈论此事。英国在印度和缅甸的统治者，显然一定害怕这位末代莫卧儿皇帝的遗骸还有引人忆起历史风云的力量。墓碑铭文仅有

---

* Zafar，人名，意为“胜利”。——译者注

** Shwedagon Pagoda，又称仰光大金塔。——译者注

“巴哈杜尔·沙系德里前国王”寥寥数字，在这样表示纪念的文字 164
中竟然不提“帝国”一词！直到多年之后，在二十世纪九十年代，扎法尔才获得礼遇，总算有了一座与莫卧儿帝国末代皇帝的身份近乎相称的坟墓。

五

倘若英国不曾入主印度，莫卧儿帝国大有可能的继承者也许会是孟买附近新兴的信奉印度教的马拉塔人政权。这些政权定期洗劫莫卧儿帝国的都城德里，并利用它们的实力干扰印度各地。早在 1742 年，东印度公司就在加尔各答的边缘建造了巨大的“马拉塔堑壕”（Maratha ditch），以减慢马拉塔骑兵闪电般的突袭。这支部队骑行神速，能跨越一千英里或更长的距离。可是，马拉塔人距离整合一切从而制定一个建立全印帝国的规划还相去甚远。

比较而言，英国人只有在成为次大陆多半领土的主宰力量时才会心满意足。因此，与其说他们从海外带来了对一个统一的印度的新愿景，毋宁说他们是在充当本土既往帝国的继承者。几乎在普拉西战役之后，英国人的统治就立即开始从其在加尔各答的帝国基地向国内其余地区扩散。随着东印度公司的权力在印度各地的扩张，加尔各答成为这个新兴帝国的首府。从十八世纪中叶直到 1911 年（首府于是年迁往德里），它一直占据着这个地位，而对印度其他地区的征服正是在加尔各答策划和指挥的。在很大程度上，东印度公司从其在孟加拉的经济运作中获取的利润，成为英国人于殖民扩张时期在印度各地从事战争的资金来源。

在普拉西战役之后，被广泛称为“孟加拉金融失血”的情况很快发生。东印度公司将纳瓦布们置于控制之下，不仅从领地财政收入中赚了大钱，而且凭借自己在富有的孟加拉经济体系中独享的免税贸易特权而收获颇丰，甚至用不着算上东印度公司定期向当地商人索取的所谓“礼物”。那些希望受到英帝国荣耀激励的
165 人，最好避而不读亚当·斯密的《国富论》，还要避而不读他对一个“压迫并横行于东印度群岛的商业公司”[①]滥用国家权力的论述。正如历史学家威廉·达尔林普尔所观察到的：

> 经济数字有目共睹。在1600年东印度公司成立时，英国生产了世界生产总值的1.8%，而印度则创造了22.5%。到英国统治印度的巅峰时期，这些数字就几乎被颠倒了：印度从世界名列前茅的制造业国家沦为饥荒与贫困的象征。[②]

虽然大多数来自金融失血的赃款落入了在孟加拉的英国公司官员手中，可英国国内的政治和商业领袖也普遍参与了分肥：普拉西战役之后，伦敦将近四分之一的议员拥有东印度公司的股票。英属印度帝国的商业利益于是深度渗入英国权势集团内部。随着人们认识到需要法律与秩序以及稍许公平合理的治理方式，这个

① 参见亚当·斯密所著《国富论》[*The Wealth of Nations,Books I-III*（1776）（London: Penguin Books, 1986）, Book Ⅰ, Ch. Ⅷ, “Of the Wages of Labour, ” p.76]。

② 威廉·达尔林普尔指出：“罗伯特·克莱武是一个恶劣的财富剥夺者。他的雕像没有资格立在白厅街上。”参见2020年6月11日《卫报》；<https:www.the guardian.com/commentisfree/2020/jun/11/robert-clive-statue-whitehall-british-imperial>(Accessed 3 December 2020)。

强盗与统治者合二为一的综合体，最终确实被后来发展起来的传统殖民主义所取代。然而，东印度公司早期对国家权力的滥用，使孟加拉经济处于巨大的压力之下。制图员约翰·桑顿在其著名的1703年地区图表中描述道："这个富饶的孟加拉王国"在1769—1770年间经历了一场巨大的饥荒。当时的估计表明，约三分之一的孟加拉人口死亡。这几乎肯定是一种过高的评估。我们于是在圣谛尼克坦花费了相当多的时间，试图弄清实际可能的人口死亡数字有多高。不过，毫无疑问，那是一场伴有非常严重的饥饿与死亡的巨大灾难，而那场灾难就发生在一个很长时间没有见过饥荒的地区。

那场灾难产生了至少两个有重要意义的效应。首先，英国人早期在印度统治的不公正，成为英国自身大量政治批评的主题。到亚当·斯密在《国富论》中有力宣告东印度公司"完全不适于管理其领地财产"[①]时，有许多英国人发出声音，做出了类似的批
评。最强有力的控诉来自名士埃德蒙·伯克，就在他于1789年弹 166
劾华伦·哈斯丁斯*时的议会发言之中。伯克对哈斯丁斯的公开谴责既有力又雄辩，但他关于哈斯丁斯个人背信弃义的见解是严重不合时宜的。在阻止英国人广泛劫掠印度这方面，哈斯丁斯曾经付出努力并在很大程度上取得了成功，与他的几位负责东印度公司的前任，包括克莱武，形成了对照。奇怪的是，伯克非常钦佩

① 参见亚当·斯密所著《国富论》[*The Wealth of Nations,Books IV-V*（1776）（London: Penguin Books, 1999）, Book V, Ch. I, Part I, "Of the Expense of Defence," p. 343]。

* Warren Hastings，一译沃伦·黑斯廷斯，英国首任驻印度总督。——译者注

克莱武。不过，对于东印度公司统治印度的恶劣程度，伯克的总判断并没有错。其次，孟加拉的经济衰退最终也确实破坏了东印度公司的商务，伤害了英国投资者自身，而且给伦敦的权力集团提供了将它们在印度的商业机构变成更为正规的国营公司的理由。在伯克公开谴责哈斯丁斯时，英国人在印度的统治以所谓“后普拉西战役劫掠”时期开始。这一时期很快就被殖民征服时期取代，殖民征服很快成为帝国标准，而在随后的一个半世纪中，次大陆对这一标准变得越来越熟悉。

六

从十八世纪晚期至1947年印度独立，如此漫长的英属印度古典帝国主义阶段有多么成功？英国人声称，他们取得了一系列巨大的成就，包括民主、法治、铁路、合股公司和板球，可是在两国之间的帝国关系史上，理论与实践之间的鸿沟始终十分宽阔，而板球则是个例外。① 如果把独立前若干年的记录聚拢起来评估，就能轻而易举地发现，与他们自伐其功夸夸其谈相对照，他们的成就实在差得太远。

实际上，拉迪亚德·吉卜林在其那首关于帝国主义的名诗里惟妙惟肖地再现了英帝国行政官员自鸣得意的口吻：

肩起“白人”的重负——

---

① 参见威廉·达尔林普尔所著《无法无天：东印度公司的残忍崛起》（*Anarchy: The Relentless Rise of the East India Company*, London: Bloomsbury Publishing, 2019），第394页。

平息野蛮残暴的战事——
填满“饥荒”的巨口——
努力让疾病就此消失。①

唉！英国人在印度统治的炫目成就，既不包括消除饥荒，也 167
不涉及救死扶伤。我们绝不会无视一个事实，即在英属印度帝国寿终正寝时，印度人的出生预期寿命低得惊人，最多只不过区区三十二岁。

殖民统治在忽视基础教育方面所表现出来的怠惰，反映了首要行政官员对业已臣服民族的需求的态度。统治者与被统治者之间存在着巨大的不对等性。在十九世纪，英国政府在实现英国本土人口普遍识字方面变得日益坚定不移。相形之下，在英国人统治之下的印度，识字率却非常低。在英属印度帝国终结之时，印度的成人识字率低于百分之十五。印度仅有的识字率较高的地区是特拉凡哥尔与科钦两个“土邦”(形式上自外于英帝国)，而它们从印度独立时起就构成了喀拉拉邦的主体。这两个王国虽然在对外政策和防务方面依附于英国政府，但严格来说一直不属于英帝国，而且在对内政策上有相当大的自由，于是它们实行了有利于更多发展学校教育和公共医疗服务的政策。

殖民统治的二百年也是一个非常严重的经济停滞时期，实际人均国民生产总值几乎没有提高一星半点。独立后，这些严酷的

① 参见拉迪亚德·吉卜林的文章《白人的重负》(“The White Man's Burden,” 1899)。

事实在新获自由的媒体上被大量披露出来，而应当承认，这些媒体的丰富文化素养在一定程度上就是从英国公民社会继承的遗产。尽管印度媒体在英国人统治期间经常因遭到审查而噤声——当局这样做，主要是为了禁止对英帝国统治提出批评，例如在 1943 年孟加拉饥荒发生时就是如此——但在英国精心养成的新闻自由传统，还是随着国家获得独立而为印度提供了一个可资效法的良好范例。

实际上，印度从英国获得了许多绝妙的东西，而这些东西也只有在独立后才可能并在实际上为印度所采用。印度的诸语言文学从英国文学汲取了某些灵感，也从中借用了一些体裁样式，连长盛不衰的印度英文写作传统也不例外。在英国政府的统治下，对于出版和宣传什么是有诸多限制的（甚至泰戈尔的一些书也被禁止出版）。如今，印度政府已无此类需要，可令人感叹的是，出
168 于诸多全然不同的原因，国内威权主义政治施加的种种限制所造成的烦扰，有时并不比殖民统治时期逊色。

在这一方面，也许没有什么像多党民主和新闻自由的正常运行那样重要。但是，在帝国时代，在英国政府的统治下，它们往往不是可以轻而易举做到的事情。它们只是在英国人离开之后才变得切实可行。换言之，它们是学习英国自身经验的结果，而印度只有在英属印度帝国终结之后才能自由运用它们。帝国统治往往需要一定程度的专制：不对等的权力通常并不认同新闻自由或票决民主，因为它们无一符合控制殖民地臣民的需要。

七

英国人自称，他们已经消灭了诸如印度之类附属领地上的饥荒。对此抱有类似的怀疑态度是恰如其分的。英国人对印度的统治，是伴随着 1769—1770 年的大饥荒开始的，而在整个英国人统治期间，饥荒在印度频繁发生，始终不曾断绝。英国的殖民统治也是伴随着 1943 年极其严重的饥荒而告终的，我在第七章中已对此予以论述。相形之下，自 1947 年独立以来，印度还从来没有发生过饥荒。

还有一件具有讽刺意味的事情是，有助于在独立的印度消灭饥荒的制度，也就是民主和相对自由的媒体，是直接来自英国的。这些制度与防治饥荒之间的联系是不难理解的。饥荒是易于防止的，因为较小数量的免费粮食，或以较低的工资提供一些公共就业机会（从而使公共就业机会受益人获得购买粮食的能力），就能让那些遭受饥荒威胁的人具有避免极端饥饿的能力。所以，任何政府都应当能够阻止一场迫在眉睫的或大或小的饥荒，而这也非常符合一个在正常运行的民主体制内并允许新闻自由的政府的利益。新闻自由使一场正在加剧的饥荒的事实真相变得众所周知，
而民主投票又使政府难以在饥荒期间或事后赢得选举，因此会更 169
为强烈地激励它毫不迟延地解决问题。

只要人民没有民主权利，印度就没有这种免于饥荒的自由，即使它是由世界上首屈一指的民主国家统治着，而且在这个国家的大都会里就有极为驰名的新闻自由，可在殖民地却没有这样的新闻自由。这些以自由为取向的制度是为统治者服务的，而不是

为帝国臣民服务的。

1941 年，泰戈尔（在他最后一个生日之际发表的一个演讲中）有力地控诉了英国人在印度的统治。他表示，印度从其与英国的联系中，如从“围绕莎士比亚戏剧和拜伦诗歌，尤其是……十九世纪英国政治中心胸豁达的自由主义等中心议题的讨论中”获益良多。他在这个最后的演讲（《文明的危机》）中说，悲剧在于这一事实，也就是“他们自己文明中真正最好的东西，即对人际关系中尊严的维护，在英国对印度的治理中完全无足轻重”。[①] 英国的作用与英帝国主义的作用之间的区别已经再清楚不过。当英国国旗正在印度各地降下之时，我们就深刻地意识到了这一区别。

---

① 参见泰戈尔所著《文明的危机》（*Crisis in Civilization*, Calcutta: Visva-Bharati, 1941）。

第三编

第十一章
加尔各答的风雅

一

拉迪亚德·吉卜林称加尔各答为“可怕的黑夜一般的城市”。173
加尔各答（Calcutta, 现在英文中拼写为 Kolkata，旨在使之更接近孟加拉语的发音）曾以其贫困、凄惨和肮脏而声名狼藉，后来打动了圣洁的修女特雷莎嬷嬷（Mother Teresa），使她前来并在这里与那些遭受苦难和贫穷的人一道劳作。加尔各答至今依然在全世界被视为城市痛苦生活的典型。前面业已说明，它是我童年时在地平线上的“大城”，是我们在达卡与圣谛尼克坦之间穿梭时行经的城市，也是令我对各种共存的生活方式极为着迷的城市。在加尔各答时，作为一个九岁的孩子，我曾熬夜看日本人的炸弹落在码头上，而在翌年，我还曾目睹人们因为饥饿而在街头奄奄一息。我主要是前往加尔各答去探望遭到英属印度政府“预防性拘禁”的家人，而我也是在那里开始思考帝国暴政造成的不公正现象的。

在圣谛尼克坦学校学习当时所谓的“中级科学”时，我有意攻读物理和数学的学士学位，而前往加尔各答的念头基本出于我希望就读于管区学院的想法。我时常与同学们（迪潘迦尔·查特吉、姆里纳尔·达塔·乔杜里、谭立、阿米特·米特拉、希布·克里希纳·卡尔等）谈到管区学院提供的显而易见的优质教育及其出色的教学气氛。可是，我也非常向往这座大城本身，也迷醉于《大城》(*Mahanagar*，字面意思就是“大城”)这部电影。萨蒂亚吉特·拉伊在这部绝妙的电影中就称加尔各答为大城，并
174 以眷恋之心将加尔各答描绘成一个“疆域庞大、熙熙攘攘、令人眼花缭乱”的地方。

拉迪亚德·吉卜林对加尔各答的谴责蕴含着许多明显的要素。其一是他对英国商人乔布·查诺克选择的这个立足地的惊愕。他选定的是恒河(此段又名胡格利河)岸边一个极其糟糕的地点，后来发展成为一座现代城市：

就在这么一个地方，
霍乱、飓风和乌鸦来来往往；

…………

耸立着一座拥挤不堪的城市，
靠近河湾，由查诺克选址——
浊水横流，臭气熏天
下水道让这里污秽不堪，
毗邻讨厌的孙德尔本斯这片沼泽地
四处弥散着浓重的潮湿气息；
城市与总督，我们看到，
都觉得对方可气可恼。[①]

① 参见吉卜林所著《拉迪亚德·吉卜林诗集》(Rudyard Kipling, *The Collected Poems of Rudyard Kipling*, Ware, Herts: Wordsworth Editions, 1994)，“A Tale of Two Cities”(1922)，第 80-81 页。

查诺克决定在这么一个被人视为最不利的地方开发一座城市，让吉卜林大惑不解，而且后来有别的许多人感到同他一样迷惘，一直到我们这个时代。一部经过精心研究、精心撰写而问世的加尔各答城市史的作者杰弗里・穆尔豪斯，把它的选址描绘成“一个十分愚蠢的决定”①。无论是否愚蠢，查诺克的决定都是重大的。1690 年 8 月，也就是三百余年前，查诺克扬帆溯流来到一个叫苏塔纳蒂（Sutanati, 英文中常随意拼写为 Chuttanutti）的村庄，并火速在那里设立了东印度公司的地方总部。苏塔纳蒂是形成一簇的三个小镇中的一个，其他两个小镇是戈宾达布尔（Gobindapur）及加利各答（Kalikata），而现代加尔各答就是围绕着这一簇小镇发展起来的。

在随后的百年间，这座城市从一家贸易公司的总部被改造成英属印度的首府。在普拉西战役之前，孟加拉政府的所在地是达卡，随后则是穆尔希达巴德，而孟加拉的纳瓦布（省督）就以那里为基地。在克莱武击败并处死西拉吉 - 乌德 - 道拉之后，由于英国人业已稳固地立足于此间，加尔各答于是自然成为东印度公司据以治理其在印度领地的中枢。

二

加尔各答很快就成为“帝国的第二城市”。直到二十世纪中 175
叶，加尔各答肯定大于其他任何角逐这一称号的对手城市。我想，

① 参见杰弗里・穆尔豪斯所著《加尔各答秘史》（Geoffrey Moorhouse, *Calcutta: The City Revealed*, London : Penguin Books, 1994），第 26 页。

这一事实就足以让我有理由钟情于这座城市，而加尔各答对我的吸引力却与帝国史没有直接关系。对于任何有兴趣接受教育尤其是科学教育的人而言，加尔各答就是无与伦比的不二之选。除管区学院外，加尔各答还有其他许多提供本科教育的好学院，诸如圣沙勿略*学院、苏格兰教会学院、城市学院与阿苏托什学院，以及其他许多研究机构和高等学术中心。创立于1857年的加尔各答大学已是十分驰名。加尔各答还有孟加拉皇家亚洲学会（后更名为亚洲学会）、印度统计研究所、印度科学普及协会、萨哈**核物理研究所、孟加拉技术学院（贾达夫普尔大学的前身，而我从1956年到1958年曾在该大学工作，从而开启我的教学生涯）、孟加拉工程学院、医学院等许多类似机构和中心。这一切创造了这座城市中的知识生活，令人倍感兴奋。

这里也是所谓“孟加拉文艺复兴”（Bengal renaissance）的发源地。这场运动主要通过印度文化（或诸文化）与欧洲文化的互动，将若干方面的现代文化迎入了一个古老的国度。正如在加尔各答管区学院执教的大历史学家苏绍班·萨卡尔（激励了在那里的包括我在内的大量学生）所有力论证的那样，英国人对地方传统的辩证影响，催生了基本的理智觉醒，而英国人对孟加拉人的生活和态度的深刻影响，使“文艺复兴”这一术语变得言之有理。孟加拉的传统知识资源于是被卷入这一不同凡响的进程，使得许多有教养的孟加拉人和加尔各答居民所掌握的孟加拉文、梵文及

---

* 圣沙勿略，全称为圣方济各·沙勿略（St Francis Xavier，1506—1552），西班牙天主教耶稣会传教士，世称其为东印度群岛使徒。——译者注

** 萨哈（Meghnad Saha, 1893—1956），印度著名物理学家。——译者注

波斯文学识得到了充分发挥。

在十八世纪晚期，在华伦·哈斯丁斯接掌加尔各答英属印度政府后，变化就已经在进行之中。就像东印度公司别的每一个首
领那样，哈斯丁斯可能要为某些暴行负责，但他还是一位文化与 176
印度传统的伟大的支持者。1784 年，孟加拉皇家亚洲学会在加尔各答的建立，不仅极大地拓展了英国人对古代印度的兴趣和学术研究，而且急剧增加了欧洲与印度学者之间的互动。从十九世纪初期起，新的学院被创建出来，图书馆拔地而起，系统的律师事务所受到重视和支持，剧院得到发展，以适应城市不断增加的公众之需，而对变革的需求和可能的进步的憧憬，激起一种普遍的兴奋情绪。

从罗姆·莫罕·罗易、伊斯瓦尔·钱德拉·维迪耶萨伽尔、班基姆·钱德拉·查特吉、迈克尔·马杜苏丹·达塔，到罗宾德罗纳特·泰戈尔、卡齐·纳兹鲁尔·伊斯拉姆，以至离我们更近的几代孟加拉作家（包括布托德布·鲍斯、比什努·戴伊、贾西姆丁、萨姆苏尔·拉赫曼等等），孟加拉一直是个文化变革的伟大所在。在这些作家之中，有许多人向陈旧的理念和表达模式发起挑战，开创了一些新的理念和风格，与陈旧的先入之见及新批评派进行斗争，而且助力城市和乡村的文化建设，而辩论与争议，以及文学与文化创新，则成为城乡文化建设中的几个明确特征。到二十世纪中叶时，加尔各答的这场知识潮涌为这座城市赢得了难以企及的盛名。

1951 年 7 月，我用一只锈迹斑驳的旧铁箱带着自己在这尘世

的财产移居加尔各答。此时，在一连数日的季风豪雨之后，这座城市发生了内涝。在避开水洼、寻找适当的蹚水路径时，我明白一种富于挑战性的生活就在前头。

三

虽然可以说是英国人建立了现代加尔各答，但他们之中的许多人，乃至大多数人，并不十分喜欢这座城市。他们为自己在那里以及加尔各答之外的印度其余地方所做的一切感到自豪，却并不太为这座城市自身发展的方式而快意。不过，加尔各答确实赢得了“宫殿城市”的名声。加尔各答是围绕几个村庄建设起来的，而在这些村庄中几乎没有从印度的过去传承下来的建筑，所以现在这些宫殿大多是英国人自己建造的新宫殿，而印度人也参与了有关工作。在这一方面，此城与达卡及穆尔希达巴德大不相同。
177 “宫殿城市”这一短语出现于十八世纪末，但直到 1824 年，詹姆斯·阿特金森才使之在极为著名的文学作品中被公开表现出来。他写的是一首题为《宫殿城市》的诗：

我是个漂泊的异客，伫立在考特的街旁，
凝眸回首，望到了尖塔的金碧辉煌
和宫殿，看起来如同被魔法搬来人间；
全都在阳光下发出闪闪的亮光。[①]

① 参见詹姆斯·阿特金森所著《宫殿城市》（James Atkinson, *The City of Palaces; a Fragment and Other Poems*, “The City of Places,” Calcutta: The Government Gazette, 1824），第 7 页。

这首曾经非常驰名的诗，并没有刻画出今天大众想象中的加尔各答的形象，而且也许从来不曾准确做到这一点。尽管我喜欢那座坐落在大草场（maidan，将加尔各答商业区与恒河分隔开来的巨大而古老的开阔空间）中央的叫作维多利亚纪念馆的宏伟大理石建筑，但其他宫殿并没有引起我的兴趣。在我看来，与阿特金森的热情赞赏相比，吉卜林的忧虑不安更好地表述了这座城市的现实。吉卜林的《双城记》（1922）将加尔各答与西姆拉对比，使之相形见绌，逊色许多：

就像真菌乱哄哄从温床爆丝，
它也同样铺展向四荒八极——
或不管走向，或扶摇直上，就这样
把房舍布局和修建在淤泥滩上——
宫殿，牛棚，茅屋——贫困与傲慢——
比肩而立，相依相伴；
就在这拥挤而疫病横行的城市上头，
死神不时下望尘寰各处。

韦德·梅达指出，吉卜林的世界观，不是一个帝国主义者的世界观，而是一个务实的拉合尔人的世界观，也许还带一点阿拉哈巴德的灵性痕迹。尽管吉卜林将这一以及其他推测倾注到了他对加尔各答的谴责之中，他的观点至今依然被人们清楚地铭记着，而其原因则正如梅达所主张的，多半在于“岁月的流逝只是保留和大大增加了这座城市的可怖之处”[①]。

吉卜林对这座城市的看法真的正确吗？如果他没有看走眼，那么为什么不仅终老于斯的人酷爱着加尔各答，而且那些有可能深思并有机会另卜新居的人也眷恋着这座城市，并矢志不渝，决定继续留守于斯？这座城市的文化与知识的丰厚底蕴，肯定是人
178 们酷爱它的原因之一。当然，这一点对于消除加尔各答的贫穷和混乱毫无作用，可是那些喜欢生活在加尔各答的人是冲着这座城市能够提供的很多正面的东西而来的。

地方传统回应借助英国统治而来的欧洲思想的一个直接结果，就是孟加拉文艺复兴。尽管如此，英国人却几乎不清楚正在发生的变局。这在一定程度上是因为他们作为殖民地主人缺乏真正的兴趣，而且因为表明变局的许多文献是用孟加拉文写的，而英国统治者和商人通常不懂这门语言，而且不想学习这门语言。

阿米特·乔杜里（现为牛津大学教授）注意到了这一现象的怪异之处：

> 对于这位英国人而言，印度的现代性与印度的现代人还是渺无踪影的。那么，从一定意义上说，他对加尔各答是视而不见的。吉卜林在文艺复兴进行之中写作，将能够说话的狼、虎、猎豹与印度孤童塞入他那些奇妙的印度故事之中，而且那些孩子在与动物沟通时没有任何困难。读吉卜林的作品时，谁也不会知道巴吉拉、舍尔·汗及莫格利是小说家

① 参见韦德·梅达所著《小品文的技巧》（Ved Mehta, *The Craft of the Essay: A Reader*, London: Yale University Press, 1998），第 210 页。

班基姆·钱德拉·查特吉及诗人迈克尔·马杜苏丹·达塔的邻居及同时代人。在吉卜林的经验体系中，而且很大程度上在英国的经验体系中，那场文艺复兴，孟加拉与印度的现代性，在印度不曾间断的悠长的岁月中，最好从来没有发生过。[①]

四

吉卜林指责选择加尔各答为东印度公司首府所在地是一种愚蠢行为。他这样说有充分理由吗？“为什么是那里？”我在移居加尔各答之前很久，就对这一问题产生了兴趣，而且这个问题还是我在圣谛尼克坦开架图书馆里诸多非正式研究课题中的一个。我告诉外祖父，这个研究课题就是《我最喜欢的地方》。在我依照兴趣探寻加尔各答地区的悠久历史时，克希提·莫汉鼎力相助。这一问题可以分为两个部分：第一，一般来说，为什么是那里，也就是靠近恒河流贯的孟加拉地区的最南端，大体围绕在胡格利河
畔？第二，具体来说，为什么在那个地点，在胡格利河的东岸， 179
在那个拥有苏塔纳蒂、戈宾达布尔与加利各答三个小镇的地带？第二个问题可以轻而易举地回答。英国人在当时持有的一些工厂拥有那块最靠南的地皮，那里比葡萄牙与荷兰厂家及商人所在地更靠近大海，更适于停放出口货物。河流下游位置的另一个优点是，如果任何人心怀敌意从北部攻来，例如莫卧儿人决定对孟加拉正在发生的情况发起挑战，那么他们就会首先面对荷兰人与葡

① 参见阿米特·乔杜里所著《在加尔各答的两个春秋》（Amit Chaudhuri, *Calcutta: Two Years in the City*, New Delhi: Penguin Books, 2013），第 266-267 页。

萄牙人。此外，乔布·查诺克选择河流东岸这个地址，也使自己处于更好位置，以挑战来自西面的陆基军队，无论他们来自穆尔希达巴德还是德里，或是来自孟买附近的马拉塔人正在兴起的政权。①

然而，更大的问题却是对整个加尔各答地区的选择。1600 年，一伙商人在伦敦创立东印度公司。该公司在随后不久来到印度时，是计划进行贸易活动的。有人曾经声称，英帝国是在漫不经心的一时冲动之下被创立的。这一驰名的说法实在有点过分。不过，英国人此时还根本无意于征服并建立一个印度帝国。查诺克在被派到孟加拉之前，已经在印度别的地方待了约十四年；他主要待在巴特那，在那里发展英国的硝石贸易。随着他在公司业务中作用的加强，他必须确保安全运营，同时扩张公司利润丰厚得多的贸易项目，如印度工业领域的各种地方产品，包括棉花、细平布及丝绸货物，而孟加拉制造的此类产品名闻遐迩。此外，他的贸易项目还有北印度生产的商品。这些商品沿着恒河、贾木纳河以及它们的支流来到下游，再被运往海外。

查诺克急于获得德里莫卧儿人对公司活动的批准（他谋求并获得授权），但他也注意到，虽然那时负责孟加拉的莫卧儿官员对局面的掌控力已经被削弱，但是依靠莫卧儿王朝的保护来确保自己在那里的基业的安全是毫无问题的。查诺克知道，下游贸易对

---

① 这些担忧不仅大多合情合理，而且人们还曾在文章中十分广泛地议论过它们，于是就有一些证据表明，查诺克及其同伴对它们也是了然于胸的。对于这一主题，有一部富于启发意义的新旧文章汇编，参见 P. Thankappan Nair, *Job Charnock: The Founder of Calcutta: An Anthology* (Calcutta: Calcutta Old Book Stall, 1977)。

于公司有多么重要，孟加拉本身作为当时印度最富有的省份有多
大意义。桑顿于 1703 年画的那部著名的胡格利河图表集中有一幅 *180*
地图，上面是沿恒河下游分布的许多城镇及贸易聚落，用粗大的
字体将该省描述为“富饶的孟加拉王国”。

当然，英国人绝非唯一明白这一地区经济重要性的外国民族。1518 年，葡萄牙人已经到达那里，早了近一个世纪，而且在同一个胡格利县建了三个不同的居留地。荷兰人于 1632 年到来，在邻近的钦苏拉县建了一家工厂。正如 J. J. A. 坎波斯在一百年前出版的《孟加拉葡萄牙人史》中所说明的那样，“在印欧历史上，无疑没有一个比胡格利更有吸引力的城镇，因为在那里方圆数英里的范围内，竟然有七个欧洲民族在争夺霸权，包括葡萄牙人、荷兰人、英国人、丹麦人、法国人、佛兰芒人和普鲁士人”①。

查诺克对整个加尔各答地区的选择，不大可能被认为是异乎寻常的。

五

加尔各答地区的历史及其在经济上的作用可以追溯到非常遥远的过去，而欧洲人在那里变得活跃起来却是比较晚近的事。十三世纪以来创作的孟加拉文颂诗（Mangal Kavyas，叙事诗），细致入微地描述了这一地区。我在少年时读过其中最为著名的《摩那萨颂》，作者比普拉达斯在十五世纪时显然生活在今加尔各答

---

① 参见 J. J. A. 坎波斯所著《孟加拉葡萄牙人史》（J. J. A. Campos, *History of Portugese in Bengal*, Calcutta and London: Butterworth, 1919），第 43 页。

一带。比普拉达斯在诗中提到了加尔各答及其附近的加利卡德（Kalighat，一座古老的迦梨神庙所在地）。他的作品中具有叛逆精神的主人公钱德，是个从事近海和远洋生意的商人，在顺流而下前往大海时描述了这两座城镇。

或许更有意义的是，至少从公元前二世纪起，这一地区就有了城市居民区。在加尔各答的一个很短的距离内就有一些古代遗址，而在我移居此城时，其中一个叫作钱德拉盖杜加尔（离市区仅约二十英里）的遗址上的考古发掘正在进行之中；这项工作逐渐披露了一座古代城镇广泛分布的残存遗迹，包括城堡一类的防御工事和公共建筑。在这一地区进行的几乎任何认真的发掘，似
181 乎都能出土用于城市的商品，如装饰品、小雕像、陈列品等，当然还有各种家庭用具，而在时间上则可以上溯到两千余年前的巽伽王朝（兴盛于公元前 185 年至公元前 73 年）时期以及随后的贵霜帝国时期。

我不断阅读有关发掘的报道，但未能找到时间和机会亲往现场观看。孟加拉的道路状况一直十分糟糕，即便是径直前往钱德拉盖杜加尔，在路况非常恶劣的道路上也会用去很长时间。2005 年，在友人戈帕尔·甘地（圣雄甘地之孙，另一位至为杰出的政治家 C. 拉贾戈帕拉查里的外孙）成为孟加拉邦长之后，我最终设法了却夙愿。我们一起坐他的小轿车前往那里；汽车在依然松软的道路上行驶了几个小时。我怀着浓厚的兴味倾听戈帕尔讲述自己对地区史的研究，而一个邦长从事这样的活动可谓非同寻常。

孟加拉这一地带远古历史上的遗存，散布在整个加尔各答地

区的周围，可它们在加尔各答市区范围内的存在，只是在最近才为人所知；现存的古代城市建筑群所在地的披露，首先并不是由考古兴趣所驱动的，而是由现代城市规划的需要所促成的。在1972—1995 年，印度铁路公司在这座城市兴建地铁系统（印度第一条地下铁路）时，挖掘工程出土了两千余年前的装饰性和实用性的陶器及其他材料。随后，在 2001 年，当这座城市决定修复罗伯特・克莱武曾经居住过的宅第时，那里的发掘工作使同样出自巽伽 - 贵霜时期的城市文明遗存得以重见天日，其中包括古代陶器、细布料、建筑用砖、石灰与砖铺制的地板、一个炉灶以及钱币和印章，证明至少从公元前二世纪起，此间就存在充满生机的贸易活动。鉴于业已知晓的有关加尔各答地区的情况，这些发现并不令人感到全然意外，却使人们不再怀疑查诺克决定将自己的商务总部设在这一地区是否错了，因为在很长的时期内，这里一直就是一个重要的运输与商业中心。

我一度动心，考虑自己是否有可能写一部《加尔各答信史》，也许我会在哪一天动手。根据我在圣谛尼克坦图书馆阅读过的文献，我已经确信无疑，加尔各答这座我即将迁入的城市，并不像
通常所描述的那样，仅有三百年的历史。同样清楚的一个实情是， 182
这座城市的建立，与其说是由于东印度公司给加尔各答带来了全球贸易，毋宁说是由于这一地区给该公司提供了进行全球贸易的条件，于是该公司决定在一个已有稳定的城市生活方式和悠久的经济活跃历史的地区安顿下来。

六

到1951年初时，我对于入读管区学院和在加尔各答生活变得越来越兴奋。一个迫在眉睫的问题是，我该住在哪里？管区学院有两处学生宿舍，但宿舍体制沿袭了英国人保持穆斯林与印度教徒之间教派界限的政策，看起来像是要把古老的“分而治之”永久化。我被提供了一个在所谓“印度教徒宿舍”的房间。我不喜欢这种方案。实际上，我认为教派分隔是与独立后世俗的印度完全格格不入的，也与管区学院自身的非教派性质完全背道而驰。尽管这所学院在十九世纪初名为“印度教徒学院”，但它从来不曾只为印度教徒开门，而且从未因宗教信仰而对学生有所歧视。事实上，在1855年时，也就是在我到来近一百年前，它就丢弃了自己的教派性名称。由于在学生时代曾经目睹大量教派流血，我甚至不愿让自己安顿在印度教徒宿舍这样一个带有明确的教派识别标志的地方。

于是，我在梅丘亚市场的基督教青年会招待所找到一个地方，一个两人合住房间（后来得到一个小单间），而从管区学院到那里需要步行约二十分钟。我于1951年7月初搬到那里。当然，基督教青年会招待所并非专为基督徒服务的，在那里可以发现信奉各种宗教的学生。房客全是学生，在加尔各答的一些学院里攻读不同的学科。我非常喜欢这种多样性，喜欢与同住者不断说话。我们常常熬夜到很晚，在古老的基督教青年会招待所宽敞的游廊上交谈。

183 加尔各答是一个适于悠然聊天的大城，孟加拉人称这种聊天为“闲谈”（adda），也就是一种没有议程的自由讨论，就任何可能出现的话题随意发言。我很快就发现，与别的几乎任何消遣方式相比，我更爱闲谈。我在到达当天，就与基督教青年会招待所的宿舍管理员好好聊了一番。穆克吉先生是个虔诚的基督徒。他告诉我，他有点想在即将到来的选举中投印度共产党一票。我问他："你同意印度共产党的政策吗？"他说："不，他们对自己不喜欢的人不是太好，而且他们反对一切宗教，因此我真的反对他们。可是，他们可能为西孟加拉邦做很多好事，而执政的国大党似乎什么事情也不想做。"在我坐下来吃我在这里的第一顿晚餐并与穆克吉先生闲谈时，我断定我喜欢他这种逐点比较的思维方式。不知为什么，它与我心中的加尔各答的形象和我对这座城市的期许是吻合的。我最初怀疑穆克吉先生可能是个碎嘴子，但很快就对他刮目相看了。我觉得，他尽管受到过宗教的严格熏陶，却显然愿意以非同寻常的方法思考政治与社会以及宗教的政治要求，因而确实对他心存钦佩。

管区学院坐落在学院街。从梅丘亚市场前往学院街最方便的步行路线，必须穿行一些相当贫困的区域，也会经过货物琳琅满目的店铺和办公区域，尤其是在哈里逊路（现已更名为圣雄甘地路）上。随后，我走近管区学院，拐过街角，从哈里逊路进入学院街，突然出现了一大片各种各样的书店，星罗棋布一般。在那些修建得十分结实的书店里面，前脸装着玻璃拉门的木书架，使书籍得到保护，而在人行道上，则是一堆堆摆放在特制基座上的图书，虽然摇摇欲坠，也还算保持着平衡。大量书籍引人注目。一种美妙的感觉油然而生：我来到了世界上再合适不过的地方。

七

我很快就习惯了在加尔各答的生活。时间之短，让我也感到惊讶。作为一个在达卡成长起来的孩子，我当然确实有点与加尔各答的长期居民竞争的意识。那时，他们常被称为“加尔各答人”
184 （Calcuttans），而依照正规的孟加拉语，他们又被称为“加尔各答居民”（Kolkata-basi）。印度已经在四年前被分割，而孟加拉人则被重新安置在两个不同的国家。我在前面业已论述，印度教徒与穆斯林之间的敌意，主要是从政治的角度精心策划的，在那时正在为得到重申的孟加拉人团结的意识所取代（在边界两边都是如此），尽管政治教派主义者偶尔还会竭尽全力挑起事端。

加尔各答过去是，现在也依然是一个令人赞叹的多元文化城市。当然，孟加拉人构成人口的多数，但也有若干巨大的社区，分别居住着比哈尔人、泰米尔人、马来亚人、奥里雅人、马尔瓦人、盎格鲁-印度人（欧亚混血儿）、华人、尼泊尔人、亚美尼亚人等等。孟加拉语、印地语、英语、波杰普尔语、梅提利语、乌尔都语、汉语等许多语言，都有大量人群在使用。如果加尔各答有什么可引以为豪的，那就是它不像其他大都会那样，它从来不必对付明显的反移民运动。相形之下，在孟买（Bombay，现已更名为 Mumbai）的政治中，比较喜欢如马哈拉施特拉人的激进分子，有时就是强烈反泰米尔人的。加尔各答历来只有寥寥几次这样的反移民政治活动尝试。

特别引人注目的是，加尔各答的英国殖民遗产，曾为人们所深恶痛绝，现在已经被吸收进温暖人心的多元文化历史的宽容记忆中。从十九世纪下半叶起，反对英国统治的民族主义运动在加尔各答得到了强烈支持。由大名鼎鼎的苏伦德拉纳特·班纳吉所领导的强有力的民族主义的印度协会，于 1883 年成立于加尔各答，比印度国大党在孟买举行的第一次会议早了两年。苏巴斯·钱德拉·鲍斯也出自一个地道的加尔各答家族。在孟加拉，在争取印度独立的战斗中，心潮澎湃并愿意考虑诉诸暴力反抗的民族主义者，显然大大多于印度别的任何地方。

然而，在今天，英国统治的遗迹属于这座城市最宝贵的地标建筑之列。在东印度公司时代，为欧洲人社交聚会而于 1813 年建成的美丽的市政厅，已经由加尔各答市政当局精心修复。市政当局细致地重建了那座古老建筑的一件复制品。同样，建于 1905—
1921 年的维多利亚纪念馆熠熠生辉，得到了完好保护，里面收藏 *185*
了巨量英国人大权在握时代的材料与图表。纪念馆附属的博物馆每天接待的游客数量，多于该市其他任何博物馆，而且据说实际上也多于印度别的任何地方的任何种类的博物馆。

八

加尔各答是我独自生活并度过大学春秋的第一座城市。我在那儿享有的自由感，有点摆脱家庭获得解放的意思，而且我也喜爱在挨着学院的咖啡馆、在基督教青年会招待所的公共空间、当然还有在朋友们家里的那些闲谈机会。可是，我也很快就发现，加尔各答是个适宜散步的大城，尤其是在傍晚车流的喧嚣逐渐平息下来之后。我也在改变生活习惯，从一个在圣谛尼克坦黎明即起的人变成这座大城市中的一个“夜猫子”。因此，我能够在朋友家中与他们聊天，然后在午夜过去很久之后步行回到基督教青年会招待所的宿舍。在我后来就读的剑桥大学三一学院，学院大门在晚上十点关闭。基督教青年会与三一学院不同，前者没有严格的宵禁，没有返回宿舍的确切时间规定，不过你如果打算晚归，需要事前告知宿舍管理员。我喜欢那些穿越这座在夜间变得阒寂的城市的长途步行。印度分治的结果之一是，我们的许多亲友从新生的东巴基斯坦移居印度，其中占很大比例的人口来到了加尔各答。这种新的在空间上的靠近，使得那些老关系变得亲近多了，而且来往也容易多了。我在移居加尔各答以前，没有想象到我与众多堂表兄弟姐妹的友谊会变得令人如此大为快意。那些堂表同辈亲戚包括梅杰哥、米拉姐、科孔哥、拉特纳马拉、巴布亚、罗比哥、皮亚利、杜拉等等。我有时会与长我一辈的亲戚也就是父母的堂表兄弟姐妹交谈。他们包括奇尼叔叔、乔托叔叔、坎迦尔舅舅等等，他们全都进入了社会各界的不同行业。由于我在管区学院或基督教青年会最亲近的友人几乎一律是年轻人，交往中的这种代际变化极好地扩大了我们的交谈范围。

在加尔各答四处漫步本身就总是令人愉悦的。我虽然有时经过一些以犯罪著称的地区，可是我从来没有遭遇任何一个试图打劫
186 我或把我拦下的人。我那时还不知道，加尔各答不但是印度严重犯罪率最低的地方，而且是世界所有主要城市中凶杀率最低的城市之一。我在后来探索城市统计学时才了解到这一点。对于放在任何国家都算最为贫穷的城市之一的加尔各答来说，这是一个奇怪的特征，也对有关贫穷是犯罪主要原因的说法提出了严肃的质疑。

如果说加尔各答的这个罕见特点基本隐而不彰，而且基本无人称扬，那么它在图书、戏剧及其他文化形式方面卓尔不群的特质则就容易得到认同多了。许多年来，加尔各答每年都主办世界上最大的书市（boi mela），在一连十四天或更长的时间内，日复一日地把成千上万的人聚拢起来。（这个书市之所以说是世界上最大的书市，当然是基于前来书市的人的数量，而不是根据金钱交易量，否则荣誉应当归于法兰克福或伦敦。）大群的游客前来观看新书，甚至零碎浏览其中篇什，通常无力出钱买下它们。这一书市是一个盛大的文化事件，在早春时节让这座城市迸发出新的生气。

在我 1951 年移居加尔各答时，一年一度的书市已经结束，可戏剧肯定是一个令人非常兴奋和积极参与的由头。作为一个戏剧长演不衰的地方，这座城市早已享有盛誉。这是印度唯一可任你在一个夜晚选择不同剧院里的几部戏剧的地方。可以理解，加尔各答为此而自豪，而我作为一名新居民，也为此而骄傲。戏票不贵，可以支付得起，所以我常去看戏。每天晚上选一部孟加拉戏剧观赏，而且其中许多作品有很强烈的社会与政治主题，快何如之！

许多个世纪以来，虽然名为加特拉 * 的传统戏剧一直在孟加

* 加特拉（Jatra，孟加拉语词，有“旅行”、“饯行”或“露天戏剧表演”等义项），系一种孟加拉民间戏剧，长期流行于整个孟加拉地区，其历史可以追溯到 1548 年，起源可能与古人送人远行和祭神的仪式有关。剧目主要由民间剧团在乡间露天舞台演出。演出一般在收获时节开始。在过节和举办庙会时也会演出。收割完毕而且相对轻闲的寒季，是演出的最佳时机。素以宗教、民间传说和历史故事为题材，在表现爱情故事和宗教神话的同时，也着重取材于社会和政治生活。在历史上，加特拉剧目完全由男角演出。二十世纪四十年代后期，开始有女演员参加进来。表演富含夸张的动作，充满民间音乐和舞蹈的韵味。——译者注

拉吸引着巨量追随者，但加尔各答还是在英国人的倡议下于 1779 年建立了所谓加尔各答剧院，这是加尔各答的第一座剧院。1795 年，俄罗斯剧作家赫拉西姆·列别捷夫来到加尔各答，同孟加拉的艺术家合作，上演了几部孟加拉戏剧。他的戏院印度教徒剧场（Hindu Theatre）大获成功，后来失火后，一条流言迅速在这座城市传开，说是英国人心怀嫉妒，把它给烧毁了（这一传言事实上毫无真实性可言）。可是，到十九世纪时，别的许多正规剧院又纷纷拔地而起。

187 加尔各答的孟加拉戏剧的一个特征是，女人可以饰演女性角色。在印度的其他任何城市，直到数十年后，她们才被允许这样做。当时，尽管这一非同寻常的现代主义趋势使孟加拉有别于印度的其余许多地方，加尔各答还是有一个绅士阶层对此不以为然，深信“良家”妇女不宜登上舞台。由于我母亲出自书香门第，于二十世纪二十年代在泰戈尔的几部舞剧中饰演了主角，我在年龄很小的时候就知道围绕此事而起的辩论（我在本书前文已经论述过这一文化异端现象）。母亲的出场被某些幸而不大的圈子视为丑闻，而在其他圈子看来则是值得庆祝和钦佩的大事。

加尔各答的保守圈层不仅不喜欢看到“体面的”女人出现在舞台上，而且有时甚至会反对孟加拉的加特拉戏剧。我喜欢参与这方面的辩论，而在获悉孟加拉一位著名的教育家、加尔各答城市学院院长海兰巴·迈特拉的逸闻时觉得煞是可乐。他在街上遇到了一青年男子，该男子问他是否知道密涅瓦剧院（Minerva Theatre）在哪里，于是发现自己处于一个道德困境。迈特拉憎恶这个年轻男子令人慨叹的趣味（密涅瓦剧院是常有女演员登台的剧院之一），于是轻蔑地回答说他不知道。随后，在意识到自己刚刚撒了个谎之后，他又怒气冲冲地跑回来，赶上那个大惑不解的问路人，抓住他的双肩说道："我确实知道，但我绝不告诉你！"

九

圣雄甘地在许多方面都是一个传统的道德说教者，却对戏剧采取了一种自由主义的乃至热情支持的态度。实际上，他在经过加尔各答时，尽管存在语言障碍，还是曾去看过孟加拉戏剧。甘地于 1896 年 7 月 4 日首次造访此城，他是从德班乘船泛海而来的，但他当天就离开了。同年 10 月 31 日，他再度归来，头天晚上就决定去看一部戏，我想他是有点不顾长途旅行的劳顿的。语言困难并没有让他扫兴，他于是在 11 月 7 日再度出门，看了另一部孟加拉戏剧。

我那时并不知道这些确切的日期，但我确实知道，甘地在途 188
经加尔各答时观看了孟加拉戏剧，而且对于他看了什么剧目颇为好奇。直到他的孙子戈帕尔·甘地研究了他那时的笔记，我的那份好奇心才得以满足。[①] 由于戈帕尔对加尔各答文化史的研究，我们才知道在那些夜晚，有四部孟加拉戏剧在皇家孟加拉剧院、绿宝石剧院、星辰剧院和密涅瓦剧院连续演出，他祖父可以从中选

---

① 参见甘地所著《坦诚的友谊：甘地与孟加拉》（Gopalkrishna Gandhi, *A Frank Friendship: Gandhi and Bengal. A Descriptive Chronology*, Calcutta: Seagull Books, 2007）。

择（不过，令人遗憾的是，我们确实不知道甘地实际上选择了什么剧院）。然而，十分清楚的是，由于得到了我们都愿意见到的“国父”其人的奖掖，孟加拉的探索性戏剧可以有充分的理由感到自豪。

十

在我前来加尔各答生活之前，在文化问题上，左翼的声音已经变得特别强烈，而印度人民戏剧协会（IPTA）在其中起了至关重要的作用。这一发展也是在回应一些很有影响力的事件。1943年的孟加拉饥荒直接导致一部题为《新谷节》（*Nabanna*，传统丰收节之名）的孟加拉戏剧一举成名。此剧表现了对殖民政府和冷酷无情的市场操纵者的强烈批评，是由比乔恩·巴塔查里亚创作并由索姆布·米特拉导演的一部剧作，两人在印度人民戏剧协会都非常活跃，此剧因而大获成功。在此剧的激励下，出现了别的几部戏剧以及一部于1946年问世的印地语电影。这部名为《大地之子》（*Dharti Ke Lal*）的妙不可言的电影，是由赫瓦贾·艾哈迈德·阿巴斯*导演的。新戏剧运动承认强大的社会事业，而这些事业需要文学为之发声。这就对加尔各答经常看戏的人口产生了感召效应，而我肯定是那些戏迷中的一员。

在全印度，电影产业依然颇受习俗的约束，但这种情况也在开始发生变化。1944年，一部富于活力的左翼社会批评电影《在

* 阿巴斯（Khwaja Ahmad Abbas, 1914-06-07—1987-06-01），印度小说家、电影导演、编剧、新闻工作者。主要用英文写作，出版了数十部著作。1951年创作电影剧本《流浪者》，该电影的成功使他获得了国际声誉。——译者注

黎明的路上》（*Udayer Pathe*）面世，直到二十世纪五十年代初期，还经常重复上映。在我的学生时代，意大利新现实主义电影十分流行，其中包括《偷自行车的人》（*Bicycle Thieves*，1948）和《米兰奇迹》（*Miracle in Milan*，1951），都是由维托里奥·德西卡导演的。始于卢奇诺·维斯孔蒂与罗伯托·罗塞利尼的意大利新现实
主义传统极受欢迎，在我们学生圈引起了诸多讨论。这些电影对 *189*
加尔各答年轻人的影响是难以充分估量的。那些深受影响的人包括萨蒂亚吉特·拉伊，而他也是管区学院的一名学生，只是入学比我早了十年。《偷自行车的人》使他深受触动。拉伊是在伦敦看到这部电影的，比我们在加尔各答早了一步。他写道："我立即晓得，如果我确要拍摄《道路之歌》——这一想法已在我心中酝酿多时——我将以同样的方式拍摄，利用天然的外景地并起用无名演员。"[①] 不久之后，他就一丝不苟地这样做了。

十一

尽管吉卜林指控加尔各答，胪陈了它的种种不是，我还是很快就爱上了这座城市，想来应该就像萨蒂亚吉特·拉伊当年那样。在论述电影的选材问题时，拉伊就自己的电影应当关注什么而问道：

> 你应当将什么纳入自己的电影？你能够弃置什么？你会将城市置诸

① 参见萨蒂亚吉特·拉伊所著《我们的电影，他们的电影》（Satyajit Ray, *Our Films, Their Films*, 1976) (Hyderabad: Orient BlackSwan Private Ltd, 3rd edn, 1993），第 9 页。

脑后前往乳牛在无际的田野上吃草而牧童在吹着笛子的农村吗？你可以在这里制作一部纯洁而清新并有船夫之歌的节奏优美的电影。

要不，你想穿越时光——一路回到史诗时代？在兄弟相残的大战中，大神黑天用《薄伽梵歌》中的话语使一位阴郁的王子重现活力，诸神和群魔纷纷支持交战双方。人们可以利用卡塔卡利舞（Kathakali）的非凡模拟传统，在这里干出令人兴奋的事情，如同日本人利用它们的能剧（Noh）和歌舞伎（Kabuki）一样。

要不，你就原地不动，待在现代，留在这个庞大的、拥挤的、让人眼花缭乱的城市的中心，并竭力将它那由不同的景象、声响和环境形成的各种令人头晕目眩的反差协调起来？[①]

那些“令人头晕目眩的反差”深深地吸引了我。在我移居加尔各答之后，我认识到，这些变化和反差有多快就成了我的生活的组成部分。我能明白，我已经被迷住了，我甚至知道这种情况是怎么发生的。

① 参见萨蒂亚吉特·拉伊所著《我们的电影，他们的电影》，第三版，第160-161页。

第十二章
学院街

一

管区学院为国家培养了不少最为优秀的科学家，留下了一份 190
长长的记录，让学院闪射出炫目的学术光彩，使之在我的学生时代就独占鳌头，而且实际上它至今依然无与伦比。一批杰出人物如群星灿烂，在这所学院学习，不断做出具有重大意义的原创性工作。在我所熟知的一些人中，萨特延德拉·纳特·玻色以在物理领域的一些重大突破而为人们所铭记。他参与创立了“玻色–爱因斯坦统计法”，并在实际上对宇宙中的半数粒子进行了分类。伟大的物理学家保罗·狄拉克*坚持把这些粒子叫作“玻色子”(boson)，以肯定玻色研究工作的极端重要性。我后来在剑桥大学见到了狄拉克。（我想）是在 1958 年，我与皮耶罗·斯拉法恰好在狄拉克所在的圣约翰学院运动场散步，斯拉法把我介绍给他，我于是有机缘与他就“玻色子”进行了简短交谈。狄拉克远比玻色更为知名，而他在意确保年轻的玻色实至名归，让我深受感动。

萨特延德拉·玻色是个杰出的数学物理学家，对理论物理有重大影响。他与我们家是世交，而且是父亲在达卡大学的同事。1945 年，他们一道离开达卡大学。以玻色–爱因斯坦统计法面世

* 保罗·狄拉克（Paul Dirac, 1902.08.08—1984.10.20），英国理论物理学家，量子力学的创始人之一，1933 年与奥地利物理学家薛定谔共获诺贝尔物理学奖。——译者注

的这一成就，是玻色在达卡大学发表演讲时首先表述出来的。他最初还以为自己出了一个差错，但随后他就认识到自己有了一项重大发现。我发现，每当我到家里看望萨特延德拉·玻色并有机会同他聊天时，我都会被他的才智所深深迷住。令我感到十分快
191 意的是，他似乎有很多时间可以用来与人轻松地说话，事实上他非常愿意高谈阔论。这就使我纳闷，他的研究时间从何而来。

普拉桑塔·钱德拉·马哈拉诺比斯则是一个完全不同类型的科学家，也曾执教于管区学院（在我到那里求学之前）。他不满足于自己正干得出色的物理研究工作，于是进而成为新兴的统计学这一学科的奠基人之一。马哈拉诺比斯不但与我家是关系密切的世交，而且是圣谛尼克坦的一大名人。他曾出任泰戈尔的学术秘书（一个杰出科学家在处于创新巅峰时颇为非同寻常的就业选择），并为之工作经年。我从开始走路时就认识了他。（母亲的相册中有一些照片，是我在孩提时骑在马哈拉诺比斯肩上的镜头。我显得颇为开心，可能是因为自己竟然达到了那么高的位置。）到我开始谈论上大学之事时，马哈拉诺比斯正忙于主持他的新学术机构——印度统计研究所，使之成为世界上统计学研究与教学的主要中心之一。可是，在管区学院时，他的关于延伸统计学边界的思想即已萌芽，特别表现在抽样理论领域。

在统计学中，通过基本推理就可以使成组的数字做出令人惊异的事情这一事实，是由我最亲密的朋友之一姆里纳尔·达塔·乔杜里告知我的。他喜欢跟踪基础统计学的发展状况。他对马哈拉诺比斯当时正在做的有关抽样的研究工作很感兴趣，而马

哈拉诺比斯不但在理论层面推进，而且将它具体应用于随机收集的有关作物、粮食和人之类主题的印度数据中。姆里纳尔还在我们的圣谛尼克坦学校之时，就已开始自己调研隐含的统计推理分析结构，而我记得曾与他展开过一些迷人的讨论。我们讨论的话题是，尽管周围有大量汽车，但道路在大多数时间却是空旷的，是否需要对这一事实有所解释呢？我当时懂一点不同类型的随机分布，但并不明白，我们在借助分析性推理形成的预期基础上（包括随机理念），是否真的能够获得有关这个世界的经验性信息（诸如相对空旷的道路）。我和姆里纳尔还将一些时间用于辩论， 192
看起来像是分析性推理的东西，是否可能不过就是对我们正在观察的对象的美化式描述。同我一样，姆里纳尔于1951年7月从圣谛尼克坦学校迁往管区学院。可是，正如所预料的那样，他选择了在那里学习统计学。

二

在1951年7月雨季一个湿漉漉的日子，我到管区学院注册攻读经济学，兼修数学。我原打算学习物理和数学，但改变了专业领域，这在一定程度上是受到了我的朋友苏卡莫伊·查克拉瓦蒂的影响。他已经开始在管区学院攻读经济学。在我的最后一个学年期间，苏卡莫伊曾来圣谛尼克坦游玩数次。他最初来时是一个才华横溢的学生（昵称贝尔图，正式的名字是苏布拉塔）的客人，而我曾与他以及他的兄弟查尔图在圣谛尼克坦共度了许多时光。我就在那时遇到苏卡莫伊，与他交谈数次，真是令人兴味盎然。

他继续定期前来做客，看了此地更多的东西，尤其热衷于观赏曾在圣谛尼克坦生活过的穆库尔·戴伊的画作。他所知甚多，能够在论及随便任何学科时都那么气定神闲，了如指掌，我还从来没有遇到过如此多闻之人。同样明显的是，苏卡莫伊也认同我对印度社会不平等问题的关注。

苏卡莫伊问我："你为什么不和我一道搞经济学？"他指出，经济学与我的以及他的政治兴趣关系更为密切，而且经济学就像自然科学一样，给予人们完全同样多的施展分析性推理与数学推理（他知道我喜欢推理）等能力的用武之地。此外，经济学富于人性而且十分有趣。此外，不应忽视的是（这是他补充的话），下午可以免于实验室工作（与理科学生不同），所以我们能去就在学院对面的咖啡馆。对于苏卡莫伊的论点，我还可以有所补充，那就是与他在同一个班并有机会经常与他聊天对我是有吸引力的。我逐渐被说服去学经济学（还有数学），而不再是物理学。

与那时印度的大多数大学不同，在管区学院里，学习数学已被视为攻读严肃经济学的一门必修课，而且使得专业学习更加有
193 趣。攻读经济学也更加容易地结合了我在中小学时代就有兴趣的学科，其中包括数学以及梵文。此外，我日益认识到，鉴于我对社会的兴趣以及我对政治的参与，经济学对我而言将有用得多。我当时已经怀有为建设一个不同类型的印度而尽力的理念。与我当时身处其间的国家相比，我心中的印度是一个不那么贫穷也不那么不公平而且完全不那么不公正的印度。懂一些经济学在重塑印度的工作中将至关重要。

我曾就这些问题与阿米亚·达斯古普塔教授进行了一些妙不可言的讨论。他是我家的另一位关系亲密的世交，是一位不同凡响的经济学家。我称他为阿米亚叔叔。他是达卡大学的经济学教授，在1945年离开该校（同萨特延德拉·玻色、家父等一道）。阿米亚叔叔获悉我在考虑攻读经济学而不是物理学的可能性时非常高兴。他送给我约翰·希克斯*的两本书，我读来兴味盎然。这两本书是《价值与资本》(*Value and Capital*）和《社会框架》(*Social Framework*)。第一本书是对经济理论进行头脑清晰的分析方面的典型范例，涉及价格理论的一些基本问题；第二本书内容十分宽泛，旨在厘清一个社会中的诸多经济关系在实际上如何借助它们的相互依存而运行。我爱读希克斯的著述，他的分析清晰易懂，释疑解惑，引人入胜，而我到后来才认识到，他是二十世纪最杰出的经济思想家之一。很久之后，在我于牛津大学万灵学院逐渐熟知希克斯（我们曾是那里的同事）之后，在我告诉他我早年的读书情况时，他满面笑容地说道："阿马蒂亚，现在我明白了，你对经济学的错觉有多么根深蒂固！"

三

尽管管区学院在我到达那里就读时往前上溯一个世纪就已成为一所政府学院，但它却是在近二百年前开始根据加尔各答公

---

* 约翰·希克斯（John Hicks，1904.04.08—1989.05.20），英国经济学家，对一般经济均衡理论做出了开拓性的贡献，于1972年与肯尼思·阿罗共同获得诺贝尔经济学奖。《价值与资本》是他最优秀的著作。——译者注

民社会的一项倡议而建立起来的一所教育机构。印度教徒学院（Hindu College，此名一直沿用至 1855 年。不过，我在前文已经说过，该校从来不曾仅招收印度教徒）欢迎加尔各答所有社群的学
194 生，在数十年内，来自不同背景的学生很好地混合在了一起。该学院的基金委员会由罗姆·莫罕·罗易出任主席。他是一个大学者（精通梵文、波斯文、阿拉伯文、拉丁文及其他数种欧洲语言）和不屈不挠的社会改革家。建立该学院的倡议是加尔各答杰出的知识分子联合努力的结果，而尽管学院的院长和董事全都是印度人，它的建立却由于当时生活在加尔各答的一个非凡的苏格兰钟表匠戴维·黑尔的鼎力相助而受到巨大鼓舞。他曾与当地的一个知识分子拉达坎塔·德布密切合作。这一进程也得到了城里一个激进主义分子布丁纳特·穆克吉的巨大帮助；他通过做工作获得了加尔各答最高法院首席法官爱德华·海德·伊斯特爵士的支持。1816 年 5 月，伊斯特在家中召开了一个“欧印士绅会议”以规划印度教徒学院成立事宜。该学院于翌年 1817 年 1 月 10 日开学，有二十名学生。到 1828 年，注册学生提升到了 400 人。

这项社会倡议是加尔各答激进知识分子运动的一个早期组成部分，而这场运动被刻意称为“青年孟加拉派”（近代的“青年英格兰派”这个榜样一定起到了某种激励作用）运动。一群具有严重激进思想的人声援了这项办学倡议。他们十分坚定地反保守主义，对印度和欧洲的传统思想都抱有怀疑态度。由于印度教徒学院不抱持教派观念，所以当它在 1855 年 6 月被转化为管区学院时，它非常清楚地重申，它兼向印度教徒以及非印度教徒提供教育机

会。两年后，加尔各答大学成立时，管区学院成为其下属学院之一。1953 年，在管区学院成立近一个世纪后，我从加尔各答大学获得了经济学与数学学士学位。①

四

认识管区学院对于青年孟加拉派兴起的作用是很重要的。青年孟加拉派最杰出的成员名叫亨利·狄洛吉奥，是一个欧亚混血儿，祖先为葡萄牙-印度混血人种。他原先是一名基督教徒，但实际上是一个不信教者，而且自称是个无神论者。狄洛吉奥生于1809 年 4 月，在 1826 年 5 月被任命为印度教徒学院讲师，那时 195
他刚刚进入十七岁。他的早熟是非同寻常的，作为一个传奇性的文学与历史教师，他成为一个在加尔各答有强大知识影响力的人。狄洛吉奥取得了各种各样惊人的成就。他的所有成就都是在一个非常短暂的生命进程中问世的。1831 年，他因身染霍乱而猝死，时年二十二岁。狄洛吉奥是一个杰出的教师和一个具有叛逆精神的改革者，还是一个相当重要的诗人。最重要的是，他是一个自由而且无所畏惧的思想的积极倡导者，是一个鼓舞他的学生、学院众多同事以及加尔各答精英的巨人。狄洛吉奥虽然年轻，却对管区学院自由思想传统的发展产生了深刻的影响。在几乎一个半

① 加尔各答大学对于学生出勤情况有严格的规则。在一定程度上由于身患重病，而且因为参加政治活动以及频繁随意旷课到图书馆读书，或在咖啡馆聊天，我未能符合管区学院正规生所必需的出勤要求。我被告知，我不算管区学院的学生，得作为非大学生自行参加考试。由于我被视为一个好学生（在早先的大学考试中夺得第一），管区学院对这一情况也感到不快。不知怎么地，我最终还是得以被安排作为管区学院的大学生参加了考试，但我猜测校方可能对考勤记录做了手脚。

世纪之后，他依然频繁出现在我们学院的辩论中，而我们也继续颂扬他非凡的学识和社会领导才能。

狄洛吉奥想根本改革他身处其间的保守的印度社会。他捍卫法国革命（仅仅发生在数十年前）背后的理念，坚定不移地对抗周边普遍存在的舆论重压，尤其是加尔各答英国人圈子中对他的非议。可是，他还是一个印度民族主义者，热衷于使自己的国家在思想上无所畏惧，在实践中自由开明，摆脱所有不合理的限制。狄洛吉奥刻意用晦涩难懂的语言写了一首题为《致印度——我的祖国》的诗。他在诗中将印度历史上的成就与它严重衰微的现代处境进行比照：

我的祖国！在你往昔光辉的时代
一个美丽的光环围绕着你的额头，
你像神明一样受到顶礼膜拜——
而今，荣耀在哪里，钦敬又在何处？
雄鹰的双翼终被锁链束缚起来，
而你却只能匍匐于卑微的尘土：
你的游方歌人不为你编制花环
只把你蒙难的悲伤故事四处流传！[①]

① 参见亨利·路易斯·维维安·狄洛吉奥所著《致印度：我的祖国》，载于《殖民地时代印度英语诗集（1780—1913）》（Henry Louis Vivian Derozio, “To India-My Native Land,” *Anglophone Poetry in Colonial India, 1780-1913: A Critical Anthology*, edited by Mary Ellis Gibson, Athens, OH: Ohio University Press, 2011），第 185 页。

狄洛吉奥的学生们的热情被他恢宏的想象力以及富于批判精 196
神的观点激发起来。所谓“狄洛吉奥派”帮助确立了学院坚持批判性与理性探索的精神，而他们也受到了阅读大卫·休谟、杰里米·边沁、托马斯·潘恩（又译佩因）以及其他理性主义思想家的著述的影响；与两个大陆的宗教思想家相比，狄洛吉奥本人明显更为喜欢伏尔泰。他还建议学生们应当研究《荷马史诗》而不是基督教文本，从而激怒了一些人。由于遭到基督教权势集团以及印度教正统派的反对，狄洛吉奥对非宗教的、理性主义的思想的公开宣扬最终导致他失去教职。

此时在加尔各答突然兴起的新知识运动并非一律对宗教持有敌意。一个迅速拓展的新社团梵社（Brahmo Samaj）在学者型改革家罗姆·莫罕·罗易的领导下，发展成为一场强劲的坚持改革的宗教运动，对古代印度教文本做出了相对自由的阐释；在这些阐释旧典的著述中，有些作品与一元论著述明显相似。狄洛吉奥对管区学院充满活力的自由思想传统的兴起是至关重要的，而后来多代学生都大受裨益于这一传统。

五

由于我们在学院所受到的卓越教育，我对经济学的新兴趣得到了丰厚的回报。巴巴多什·达塔与塔帕斯·马宗达两人都是经济理论家，对我的影响尤为深远，但也还有其他优秀的教师，如迪雷什·巴塔查里亚，在讲应用经济学时才华横溢，特别注意使之与印度经济联系起来。乌彭德拉纳特·戈萨尔与拉梅什·高希讲政治学，也都拥有优异的教学技巧，非常引人入胜。我发现，能与经济学、政治学和数学这些领域如此卓越的名师谈话真是妙不可言，而在历史领域也有出色的老师，尤其是苏绍班·萨卡尔，是一位具有远见卓识的历史学家，偏好采用马克思的分析手法，特别能激发学生的灵感。

巴巴多什·达塔很可能是我所听到过的经济学领域表达最为清楚明白的讲师。价值与分配理论中异乎寻常的复杂问题，能被
197 他分析得格外清晰，易于理解。我喜爱上他的课，但他似乎无意于做出自己的研究性贡献，这让我有些讶异。他是个非常谦逊的人，我想，能够做一名优异的中级知识分子，能够让我们轻而易举地掌握复杂的经济学理论，就足以让他感到快乐。我们总是怀着感激之情聆听巴巴多什先生（我们就如此称呼他）讲课，从他身上习得知识，而无论发生什么情况，都不可能泯灭我们的这份感恩之心。然而，我记得自己曾经想过，倘若我有他显然具备的创新天赋，我倒是愿意做一些自己的研究工作。

塔帕斯·马宗达的教学方法与巴巴多什·达塔不同。塔帕斯哥（我就这样称呼他）是一个非常年轻的教师，刚刚完成自己的学业。我想，由于塔帕斯哥自身头脑聪颖，也由于巴巴多什先生的影响（塔帕斯哥总是把他当作自己的老师），他也是一个授课极其清晰明白的讲师。他很专注于培养学生们的学识自信，此外也从事自己真正感兴趣的研究工作。后来，塔帕斯哥在社会选择理论和教育经济学这两个领域都做出了十分不同凡响的贡献。他以非常富于想象力的方式阐明，社会选择理论可以有助于教育的规

划和发展。

由于我宁愿挑战灌输给我们的思想和知识，也不愿只看表面价值就予以认可，有时还会质疑我们从书本上和备受礼赞的文章中获得的东西，我深为塔帕斯哥更为大胆的治学态度所吸引，对于流行的传统，他就不是那么礼敬有加。一天，我觉得他刚讲过的一篇文章的内容是错误的，在与他争论了约一个小时后，他告诉我：“如果你读的某种分析理论在你看来似乎是错误的，那么有可能是因为你没有看懂其中的推理过程（你必须查核这一点），但情况也可能是，那种得到公认的论点，尽管为人们所普遍信以为真，但其实就是不正确的，不要排除这种可能性。”这是对我的巨大支持，让我增强了参与论辩的信念。我至今依然记得，当时我曾想，如果说我从巴巴多什先生那里学会了如何讲课，那么可以说我是从塔帕斯哥那里学会了如何提出质疑。

在塔帕斯哥首次授课后，我们继续讨论他刚教我们的东西，
我于是逐渐变得对他熟悉起来。我经常去看望他，要从学院街搭 198
乘公共汽车走很长一段路程，然后到达他在加尔各答南城多佛巷（Dover Lane）的家中。他和母亲住在那里。我们叫她老人家姨妈。她是一个使人愉快的人，与她谈话总是令人逸兴遄飞。塔帕斯哥的父亲纳尼·戈帕尔·马宗达是个很有天赋的考古学家，是印度河流域文明遗址一个至关重要的探索者，可惜已英年早逝。由于我对考古学极感兴趣，短时间摆脱经济学，与他们一道讨论对印度和世界往昔的考古探索，对我而言是一桩赏心乐事。对于我这样一个常常不打招呼（那时加尔各答电话十分稀缺）就上门做客

的年轻本科生，姨妈和塔帕斯哥都极为宽容，会与我聊很长时间，同时不断给我端来一杯杯的热茶以及姨妈烹制的可口美食。

六

我对管区学院的讲师们至今保留着美好的记忆，对我的同学们也是如此。我非常有幸能遇到一批令人赞叹的同学，其中当然包括苏卡莫伊，还有其他几位，如苏尼蒂·博斯、图沙尔·高希和萨米尔·拉伊（我们叫他萨米尔哥，因为他比我们略大一点，在离开学院后不久又来到我们中间），以及贾蒂·森古普塔，他后来在“随机编程”（stochastic programming）这一新学科中理所当然地为自己获得了盛名。还有别的一些才华横溢的同学修了经济学之外的学科，如帕塔·古普塔、巴伦·德与比纳伊·乔杜里学了历史。实际上，当时在管区学院众多学科都有一大批令人惊叹的禀赋优异的学生，其中包括尼基莱什·巴塔查里亚，一个真正的数学与统计学之星。还有英语文学专业的乔蒂莫伊·达塔，哲学专业的米纳克希·鲍斯，他们后来结为伉俪。同学们常在社交聚会场合晤面，而有一个非常活跃的诗友圈定期聚会，我是其中十分活跃的一员。此外还有乔蒂莫伊、米纳克希、姆里纳尔及另外几位同学也是会员。诗友圈聚会不是为了写诗，也不是为了相互批评作品，而是为了欣赏诗歌；我们有时也会展开讨论，谈及
199 遭到忽视的诗人。例如，我就经常将我最喜欢的诗人之一安德鲁·马弗尔强加于人。

管区学院也坚定不移地实行男女同校教育制度，从 1897 年开

始录取女生，而圣谛尼克坦学校则是从其草创之时就开始实行这一制度。（实际上，直到我前往英格兰，进入剑桥大学三一学院，我从来不曾就读于任何一所单性别学院。）在管区学院，在我们班上，我们就有一连串非常有才华的女生，而且我不可能没有注意到，其中一些女生是非常迷人的，也是很好看的。可是，鉴于当时学院的和社会的传统习俗，一对一的会晤既是罕见的，也是相当难以安排的。我们的会面大多是在餐馆里，包括学院街的咖啡馆里，偶然也会在电影院里或在大草场上。

宿舍禁止异性访客进入住人的房间。这一条也适用于我在基督教青年会招待所的宿舍，所以在我偶染微恙之后，当一个我所熟知的女性朋友设法来到房间里探望我时，我会感到惊喜，实际上我觉得非常惊讶。我问她："你是怎么进来的？"她告诉我："我就告知宿舍管理员说你病了，而且可能病得很重，需要予以特别照料。"宿舍管理员告诉她："你得去弄清楚他需要什么。请照顾好他并告诉我，我是否应当做点什么。"她在离开时，真的向宿舍管理员"报告"了我的病况。对于此事的报道很快就在学院里广泛流传开来。

七

管区学院提出的知识挑战真的令人兴奋。可是，倘若我的文字给予读者的印象是，学院主要专注于上课和正规学习，那么我就没有做到准确描述自己在那儿的生活。首先，咖啡馆里的交谈占用了我几乎与课时一样多的时间。

咖啡馆原来一直是一个工人合作社，后来被印度咖啡委员会接管，随后又变成一个合作社。这是一个令人惊异的地方，可以认真学习，也可以闲谈。我记得发生在那里的数百次与政治及社
200 会有关的争论，常常与我们学习的主题毫无关系。我无法充分描述我从其他人那里学到了多少东西，他们大多数是同学，经常告诉我他们读了什么书，用别的什么方法发现了什么，包括他们听讲演（涉及不同学院的各种学科，从历史与经济学到人类学与生物学）的收获。可是，除知识片段的直接传送之外，还有志同道合的同学在一起争论的非凡影响，我们会就某个问题的理解和看法展开辩驳，相互砥砺。杰出的历史学家塔潘·拉伊乔杜里是二十世纪四十年代管区学院的学生，曾略带夸张地写道："我们之中的一些人的全部教育，都来自常去那所学府 [咖啡馆] 的同学，甚至不用费事穿越街道去那所学院上课。"①

咖啡馆的常客不仅来自管区学院，而且来自加尔各答大学的其他学院。加尔各答大学的一大部分也坐落在学院街及其附近，其中包括医学院、苏格兰教会学院、梵文学院、中央加尔各答学院（以前曾名伊斯兰学院，后来再度更名为大毛拉阿扎德学院），如此等等。一个常在咖啡馆现身的不同凡响的学生，定期从相对距离更远的圣沙勿略学院前来，后来就改从大学科学学院前来。他名叫安德烈·贝泰耶，比我略小一点，是一个初露锋芒的人类学之星。我只是到了后来才与他熟识起来。可是，当我于 1956 年

---

① 参见塔潘·拉伊乔杜里所著《我们时代的世界》（Tapan Raychaudhuri, *The World in Our Time*, Noida, Uttar Pradesh: HarperCollins Publishers India, 2011），第 154 页。

返回加尔各答时，我已为他的知识创新能力而感到震撼。

我很快就投入星罗棋布于学院街咖啡馆之角的众多书店之中，这里提供了另一个教育与享受的源泉。我最喜欢的是创办于 1886 年的达斯·古普塔书店，而且我把它当作一个图书馆来使用。店家兼经理极为宽容，允许我与苏卡莫伊在他的店内流连不去，阅读新到的书籍。由于我们囊中羞涩，没有钱买许多书，这里就给我们提供了一个极好的机会。有时他甚至允许我们把书带回家中过一夜，条件是我们还回来的书得保持原状（他常会用报纸给书包上皮）。一次，我的一个朋友陪我到这家书店。这位朋友问他："阿马蒂亚没钱买书，您介意吗？"他答道："我不去卖珠宝首饰以赚取多得多的钱，而是卖书，您觉得我这是为什么呢？"

八

在 1943 年孟加拉饥荒期间，有二三百万人死难。虽然我当时 *201*
还是个孩子，却目睹了这场饥荒。我在 1951 年到达管区学院时，心中对这场饥荒记忆犹新。这场饥荒具有一个特征，就是蒙难与否完全取决于人们所属的阶层，我因此而感到特别震撼。加尔各答尽管有极其丰富的知识和文化生活，却在不断提醒人们这里距离不堪忍受的经济苦难并不遥远。毫不奇怪，管区学院的学生社群在政治上是非常活跃的。尽管我并不十分热心加入任何具体的政党，但政治左翼的同情心和对平等主义的追求却对我有巨大的吸引力，就像它对我的大多数朋友和同学具有感召力一样。这种激励我在圣谛尼克坦为邻近村庄不识字的儿童开办夜校的基本思想，现在似乎亟须在全国系统拓展开来。像我的许多同时代人一样，我将时间花在学生联合会上，而这是一个宽泛的左翼学生联盟，与印度共产党有密切联系。我作为学生联合会的领袖，一度发挥了积极的作用，不过我对印度共产党严重的狭隘心态却有不少疑惑。

民主程序允许尊重自由的多元主义存在，而尽管左翼的社会同情、政治奉献和对公平的深度承诺是建立在崇高的道德与伦理的立场之上的，但那时标准的左翼政治，尤其是它对民主程序的怀疑态度，还是有一定的令人不安之处。当时，重大的民主制度只能得到标准左翼组织的些许认可，而不再能够得到它们的更多赞誉，因为它们将那些框架视为典型的“资产阶级民主”。金钱在全世界民主实践中的罪恶力量已被充分证实，但另外的选项，包括没有反对党的威权主义政治的严重弊端，也没有受到足够强烈的批判性审视。当时还有一种倾向，就是把政治宽容视为一种“意志薄弱”，可能妨碍政治领袖畅通无阻地促进社会福祉。

在管区学院时，实际上在我开始大学生活之前，我就对反对
202 党和不同意见的建设性作用产生了强烈的信念，也养成了对普遍的宽容和多元主义的忠诚。我觉得很难把那些信念与左翼激进主义的形式融为一体，而激进主义正是学院街一带主流学生政治的特征。在我看来，在创造一个建设性的公民社会中，在致力于相互理解中，我们不但应当认识在后启蒙运动的欧美极为明显地兴起的自由政治论点，而且还必须注意宽容且具有多元性的传统价值，而在许多个世纪以来，在许多不同的文化体系中，人们一直

在维护这样的价值，印度在这方面也毫不逊色。在我看来，把政治宽容仅仅视为西方的自由主义倾向是一个巨大的错误。

尽管这些问题令人不安，我在彼时彼地还是十分快乐的，因为这些问题强迫我面对一些自己本来可能忽略的基本政治问题。除了憎恶任何形式的威权主义之外，我对政治虔诚也在变得越来越怀疑，而我在自己周围看到了太多的政治虔诚。

当虔诚在未曾预料到的地方浮现时，这种虔诚就可能有一种令人震惊的特质。例如，我们都极为钦佩 J. B. S. 霍尔丹的著述，我深为他的左翼的主张人人平等的情怀所吸引，而他这样的情怀与他在学术工作中严格而科学的原则恰好相辅相成。我读他的著述，尤其是他的题为《自然与人工选择的数学理论》（A Mathematical Theory of Natural and Artificial Selection）的系列文章，学到了许多东西。我发现他曾说过："到我阅读列宁及其他作者的著作时，我身患胃炎已有约十五年。他们向我表明，我们的社会出了什么问题。从那时起，我就不再需要镁砂了。"这是他于 1940 年对一个记者发表的言论。我在加尔各答的许多左翼同人喜欢以赞许的态度援引他的这一段话，而不管语境是否合适。也许霍尔丹只是在说句玩笑话，而倘若他是认真的，讲出来的是严肃的政治的或科学的观察结论，那么我就得断然摒弃他的思想。我认为，我宁愿选择镁砂而不是政治虔诚。

1953 年，我离开管区学院前往剑桥。同年，斯大林作古。关 203
于苏联的一些问题常常在咖啡馆的讨论中被提及，而我有时发现自己有一种被大多数朋友冷落的感觉。右翼人士认为马克思完全错误（这是一个大错特错的判断），而“真正的左翼人士”则认为，俄罗斯不存在苛政，只是在行使“人民的民主意志”（在我看来，这是一种难以理解的幼稚看法）。我们这些处于这两派之间的人经历了一个艰难时期。我开始想到，别再那么指望别人与你意见一致，尽管得到别人的认同总是令人快意。

虽然依旧深切赞同消除世界上的不平等与不公正现象，而且继续对威权主义及政治虔诚抱有怀疑态度，我却很快认定，我不可能成为任何要求循规蹈矩的政党的一员。我的政治激进主义看来得采取一种不同形式。

九

虽然我在加尔各答的学业和新生活一帆风顺，我的一项理智的发现却影响了我后来大半生的工作路向。肯尼思·阿罗在社会选择理论研究领域具有开创意义的《社会选择与个人价值》（*Social Choice and Individual Values*）一书于 1951 年在纽约出版，当时我和苏卡莫伊都在管区学院读本科一年级。苏卡莫伊即时借来一册，于是飞速阅读并形成了自己的看法。我觉得，在达斯·古普塔书店的新到图书中也就仅此一册。此书甫一出版，苏卡莫伊即能先睹为快，可谓神速。读过此书之后在咖啡馆聊天时，苏卡莫伊引我注意到此书并表示出对阿罗关于社会选择理论著作的钦佩之情。我和苏卡莫伊对社会选择理论这一领域都知之不多。这是诸如孔多塞这样的十八世纪法国数学家开创的一门理论。苏卡莫伊对此懂得比我多，而我通过与他的谈话也清晰地理解了一些东西。

那么，社会选择理论是什么呢？我们可以介绍许多数学上的 204
联系以及形式上的关联，但为了获得对这一带有相当技术难度的学科的粗略了解，我们可以按照下面这种方式考虑这一理论。一个社会是由一群人组成的，而其中每一个人都有一些优先事项和不同偏好。为了做出代表整个人群的恰当的社会决定，在酝酿这些决定时就必须认真关注人的很可能是多样化的想法和利益。社会选择理论将可以被合理视为将社会的优先事项及偏好与组成社会的众多个人的偏好联系起来的理论。

这些联系可以采取许多不同的形式，而我们可以从不证自明的需求角度表述这些形式。例如，一条公理可以要求，如果社会的每一个成员都喜欢 x 胜于 y，那么 x 获得的社会偏好就一定胜于 y。另外一个公理则可以要求，如果每个人在 A 种局势下都以完全等同的方式将 x 与 y 排序，就像他们每个人在 B 种局势下分别做的那样，那么在两种局势下（A 与 B），社会对 x 的偏好胜于 y 的情况就一定完全相同，而无论他们在这两种局势下对其他替代选项（也就是 x 与 y 之外的选项）的排序有多大差异。如此等等。

阿罗提出了一条令人震惊的“不可能性定理”。这条定理基本上表明，在某些对明显合理的程序（如上面最后一节中概述的两个以及其他与它们相似的程序）的初级要求必须得到满足之后，没有一个非独裁的社会选择机制会产生始终如一的社会决定。这是一条非同寻常的数学定理：有力，出乎意表，而且优雅。

在某些方面，阿罗不可能性定理可以被视为早年由上面提到的法国数学家和社会思想家孔多塞所创立的一个成果的延伸。孔多塞在十八世纪就已经表明，多数人的决定可以是反复无常的，而在有些投票情况下，甚至可能根本就没有多数赢家。例如，在一个三人社群中，如果第一人喜欢 x 胜于 y 及 z，第二人喜欢 y 胜于 z 及 x，而第三人喜欢 z 胜于 x 及 y，那么就多数比较而言，y 将负于 x，x 将负于 z，而最后 z 将负于 y。所以，在这种情况下是没有多数赢家的。

205 多数裁定原则本来是一种做出社会选择的有吸引力的方法，却可能过于反复无常，或难以达成定论。阿罗广泛归纳了孔多塞悲观的成果，并在其“不可能性定理”中表明，所有满足某些明显合理的最低条件的社会选择规则，到头来都会是反复无常的或不能使用的。所以，似乎不可能找到一个既令人信服又有吸引力的行之有效的社会选择规则。阿罗预示了一种糟糕的前景，那就是只有非常缺乏吸引力的社会选择规则，也就是独裁选择，才有可能继续存在并持续运行。这是一项令人沮丧的研究成果，比孔多塞的研究成果还要令人悲观。

苏卡莫伊将他从达斯·古普塔书店借来的阿罗那一册书给了我。他只借给我数个小时，而我完全入迷了。阿罗对其令人敬畏的“不可能性定理”的证明是十分复杂的，而这条定理在后来不得不被简化（它确实被简化了）。为了充分了解这一定理以及不曾预料到的结果究竟从何而来，我们不得不在数理逻辑领域持续争论了很长时间。这是一种与我们在大学课程中所学的东西很不相同的数学，是为适应物理学的需要而编著的，坚持有关变量达到更高的精确度，而对于社会现象（阿罗定理的题材）的研究就不能抱有这样的预期。

撇开数学和证据，还有一个问题：这个结果有多大意义？它像许多评论员所声称的那样，真为威权主义提供了一个口实吗？我特别记得，在一个长长的下午，坐在咖啡馆里挨着窗户的位置，苏卡莫伊大谈对阿罗研究结果的另类解读。他那张浮现着深刻智慧的脸，在加尔各答和煦的冬阳下闪射着红光。他觉得，不是马上就能明白对于政治民主和对于综合社会判断而言，阿罗定理的含义究竟是什么，而且还需要做许多工作才能弄清楚如何从阿罗绝妙的数学结果出发，前进到社会选择与政治经济决策的现实世界。后来，当我从事那项研究工作时，我常常想到苏卡莫伊早年的悲观主义。

对于社会选择中的系统数学推理，我自己的理解经历了一个发展过程，而在这一方面，那些年月对我产生了持续而重大的影响。那些以及别的有关操练，养成了我内心的兴趣，而这一兴趣 206
伴随着我，持续了整整一生。新独立的印度正在试图成为一个成功的民主国家，而坚定不移地贯彻民主政治的可行性在印度是一个至关重要的问题。我们到底能否有民主的连贯性，这是否仅仅是个幻想？那时，在加尔各答的许多学术讨论中，阿罗的思想得到大量传播。一个屡见不鲜的解读是，你们就不可能有民主的连贯性。我们特别需要审视条件中明显合理的条件，也就是阿罗倾向于强加于人的那些公理。我根本就不相信我们不能选择其他同样合理而且允许非独裁社会选择的公理。我自我宽解道，有必要（借用黑格尔的名言）来一个“否定之否定”。

阿罗调研的社会选择问题，成为我长期学术生涯中至关重要的组成部分。在回首前尘往事时，我欣慰地记起，这一切是我在加尔各答读大学本科一年级时，通过一本由友人从地方书店借来供当夜阅读的书而开始的。

第十三章
如何理解马克思?

一

在我的大学时代，在加尔各答学院街周边的学术界，就学识 207
的名望和地位而言，无人能与卡尔·马克思比肩。大量在政治上活跃的人士视自己为“马克思主义者”，而另外一些人则坚持认为自己显然是“非马克思主义的”乃至“反马克思主义的”。虽然一些无畏的人宣告自己拒绝任何以马克思为依据的人群分类方法，但只有极少数人对马克思主张的长短没有自己的看法。

我在少年时期也开始对马克思的思想产生很大的兴趣。这倒不仅仅是因为我的一些亲戚把自己视为马克思主义者（并经常援引马克思的言论），而主要是因为我在马克思的作品集中发现了一些在我看来十分重要而且可以细致论述的概念。除他向世界揭示的这些问题的重要性外，围绕马克思展开争论也是一件令人快乐的事。

不过，在管区学院的经济学课上，对马克思的讨论并不多，即使在加尔各答的别的任何学院，情况也大体相同。他主要被视为创立了一种可供选择的经济学的英雄。马克思的高大形象已经隐约出现在周围，但在标准经济学教学中，却几乎把马克思完全排除在外，而我记得自己曾经试图理解这一现象。有几篇简单的学位论文谈及马克思何以缺席于我们在大学教学的经济学这一现象，其中一篇说，现代经济学家只是不喜欢马克思忠于“劳动价值论”，而在许多人看来，这一理论是天真而又简单化的。在这一理论的一个版本中，作者似乎主张，商品的相对价格反映了用于
208 生产这些货物或服务的劳动量，从而暗示了“剥削”的存在。资本家通过利用劳动来生产东西，而劳工自身得到的报酬却要大大少于他们投入生产商品中的劳动价值。利润（也就是盈余）来自工人生产物品的劳动价值与雇主为之以工资形式支付他们的很少一点（有时甚至到了微薄的程度）薪酬之间的差额。

那些反对马克思主义经济学的人倾向于认为，“劳动理论”是基于一个初级错误，初级到了几乎令人不愿把问题挑明的程度。除劳动外，肯定还有其他因素对生产做出贡献，而且必须把对这些非劳动资源的利用包括在商品的价格之中。商品的相对价格不止反映用于制造它们的劳动量。诚然，抛开非劳动资源，在给我们提供初步的价格近似值方面，劳动理论可能是有用的，但这几乎不能算是一幅吸引人的全景图。所以，无论劳动理论在早期“古典”经济学家（诸如亚当·斯密，他在马克思之前并强烈影响了马克思）看来可以多么有吸引力，马克思都应当丢弃有缺陷的劳动价值论，而不是采用它。既然商品价格也必须包括对非劳动资源的回报，如对资本也就是资本家对生产过程所做贡献的回报，那么将生产的非劳动因素同劳动一样纳入这一全景图，这样一种更为全面的理解才会使得人们难以判断剥削。在这些附加因素得到承认的情况下，我们就不能有一种仅从劳动角度看问题的价值理论，而关于对无可奈何的工人剥削的理论也随之不复存在。这

些自鸣得意的主流经济学教师，一边在教师公共休息室相互递送着茶和饼干，一边说道，马克思就到此为止吧。

二

这种对马克思关于价值与剥削的理解的摈弃能够令人信服吗？这一现象能说明马克思在包括印度在内的高等院校的标准经济学课程安排中遭到如此忽视的原因吗？除了这些摈弃论点的幼 209
稚园性质外，这一对马克思缺席经济学课程安排的概括性解释还有至少两个问题。第一，马克思的许多思想与劳动价值论没有丝毫关系（我们马上就会考察其中几点），所以马克思主义经济学的有用性并不只是取决于劳动价值论是否为一种有趣的价格理论。第二，就马克思使用劳动价值论的程度而言，他真的视之为一个良好的价格理论吗？这就提出了一个问题：马克思为什么使用劳动价值论？

我在管区学院和基督教青年会的岁月中喜欢阅读的著名经济学家保罗·萨缪尔森（他曾执教于美国麻省理工学院），曾对好坏两种近似值予以一定的澄清。他承认，劳动理论肯定可以被视为一种近似价格理论的理论，但这种近似并不是一种良性近似，而既然如此，为什么还要使用这一理论？多布援引萨缪尔森的言论，提出了这样一个明显令人折服的论点：“现代科学与经济学存在大量有简化作用的第一近似值，但人们都毫不迟疑地承认它们次于第二近似值，因而在受到挑战时就将它们丢弃。”那么，在我们能够轻而易举地发展可以行而更远的理论时，为什么还要使用劳动理论？为什么拘泥于一种至多只能给我们提供粗糙近似值的理论？为什么不完全摈弃劳动理论（萨缪尔森乐于这样做）？[①]

这种对劳动价值论（被视为不良的第一近似值）的简单摈弃，受到剑桥马克思主义经济学家莫里斯·多布的审视。他在后来收入他的《政治经济学与资本主义》一书中的一篇题为《一种价值论的必要条件》(The Requirements of a Theory of Value）[②] 的论文中表示，如果“在第一近似值中有一些后来的近似值中所缺乏的某种东西”，那就不必明显弃绝第一近似值。但是，所谓“某种东西”究竟是什么呢?

多布主张，当劳动在生产中的作用得到强调时，劳动价值论就可以显出自身的价值。我们可以从不同的视角看劳动理论。作为一种价格理论，它不过就是一种第一近似值，而且通常不是一
210 个切近的数字。作为伴有道德内容的规范理论，它告诉我们一些有关世界上不平等现象的状况以及可怜的工人如何在资本主义之下受到不公待遇。这些视角的每一个都可能有一定的意义，但如果深究下去，则劳动价值论有可能主要被视为一种描述性的理论，用以勾勒人类工作在制造货物和提供服务方面的作用。马克思在

① 多布引用萨缪尔森的这一不刊之论，作为他自己必须予以回应的一个要点。他在考虑这一问题的性质时，通过区别近似贴近度与近似相关性，进一步回应萨缪尔森。我在我的评论《劳动价值论的一些方法问题》（“On the Labour Theory of Value: Some Methodological Issues”）中相当详细地论述了多布吸引我们注意这一区别的意义，详见 *Cambridge Journal of Economics*, 2(2) (June 1978），第 175-190 页。

② 参见莫里斯·多布所著《政治经济学与资本主义》（*Political Economy and Capitalism: Some Essays in Economic Tradition*, 1937）(Abingdon and New York: Routledge, 2012)，第 1-33 页。

他所研究的几乎一切事物中，都特别关注人的参与。多布由此获得启示，主张劳动理论是“一种对社会经济关系的事实描述”。这种描述特别聚焦于人类劳动。这一事实本身并不是虚假的：它反映了一个人们借以观察工人、资本家等不同社会行为主体之间关系的独特而重要的视角。

我们可以将这一点与其他以劳动为依据的描述进行比较。我们可以在历史概论中发现这样的描述，如历史学家马克·布洛克对封建制度的恰当描绘就是一例。在他的笔下，封建领主“靠他人劳动为生”。他们是这样的吗？这种专门聚焦于劳动（特别是苦工）的描述有恰如其分的一面，但并不否认封建领主拥有的土地也是有生产力的。可是，布洛克的陈述聚焦于不同人在生产中不同作用的不对等性。他注意到，封建领主允许自己拥有的土地被用于生产，而他们由此做出的贡献与农奴在生产过程中的艰苦劳动可能没有可比性。“苦干”与“允许自己的土地被他人使用”两者可能都有生产性，但它们是类型大不相同的生产活动。经济学家们的所谓“边际生产率”就集中于这种机械的对等，而不对不同种类的资源利用予以区分。我们可以远远超越这种机械的对等。

为了考察生产过程范围内另外一种类型的区别，不妨考虑一下佛罗伦萨著名的大卫雕像。我们可以合情合理地说：“米开朗琪罗制作了这尊雕像。”这句话的真实性并不取决于否定了在制作这尊雕像时需要大理石乃至凿子及铁锤（米开朗琪罗定然确实需要它们）。在一种多因素描述中，这些不同的“生产要素”都参与了这尊雕像的制作。然而，我们特别专注于艺术家米开朗琪罗，而

211 且不把他的作用与组装起来的大理石、铁锤及凿子的作用等量齐观。此时，我们就把生产过程中的另一个至关重要的方面揭示出来了。

于是，我们可以以许多不同的方式描述生产。专注于所需劳动肯定是一种合理的方法，而且可以根据描述的目的和背景而视之为一种适当的方法。马克·布洛克在讲述他对封建主义的界定时不必道歉或承认犯了某个错误，他只是选择了一个特别的方面予以集中关注，那就是苦工，也即封建领主“靠他人劳动为生”这个事实。马克思不必承认有任何失误，多布也无须如此。劳动价值论的意义取决于我们试图强化哪个视角。

我清晰地记得，在那个漫长的夜晚，我领悟了多布的《一种价值论的必要条件》那篇极具可读性的论文。我到夜已深沉时才读完文章，想着我可以在此时考虑一个不同的视角，来观照马克思对劳动价值论的应用。我还有一个个人的想法，那就是，如果我能够前往英格兰，我一定要想办法拜见莫里斯·多布。

三

我很快就会谈及我觉得特别有趣的马克思著述的其他方面。可是，在这样做之前，我想要简明扼要地谈论他的一些独特风格，而随着继续阅读他的作品，我对这些东西看得越来越清楚。马克思显然对广泛的经济分析饶有兴趣。与此相比，在涉及劳动价值论、不平等的生产资料所有权、对劳动的普遍剥削、不断下降的利润率等时，马克思对政治组织的审视似乎没有充分展开，令人觉得有点奇怪。很难想到还有什么比从理论上说明“无产阶级专政”这一理念更为令人惊叹的简短文字了，对无产阶级的要求是什么（或应当是什么）也语焉不详，对实际政治安排在这样一种专政下如何运作则惜墨如金。如何从人民偏好的事物与优先事项进而转入实际社会决定及政府行动，都是“社会选择”的重要方面，而在实际上，马克思的著述似乎明显缺乏对这一问题的兴趣。212
由于我对理解社会选择变得越来越有兴趣，马克思明显不愿过多涉足这一领域还是令人略有怅然若失之感。

此外，马克思对民主的论述也有不够充分之处。约翰·肯尼思·加尔布雷思后来让我们明白，如果一个强大的集团对另一个强大的集团行使“抗衡权力”，以使任何潜在的不可抗拒的集团都不能变得太有权势，那么民主的目的就可能妥善达到。加尔布雷思的理念开始出现在我的脑海中，在理解民主实际上可能如何运行方面，起到了对马克思的补益作用。

一些政体声称，它们的威权主义做法是从马克思的思想中获得启示的。当然，由于马克思既不曾设计也不曾推荐具体做法，因此而责难他（他有时会受到责难）是不公平的。但可以肯定的是，他本来有理由意识到，他不愿意谈论在后资本主义社会里权力应该如何分配或行使，就会留下空白，就可能任由一些危险的威权主义想法乘虚而入。反对党政治的建设性作用明显似乎没有引起马克思的注意。

也许不应非难马克思对自由或选择自由关心不足。事实上，他对选择自由很感兴趣。可是，他对政治组织以及防范威权主义的忽视，由于压力集团的作用不明以及政治权力的行使不受制约，可能导致对自由要求的扭曲。缺乏自由一直是一些政体的一个持续性问题，可能从来就绝不是马克思所主张的，但由于他对权力和压力集团默而不言，这种情况就有了生根发芽的有利环境。

千真万确的是，马克思（在其与弗里德里希·恩格斯合写的《德意志意识形态》一书中）对个人自由的著名辩护，囊括了一些重要的理念，而许多作者，实际上是大多数作者，往往忽略了这些理念。他大力称赞将“个人的自由发展和活动的条件置于他们
213 的控制之下”[*]，因而说出了下面一段名言：“我有可能随自己的兴趣今天干这事，明天干那事，上午打猎，下午捕鱼，傍晚从事畜牧，晚饭后从事批判，这样就不会使我老是一个猎人、渔夫、牧人或批判者”。[**][①] 马克思显然认为，傍晚是从事畜牧的极佳时间，而即使人们因此而对马克思有关乡村地区的经验性理解产生一定的怀疑，这段文字也绝妙地表达了个人自由的性质和重要性。他一定更为熟悉“晚饭后从事批判”的自由（他一定经常投身这样的实践）。马克思确实对选择自由的重要性了然于胸，也非常明白它对于人们的生活变得丰富多彩的必要性——这一点几乎毫无疑问。

---

* 参见马克思，恩格斯 . 马克思恩格斯文集：第 1 卷 . 北京：人民出版社，2009: 573。——译者注

** 参见马克思，恩格斯 . 马克思恩格斯文集：第 1 卷 . 北京：人民出版社，2009: 537。——译者注

① 参见卡尔·马克思与弗里德里希·恩格斯合著的《德意志意识形态》（*The German Ideology*, 1932）（New York: International Publishers, 1947），第 22 页。

四

虽然马克思得与包括亚里士多德、亚当·斯密、玛丽·沃斯通克拉夫特及约翰·斯图亚特·穆勒竞争，他还是占有了我在基督教青年会餐后夜晚时间相当不少的一部分。在第二学年，就在我定下心来，要进入政治哲学中的一种平衡状态时（一些理念受到马克思及别的几个与他相去甚远的人的影响），我认定我必须更清楚地铭记那些我喜欢的理念，而马克思已经为之做出了巨大的贡献。他对“非剥削”原则（通过按劳付酬，与他的劳动价值论所建立起来的算账方法相一致）与“按需分配原则”（根据人的需要付酬，而不是根据他们的工作和生产率付酬）的富于启发意义的区分，是激进思想方面一堂动人的课。

马克思在其于1875年出版的最后一本书《哥达纲领批判》(*The Critique of the Gotha Programme*）中，为德国社会民主工党将“所有社会成员的平等权利”视为工人获得“不折不扣的劳动产品”的权利而申斥该党。工党的代表大会预定在哥达镇召开：《哥达纲领》是该党拟定在大会上发表的宣言草案。虽然平等权利与避免剥削完全一致，马克思还是尖锐地指出，这不是看待人民要求和
权利的唯一方式（他甚至把这种权利说成“资产阶级权利”）。他 214
随后考虑了一条与之对立的原则，即每个人借以得到他或她所需要的东西的原则。马克思进而探讨了两个各自有利于两条对抗原则的论点。马克思对工党持强烈批评态度，认为该党显然未能看到这两条原则迥然不同，相互竞争，并阐明它们将导致两种大相径庭的社会组织方法；他还认为，工人运动必须头脑清醒地做出

抉择，认清自己应当优先考虑两条原则中的哪一条以及原因何在。

马克思最终选择了按需分配原则。既然人们确实有重要而且可能不同的需求，那么无视这些差异就会导致不公平。可是，他也注意到，将这一原则与一套充分的激励劳动的措施结合起来可能非常困难。如果一个人的收入与他的工作没有联系，他就可能会失去勤奋工作的动力。所以，在为按需分配原则提供强有力的理由之后，马克思也认为这条原则只是一个长远目标，也就是在未来某个遥远的时间点，当人们不像现在这样需要诸多刺激驱动时才能实行。虽然马克思认为按需分配原则从根本上讲是优越的，但他还是承认在不久的将来是不可能有基于这一原则的制度的。所以，他准备暂时支持德国社会民主党按劳分配的要求，但依然重要的是，要承认按劳分配最终还是不足以保障社会公正的。

从那时起，马克思对按需分配的主张就不曾在公众对话中被人遗忘。它的道德力量确保了它一再在世界各地的辩论中占据重要地位。

按需分配原则作为一项综合政策目标的不可行性意味着必须
215 在短期内放弃这条原则。不过，承认以不那么包罗万象的形式出现的按需分配的重要性，确实在现代世界的政治构想与愿景中获得了公认地位。马克思主义的伦理学曾对此给予显著地位，而我们唯愿推进要缓慢一些。例如，英国于 1948 年采用国家医疗服务体系（NHS），而在我到达那里之前不久，这一体系就已经在英国全面运行。特别是就医疗服务而言，这是一项英勇的开创性的尝试，意在实行按需分配原则的一个重要成分。安奈林·比万在伦敦中央劳动学院当学生时曾研究过马克思的著述。正如这位国家医疗服务体系的创立者和坚定卫士所说，“如果一个病人因为缺钱而无法获得医疗援助，那么任何社会都不能理所当然地说自己是文明的”[①]。此外，欧洲福利国家的整个概念是以忠于按需分配原则为基础的。至于那种忠诚度，则可谓已经达到了极致。

“各尽所能，按需分配”，是一个归在马克思名下的经常重复的口号。如果说这个口号与马克思认为在不远的将来实际可行的原则相左是正确的，那么在第二次世界大战的破坏之后，马克思主义的需求与自由伦理学的某个版本已被列入在欧洲有深刻影响的主要进步与启蒙原则之列，则也是真实的。

另一方面，最近尤其是在 2007—2008 年的金融危机之后，被强加于许多欧洲国家的经济紧缩的尝试造成了灾难性后果。这些尝试都与人们所理解的需要摒弃按需分配原则的急务（常被错误地理论化，而产生这种错误的主要原因在于对凯恩斯的真知灼见的忽视）密切联系在一起，以有利于经济管理的迫切要求，特别是对高水平的公共债务的应对。生活需求与劳动刺激（以及与工作有关的权利）之间的争斗至今依然活跃，与马克思撰写影响深远的《哥达纲领批判》时一样。

我应当再补充几句，就是马克思在区分不同支付原则的背景下，曾对几个常见事实发表意见，而对于这些事实而言，人类的多元身份是重要的。他主张，我们必须从众多不同的视角观照人

① 参见安奈林·比万的力作《提心吊胆》（*In Place of Fear*, London: Heinemann, 1952），第 100 页。

216 类。他对德国社会民主党的批评包括，该党在诠释“所有社会成员的平等权利”时，把人只当作一个从事生产的劳动者，而对于此人的其他方面及其他身份则视而不见。劳动者不可能是任何人的唯一身份。正如马克思所说，《哥达纲领》由于排除一切地专注于劳动者的权利和非剥削，最终把人类“只当做劳动者，再不把他们看做别的什么，把其他一切都撇开了”[*]。马克思于 1848 年在《共产党宣言》中发出著名的召唤——“全世界无产者，联合起来！”在这句召唤中，一个事实并没有消失，也就是说，每个劳动者也是一个拥有许多不同方面的人。

鉴于在当今这个动乱的世界上将单一身份归于人的现象十分突出，“把其他一切都撇开了”（如马克思所说），我们可以从他避免将个人视为单维之人的决心中获得一个至关重要的启示。马克思于 1875 年在一场正在进行的辩论中不过随意而说的一句话，对于强劲左右我们自己这个时代的以身份为依据的冲突，显然还有很大的现实意义。

五

在马克思的思想中，还有一些创新之处吸引了我。一个我觉得既令人兴奋又深深着迷的理念，是他的具有高度原创精神的“客观错觉”概念，以及他对与此相关的“虚假意识”的论述。客观错觉是一种显而易见的实在，一种从一个特别有利的角度来看

---

* 参见马克思，恩格斯 . 马克思恩格斯选集：第 3 卷 . 北京：人民出版社，2012：364。——译者注

可能具有客观真实性的实在，但是这种实在事实上需要得到其他观察的补充，以便让这一实在承受批判性审查，从而在适当检验后断定从最初位置看似真实的东西是否在事实上也是如此。例如，在我们从地球上观察时，太阳和月亮可能看似差不多同样大小，但是若从这样的观察就得出结论说太阳与月亮事实上在物理质量或体积上同样大小，那当然是一个绝大的错误。可是，否认从地球上观察它们确实似乎同样大小，也会是一个错误。马克思对客观错觉（也就是他所谓的“事物的外在形式”）的学术研究，对于 217
理解观察的位置依赖和基于观察的思考所蕴含的认识论含义，是一种开拓性的贡献。

客观错觉理念对于马克思的社会与经济分析是很重要的。我们通过将观察结果与可能没有立即反映在基于特定立场的评估之中的批判性审视结合起来就可以确认的真相，是存在着的。马克思认为，工人与资本家之间由于自由交换而呈现的表面公平合理的关系就是客观错觉的一个例证。他认为，由于工人缺乏讨价还价的实力，因此在现实中是存在经济剥削的。由于市场运行的方式，以及在生产资料占有方面的巨大不平等，工人得不到他们所生产东西的价值。他主张以更好的方式思考公平交换的要求。

市场给人以“等值”公平交换的印象，而在马克思以劳动为基础的计算中出现的东西，与我们在市场上实际观察到的情况相去甚远。可以考虑莫里斯·多布提出的一个例子。他说，如果你原来恰好（也许是在一定的诉讼之后）占有一扇大门，可以允许或禁止从一家工厂的一边到另一边的移动，那么由于开门的“生产率”，你就能够收取巨额的大门使用费。这有可能使这一“生产率”被置于广泛而且可能有破坏性的审视之下。这扇处于关键位置的大门，尽管拒而不用会有显而易见的“边际结果”，但它除了具有潜在的中断生产的能力以外，什么也生产不出来，因而实际上并不是一种生产性资产。它可能造成生产率错觉，但这种错觉会遭到合乎逻辑的论证的摈弃。

除马克思本人使用外，这一客观错觉理念还有许多人在大量应用，因而对我青年时期的思想产生了深刻的影响，尤其是对我理解阶级和性别不平等大有裨益。尽管事实上存在着微妙但强烈而且（在缺乏认真政治讨论的情况下）被人忽视的严重歧视，由于工人和资本家或男人与女人等不同的人往往似乎受到类似待遇，这些不平等现象可能不是昭然若揭。随着我大学时代的推进，我
218 对于旨在增进公平的政治变得越来越有兴趣，并用一些时间来查看客观错觉实例，尤其是工人在一个不平等的社会里因受误导而失于看清他们所受剥削的实质。

六

我们可以从马克思的著作学到很多东西，而他也肯定可以被视为另类经济学的一个强大来源。然而，存在一种从狭隘的公式化角度观照马克思的危险，例如把他看作一个“唯物论者”，在否定理念与信仰的意义的同时，涉嫌从物质条件重要的角度解释世界。这种唯物论的解读常被人们采用，但它却是对马克思的严重误读，因为他强调理念与物质条件的双向关系。看不到马克思所

着力阐明的理念在社会理解中深远的作用，也是可悲的。

大约在我前往剑桥时，一场关于历史解释的辩论名声大噪。我想用这场辩论来说明上述要点。埃里克·霍布斯鲍姆在其于1955年发表于《马克思主义季刊》(*Marxist Quarterly*) 上的一篇才华横溢但不大知名的论文《英国历史学家将走向何方？》(Where Are British Historians Going?) 中，论述了马克思对理念与物质条件之间的双向关系的评价，认为马克思的那些评价为二十世纪提供了非常不同的教训，与他在十九世纪所看到的自己周围的世界的那些教训难以相比。在十九世纪时，知识界专注于强调理念对物质条件的单向影响。这种做法蔚然成风，黑格尔及其追随者就是热衷于这样做的例证。为了回应那种误解，也为了抵制那种随之而来的滥用，马克思在自己实际上介入的那些经验式辩论中对那一关系的表述，倾向于更多集中在影响的相反方向，也就是物质条件对理念的影响。马克思为了纠正自己时代盛行的偏见（强调理念对物质条件的作用，无视物质条件对理念的反作用）而采取的这种重点矫正做法，既不适于我们这个时代，与马克思对双向作用的关注也不相宜。

我们自己这个时代占主导地位的焦点已倾向于发生变化。霍 219
布斯鲍姆（援引刘易斯·纳米尔的具有巨大影响的历史著作）注意到，二十世纪中叶最杰出的历史学派，已经倾向于逐渐接受一种类型的唯物论，认为人类行动是几乎完全由一种简单的物质利益尤其是界限狭隘的私利所驱动的。鉴于这种迥然不同的偏见在许多方面均系黑格尔以及马克思时代其他有影响的思想家的唯心论传统的对立面，霍布斯鲍姆主张，由于平衡的双向观已经逐渐受到严重忽视，现在必须特别强调理念以及它们对物质条件的作用的重要性。于是，二十世纪马克思主义的分析需要有新发展，使之有别于马克思在自己的时代所提供的路向，而又不会背离他对理念与物质条件之间双向关系的判断。

例如，埃德蒙·伯克对华伦·哈斯丁斯在印度的恶行的具有强烈影响的批评（在那些著名的弹劾听证会上），是直接与伯克坚定不移地秉持的正义与公平理念联系在一起的。认识到这一点是至关重要的。可是，一些诸如纳米尔一类的专注私利的唯物论历史学家，在伯克对哈斯丁斯政策的不满之中只能看到他关注东印度公司管理中金融问题的影响。过分强调唯物论，尤其是一种特别狭隘的唯物论，需要从马克思主义的更为宽阔的视角予以认真矫正。正如霍布斯鲍姆所主张的：

> 在前纳米尔时代，马克思主义者将引起人们对政治之物质基础的关注作为自己的主要历史责任之一……然而，由于资产阶级史学家业已接受了一种独特形式的庸俗唯物主义，马克思主义者不得不提醒他们，历史是对人们的物质环境的反映，也是人们为理念而进行的斗争。特雷弗-罗珀先生［著名保守派历史学家］不但错误地认为，英国革命是乡绅财富日趋衰减的反映，同时错误地认为，清教主义就是他们迫在眉睫的破产的反映。[①]

① 参见埃里克·霍布斯鲍姆所著《英国历史学家将走向何方？》，载 *Marxist Quarterly*, 2(1) (January 1955)，第 12 页。

我在加尔各答学习时，对伯克在华伦·哈斯丁斯弹劾听证会上表述的那些理念产生了浓厚的兴趣，而我关注的是，在纳米尔 220
等对那场弹劾看似“精明”的历史解读中，伯克的道德好像只起了很小的作用。我那时觉得，伯克赞扬罗伯特·克莱武（依我的判断，与哈斯丁斯相比，此人要恶劣得多，更称得上是一名帝国主义者）而抨击哈斯丁斯，是头脑糊涂的表现。但是，伯克在英国统治的早期对印度臣民怀着博大的同情之心，我为之而深受感动，觉得难以简单地把他雄辩的反帝国批评视为他的金融私利的一种反映。当我在剑桥读到霍布斯鲍姆关于纳米尔和伯克的著述时，我有了一种豁然开朗之感。

七

先后在加尔各答和剑桥学习主流经济学时，我们受到强烈鼓励，认为人人都把私利放在第一位，而别的任何价值观都不会对我们的关注点和决定产生影响。这对我而言，似乎是粗鄙的，也是错误的。马克思是否也持这样的看法，因而吸收了一种遭到扭曲的主流经济学理论，而不对这样一种有高度限制作用的有关人类行为的假设提出质疑？

慢慢在我心中扎根的总的教训是，充分关注马克思关于人类行为的气度恢宏的学说是十分重要的。必须避免通过简单的公式，尤其是在与唯物论的重点（特别是以普遍的私利当先假设为形式）相联系的情况下，将他的理念狭隘化的做法。由于马克思曾经广泛谈论过不同类型的动机（例如在《德意志意识形态》中），激动人心地写到合作价值观会随着时间的推移而出现（例如在《哥达纲领批判》中），这样一种狭隘化应当难以持久存在下去。霍布斯鲍姆对马克思的评论也已澄清了这一问题。

就在我从剑桥毕业前后，霍布斯鲍姆的论文问世。我在到剑桥之前就已经知道他的几部早期著作，所以当我到达那里时就想要拜见他。令人欣慰的是，这一愿望到头来并不过分难以实现，因为霍布斯鲍姆作为国王学院的一名年轻研究员，是非常平易近人的。我于是找到我在国王学院的朋友普拉拉德·巴苏，才得以
221 受邀去与霍布斯鲍姆喝茶（与摩根·福斯特一道，从而为这一场合大大增添了光彩）。我至今记得那些早期在剑桥的会晤有多么令人兴奋，而在那时，我对马克思主义的学识范围之广印象非常深刻，但还没有萌动成为一名马克思主义者的心思。对我而言，还有其他太多的理念来源，而它们却并不完全与马克思主义的信条协调一致。然而，在二十世纪五十年代，不少人热衷于对文学、经济学和历史推出诸多分析，但大都不过是些千部一腔及随声附和之作。这在我看来似乎是一个伟大的曾经具有非常强创造性的马克思主义传统的衰退，我也总是为之感到忧虑不安。霍布斯鲍姆尽管是一个十分强悍的马克思主义者，却远离这种学识上的怠惰，这与剑桥的其他激励人心的人物如莫里斯·多布和皮耶罗·斯拉法的做法一模一样。后来，霍布斯鲍姆成为我的一个密友。我很乐于努力学习反映在他的思想与著作中的丰富的马克思主义传统，同时摒弃机械的实践者所维护的那些公式化学问。

八

最近，一个优秀的历史学家加雷思·斯特德曼·琼斯写了一部妙不可言的对马克思进行再思考的著作《卡尔·马克思：伟大与幻想》。从十九世纪末到整个二十世纪，出现了对马克思的曲解，从而导致把马克思视为一个一贯正确的思想领袖和一个不容置疑的政治导师。他着重阐明了造成这一现象的一些原因。琼斯这样说道：

> 这位已经出现的人物，是一个冷峻的蓄着胡须的教主和法典制定者，一个对未来拥有权威洞见的始终如一的思想家。这就是二十世纪所大大错解的马克思。[①]

相形之下，琼斯的书的宗旨，在于把马克思“重新置于他十九世纪所处的环境之中，也就是把他置于别人在他身后对他的品格和成就进行所有这些精心构建之前”。

为了理解和诠释马克思的著述，我们实际上确实必须从他所处的环境来看他，就像琼斯所做的那样，而且他的做法非常富于启示意义。他论述了所有那些限制马克思对评议、辩论和政治参与做出
选择的不测事件，其中还有愤怒和欢欣鼓舞（我可以为之增添这样 222
两个因素）。然而，我们对此还必须增添上受霍布斯鲍姆启示而感悟的一个要点，也就是从另一角度强调并推动对马克思的理解，而

① 参见加雷思·斯特德曼·琼斯所著《卡尔·马克思：伟大与幻想》（*Karl Marx: Greatness and Illusion*, London: Allen Lane, 2016），第5页。

这一要点与琼斯的观点可谓相辅相成。我们也必须认识到，马克思的那些在其他时代尤其是在我们的二十和二十一世纪世界具有重大意义的理念，如果从马克思自己在其十九世纪总的论题中的应用来观照，是无法充分理解的。如果我们出于某些目的而需要弄清背景，那么在环境变迁之后，我们也需要抛开背景，或者需要进行背景转换。为了在与马克思自己所处时代大不相同的背景下理解马克思主义分析的范围与力度，我们需要适当发挥灵活性。

正如霍布斯鲍姆所论证的，理念在改变物质条件方面的巨大力量，是一个完完全全的马克思主义主题，却不是一个马克思本人给予足够关注的主题；倘若他置身事外，不曾参与针对自己时代那些相反理念的战斗，他原本可以做到这一点。实际上，我认为，在我们今天的世界上，要充分理解马克思的一些在应用中最富于成果的理念，例如条理清楚的描述范围、客观错觉的意义、分配目标的多元性、理念与物质条件的双重作用等，就必须利用他的总体思考，有时甚至需要利用他那些一带而过的评论，也就是他公开发表的那些言论，而他只是非常简短地说明了那些意见，往往不再继续深入探讨它们。

为了最大限度地获益于马克思，我们必须大大超越反映在他自己著述中的那些需要优先考虑的问题，而我当时正在对此变得越来越坚信不疑。我们在学院街咖啡馆的许多争论旨在检验这门博大的哲学。我们自己的再诠释并不总是成功的，但我们确实尝试了一下，看我们究竟能走多远。在那个痴迷马克思的世界里，那是我们每天喝咖啡时必不可少的功课。

第十四章
一场早期的战斗

一

疑病症与我成为朋友已经很长时间了，可我一直不知道这种 223
友谊有朝一日会救我一命。就在我十八岁生日时，我注意到自己口腔中有一个平滑的肿块，在硬腭上，约莫半个豌豆大小。肿块不痛，也没有给我造成任何麻烦，但它与我以前见过的任何东西都大不相同。我担忧起来。

那是 1951 年 11 月。我在那时已经在加尔各答基督教青年会招待所的宿舍很好地安顿下来，所以我就去看负责照护我们住在宿舍的所有人员的医生。医生并不觉得这个肿块是个问题，说它会自行消失，让我不必担心云云。他的漫不经心让我深感忧虑，因为他并没有向我说明这个肿块可能是什么，以及是什么原因引起这个肿块的。我要求他给我一个合理的解释。他回答说："我们医生通常不明白神给我们创造的这个世界的细微特征，但我们并不会对它们感到惊慌失措！"他的这番话加深了我的担忧。我回忆自己长期以来的理性伴侣，也就是古老的顺世论唯物主义哲学，想到了它的一个中心命题，就是"物质事件有物质原因，不要寻找它们之外的任何世界"。我没有可以忽视这条公元前六世纪箴言的任何理由。

圣诞节假期过后，我于 1952 年 1 月返回宿舍时，肿块依然存在，而且事实上似乎还长大了一点。我决心全力以赴，追查问题的来龙去脉。“长大”这个词一直萦回在我的脑际，我于是利用大学图书馆查阅了几本有关癌症的普及性图书，以让自己的心灵平
224 静下来。这样做事实上适得其反，而在我的这些读物的引导之下，我开始想到一个叫作“恶性肿瘤”（carcinoma）的怪物。我想要追根溯源，而由于我还负担不起昂贵的医疗服务费（在德里的父母对这一切仍然一无所知），我于是去了加尔各答最大的公立医院卡迈克尔医院（Carmichael Hospital）门诊部。（该医院后来被并入 R. G. 卡尔医学院与医院这一庞大的综合体。）这家医院因为拥有优异的内科医生和外科医生以及善待贫困患者而享有盛誉。

我排队站了数小时。轮到我就诊时，医生给我留下了深刻印象。他温和地冲我微笑，我告诉他，我的硬腭上长有一个肿块，我认为可能是癌症。他听了依然笑容满面，非常友好，立即开始顺着我的意思说话，显然想驳回一个经济学本科生的自我医疗诊断。他说：“是呀，是呀，我明白，你认为你得了癌症！那么，我最好非常仔细地检查一番，可是在检查之前，请告诉我，你的心里是不是还怀疑自己有别的什么严重疾病？”

我果断地回答说：“没有，就是癌症。”于是，他用一盏明灯聚光于我的口腔上颚，对我进行检查。他几乎什么也没有说，直到我问他：“您要给我做活检吗？”他说：“不做，活检没有意义。没有什么大不了的。只是略微肿起来一点，肯定会消失。如果你想要加快疗程，你可以用一种抗菌剂漱口，也许你可以用滴露（Dettol）消毒液含漱。”

他略微停顿了一下后说道：“可是，我还有一个更好的主意。如果你能在附近逗留到下午晚些时候，我做完几个预定的小手术后，可以在局部麻醉的情况下帮你切除肿块。肿块不见了，你的恐惧和慌张也会一扫而光。”我所读过的那么一点有关癌症的书给我的教育足以使我认为，让一个甚至并不认为自己在处理一个可能的癌症病例的人草草切除肿块，是一个异常糟糕的主意。于是，我对他表示感谢并离去，随后返回宿舍，情绪黯然，心神不宁。我可能得了癌症而且还未能得到确诊的想法，开始让我难以专心学习，甚至让我难以在咖啡馆里与人轻松交谈。

我确实想知道，我是否一时犯傻。我已经请两位完全合格的 225
医生看过令我忧心的病灶，而他们竟然都没有发现任何一点可疑之处。我当然知道，自己有一种不可救药的倾向，那就是爱怀疑自己得了这种或那种严重的疾病，而这也是我的朋友们拿我开心的一个根由。我记得，有一个小插曲给我贴上了“不可思议的忧心者”的标签，而这是我们在圣谛尼克坦的校医说的（他的话在孟加拉语里听起来还不错，但也不是赞许之词）。这句评语说得理直气壮，是由一件足以表明我处于最糟糕状况的事情激起的。有一天，由于一些与肚子有关的症状，我认定自己可能得了霍乱，处于早期。至于那些症状，我现在不想再描述，而处于困境的英国帝国主义者过去就称之为“德里肚”（Delhi belly）。校医安抚我说，我没有得霍乱，随后他进而发表了一通非常有趣的意见。他说，他在行医中已经注意到，霍乱患者通常多半非常乐观，而我如此惊慌失措这一事实足以进一步证明我没有得霍乱。

我觉得，这位医生的意见令人极为快慰。我不再惶惶不可终日，而是变得乐观起来。当然，就在此时，一场新的恐慌袭来，因为按照这位医生的标准，我的乐观主义肯定是一个标志，说明我得了霍乱，而不大可能没有感染是疾。当我把自己的想法告诉我的医生时，他被激怒了，说道："阿马蒂亚，我们显然不能给你打保票，但你必须克制自己的这种忧心忡忡的性格倾向！"多年之后，当我在加尔各答回想起他的忠告时，疑病症已经让我变得更加坚定不移。我告诉自己，无论可能性有多小，我都有一定理由认为自己可能得了严重的口腔疾病。即使只是为了驱除这种压在心头上的殷忧，我也得穷根究底。

二

我在基督教青年会有一个颇为聪明而且亲密的舍友，他将被训练成为加尔各答医学院的一名医生。（我现在因为无法回忆起他的名字而感到悲伤，但这是六十八年前的事了。）我开始与他交谈良久，在说明我的困境之后，问他是否愿意看一下我的口腔肿块。他在细看我的上颚之后说道："我还没有完成学业，但在我看来，
226 这个肿块似乎确实就是癌瘤的样子。"他是我遇到的第一个回应我的担忧的人。翌日上午，他前往医学院图书馆，给我带回了两本关于癌症的书籍。

我在晚间拿着两大本书躺到床上。在一阵紧张阅读之后，已经快到午夜。我觉得自己已经绝对相信，只是根据形态学上的迹象就可以断定，我确实得了以肿块形式出现的鳞状细胞癌。我告

诉自己，我现在得毫不迟疑地见一个癌症专家。可是，找谁呢？母亲有一个堂弟，是阿米亚·森博士，也就是阿米亚舅舅（我这么称呼他），是加尔各答的一个优秀医生，也是一个著名的外科大夫。他住在城市南端的巴利贡盖地区，在给他打电话说我要去听取他的意见后，我踏上了一辆从城市北端开往他家附近的双层公共汽车。我记得，自己一边从公共汽车上层观看着外面阳光灿烂的加尔各答，一边在想：在一个妙不可言的熠熠生辉的日子，我对一个等待着我的非常黑暗的世界的畏惧，可能就会被证实，那真是太糟糕了。

阿米亚舅舅十分认真地对待我的肿块，说可能需要活检，但可能还有癌症之外的其他可能性，所以他要我先试一下局部使用抗菌剂。我想他给我的抗菌剂是 mercurochrome，也就是红药水。我在用药时总会从口腔深处漏出一点来，而且会把我的嘴唇染红一两处。这让我在同班同学中有了个名声，就是我一定在不断亲吻那些涂了浓重口红的姑娘们。一个朋友说："要我说，至少亲吻了一个姑娘。"他解释说，他也是反对政治极端主义的。

这种红色药液对我毫无作用，所以根据阿米亚舅舅的建议，我到加尔各答新开张的癌症医院也就是奇塔兰詹癌症医院挂号，约定在一个白天做手术，在局部麻醉的情况下做活检。可是，此时已是 5 月初，加尔各答在开始变热，夏天就要来了。阿米亚舅舅亲自切取了肿块，用透热疗法烧灼肿块基底，将肿块送实验室进行检验。他将在两天后前往伦敦参加会议，随后还会应约在英格兰工作数月。所以到诊断结果出来时，就很难联系上他了，数度尝试之后，我还是放弃了。

就在这一切都在进行之中而我在等待活检结果时，父母从德里搬到了加尔各答。我此前什么也没有告诉他们，而他们的移居
227 只是一次巧合。原来我父亲有了一份新工作，成了西孟加拉公共事业委员会的一名成员，其职责是面试政府工作申请人并遴选公职人员。他喜欢这份工作，父母都喜欢加尔各答，妹妹曼珠也喜欢加尔各答，于是跟他们一同到来，而我则快意于从宿舍搬到我们的新家。一切都令人颇为高兴，只是我担心会延迟收到活检结果的日期。我于是告知父母迄今为止所发生的一切，而且尽可能表现出一副无所畏惧的豪气来。他们刻不容缓，马上就要联系阿米亚舅舅，可他还在英格兰，一时半会儿难以找到。

医院告诉我，将把活检结果邮寄给我，但如果有紧急情况需要告知，他们会给我打电话。邮件和电话都没有来。我显然必须到医院去拿结果。可是，奇塔兰詹医院很难通融，因为他们并不愿意将结果直接交给患者，尤其是年轻患者。在家人对此事进行一定商量之后，父亲的堂弟阿肖克·森（我叫他奇尼叔叔）前往医院为我取回了有关报告。

父母在我之前先看到报告。在我下课回来后，家里已是一片哀戚的气氛。母亲显然在哭泣（尽管她在竭力掩饰这一点）；父亲化身为一尊忧郁的雕像；妹妹曼珠看起来一脸愁云惨雾；奇尼叔叔坐在那里，面色非常阴沉。父亲告诉我："活检结果取回来了。我很难过可又不得不说，这是鳞状细胞癌。"我当然感到极为沮丧，但也有点得意扬扬。我告诉他们："我知道。我是第一个诊断

出此病来的。”我在说话时带着一定的科学自豪感。

我感到极为沮丧。我们非常安静地吃晚餐，父亲说他翌日上午在癌症医院有一个门诊预约，但他将从办公室直接到那里去，我不必而且实际上也不应当陪他，以便医生们能够随意告诉他一些不想让我知道的事情。

由于床的四周都是书架，我的卧室看起来更像是一个书房。那天夜里我躺到床上后，我的困境和我第一个诊断出肿块这一事实在我的脑海里多次翻腾。我记得，我当时就认为，我实际上是两个人。一个是病人，刚刚得到一个糟糕透顶的消息；但我也是为患者负责的代理人，通过读书、坚持做活检而精心诊断出患者病情，而且获得了结果，若是有点运气，就可能会使患者幸存下 228
来。我一定不能让我身上的这个代理人离去，不能，而且绝对不能让患者完全接管一切。这当然不是慰藉。对于一个癌症患者而言，什么都不可能带来慰藉，不过就是一个让人增添些活力的想法罢了。我告诉自己，我需要那份活力，以便在未来的数月间进行战斗。我当时并不知道，这场战斗到头来竟然持续了数十年。代理人告诉患者，第一个任务就是要弄清最好的治疗方法是什么，以及这个患者还有什么样的机会。

当我最终入睡时，天已破晓。一个挨门挨户推销的贫穷小贩已经在十分大声地吆喝，想卖掉什么东西，我认为可能是种在自家花园的蔬菜。尽管处于人生的逆境，他还是不屈不挠。他洪亮的声音和他的生存战斗激励了我，让我也有了一种刚毅决绝的意识。大约就在新的一天开始之际，还是出现了令人快慰的东西，那就是灿烂的阳光。我需要睡眠，可是我真的不想要长眠。

三

1952 年 5 月 14 日的活检报告上写着“鳞状细胞癌二级”。我在那时对癌症已有所了解，足以知道二级不是一个好数值。一级癌症有癌细胞，但还是十分接近非癌细胞；正如实验室所说，它们是“高分化”细胞，颇像我们的正常细胞。三级和四级是非常低分化的，被普遍认为是有活力的和糟糕的。我得的癌症是“中分化”的，也就是一个处于中间状态的病例。这并不意味着必然死亡，但肯定有令人担心和着急的道理。这就是奇塔兰詹癌症医院跟我父亲说的。他们认为，我应当尽快接受放射疗法。

我与父亲一道前往医院，见到了医院院长苏波德·米特拉博士。米特拉博士懂一般癌症，但对口腔癌却没有特别专门的知识。
229 事实上，他是个一流的妇科学家，在阴道手术方面做了一定的创新性工作（不太符合我的需要）。他在当时因为“米特拉手术”（照实说，就是扩大根治性阴式子宫切除术）而声名鹊起，有数篇有关论文刊登在医学期刊上。甚至正值我在他的医院治疗期间，他还为此而在维也纳得过一个什么奖。

我问米特拉博士谁是医院里的口腔癌专家，但未能得到十分令人满意的回答，因为尽管他提到了一串名人，却没有指明任何特定的专门知识。米特拉博士还跟我说，放射科专家将为我服务，用不着担心。对于如何评估这一切，父亲有点举棋不定，可是他却因我的疾病的诊断而六神无主，并想要以最快速度采取行动。

父亲在正常情况下是个非常罕言寡语的人，现在见他说话有点过多，我也感到吃惊。他甚至在医生们聚在一起交谈医学问题时抢话（一定是在一次“肿瘤会诊”时），因而错过了听取人家本来可能发表的对他的那些明智问题的答复意见。

我对口腔癌文献的阅读使我确信，我得准备接受手术以及随后的放疗。可是，当时开的处方仅是大剂量放疗。我对此有些担忧，而更担忧的是奇塔兰詹癌症医院很新，只是在 1950 年 1 月才建立起来的，距离我去那里就医也就只有两年时间。其中一个医生告诉我，这家医院是由两项诺贝尔奖（物理学奖和化学奖）得主玛丽·居里为之主持开业典礼的。可是，这一说法并不能让我大大放下心来。这在一定程度上是因为，名头并不能转化成高超的医疗技术，而且还因为，我知道玛丽·居里已在 1934 年去世(死因为再生障碍性贫血，一种因她在工作中接触核材料而引起的白血病)，因此不可能在 1950 年再到加尔各答开一家医院或在实际上做别的任何事情。

一点进一步的研究揭示，是玛丽·居里的女儿伊雷娜·约里奥 - 居里前来开办的奇塔兰詹医院，而她本人也是个诺贝尔化学奖得主。了解到这一情况后，我心怀感激，可是我的问题依旧存在：谁会为我的治疗提供专门指导？只要用排除法就能发现，答案是显而易见的，就是放射科住院医师本人。由于反复坚持，我被安排了两次与他见面的机会。他看起来非常精明，而且由于留着一
头略带淡红色的头发而显得有点不同凡响。在孟加拉人中，这种 230
头发非常罕见。我感到惭愧的是，虽然他在我的人生中极为重要，

足以让我永久铭记他的名字，但我如今确实把他的名字忘得一干二净了。

这位放射科医师十分令人信服。口腔癌难以根除，我的病虽然是二级，但也好不到哪里去。在我强行追问治愈统计数字时，他并不愿意提供答案，可是我最终获悉，鉴于我的病况，他们倾向于预期，我的五年生存率约为百分之十五。尽管这位放射科医师宽慰我说，每个癌症病例都不相同，而且他确信我会远远突破这些数字（他没有具体说明之所以如此的理由），可这种情况肯定还是令人非常沮丧的。他信誓旦旦地说，他们计划给我实施的猛峻疗法肯定会奏效。

为什么不手术？这位放射科医师说了一番话，意思是手术有导致病灶扩大的可能性，而且还会导致我放疗时间的延迟（他强调，速度是非常重要的）。他向我担保，大多数类型的口腔癌对于大剂量放疗的反应是很好的。如果我这种类型不是那种反应好的类型，该怎么办？对于我的这个问题，我没有得到我认为合情合理的解答，可他不知什么原因还是认为我的类型是那种会有好反应的类型。医院刚好获得了一个镭模，他们即将把它投入使用，是装在一个铅盒里的，不会对口腔内其他组织造成影响。我那时用了大量时间才得到一个制成的铅模，其深处是一个安放放射性材料的小室。

我获悉，我得接受大量放疗——8 000 拉德。我知道，这个剂量是异常高的。我问他：“我为什么需要这么大的剂量？”他回答说：“你明白，我不能重复使用这一疗法，所以我不得不尽可能狠狠打击这个病灶，也要看你能承受到多大程度。我在寻找消灭这个癌症所需的最低剂量，而这个剂量也是在你能承受的最大限度之内的。”我跟他神聊了一番我所熟悉的数学中的其他极小极大问题（minimax problem，又译极小化极大问题），然后怀着深重的忧虑回到家里，不过我还存留着几分刚毅之气。我后来了解到，我接受的那种放疗来自镭，是玛丽·居里本人发现的一种元素（她还同时发现了另一种叫作钋的元素，是因为她原籍波兰而如此命名的），不能穿透到很深的部位，而且很快就会被淘汰，因为穿透
幅度更深的 X 射线疗法已经被开发出来。我那时并不知道，医用 231
直线加速器能产生穿透力更强的放射线，而且有更好的靶向性，其研发工作始于二十世纪五十年代初，也就是我在接受美好而古老的镭疗之时。

在为期七天的时间内，我将以一种老式的放射方式，获得足以杀灭此病灶而不会夺我性命的剂量。对我的治疗是这家医院一项新冒险的组成部分：我是接受他们用新获得的镭模进行高剂量放疗的最早的病例之一。我获悉，他们对此全都非常兴奋。当然，我也非常兴奋。

四

6 月 26 日，在季风突袭加尔各答之际，我入住了奇塔兰詹癌症医院。这家医院坐落在一条非常繁忙的街道上，也就是 S. P. 穆克吉路，靠近与另一条交通繁忙的街道也就是哈兹拉路形成的街角。医院街道对面只有一小片开阔的空地，儿童们在那里踢足球，

场地太小，不适合开展这项运动，而且他们的球也太软，并非真正的足球。父母前来送我入住，还有几个朋友与许多家庭成员前来看我。父亲的姐姐也就是我的姑妈，送给我一件银器，上面有一个朱红色的标志，我听说这个宝贝会让我逢凶化吉。

更加令人黯然销魂的是，一个来自达卡的十分虚弱的癌症患者也在那天傍晚到来，准备进行“最后一搏”，而他事实上在翌日我开始治疗前即已去世。第一天上午，我在病房附近四处走动，看到了大量年轻人，其中一些还是小孩子，在遭受各种各样的癌症造成的痛苦。我当时想，我时年十八岁，相对而言已经长大成人了。

放疗是一种令人筋疲力尽的体验，倒不是因为它让人感觉疼痛（一点痛感也没有），而是因为人得被禁锢在一把摇摇晃晃的金属椅上，把铅盒内的镭模安放在口腔中，一连七天，天天如此，令人极端厌烦。我得让它紧紧抵住我的硬腭，随后就得静坐五小时，天天雷打不动。略远处有一扇窗户。我透过这扇窗户可以看见一个沉闷的住宅区，有许多垃圾箱，还有一株孤零零的树，上
232 面的叶子已经所剩无几。我非常感激那株树，而且记得坎迦尔舅舅曾经告诉我，当英国统治者将他这个被“预防性拘禁”起来的人，从一座没有窗户的监狱转入另一座有窗户而且外面还有一株树的监狱时，他不禁感到心花怒放。

由于畏惧接受放疗时每天一气在一把椅子上僵坐五小时而产生的厌烦情绪，我就带了一些书。它们不是经济学书籍，而主要是萧伯纳的故事和戏剧，是那些我还没有读过的作品，当然也

有一些未曾寓目的莎士比亚剧作。我再次阅读《科利奥拉努斯》（*Coriolanus*，又译《科利奥兰纳斯》）：我觉得，我需要那种刚毅气度，也就是那种不管不顾的精神；我不知道，在没有他那种盛气凌人的态度和他那种横行无忌的优越感的情况下，我是否能获得这样的品格。就像莎士比亚的所有剧本一样，潜在的紧张情绪反复在我的心灵中流转。我还读了埃里克·霍布斯鲍姆的几部早期著作，又从地方左翼人士那里获得了一些材料，是关于一种新历史期刊《过去与现在》（*Past & Present*）的计划的，而此刊那时在英格兰正处于创刊阶段。

在放疗的第一天，我慈祥的姑妈以她自己明白的方式祈求神明的恩典。我记得，自己也曾希望她知道如何带来好运，这个我肯定需要。我还记得自己读了萧伯纳的一部短篇小说，是关于一个被从伦敦派往乡下调查一个案件的新闻记者的困境的。在一个偏僻的村庄里，虔诚的人们声称，在他们将一个罪孽深重的酒鬼葬入河畔的一处教堂墓地之后，教堂在夜间不翼而飞，移到了河的对岸，不再愿意陪伴那个罪人。在萧伯纳的故事中，这个报社记者可能是《泰晤士报》的，被派到那里写一篇关于愚昧的村民固守心中迷信的报道。然而，记者遇到了一个问题：他发现村民是对的，那座教堂确实渡河到了对岸。

所以，他就把这个事件写成文章交给编辑部。编辑部迅即告诉他，派他到那里为的是报道那里的村民多么缺乏理性，而不是让他证实他们的那些疯狂信念的：倘若他本人在中了迷信的魔咒后回来，就别指望再干自己的老本行了。面对丢掉工作的确切前

景，记者做了他唯一能做的明智的事情。他于午夜在教堂旧址
233 （教堂就是从这里飞渡过河的）挖出酒鬼的棺材，把它运送到河对岸的教堂新址。酒鬼刚被重新葬入新近选址的墓地，教堂即刻拔地而起，迁回河对岸原址。记者于是致函编辑部，雄辩地证实教堂仍在旧址，以斩钉截铁的语词谴责村民的迷信。我畅想着，在我目前的处境下，要是能有这样一个小小的违反科学的奇迹，倒会让我喜不自禁。

7 月初，在长达七天的磨难终结后，我起身回到家中。没有立即出现对放疗的反应。我用一面镜子窥探口腔上颚，发现被切除的肿瘤的基底看起来依然如故，纹丝未动。可是，几天后，一团真正的炼狱烈火开始在我的口腔里燃烧。整个区域都肿胀起来，变得有些像一堆烂糊状物，我不能吃任何东西，不能碰我的面部，也不再认识镜中的自己，一说话或一笑，就会有血从我遭到创伤的口腔中流出，而母亲一直在为此而哭泣。感到剧痛（医生曾对此提过警告，不过也许话不到位），但最厉害的还是一种奇特的不舒适感，太不寻常，无论预先得到什么警告都无法预料到。

我读过许多关于广岛和长崎的报道。它们仅仅在距今七年前被炸，而我突然可以把自己视为那些受到相似攻击的人口之一。我也突然对日本遇难者有了比此前更多的同病相怜之感。我不禁想到，这必定就是我的末日，而那位放射科医师一定算错了放疗的最大耐量。他后来告诉我，在预测放疗反应时确实有个问题。他曾经预期在这一疗程中会有非常糟糕的情况发生，但完全没有预期反应会达到那种程度。放疗通过大力破坏幼嫩组织而杀灭癌

细胞，而癌细胞在人体内就是新生的。然而，由于我本身就十分年轻，所以我的所有细胞都是比较幼嫩的，因而出现了出乎预料的过度反应。我明白，发生在我口腔里的骇人事件，可能在一定程度上有助于拓宽新成立的奇塔兰詹癌症医院对年轻患者放疗的医学理解。然而，在我痛苦地一点一点地喝着母亲为我准备的流食之时，我还不能说，在我心里翻腾最多的就是那个高尚的想法。我只能把流食放进嘴里。

在两周的时间过去后，看到做了活检的肿瘤残余部分已经完 234
全消失，医生们欢欣鼓舞。我也感到愉快，只是我还无法确知，别的什么东西是否也可能遭到严重破坏，被从我的身体内荡涤出去。父母和妹妹异常同情我，竭尽所能助我对事情“很快”就会理顺保持乐观心态。我的口腔确实在开始逐渐复原。非常糟糕的两个月过后，我看起来就很像我入住奇塔兰詹医院前那个样子了。在我敢于走出屋门并坐在草坪上的第一天，物理学家玻色前来看我。他坐在草坪上一把相邻的椅子上，与我促膝谈心；话题很多，包括他如何进入物理研究领域。（他欢欣鼓舞地说：“你本来不应该放弃物理。”）他补充说，逆境有时会使人更加坚决地继续自己的工作。

被迫离开大学生活的日子，使我有时间多想自己的工作取向，以及倘若能够幸存下来，我在将来应当做什么。我也有足够的时间来思考我的规划和希望以及努力方向，我要争取为解决印度的文盲和贫困问题而做些事情。我变得越来越急于回到管区学院，回到朋友们身边。我已经耽误了许多课程，但在这一时期，始终有朋友给我带来有关课业进展情况的报告，甚至给我带来所误课程的笔记。萨米尔哥几乎天天都特地前来看我，给我讲述发生的事情。学院里有传闻说，我已生命垂危，而当我能够重新出现并否定有关猜测时，我和密友们都感到特别开心。

五

我在 9 月间返回学院街。这是一次令人非常喜悦的回归。我的生活又恢复如初。与同班同学闲谈以及激烈争论政治问题的快乐得以重现。女生们似乎还像我离开时那样聪慧和妩媚，而咖啡馆也还像以前那样使人充满活力。诗社为我举办了热烈的欢迎会，
235 乔蒂莫伊送给我几本罕见的诗集，里面都是些令人心旷神怡的诗篇。

不久之后，我与友人帕塔·古普塔一道前往距加尔各答 120 英里的巴哈兰布尔去参加一届全孟辩论赛。他是一个才华横溢的学者，正在被训练成为一名历史学家，是个妙不可言之人。我们在那里取得了一定程度的成功。我特别愉快，因为在火车上帕塔与我又恢复了我们先前的政治讨论。在别的严肃话题中，我们谈到了苏联内部的一些事件。这是当时左翼人士的一个有争议的话题，而我和帕塔都是左翼人士。帕塔说，美国记者约翰·根室曾在其所著《欧洲内幕》一书中报道过苏联的一些内情。[①] 我告诉帕塔，如果他相信根室的报道，那么他就会相信一切。

① 参见美国记者约翰·根室所著《欧洲内幕》（*Inside Europe*, London: Hamish Hamilton, 1936）。

帕塔并不需要太多劝导。像我一样，他非常关注斯大林主义（我们那时还没有使用这个术语）此时是否在忘却共产主义最初宣示过的自由承诺。在结束化疗返回后，我的学院生活中的政治讨论变得特别丰富，我还弥补了一些缺漏的东西。

随着我在化疗后的康复中取得进步，还有另外一种我不能不参加的主要与我个人有关的辩论。我理所当然地在加尔各答的学术界变得众所周知，而我的治疗成了一些群体议论纷纷的话题。传闻不胫而走，说我被误诊，因而也就随之受到错误治疗。还有一条谣言说，奇塔兰詹癌症医院当局催促我父亲勉强同意付费（不过，这是一家公立医院）为我进行放疗，借机为这家医疗机构弄一点钱，也为了使他们新近获得的镭模派上用场，而那玩意儿一直就在等着一个冤大头上钩呢。谣言进而说：我根本没病，无须治疗，尤其不需要重度放疗这么危害性极大的疗法，结果我几乎被这家医院害了性命。

在所有这些传言中，除接受放疗的决定当然肯定是在仓促之间做出的之外，没有一句是真实的。在决策期间，我们自己在加
尔各答的家庭医生（卡马克亚·穆克吉博士）外出。他对于所做 236
决定感到非常不快，因而在他的报告中写道："森先生的父母 [看到活检报告之后] 变得非常焦急，未经征求第二方专家意见，未经第二次活检验证，即于 1952 年 6 月仓促接受镭疗。"这本来确实可以是一个需要征求第二方意见并进行第二次活检的病例，可是，病情需要紧急处置，而鉴于诊断结果导致难以做出决定，刻不容缓也是有充分理由的。我觉得，质疑我们已经做过的事情根本没

有道理。我认为，我的父母采取了明智的行动，医院也尽到了自己最大的努力，生气勃勃的放射科医师出手相助，通过广泛阅读弥补了自身经验的欠缺。此外，我明白，在放疗结束后重提已经发生的事情已经没有意义。实际上，即使到头来证明我由于一个医学错误而白白经受了放疗的煎熬，那也只会大大增加我的痛苦感，而不会让我更为强烈地感到，我实际上是为了一个很好的理由而经历了所有那些苦难。

六

在我接受放疗约十二年后，在加尔各答的另一家医院接受治疗后，伟大的科学家 J. B. S. 霍尔丹死于直肠癌。霍尔丹于二十世纪六十年代初成为一名印度公民并与妻子海伦·斯普尔韦生活在布巴内斯瓦尔。我们是在我癌症治愈后与他患癌症前之间那个时期相遇的，而我因为逐渐对他有了一点了解而兴奋不已：他的著述对我产生了很大影响，而我在学生时代就知道了那些作品。在他患病时，我正在德里执教，未能设法前去看他，因而抱憾至今。

霍尔丹在加尔各答躺在医院的病床上时写了一首关于癌症的诗，发表在 1964 年 2 月 21 日的《新政治家》(*New Statesman*）上。我想，这首妙不可言的诗，是他写来提振自己的情绪的，没有盲目的正面信念，却带有批评性的推理，而我们总是抱有这样的期许。他以对癌症广泛发病的关注开始：

237 癌症是个奇怪的东西，

但愿我有荷马的诗才，
能引吭高歌直肠癌，
事实上，斯疾夺去了许多小伙的命，
人数多过特洛伊破城时涂炭的生灵。
…………
我知道，癌症时刻都在杀人，
轿车和安眠药也有同样功能；
癌症能让人疼得直冒冷汗，
坏牙和债务也能使人痛苦不堪。
我相信，只要有一点笑声，
就往往能加快治愈人的病症；
所以，让我们患者也做一点贡献，
来帮助外科医生使我们恢复康健。

霍尔丹可能高估了积极态度的医用价值，而对于心态究竟能起多大作用，统计数据也大相径庭，莫衷一是。可是，我虽然在1952年尚未读到这首诗（那时还没有被写出来），我事实上依从了霍尔丹本来就会提出的努力保持愉悦的忠告。这种心态对治疗结局也许没有任何作用，可我还是认为，如果没有刻意寻求快乐，我不可能轻易经受近乎致死剂量的放疗的酷烈考验。尽管身处逆境，必须"做一点贡献"的想法肯定还是对我努力要过的生活产生了影响。

无论霍尔丹期许正面心态有助于实际治愈是否正确，这样做肯定使治疗经历及其余殃在一定程度上变得可以承受，而悲观主义则于事无补。这也许并不像某些人所认为的那样微不足道。我们的人生是由一系列阅历构成的，而一个时期的医疗就是那一系列阅历的一个组成部分。所以，我们不仅必须期待“最终结果”，而且我们即使在与苦难战斗之时，也必须对我们所过的生活有所期待，无论我们是否会死于折磨我们的疾病。换言之，如果我们在战斗之后一息尚存，那么我们有理由不只在意我们战后的生活，还要在意战斗期间的生活，须知在身患癌症的情况下，人生也可能是一个十分漫长的时期。

238 保守疗法对我们的生命而言当然是重要的，但是医生有时喜欢表述乃至大力强调的判断意见，也就是某一疗法“只是保守疗法”（关于这一点，可以解读为“对治疗结局也许没有任何作用”），也许不大有助于良好的生活，还不如注意让患者获得全面体验，包括我们的知识和忧虑，以及我们的畏惧和希望（或许还可能是狂想）。我认为，霍尔丹将欢乐视为与癌症之战的一个组成部分是正确的。

七

回归管区学院和咖啡馆后，我恢复了昔日在学院街的生活——读书、争鸣以及辩论。我感到无比快乐。当然，癌症的威胁不会消失，而放疗对骨骼和组织的损害会有自己的后果，需要未来长达数十年的关注和管理。可是，在此时此刻，疑病症可以暂时少安毋躁。我此时感到，我非常强烈地想要过自己的日子，充满活力地生活。我又回过头来争论那些不仅对我紧要（例如我的癌症显然就是这样）而且与世界息息相关的问题。我想要庆祝自己对癌症强加的不可避免的自我中心的胜利。

1952 年 10 月初的一个傍晚，我坐在管区学院一处游廊的边缘时，想到了亨利・狄洛吉奥，一个与我相隔一百余年的人。他对教育的理念是批判性的和无所畏惧的，使加尔各答的学术社群有了一个精彩的开端。我那刻的心态允许我的欢庆意识胜过我的忧虑。我觉得，他会理解我那刻的心态的。在学院街上，除了鳞次栉比的书店和塞得过满的书亭外别无他物。展开理性的深思熟虑，在街对面咖啡馆与朋友们喝咖啡，这样的乐事此时于我又变得唾手可得，不再有任何阻隔。这真是一个令人激动的时刻。

第十五章 前往英格兰

一

239 让我去英格兰留学的念头，最初是在我父亲的心中萌生的。他曾在伦敦大学攻读农业化学博士学位，其间主要在位于赫特福德郡哈彭登的洛桑研究所工作。他非常喜欢自己那三年的留学生活。在我因癌症而接受放射治疗时，他和我母亲想让我在医疗造成的纷乱过后，能对未来有所期冀。父亲问我是否愿意去伦敦经济学院读书，他听到很多对这所学校的赞誉之辞。“那可太好了！”我回答道：“不过我们能负担得起开销吗？”这是一个很自然的问题，因为我的家庭并不富裕，而且作为一名长期执教的大学教师，父亲的薪金一直不算很高。

我父亲说，他做了些计算，得出的结论是，他能负担得起我在伦敦三年的费用，包括大学学费。在那个年代去英格兰留学，几乎没有任何奖学金。当然，我在那时也没有可以让校方考虑向我提供奖学金的资格。可是，令人欣慰的是，那时的大学学费还是低得出奇，即使考虑通货膨胀而调整数目，也只相当于现今学费的一个零头。

这就导致我做了一番研究，就是在高剂量辐射让人虚弱的效应消退后，我应该考虑做什么。我也和前文提到的阿米亚・达斯古普塔聊天。阿米亚叔叔认为我确实应该去英格兰，但不要去伦敦经济学院（他自己于二十世纪三十年代初在那里取得博士学位），而是要去剑桥。他认为，剑桥有当时世界上首屈一指的经济学院。

于是，我前往英国文化处图书馆，以获取有关英国高校的信息。那家图书馆是我最喜欢光顾的地方之一。[①] 它不但令人着迷，
而且便于使用。在我查阅剑桥不同学院的资料时，三一学院一下 240
子引起了我的注意。出于几个不同的原因，我对该学院早已有所了解。在印度独立伊始，我的表兄布德就在印度行政服务系统任职，曾赴三一学院接受培训，在那里度过了六个月。我很喜欢布德，在我还是个孩子的时候，甚至在我还不会阅读英文时，我就从他那里听到了莎士比亚戏剧背后的故事［对我来说，他就是兰姆姐弟所著《莎士比亚戏剧故事集》（*Tales from Shakespeare*）的活的化身］。后来，作为一个长大了的十六岁少年，在布德回国后不久，我就正儿八经地注意到，他说起三一学院来喜形于色，赞不绝口。他讲起大庭院里的学院大钟用男女声交替报时（也就是用低音调和高音调报时），我也非常喜欢。

我对牛顿、培根、罗素、怀特黑德、摩尔和维特根斯坦也相当熟悉，更不必说三一学院的诗人（德莱顿是我最喜爱的诗人，其次还有马弗尔、拜伦、丁尼生和豪斯曼）、三一学院的数学家

---

① 在那些日子里，英国文化处及其图书馆位于加尔各答一条叫作剧院路（Theatre Road）的街上，这条街不久后被市政当局改名为莎士比亚街（Shakespeare Sarani）。在这方面，英国殖民主义者从城市管理部门得到的礼遇要比美国好得多：在越南战争最激烈的时候，美国领事馆所在的哈灵顿街被更名为“胡志明街”（Ho Chi Minh Sarani）。

(哈代[*]和利特尔伍德，以及令人敬畏的拉马努坚[**]) 以及三一学院的物理学家和生理学家了。

当我发现莫里斯·多布和皮耶罗·斯拉法都在三一学院时，下定决心的时刻到来了。莫里斯·多布或许是二十世纪最具创造性的马克思主义经济学家（我读过他的一些著述），而皮耶罗·斯拉法则是在经济学和哲学领域的一位重要的思想家，他一直是伟大的马克思主义思想家安东尼奥·葛兰西的密友和同道。除他们二人外，还得加上丹尼斯·罗伯逊的名字，他是一位十分出色的功利主义经济学家，又是一位才华横溢的保守主义思想家，在宏观经济学方面也做出了极富原创性的工作，在很多方面预见了同约翰·梅纳德·凯恩斯有关的想法。有机会能与多布、斯拉法和罗伯逊一道从事研究，这个念头真是令人无比激动。我觉得自己的选择万无一失，于是我向三一学院提出了入学申请，而没有再向任何其他学院提出申请。实际上，我的决断是“竭尽全力，奔赴三一”。

二

很快，我的梦想就破灭了。三一学院以惊人的速度回绝了我的申请，附带用一番套话解释说，“今年”有太多来自印度的优秀

---

* 哈代（Godfrey Harold Hardy, 1877.02.07—1947.12.01），英国著名数学家，解决了素数理论的许多难题。——译者注

** 拉马努坚（Srinivasa Ramanujan，1887.12.22—1920.04.26, 又译拉马努金），印度著名数学家。曾在三一学院学习和工作，深得英国数学家哈代赏识，发表了 21 篇重要论文，在素数分布理论等广泛领域取得了独创性研究成果，被誉为“伟大的天才”。惜因积劳成疾而英年早逝。——译者注

申请人。这真令人悲伤。于是，我计划在加尔各答大学继续我的 241
学业。我即将在管区学院完成第二年的学习，从而在年底可以获得某种学士学位（我最终在十九岁时获得学士学位），可再读两年的话，我就可以获得一个像模像样的大学学位。这个学位虽然被称为硕士学位，但其标准与剑桥大学的学士学位大致相同。我告诉自己，我也许以后还可以去三一学院进行博士后研究工作，但现在我还可以在加尔各答再与朋友们一道度过两年更加令人愉快的时光，继续与苏卡莫伊·查克拉瓦蒂、姆里纳尔·达塔·乔杜里、乔蒂莫伊·达塔、米纳克希·鲍斯、巴伦·德、贾蒂·森古普塔、苏尼蒂·博斯等人厮混。他们正在攻读各种各样的学科（唉，我知道另一位密友帕塔·古普塔将会离去，因为他已经在牛津获得一席之地，正在准备启程）。在 1953 年凉爽的季风雨中，三一学院梦碎似乎还不是糟糕透顶的事。

8 月的一天早上，我突然收到一封来自三一学院的电报，说一些被录取的印度申请人退学了，而如果我能确保在 10 月初到达剑桥的话，我最终还是可以在那里就读。必须迅速做出安排。我与父亲一道前往英国海外航空公司（BOAC），那是今天英国航空公司（BA）的前身。他们彬彬有礼，但结果表明，我们其实付不起当时非常昂贵的机票费用。然而，我们发现，乘船从孟买前往伦敦比最廉价的航班还要便宜得多，还能在船上舒舒服服地住上十九天，享用免费膳食和免费葡萄酒（尽管我确实很好奇，但我还没有开始喝酒）、甲板上免费的娱乐活动乃至每晚都有的免费宾戈游戏（如果有人愿意玩这种世界上最无聊的游戏的话）。于是，父亲给我买了一张半岛与东方航运公司（P&O）下属的斯特拉斯内弗号轮（SS Strathnaver）的船票。此船将及时抵达英国。

随后是购物。我置办了夹克、领带、大衣和别的一些我在加尔各答从不需要的东西。父亲很兴奋，几乎就像他自己又要返回英格兰去上大学似的。他会在夜半起床，把我需要的东西列成清单。最后，我的父母、我的妹妹曼珠和我一道坐火车前往孟买，以赶上我要乘坐的那艘轮船。在加尔各答火车站（正式名称为豪拉火车站），我看到其他一些也是去孟买赶同一艘船的人。历史学
242 家塔潘哥热情地向我打招呼，而当我们安顿下来，开始为期两天的孟买火车之旅时，车上仿佛成了学生们的节日。令人感到有点不祥的是，欢庆活动让我想起了早年观看意大利新现实主义电影《苦米》（*Riso Amaro*，制作于 1949 年，在学院街的学生中很受欢迎，不仅仅是因为极具魅力的西尔瓦娜·曼加诺）中的一个场景：刚刚被雇用的收割者们，准备前往波河河谷，正兴高采烈地聚集在火车站，却在到达目的地后遭遇悲剧命运的打击。

三

在孟买，我们在母亲的一个表弟阿贾伊·古普塔家待了三天。他是我外祖母的妹妹图卢姨姥姥的儿子，我称他为阿贾伊舅舅。在我刚上学的那些年代，他不断用一些谜题和脑筋急转弯类智力题使我焕发充沛活力。我也非常喜欢阿贾伊舅舅，特别钦佩他加入印度早期制药公司西普拉（CIPLA）这一富有远见的决定。西普拉公司 1935 年由印度民族主义者赫瓦贾·阿卜杜勒·哈米耶德

(Khwaja Abdul Hamied)创建，他是个掌握了高超的科学技术的人。西普拉公司一直不懈努力，精诚制药，试图与西方公司比肩。现在，这一夙愿已经基本实现了，而在早期，阿贾伊舅舅曾密切地参与该公司事务。

西普拉公司的一些伟大的成功是在近年阿贾伊舅舅去世后才取得的。当西普拉公司设法成功地打破了世界企业联盟对治疗艾滋病所必需的逆转录病毒药物的垄断，大幅降低了该药物的国际价格时，我想起了他。这种新的非专利产品引起了巨大轰动，在从非洲到拉丁美洲的发展中国家中，仅以之前通行售价的零头进行出售，从而使得艾滋病的逆转录病毒治疗在全球范围内突然变得便宜了许多，让患者可以负担得起。西普拉公司继续坚定不移地为因负担不起而被剥夺药品的人提供药品。今天，如果一名患有抗药性泌尿系感染的患者（即使是在美国）想要使用一种名为普拉佐米星（Zemdri）的特殊抗生素的话，那么其供应源头就只能是西普拉公司，该公司一直在生产这种有效的药物。普拉佐米星最初由阿超基因生物制药公司（Achaogen）开发，而该公司现在已经破产消失了。

在我准备启航时，我与阿贾伊舅舅数次聊天。他谈到想竭尽 243
自己的能力使印度在经济上取得成功。这种想法在一定程度上是民族主义的，但他所说的内容并没有一丝排他性。他不仅对哈米耶德的才华和天赋表示钦佩，还对他宽阔的胸襟表示仰慕。身为穆斯林的哈米耶德娶了一位犹太女人，这个事实只是他那更为宽广的远见卓识的一个例证（我后来逐渐熟识了他们的儿子优素福，而当时他已经非常出色地接过了西普拉公司的领导权）。阿贾伊舅舅还非常敬佩哈米耶德针对西方国家在殖民地时期控制制药业所做出的回应，哈米耶德宁愿选择在制造上和商业上与它们展开殊死搏斗，也不愿借助政府控制等手段来防止竞争。印度左翼人士认为，国际贸易是一种极其糟糕的事情。作为一名坚定的左翼分子，哈米耶德对这样的想法表示惊讶；我同意哈米耶德的观点，认为那种说法在理智上存在巨大的缺陷。

我们的交谈有时也会涉及一些实际问题。对于这些问题，阿贾伊舅舅尽到了他身为长辈的责任。我将一条忠告一直铭记在心，那就是不要许下超出自己合理兑现能力的诺言，从而避免使自己因轻诺寡信而陷入困境。他认为，这是在英国的印度学生的一个老毛病。他说，这也包括与女朋友的关系。他热切地希望我能够了解，同伴侣的真挚关系与轻佻的逢场作戏之间存在巨大区别。我承认这一区别在认识论上的正确性，但没能让阿贾伊舅舅讲述一下轻率的嬉戏和自发行为在正常生活中是否也可能有一定价值。

我觉得，除了政治和经济观点之外，我对阿贾伊舅舅的了解还不够。他在孟买的生活似乎是孤独的，我未察觉到他在国外学习时可能有过任何男女私情。直到他那迷人的苏格兰女友琼抵达孟买与他团聚时，这个悬案才算水落石出，得到了圆满解决。他们很快结为伉俪，生了三个十分可爱的孩子。可是，我与他们的联系变难了，因为他们在孟买生活了一些年之后，决定移居澳大利亚。这一切都是在我启程前往剑桥前夕我们那些交谈过去多年之后发生的。

四

那是一个晴朗的夜晚，我登上了准备驶往伦敦的斯特拉斯内 244
弗号轮。我们一道去了码头，在那里我同家人一一告别。我有一种奇怪的感觉，兴奋中夹杂着一种莫名的焦虑。我知道，跨洲旅行的费用过于高昂，因此在我在剑桥拿到学位之前，我都将很难有机会返回印度。当然，我知道，我在离开对我而言非常重要的人，那些与我同甘共苦的亲人。

我站在甲板上眺望，只见印度那边我目力所及的一切都在夕阳下渐次消退。此时，我想起了高尔基在其回忆录中的一段文字，是关于他在父亲的陪同下抵达莫斯科大学时的情景的。他在走上莫斯科大学那有名的前阶时，紧紧攥住了父亲的手。他在与父亲告别后，独自一人伫立在那里时，感到了一种前所未有的孤独。此时，我觉得自己加深了对高尔基的理解。在印度之外，我只了解缅甸，而且那还是在我幼年时期的事情。到英国去，到剑桥去，这种去往一个新地方的兴奋，与离开我对之有一种非常强烈归属感的国家的悲伤交织在一起。

我从人生初期就学着与英帝国做斗争，因而同样重要的是，我急于前往这个帝国的大都会看看。此时距印度获得独立只有六年，而昔日帝国与其前殖民地臣民之间的关系尚未正常化。我曾坐在英属印度监狱的等候室里，预备探视我的诸多被“预防性拘禁”的叔伯舅舅以及堂表兄弟。这样的记忆还历历在目。当我看着一队白人管理着这艘船，对我们发号施令时，我就想到了父亲二十世纪二十年代在伦敦攻读博士学位时的一次小小的并不特别重要的插曲。他告诉我，他非常喜欢在英国的时光，但也经常想到统治者与被统治者之间的畸形关系。有一次，他正要寄一封信回家，想弄清楚他在信封上贴的邮票是否足额。那是在一个繁忙
245 的火车站，当他低声向一个邻人发问时，那人没太听清。此时，一个少年（父亲觉得他还不到十岁）冲过来告诉他："是的，一点没错。在我们的帝国里，信无论寄往哪里，邮资都是一样的。"这么一个孩子就心有帝国。想到这一点，父亲觉得好笑。当然，这个少年只是想帮人解惑而已。

在斯特拉斯内弗号上，并不缺少我所熟悉的旅伴，船上有二十余名前往英格兰留学的印度学生。他们包括塔潘·拉伊乔杜里和帕塔·古普塔，两人都将前往牛津。在我们前往英格兰之前的那个夏季，我和帕塔曾一道在大吉岭山间避暑胜地度假。我们曾在景色秀丽的山地远足，沿途讨论诸多各种各样的话题，包括印度混乱不已的左翼政治问题。我们两人很大程度上是认同左翼的，但对世界各地共产党的民主资质则存有相当大的疑虑。我们曾就苏联国内发生的问题进行长时间的讨论。尽管加尔各答到处都是约瑟夫·斯大林的崇拜者，可他真正主张的究竟是什么，我和帕塔都不明就里。

塔潘比我年长几岁（依照孟加拉称呼年长者的习俗，我叫他塔潘哥），在我们前往英国之前，我只在加尔各答见过他一次。我在第八章中引用的他后来撰写的关于土地所有权的著述，只是他成为在德里和牛津大名鼎鼎的历史学教授的众多原因之一。

船上还有一位极富才华的历史学家，名叫罗米拉·塔帕尔。

她属于德里上流社会中的聪明过人的佼佼者。她将自己迅速增进的学识名声与其他才具结合起来。她生活方式优雅，娴于跳交谊舞。我以前不认识她，而我现在得遗憾地说，尽管我常看到她身着精心挑选的纱丽在船上优雅地踱步，我却没能设法与她搭上话。我们属于不同的世界，我甚至不会跳舞，而且没有不踩舞伴脚尖（让人家痛得大声叫喊）的时候。可是，多年以后，我和罗米拉却在德里成了朋友。

在我们穿越从阿拉伯海到地中海的大片水域之时，我与塔潘哥和帕塔·古普塔极为愉快地交谈着，涉及的主要是当代事务。
随着旅程的继续，塔潘哥对船上的英国和澳大利亚员工，尤其是 246
餐厅的服务员有些愤愤不平，因为他认为他们对待印度学生的态度有些蛮横。他向船上的一名高级船员投诉了这一情况，后者耐心地听取了他的意见，但我们还是没有发现有任何补救行动。

印度女子曲棍球队也在我们的船上，她们将前往英国参加一项国际比赛。在我看来，他们中的一些人十分平易近人，而且相当了不起。我陪伴她们多时，而我情调高雅的朋友帕塔感到有些困惑：“阿马蒂亚，你一连花几个小时和这些曲棍球女郎聊天，难道不觉得累吗？”我不得不对他做出回应。

曲棍球队里一位特别迷人的队员，似乎十分热衷于与我一道喝咖啡和交谈。她问道：“你要去英格兰留学吗？”我有点不好意思承认这样一个世俗的目的，却说这确实是我有意要做的事情。她问道：“真的吗？我一直讨厌上学。念书有什么用？”我拿不准该如何回应这种带根本性的怀疑论，可我还是设法做出了勉为其难的回答。我说道："我不会打曲棍球，所以我不得不选择接受教育。"她说道："哦，打曲棍球是很容易的，我可以教你。"我含糊其词地说道："可是，如果你教我打曲棍球，那也是教育呀，你得一直教我。"她表示同意："是的，可这种教育很有趣，比你一下午在甲板上做枯燥乏味的数学题强多了。"我不得不认输告退。

五

船上有许多印度人和巴基斯坦人，我和他们聊个没完没了。也许，我在船上建立的让我获益匪浅的新友谊，是与一位年轻的来自孟加拉的东巴基斯坦人凯瑟·穆尔希德的友谊。穆尔希德一家在加尔各答相当英国化的社群里的知识分子团体中非常知名。凯瑟的父亲 K.G. 穆尔希德是一名高级公务员，是印度文官体系中
247 的著名干部之一。这些官员代表伦敦，设法管理着这个国家的很多事务。我听说，K.G. 穆尔希德是所有那些人中最精明的，在行使英属印度政府授予这些官员的权力时，大大显示了自己人性的一面。

一天早上，我正站在甲板上眺望正在变得有点波涛汹涌的阿拉伯海时，凯瑟朝我走来。他手里拿着一块包装精美的巧克力，跟我打了个招呼，问道："你喜欢来点巧克力吗？"（Would you care for some chocolate？）我以前从未听人这样使用 care for（喜欢）一词来表示提议（英语那时还是我的第三语言，排在孟加拉语和梵语之后）。我至今记得，我当时在想，他是在问我的口味问题（我很喜欢巧克力这种消费品吗？），还是要给我一个礼物（我

想要一块巧克力吗？）。尽管我其实并不非常喜欢巧克力，可是由于我想和这个显然令人喜欢的人聊天，我就径直说道："是的，谢谢！"我立刻得到了一块巧克力，原来是可口的瑞士巧克力。我很喜欢有机会经常和这个极其聪明的人交谈，我们的友谊在我们的旅程结束后还持续了很久。

凯瑟曾就读于加尔各答的圣沙勿略学院，该市讲英语的居民更偏爱在那里接受教育。他将前往牛津学习法律，总的来说，他热爱自己的专业，可我并不十分明白他学习法律是出于什么动机。我在后来才知道，尽管他在牛津大学表现很好，还在林肯法学会取得了资格，又在哈佛大学获得了令人目眩的法学硕士学位，但他并没有继续从事法律职业。恰恰相反，他加入了巴基斯坦文官系统，在东巴基斯坦和后来的孟加拉国都表现得出类拔萃，最终以孟加拉国外交部长的身份退休。无疑，他在生活和工作中为公众做出了巨大的贡献，但我有点褊狭，在后来还是不禁感到些许哀伤，因为学术界未能设法将这么一位有非凡前途的思想者纳入自己的麾下。

船上还有一位活泼的来自奥里萨邦的年轻女子，名叫莉莉。她的母亲在同她一道旅行，而这位母亲的活泼程度丝毫不逊色于自己的女儿。我对莉莉的想法略有耳闻，原来她要在英格兰接受法律教育，至于如何学习，她说自己也还不完全清楚。由于我非常确切地知道自己去英格兰的目的，就是在三一学院追随莫里斯·多布和皮耶罗·斯拉法学习经济学，我觉得，莉莉心无挂碍，虽然令人困惑，却也有可喜之处。

莉莉令人着迷的沉思默想与凯瑟经深思熟虑后的举棋不定让我有些纳闷：我对自己想做之事的那份确信无疑，是否真的如同
248 我先前所想的那样正常。当我们穿过阿拉伯海湛蓝的水域时，我问自己，我是否真的比哥伦布更了解自己行将前往的地方。

六

在穿越阿拉伯海后，我们首次停靠的站点便是也门的亚丁。也门当时还是个鲜为人知的国家，可是，唉！它现在却被人们充分认识到，是个人们正在经历严重的艰难困苦的地方，还要遭受来自外国的毁灭性轰炸。1953 年，这里还是和平的，我们搭乘一辆巴士去观看世界上这片异常干旱而又带有荒凉之美的土地。随后，在穿过海湾和红海后，斯特拉斯内弗号轮抵达苏伊士港。我们获悉，我们将在此处停留一天，而如果埃及当局允许，我们就可以上岸。此事到底是否有可能？就在我们等着听信之时，我听到一些针对埃及政府疑似乱作一团的强硬批评言辞，是从一群在甲板上操着上流社会铿锵有力的英语口音的人中传来的。此前一年，效忠西方的法鲁克国王被推翻，由纳吉布总统领导的埃及新革命政府接管了政权。在临时政府中，贾迈勒·阿卜杜勒·纳赛尔已经是一股强大的力量，而他将在一年后接任总统。关于苏伊士运河的控制权和使用权的争议正在不断升温。英埃关系中的怨恨情绪业已十分强烈，不过直到三年后才爆发为公开战争。

所以，我们在船上等待时，就感到气氛有些紧张，希望埃及官员能够很快到来。他们最终总算来了，全都十分齐楚地穿着笔

挺的白色制服。我们乘客以通往岸边的甲板处为起点，排成一条一直延伸到轮船顶部的长队。我被夹在两组相当喧闹的人群中间，他们在高谈阔论着埃及人的冷漠以及其他缺点，同时不忘贬损诸如 T.E. 劳伦斯[*]和考古学家伦纳德·伍利那样热爱埃及的英国人有多么轻信。

一名埃及官员走上台阶，停下来看着我，问我从哪里来。当我告诉他我来自印度时，他直接带我下了船，来到一辆正在等候旅客的巴士旁边，于是我加入了一群正在上车的有色人种（用一 249
个当时尚未使用的现代术语）之中。这是我一生中仅有的因印度公民身份而在边境检查中获得优待的经历。由于我至今依然只有印度国籍，我非常习惯在护照检查站点排长队，回答关于我是否可能有留在途经国家的倾向之类的问题。我当时并不明白，这段受到优待的经历有多么非同寻常。

我们的巴士一辆接一辆地开走了，当我结束了一天美妙的观光活动回到船上时，我随处听见有人在大声交谈，说的是英国和澳大利亚乘客遭到明显忽视和简慢对待，被埃及边检官员延误了时间，只能来一趟短途旅行，因而玩得很不开心。一个尖锐的声音说："我们必须从他们手中拿回运河来！"数年后，当我向剑桥的一位埃及朋友讲述这件事时，他问我"那些英国佬是否真的很生气"。我告诉他："恐怕他们真的生气了。"事实上，他是一名信

* T.E. 劳伦斯（Thomas Edward Lawrence，1888.08.15—1935.05.13），英国军事战略家、考古学家。别名"阿拉伯的劳伦斯"。一生颇富传奇色彩。荣膺第 35 届奥斯卡最佳影片奖的冒险片《阿拉伯的劳伦斯》，就是根据他的生平故事创作的，被誉为"史诗电影"。——译者注

奉基督教的埃及人。这位埃及朋友说：“好！非常非常好！”

七

我们的船缓缓地穿过塞得港，稍做停留，随后便继续穿越地中海。我们不时可以瞥见欧洲，一天夜里，我们甚至看到了正在喷发中的斯特龙博利火山，印证了它“地中海灯塔”的美誉。我们行经直布罗陀海峡，穿越比斯开湾，然后绕过布列塔尼角，在法国海岸城市瑟堡做了一次非正式停留。我很兴奋能够到达那里，于是下楼观望。通过一个小边门，船上下来的人和地上一些影影绰绰的人正在进行商品交易。当我正在着迷地看着这一幕时，一名高级船员问道：“你到底在这里干什么？”我回答说，我想看看欧洲。这个理由被视为完全站不住脚，因而遭到断然驳回，我于是很快就被赶回楼上。

250 随后，再经过一段时间的航海，我们最终抵达蒂尔伯里码头。那里当天很潮湿，偶尔还下雨。印度高级专员公署的一名令人难以忍受的官员上了船，向我们印度学生训话，给我们讲当地人的行为举止（诸如不大声说话），对此我们应予以效仿云云。这种提议，如果能及早提供给库克船长[*]，兴许能救他一命，但在我们迫切渴望下船踏上英格兰国土时，这番告诫显得极为不合时宜而且过于冗长。

---

* 库克船长（James Cook, 1728.10.27—1779.02.14），英国海军上校、航海家和探险家，曾探测加拿大的海路和海岸，领导对太平洋的三次探险，发现了新西兰，并对发现“南方大陆”澳大利亚有重大贡献。在最后一次海上考察时被波利尼西亚人杀死于夏威夷。——译者注

我们最终坐上一列慢车驶往伦敦。当我们到达圣潘克勒斯站时，午后和煦的阳光普照着大地。圣潘克勒斯站结构雅致，到处洒满阳光，呈现出一派迷人的景象。

父亲的一个堂弟与他公司里的一个一道工作的年轻印度人正站在月台上。这位堂弟在家族里被称为Khyapa Jyatha，字面意思就是“疯叔”（这不是一个讨人喜欢的名称，而孟加拉人的绰号往往带有嘲讽贬损的特质）。当我们驱车穿过伦敦来到“疯叔”在汉普斯特德的家中吃晚餐时，暮色给那些建筑和公园蒙上了一层梦幻般的色彩。在我终于看到这个大都会时，这里的恬静与我一直预想的喧嚣形成了强烈的反差，而我的祖国以及世界上的其他许多地方，竟然都是经由这个大都会来治理的。

与“疯叔”家人一道用过晚餐后，我前往基尔本的一家分间出租屋投宿。这个住所是曾在圣谛尼克坦当学生的纳拉扬·查克拉瓦蒂给我安排的。当我迷迷糊糊地进入睡乡时，我不知道自己究竟是否应当对最终抵达伦敦而兴高采烈。我倒是还不至于失望，可我当时确实认为，如果再多一点城市的喧闹，这座大都市可能会更适合我。我告诉自己：“且待明日吧。”翌日早晨，我被街上大声相互交谈的孩子们唤醒，感到十分愉快。

八

早上，我一边享用丰盛的英式早餐，一边与我的女房东进行了一场愉快的交谈。我第一次意识到，一个人必须适当礼遇一个烹制好的西红柿，因为它很像一个热水瓶，而当你决定用刀向它

发起进攻时，它就会将沸腾的液体喷你一身。白天，我学会了如
251 何乘坐地铁，去牛津街的百货商店购买了一些必需品，小心翼翼地盘算着我那微薄的预算。当然，我也游览了一番。我在布卢姆斯伯里和摄政公园度过了好几个小时，沉浸在这座城市的美景当中。后来我非常快乐地在伦敦生活了二十多年，而且意识到我对伦敦的第一印象其实业已告诉了我点什么。

晚上，一位名叫威尼弗雷德·亨特的女士前来看我。她是我父亲数十年前在学生时代的女朋友。这一点，父母在我动身来英国前就告诉我了。威尼弗雷德极为和蔼可亲，给我提供了各种有益的建议，并留在我的寓所与我共进晚餐。威尼弗雷德说了我父亲年轻时的几件事情，让我很受启发。她说："我坐在他的摩托车后面，到全国各地旅行，可我很难说服阿舒，让他认可自己有骑得过快的倾向。"数年后，当我与家里的一位世交阿尼尔·钱达交谈时，他证实了父亲对速度的那种激情："我得说，在英国的公路上，时速 70~80 英里是相当快的。"他当年在英国时就与我父亲相识。

后来，我有一次劝告自己的女儿南达娜说她的行为真的必须符合家庭传统。她是一名演员（也是一名童书作家）。南达娜当时正在拍摄一部电影，准确来说那是一部动作片。她在这部电影中，不得不从一栋楼的二十三层跳到紧邻的另一栋楼的二十三层。我说，当我们从一栋楼的二十三层前往相邻的另一栋楼的二十三层时，我们的家庭传统是乘电梯下到第一栋楼的第一层，步行到另一栋楼，然后再乘电梯上到那栋楼的二十三层。别的任何途径都

是不被允许的。可是，甚至就在我告诫女儿时，威尼弗雷德的话又在我耳边回响，而我那时不可能十分确切地知道，精力充沛的父亲在青年时期究竟会做些什么。

威尼弗雷德生来就是一个贵格会教徒（与我相见时依然是），
而她的家人，尤其是家中的男丁，在第一次世界大战期间因拒绝
参战而受到严厉谴责。他们的批评者不断在他们的住宅外墙上涂
写“拒服兵役者”字样。我想，一个人被说成是“出于信仰而拒 252
服兵役者”并以一种侮辱的方式呈现出来，真的是糟糕透了。威
尼弗雷德说，鉴于她后来对纳粹统治下的恐怖与灭绝罪行已经逐
渐有所了解，她在当时对下一次也就是第二次世界大战时期的道
德要求，就不那么有把握了。“不过，”她补充道：“我想我仍然会
是一个拒服兵役者。”

威尼弗雷德的来访，让我以一种略微出乎意料的方式度过了我在伦敦的第一个闲暇的夜晚。可是，她的来访是很重要的。这是因为，她的到来使我意识到，伦敦乃至事实上整个英格兰远非异乡，也是因为，我们讨论了暴力的不可接受性，即使是在推进一项良好的事业时也不可诉诸暴力。当年在印度反抗英属印度政府的斗争中，这曾是一个导致人们严重分裂的问题。此时，我就身处帝国的中心（尽管只是在基尔本），谈论全世界对非暴力的普遍需求，而那些在甘地的领导下为独立而斗争的人们，就曾经怀着同一信念。我告诉自己，我还不了解基尔本，但我确实知道为什么有人可能成为拒服兵役者。

第四编

第十六章
三一学院之门

一

1953 年 9 月，在我抵达伦敦后的第二个早晨，我乘坐慢车从 255
国王十字站前往剑桥。在那时，也有快车从利物浦街出发，但我带着沉重的行李，因而前往国王十字站就要容易一些。我的行李中包括一个很大的扁式硬皮箱，那还是父亲当年来伦敦留学时曾用过的宝物，而在此时，这个箱子里除装有一些衣服和我的随身物品外，还装有很多我认为可能派上用场的经济学和数学书籍。开往剑桥的慢车需要行驶约两个小时，而我一直不安地向外张望，盯着我们所经的每个车站的名字。剑桥站的标志终于出现了。一位很得力的搬运工帮我把行李箱放到一辆出租车上，接着我就前往帕克街一家已为我订好的可供应早餐的宾馆。

三一学院将我安排在一处用于出租的寓所，是一位房东太太住宅里的一个房间，而不是大学里的宿舍。这是当时的惯例，一年级学生先住出租寓所，待年资增进后，才会被允许迁入学院。我认为这是一项糟糕的制度，因为对一个初来乍到的新生而言，在一个陌生的城市里，住在一个不熟悉的地方，与住在大学里相比，显然要困难得多。这所房子坐落在修道院路，离亨廷顿路不远，而与三一学院却有相当长一段距离。可是，这个房间要到 10 月初才能就绪，而现在还只是 9 月 29 日。这就是我之所以暂住帕克街宾馆的原因。那里靠近剑桥的中心，可以鸟瞰一个景色绝佳的公园，只见满目葱茏，秀色可餐，而英国的很多公园和草地在夏季都呈现出这样一种景象。

帕克街宾馆的房间是家里的一位巴基斯坦朋友帮我订的。他
叫沙哈布丁，来自达卡，时下正在剑桥学习法律，欣然同意出手
256 相助；他本人正要搬去一处新寓所，但他愿意在他当前住处给我
找个房间住上两个夜晚。与我在伦敦遇到的那位和蔼可亲的房东
不同，这位女房东有满肚子的怨言。沙哈布丁一早就去了法学院
的图书馆，这位女房东要我转达她对这位朋友的怨诉：“你知道
吧，洗个澡要花费一先令，因为热水是很贵的，对不对？”我说：
“我现在知道了，我昨夜洗澡了，当然会付您一先令。”女房东说：
“我说的不是这个意思。你的朋友是个骗子。他一天洗四次澡，还
谎称他没有洗那么多次。他说，他一天只洗一次澡，别的时候只
是洗脚而已。真能撒谎！”我不得不向她说明穆斯林在祈祷前的
洁身要求。

女房东不依不饶。“这样经常洗脚有什么用？”我又就穆斯林在祈祷前需要洁身一事向她多说了几句话。“你也这样做吗？”她咄咄逼人地问道。我试图安抚她：“不，我不是穆斯林，而且我也不祷告——我不信神（God）。”这句话让我陷入窘境，等于刚跳出油锅，又落入了烈火。她惊恐地大叫道：“你竟然不信上帝（God）？”我开始思忖，我是不是应该马上收拾行李走人。然而，危机随后很快就过去了：商业利益占了上风，她问我是否愿意和我的朋友谈谈，提醒他每洗一次澡都付她一先令。我答应她我会

遵命。那天晚上见到沙哈布丁时，我建议他去和女房东好好谈一谈。沙哈布丁说：“她简直疯了。我明天就搬出这栋房子。”实际上，我们两人在翌日早晨都离开了帕克街。我寻思，因为再也不必接待说谎成性或不信神的房客，抑或是两种毛病兼而有之的房客，女房东很可能会暗自庆幸吧。

二

我在修道院路的长期女房东则全然不同。大家都叫她汉格太太。她心地极为善良而且对世界抱有浓厚兴趣。然而，她坦言，一开始时她对于让我入住自己家是非常担忧的，因为以前她从未接触过白人以外的人种（不过，她补充说，她曾在火车和巴士上看见过有色人种）。事实上，她曾告诉三一学院她不大愿意接待有色人种。学院对此回应说，要将她的名字从寄宿生女房东名单上 257
彻底删除。她听到此话后慌了，表示她对于给她派任何人都绝无异议。随后，负责学生膳宿工作的行政人员即刻将一位货真价实的有色人士派到了她家中，而且该行政人员很可能是带着一丝逗乐的意味如此做的！

原来，汉格太太对有色人种的恐惧，依照她对科学的理解，还是有一定的理性依据的。在我入住她家的第一天，在对我表示热烈欢迎后，她突然爆出一个问题：“你身上的颜色在洗澡时会掉吗？——我的意思是，你在水很热时洗澡会怎么样？”我不得不宽慰她说，可喜的是，我的肤色牢靠而又持久，不会掉下来。随后，她向我说明如何用电，而且告诉我，即使在我看外面是漆黑一片时，如果我待在灯火通明的房间里而不拉上窗帘，那么别人也是可以从外面看见我的。在将这些事情都交代完毕后，她就把全部精力都集中在让我的生活变得更加愉快而美好这一方面了。过了几天，她认定我太瘦了（对今天的我而言，这样的看法是多么令人怀念啊），而且严重缺乏营养，于是订了全脂牛奶让我喝。"森，你必须喝这个，每天早上，就算为了我，请至少喝一杯。我们得让你变得强壮起来。"

三

我在抵达剑桥的第一天，还住在帕克街宾馆的时候，就去寻找我的学院，来到三一学院大门前。这座大门巍然耸立，十分庄严，就同我在照片上曾经看到的一样。我隐约听说过，三一学院大门的问世日期要早于学院本身，因为它初建于国王学堂（King's Hall）时期，而该学堂是在 1317 年创建的。1546 年，亨利八世通过合并两个先前即已存在的学院，也就是国王学堂和迈克尔学院，从而创立了三一学院。事实上，国王学堂是剑桥第二所最为古老的学院，仅晚于彼得学院。在并校之后，国王学堂的大门就变成了三一学院的大门。我之所以在第一眼看到这座宏伟的大门时就留下了难以磨灭的印象，不但是因为它的特殊历史（国王学堂的名称就用拉丁文铭刻在三一学院的大门上），而且还缘于它的优雅之美。

我轻快地穿过两扇大门中较小的那一扇，而较大的那扇门是关着的，它平素通常就是关着的。我先去了大门里不远处的门房。

几个守门人都极为热忱地欢迎我，表达了他们见到我后的喜悦之情，而在得知我不是中国人时还露出几分讶异之色。门房副主管
说:“我们这儿有几个姓 Sen（沈）的中国人，可他们都让我们叫 258
他们的名字，而不是称呼他们的姓。”我说道:“你们也可以直呼我的名字，不带‘先生’这个称谓。”守门人摇了摇头，朗声笑着说:“那可不行！要知道，我看到过您的名字，我们叫您森先生可要容易得多。”他继而给了我一张小小的学院地图，并向我一一指明什么设置在什么地方。

我随后前往小教堂，在那儿发现学院的历史以三维的形式呈现在我的眼前——一座沉思的艾萨克·牛顿雕像，旁边是弗朗西斯·培根和托马斯·麦考莱的雕像，还有其他许多三一先贤的纪念碑。然而，可能最为重要的是，我第一次看到，小教堂的墙壁上镌刻着在第一次世界大战中捐躯的所有学院成员的名字。我对伤亡人数之巨感到震惊。我简直无法相信有那么多位三一男生倒下了，同时试图接受这样一个事实，即他们都来自“同一所学院，同一个特定的年龄组，在一场仅持续了四年的战争中丧生”。在1914—1918 年期间牺牲的人员太多，以至于不得不在教堂前厅里为那些在第二次世界大战中倒下的人的名字寻找空间。尽管我知道原始数据，但我从未充分意识到那些战争的杀戮规模之大。我不得不在小教堂的一条木凳上坐下来，试图理解有关战争的残酷无情。到第二次世界大战爆发时，大多数参战国的领导人已经找到了将伤亡的主体转嫁给平民百姓的方法——从考文垂及德累斯顿直到广岛与长崎。

就是在这种有些震撼的状态下，我返身回到大庭院（the Great Court）的秀美之中，随后越过围屏，平生第一次领略到了内维尔庭院那摄人心魄的优雅，而这座庭院是由克里斯托弗·雷恩爵士设计的。雷恩图书馆（Wren Library）在内维尔庭院的一侧，是我平生所见过的最精美绝伦的建筑之一。走进雷恩图书馆，看到一架架的古老典籍，仰望着从高窗照射进来的阳光，我不禁感到惊异，是否真的可能把这么一座美轮美奂的建筑当作人们日常工作的场所。

“你是个新生吗？”一位活泼大方的年轻女子问道，她显然是图书馆的一名工作人员。“我还没有完全意识到夏天已经过了，新学期就要开始了。让我带你四处看看吧！”她颇有效率地领着我参观了一番。我不由得问自己，能够自己随心选择时间来这样一
259 个地方攻读，难道世界上还有比这更令人心驰神往的吗？我预见到自己将会是这里的常客。虽然我对很多事情的预言曾有过失误，可我对此事的预言却绝对正确。

四

翌日早晨，我去见我的辅导员约翰·莫里森先生。他兴致勃勃、满怀热情地欢迎我。在剑桥大学，学院里的辅导员不教课，可是负责学生在学院的生活，告诉学生该找谁安排教学。莫里森不是经济学家，而是一位卓越的古典学者和知名的古希腊语学者。他问了我的旅程以及在剑桥的安顿等情况。他还告诉我，我应当去见斯拉法先生，他将是我的学业导师，会负责我的教学安排并

把我送至那些监督我的学业的人那里。

作为欢迎仪式的一部分，莫里森先生还请我喝了点雪利酒，我婉言谢绝。他说：“没关系——做你的正事去吧，可是再过几天，你一定要来参加我的雪利酒会——我会给你请柬的。”我确实在酒会上露面了，遇到了很多同学。可是，我有一个回避液体食品的毛病。如果说我一直在躲着修道院路汉格太太给我安排的全脂牛奶，那么我此时就又得面对另一种液体的考验。莫里森先生递给我一大杯甜雪利酒。雪利酒是我打心底里讨厌的一种饮品，而我对甜雪利酒的厌恶之感则更为强烈。可是，我当时过于腼腆，没敢告诉他这一点，只好在他的两个房屋之间的通道里找了个花盆把酒倒掉。当莫里森先生看到我端着空酒杯时，又马上把它给斟满了。于是，在略经踌躇后，我再次走过那条通道。嗣后，我终于鼓足勇气告诉他：“非常感谢，但我不能再喝了。”在我后来去他的房间时，我总是惴惴不安地查看那株显花植物是否还在那里，是否安然无恙。令我欣慰的是，它长势喜人着呢。

在来院翌日上午 10 时，我前往内维尔庭院见我的学业导师皮耶罗·斯拉法时，他已用完早餐，可他告诉我，他还没有完全清醒过来。他请我一个小时后再来，我从命而行。他告知我，我的
直接负责导师将会是圣凯瑟琳学院的年轻研究员肯尼思·贝里尔 260
先生。后来我非常喜欢与贝里尔一道工作，并与他结下了深厚的友谊，可在得悉信息的那一刻我却感到有些失望。我来三一学院的初衷是想在莫里斯·多布与斯拉法本人的指导下攻读学业。因此，面对这样的安排，我难掩失望之情。斯拉法很有同情心，可

又宽慰我说："你会喜欢肯尼思·贝里尔的。他是一位非常聪明的经济学家，也是一位出色的经济史学家。此外，也一定要去与莫里斯·多布聊聊。记住，你是可以随时来见我的。"

每周与督学肯尼思·贝里尔的见面进展良好（如所预期的那样），而我也确实给莫里斯·多布写了封信并前去拜访他。我对他的一些著述有自己的看法，可我至今无法断定他是否喜欢这一事实，而他在那次见面时对我能在遥远的加尔各答读过那些著述表达了惊讶之感。在我待在三一学院的多年时间里，在莫里斯·多布成为我的一位密友后，他经常告诉我，他对我的阅读品位感到很讶异，总是称之为"你古怪的阅读品位"。到了我的第二个学年，尽管学院也安排我去见奥布里·西尔伯斯顿，跟他学习英国经济学课程（我想，我对这一课程的无知迅即尽人皆知了），但多布成了我的主要导师。奥布里也成了我的一位密友，而我们的友谊一直持续到他于 2015 年故去。我有时也会为自己获得导师的速度之快而惊叹。

五

当皮耶罗·斯拉法告诉我可以随时去见他时，我不确定他是否真心希望如他所说的那样经常见到我。实际上，我把他当作额外的督导。除了教授我经济学课程外，他还向我介绍了一些非常令人愉快的事物，包括意大利超浓咖啡*芮斯崔朵（ristretto）的优

* 超浓咖啡，原文 ristretto 系意大利语词，又译"特浓咖啡"，音译为"芮斯崔朵"，指前段咖啡。——译者注

点（采用短冲的浓缩咖啡 * 煮法让水蒸气快速流过紧压的咖啡粉，在流出最初几秒的浓缩咖啡前段后立即停止萃取）。对我而言，这是一种口味上的改变。这几乎与他对我的第一个建议一样具有启发性，而他对我的第一个建议就是，我至少应该对剑桥经济学中的某些说法持怀疑态度。

斯拉法告诉我："你现在来到了一个经济学家们总是爱提出新理论的地方。这可能是一件坏事，也可能不是一件坏事，可你必须明白，没有一位剑桥经济学家会认为工作已经完成了，除非他 261
或她的理论被归结为一条标语。你应当尽量避免这种想法，因为这在剑桥是很难的。"事实证明，这是非常有益的忠告，尤其是在剑桥经济学的标语雷区中航行之时。

后来，在我成为三一学院的一名奖学金研究员后，我有许多机会与斯拉法聊天，并逐渐了解了他在使维特根斯坦从《逻辑哲学论》（*Tractatus*）中的思想转向开创性地专注于语言规则研究方面的作用，而斯拉法的友人安东尼奥·葛兰西也对这一转变有所影响。我将在后文中论述他们之间的辩论。

我还从斯拉法身上学习到一些关于自我审查和自我批评的品质。当我还是一名本科生时，我在某著名经济学家的论文中发现了一个明显的错误。该论文发表在我们学科的一流期刊《经济学杂志》（*The Economic Journal*）上，当时我因这一发现而感到十分

---

* 浓缩咖啡（espresso coffee），指意式浓缩咖啡。espresso 是意大利语词，有"在压力下"之意，表明了在此种咖啡制作中压力的重要性。该浓缩咖啡是每种无滤咖啡的基础。在咖啡饮者的心目中，它既是一种烘焙方法，又是一种咖啡煮法，还是一种生活方式。超浓咖啡是所有浓缩咖啡里味道最为浓郁的。——译者注

兴奋。我写了一篇反驳文章，拿去给斯拉法看，询问他是否认为《经济学杂志》会发表此文。皮耶罗看了看该刊上那篇存在错误的文章，然后又看了我的反驳文章，说道："恐怕他们肯定会发表你的文章。"他接着补充道："你一定不要那样做。你想以修正他人错误作为你发表学术成果的起点吗？尽管这样做可能不错，但这样小题大做好吗？"我第一次打算在一份体面的专业刊物上发表文章的尝试就这样受到阻拦，可我却非常感激斯拉法，因为他防止了我在理智发文方面的一个严重误判。

六

我在三一学院的老师们都是非常优秀的经济学家，而且每个人都独具原创精神，同时以各自不同的方式启迪后学。可是，他们彼此并不苟同。丹尼斯·罗伯逊是保守党支持者，却告诉我他投自由党的票。斯拉法和多布非常倾向于左翼，而且多布事实上是一名英国共产党党员。他们三个人尽管存在这些显著差异，却相处得十分融洽。

当罗伯逊最初告知多布三一学院将向多布提供一份工作时，多布立即接受了这个提议，可是我听斯拉法说，多布在次日又觉得必须写信给罗伯逊："当您向我提供这份工作时，我未能告诉
262 您，我是英国共产党的一名党员。我谨为此向您致歉，而如果您因此要撤销您好意提供给我的这个工作机会，我愿让您知道，我不会由于此事而对您心生芥蒂。"多布收到罗伯逊仅有一句话的回复："亲爱的多布，只要您在炸毁三一学院小教堂时提前两周通知

我们，那就万事大吉。”

我原本打算在三一学院待两年，（在我于加尔各答所修课程的基础之上）迅速获得一个学士学位，结果那两年却成了我在剑桥十年寒窗的第一个阶段。从 1953 年至 1963 年，我先是一名本科生，然后变成一名研究生，再后来做了一名奖学金研究员，而最终则成为一名讲师及管理人员。即使在我于 1963 年离开三一学院之后，每当我来到剑桥时，这里仍然是我的基地。

很久之后，也就是在我第一次穿过三一学院大门四十五年之后，我一身正装，又站在紧闭的三一学院大门外。时过境迁，我不得不在大门一侧供行人通行的小门上敲了三次。门房主管打开小门问道：“先生，您是谁呀？”我只得尽可能表现出自信来回答这个问题：“我是学院的新院长。”门房主管随后问道：“您有委任状吗？”（委任状指的是女王任命我为三一学院院长的信函。）我只得回答：“是的，我有。”然后把函件递交给他。在告诉我所有董事都已聚集在大庭院等待查验文件的真实性之后，门房主管砰的一声关上了小门。我明白，在我在大门外徘徊时，委任状正在董事之中传递，供他们检验。在确认这份王室文件的真实性后，大门中大的那一扇被打开了，副院长走上前来，脱掉帽子，对我说道：“院长，欢迎您！”在被介绍给董事们之后（当然，其中许多人我已认识），我得慢步走到小教堂，在一个颇为迷人的仪式上正式就职。

当我在大门外等待董事们查验委任状的真实性时，我不禁想起了 1953 年 10 月我从三一学院大门中的那扇小门首次进入学院的情景。稍后，在小教堂的仪式推进之际，我又看了一遍那些纪念碑上的名字，也就是我到达学院的第一天看到的那些名字。现在，有一条纽带将我与那些倒下的三一男生联系在一起了，而在
263 我生于一个遥远的国度之前很久，他们就已经在一场毫无必要的欧战中丧生。

随着我与三一学院以及英格兰之间纽带的延展，对我而言，我们的多重身份的复杂情况，刚刚开始变得清晰起来。这些复杂情况，始于加尔各答剧院路的英国文化处，延续至我在孟买焦虑不安地登上斯特拉斯内弗号轮之时。在我踏入三一学院的大门时，我能感觉到，这些复杂情况在进一步发展，而与之相随的还有一种强烈的依恋感和非同寻常的归属感。

第十七章 朋友与圈

一

我在剑桥的第一次投资，而且一度还是唯一的投资，就是买 264
了一辆自行车。从修道院路步行到三一学院和大学的中心区需要很长时间。我也需要去镇上的不同地方转一转，参观其他学院，出席讲座，去几个图书馆，会见朋友，以及参加政治、社交和文化方面的聚会。遗憾的是，我的预算不允许我买一辆变速自行车。我买了一辆简单的无传动装置的二手自行车，却还能聊以自慰，理由是在我回修道院路寓所的路上，骑着这辆陈旧的自行车爬城堡山（Castle Hill），恰好能让我有机会进行必要的锻炼。

甚至在我能弄到一辆自行车之前，我就遇到了来自巴基斯坦的马赫布卜·哈克。他就读于国王学院，距三一学院仅几步之遥，而我们是在第一次去出席一场剑桥讲座的路上相遇的。新学期刚刚开始，我正沿着国王街匆匆赶路，去听著名经济学家琼·罗宾逊的讲座。我在加尔各答时曾读过她的《不完全竞争经济学》（*The Economics of Imperfect Competition*，1933）一书，对她非常钦仰，因而渴望能听到她的讲座。那是一个晴朗的秋日早晨，马赫布卜衣着雅致（实际上是整洁），正沿着国王街快步行走，像我一样，他也是在奔赴琼·罗宾逊的讲座。

我们俩都晚了一点（事实上，琼·罗宾逊来得更晚），于是一面并行赶路，一面开始说话。在 1953 年 10 月的那次偶遇中，我们说话有些上气不接下气，而由此开始的交谈，却持续贯穿了我们的一生，直到马赫布卜于 1998 年不幸猝然辞世为止。我能
265 够与他长期交谈真可谓人生之幸事。课后，当我们一道在剑河[*]边的后园漫步时，在他的或我的房间里聊天时，我们都会抱怨主流经济学。它为什么对人类生活几乎没有兴趣？马赫布卜和我不仅情投意合（而且，后来我也逐渐认识了他那充满活力的妻子巴尼，也就是卡迪贾，一个来自东巴基斯坦的孟加拉人），而且我们对学问也有很多共同的兴趣。马赫布卜对联合国于 1990 年发布的《人类发展报告》（Human Development Reports）[**]的开拓性工作体现了他的热情，一种完全合情合理的热情，对于扩展经济学范畴的热情。

来自斯里兰卡的拉尔·贾亚瓦德纳也在国王学院。我和拉尔后来也结成了终生的友谊，我们既有深厚的感情，又有共同的理想，都力图拓宽经济学思想的范围。多年以后，作为联合国大学的一个研究所的创始所长，拉尔让这个理想结成正果。该研究所于 1985 年创办于赫尔辛基。有一段时间，我与他一道在那里工作，但甚至在此之前，我就帮助他为这家研究机构选择了一个

---

* 剑河（River Cam），又译“康河”，沿岸风景秀丽，是剑桥的象征。此河下游，水面较宽，水流平缓，岸边分布着剑桥大学校园的众多建筑。剑桥（Cambridge）的原意是指剑河上的桥。剑河上有多座设计精巧、造型美观的桥梁，其中以数学桥、叹息桥等最为驰名。——译者注

** 《人类发展报告》是每年由联合国开发计划署发布的报告，1990 年为其首发年。——译者注

恰当的名称。我们最终给它定名为世界发展经济研究所 *（World Institute for Development Economics Research），而它的首字母缩略词 WIDER 恰到好处，易于识别，而且充分表达了拉尔对经济学和社会科学发展的殷切期待。当我回顾我所参与过的一些全球性倡议时，我意识到自己非常幸运，因为在大学期间就遇到一些最终确立并主导这些倡议的人，而他们曾是我的本科同学，马赫布卜与拉尔则是其中的佼佼者。

不过，我之所以在最初数周频繁光顾国王学院还有一个原因，就是为了与来自以色列的迈克尔·布鲁诺交谈，当时他正在攻读数学，但不久之后就转而学习经济学了。他的犹太家庭于 1933 年离开德国，当时他才一岁。他们离开得正是时候，因而得以躲过接踵而来的大屠杀。迈克尔是一位优秀的经济学家，除了别的一些角色外，他还曾极为成功地担任过以色列中央银行行长。作为国际经济学会 ** 的主席，在必须安排该学会的全球大会 *** 时，他勇敢而且成功地将会址定在了阿拉伯国家突尼斯，拒绝了欧洲和美国的一些可供选择的替代方案。鉴于他民主的和左倾的政治

* 世界发展经济研究所，全称为联合国大学世界发展经济研究所（UNU-WIDER），设在芬兰赫尔辛基，系联合国大学设立的第一家研究培训中心，对最贫困国家的可持续经济和社会发展进行研究，提供政策建议。——译者注

** 国际经济学会（International Economic Association），在联合国教科文组织的推动下于 1950 年成立。宗旨在于通过学术会议、研究项目和成果发表等形式促进世界各国经济学家的沟通与合作，探讨理论与现实问题，是一个纯粹的科学研究组织。国际经济学会在经济学研究领域享有崇高声望，拥有全球各地 60 家会员协会。——译者注

*** 国际经济学会全球大会（World Congress），是国际经济学会最为重要的学术活动，平均每三年举办一届。大会聚焦世界经济理论和经济政策的前沿问题，参会人数可达上千人，有经济学研究领域奥运会之誉。——译者注

观念，我们对世界上的许多问题看法一致，但对当时很可能发生在巴勒斯坦地区阿拉伯居民身上的问题，我们却存在分歧。

迈克尔矢志捍卫和平与恪守包容，但令人遗憾的是，他对以
266 色列与巴勒斯坦局势过于乐观。根据我对爆发于二十世纪四十年代的印度教徒与穆斯林之间可怖的喋血事件的亲身经历，我非常清楚，在人为制造的身份对抗中，通过煽动分裂的火焰而激发敌意和暴力有多么容易。当迈克尔和我在二十世纪五十年代就巴勒斯坦问题发生争论时，我倒是希望他的乐观主义能够被证明是持之有故的。后来，当我发现自己的悲观主义被证明是正确的时，我却一点也高兴不起来。

二

尽管我在三一学院之外也结识了许多学生，但在第一年，我的主要圈子还是在三一学院内部。我在三一学院的朋友包括一些非常有趣的数学家，特别是来自南非的戴维·爱泼斯坦以及阿伦·海斯。也有一些历史学家，其中之一为西蒙·迪格比，他后来成为一位伊斯兰研究的重要学者，在印度和巴基斯坦备受推崇。（他的祖父威廉·迪格比曾谴责英国的统治造成了印度的贫困，因而名声很大。）我很幸运不久即遇到了伊恩·哈金，他后来在哲学上产生了重大影响。我们的友谊让我得以受益终生。

我发现，我经常和一群新来的外国学生厮混在一起。他们组织定期聚会，这个群体中没有一人是特别安静的。在这个非常活跃的群体中，有来自挪威的萨尔韦·萨尔韦森，有来自菲律宾的

何塞·罗梅罗（Jose Romero），还有其他一些人。最起码，他们不是只知埋头苦学之人（冈崎久彦可能是个例外），这种情况很对我的路数，因而我们在大大小小的组合中尽情神聊，消磨了很多时光。来自泰国的阿南·班雅拉春*（Anand Panyarachun）偶尔会加入我们的队伍，他是一位极有才华的思考者，在我们这些新生刚到来时，他已经在三一学院度过一年了。

在日后各自的人生中，三一学院外国人群体的成员们都事业
有成。阿南曾两次出任泰国总理。何塞·罗梅罗则成为一名大使。
很久以后，何塞来院长官邸（the Master’s Lodge）看望我，告诉我 267
他对我在学院的新角色还有些难以适应。（“你对规章制度的怀疑
论去哪儿了？”）在正式退休后，何塞继续活跃于菲律宾的多家学
术、交流和社会活动机构。

在 1953 年，第二次世界大战对于我们每个人来说还记忆犹新。我的亚洲朋友们对这场战争的看法竟大相径庭，例如，日本人和菲律宾人对二战的看法就迥然不同。当然，这并不令人感到惊异。

三

萨尔韦·萨尔韦森是一个具有良好幽默感的挪威人，与他交 268
谈总会妙趣横生，有时也会富于教益。他在学业上投入的时间少
得惊人（他认为花很多时间在学业上是“书呆子”的愚行），并且
努力让自己喜欢自己所选择的经济学。萨尔韦的母亲西尔维亚前

---

* 阿南·班雅拉春，生于 1932 年 8 月 9 日，泰国政治家，1955 年毕业于剑桥大学三一学院法学专业，曾两度出任泰国总理。——译者注

来看望儿子，带我们去一家豪华餐厅吃了一顿丰盛的晚餐（与学269 院的标准伙食相比，相去不啻天渊），席间她殷勤致辞，与大家谈笑风生。萨尔韦家族来自挪威上层社会，与王室关系密切，但西尔维亚的政治积极行动主义也是激进的和富于勇气的，这一点表现在她于二战期间对纳粹统治挪威的无畏抵抗之中。她谈到自己与德国占领做斗争并多次被捕的那些岁月。她在最后一次遭到逮捕后，被德军经汉堡送到了德国拉文斯布吕克集中营[*]。幸运的是，她在那次劫难中幸存下来，并能够在战争结束后，在汉堡进行的拉文斯布吕克战争罪审判中担任证人。

我发现，西尔维亚的书《原谅——但不要遗忘》（*Forgive — But Do Not Forget*）非常感人，我们还相当详细地讨论了此书。此书包含了一些极为睿智的探讨，论述了该如何处置那些曾以恐怖手段威胁平民生命的昔日罪犯。尽管无法直接比较，西尔维亚的思想对于随殖民统治终结而来的印度与英国的后帝国关系也是有意义的。那时，也就是二十世纪五十年代初，我们正处于重建印英关系的中途。后来，我意识到，她的思想对纳尔逊·曼德拉[**]和德斯蒙德·图图[***]领导下的南非在种族隔离终结后的战略有更

---

* 拉文斯布吕克集中营（the Ravensbrück concentration camp），是纳粹德国时期唯一专门关押和处决女性囚犯的集中营，位于柏林以北 90 公里处的拉文斯布吕克村附近，前后共关押过 13.3 万名妇女、儿童和青年，其中约 9.2 万名囚犯遇难，幸存者仅有约 3 万名。——译者注

** 纳尔逊·曼德拉（Nelson Mandela，1918.07.18—2013.12.05），南非黑人民族主义者、政治家，曾长期遭受监禁，于 1994—1999 年任南非总统，被尊为“南非国父”。1993 年与德克勒克共膺诺贝尔和平奖。——译者注

*** 德斯蒙德·图图（Desmond Tutu，1931.10.07—2021.12.26），南非前大主教、著名反种族隔离人士，在 1984 年荣获诺贝尔和平奖。——译者注

为重大的意义。

虽然西尔维亚·萨尔韦森是反纳粹的，但她绝不是一个社会党人，她非常担心社会主义思想在战后挪威的影响。她笑着告诉我："为了安全起见，我把儿子送到贵族学校三一学院，以离开挪威的社会党人，不想三一学院立刻把他送到一个英国共产党人门下接受教导去了！"当我对莫里斯·多布说起这件趣事时，他乐不可支地说道："看来我得确保让西尔维亚明白，我和萨尔韦谈论的只是标准的新古典派经济学！"

四

在学生时期，我在三一学院内建立的最亲密的友谊，或许当属与迈克尔·尼科尔森的友谊，我是在到校后的第一学年遇到他的，但到第二学年才逐渐大大增进了对他的了解。除了令人喜欢的个性和颖悟绝伦的头脑外，迈克尔的人道主义和普世主义精神也给我留下了深刻的印象。在我们还在一道读本科时，我们就经 270
常谈论一些共同关心的问题。令人欣慰的是，在随后的数十年间，我们也一直保持着联系。步入晚年后，迈克尔变得深度热衷于通过对诸多冲突的性质与来源的探索性分析，来寻求解决国家和族群之间争端与冲突的方法。在我于 1998 年初搬到院长官邸后，他前来看望过我，让我深感欣慰。然而，令我极为悲痛的是，迈克尔在一次看望我之后不久，于 2001 年因癌症而猝然辞世。

迈克尔同我一样，是没有宗教信仰的，但他来自约克郡贝弗利的一个虔诚的基督教家庭，离举世闻名的约克大教堂*不远。在我去他家做客，与他分外和蔼可亲的父母相处时，我了解到基督徒的人道精神能有多么深刻和多么动人。可是，由于迈克尔的父母十分虔诚，迈克尔为了喝上几品脱**啤酒，只好带我去了邻村的一个酒吧，以免坐在贝弗利的某个酒吧里被熟人撞见。迈克尔的父母对他们遇见的所有人，实际上是对来自世界各地的人，都有着一种自发的热心和强烈的同情。我想，有如此了不起的父母，奔赴邻村酒吧饮酒也就算不上是什么高昂的代价了。迈克尔的母亲做的约克郡布丁，是我所品尝过的最好的布丁。当然，它是作为第一道菜单独吃的。

在三一学院，我的另一位非常亲密的朋友是意大利的马克思主义者皮耶兰杰洛·加雷尼亚尼。他来三一学院是为了追随皮耶罗·斯拉法学习，与我差不多同时到校。不过，他是一名研究生，而不是像我一样的本科生。意大利的马克思主义世界引起我浓厚的兴趣，因此我们经常在一起交谈。

皮耶兰杰洛是葛兰西***的忠实崇拜者，并以一种略带天主教色彩的方式来表现这种忠诚。在他的书桌上有一张葛兰西的照片，显然是在时刻密切注视着他的门徒的学业情况。我虽然是斯拉法的一个不折不扣的崇拜者，但皮耶兰杰洛却远不止于此。他几乎

---

* 约克大教堂（York Minster），英格兰最大的哥特式教堂。——译者注

** 品脱（pint），英美制容量单位，1 品脱等于 1/2 夸脱。英制 1 品脱合 0.568 3 升，美制 1 品脱合 0.473 2 升。——译者注

*** 安东尼奥·葛兰西（Antonio Gramsci，1891.01.23—1937.04.27），意大利共产党创始人之一，20 世纪著名马克思主义理论家。——译者注

不会赞同任何针对斯拉法经济学的批评，即使提出批评的是一个像我这样的大仰慕者。

在这里，我也必须提及我与路易吉·帕西内蒂的友谊，他比我稍晚一点到达剑桥大学，而此前则在牛津大学学习。我和他是终生密友，而如今我们的友谊之树依然枝繁叶茂。除了对资本理论和经济增长理论做出重大贡献外，帕西内蒂在诠释早期凯恩斯经济学（neo-Keynesian economics）方面也取得了巨大进展，而这 271
门学说虽由凯恩斯创始，但帕西内蒂大大深化了凯恩斯自己的思想。帕西内蒂对马克思也感兴趣（与当时大多数意大利经济学家一样），但他绝不是一个马克思主义者。他也明显地受到了斯拉法的影响，并为使斯拉法的经济观为人们所理解而付出了大量心血，以使之更为简洁精辟。

五

另外一位意大利经济学家尼诺·（贝尼亚米纳）·安德烈亚塔，既不是斯拉法主义者，也不是马克思主义者，甚至不是凯恩斯主义者，却以剑桥经济学院访问学者的身份，从事更为传统的主流经济学研究。他在政治上也很活跃，后成为意大利中右翼政府的高级内阁部长，而再后来的意大利中间派总理恩里克·莱塔*也曾受到他的激励。

* 恩里克·莱塔（Enrico Letta），生于 1966 年 8 月 20 日。曾任意大利中左翼民主党副党首，意大利欧洲事务部部长。于 2013 年 4 月 24 日被任命为新一届意大利政府总理。——译者注

尼诺是 1996 年橄榄树联盟（Ulivo）（中左）的主要发起者之一，曾与罗马诺·普罗迪一道，试图抵制贝卢斯科尼*政治势力的崛起。

我和尼诺过去常常交谈，如今想起那些谈话，心中依然暖意融融。他同情左翼党人的事业，但觉得他们一意孤行，过于刻板僵化，而作为一个天性十分幽默之人，他会用一些引人发笑的逸事来表达他的怀疑态度。他对印度也有着浓厚的兴趣，后来还曾代表麻省理工学院访问过印度，向当时以贾瓦哈拉尔·尼赫鲁为首的计划委员会建言献策。

在他来到德里后，我们继续以往那样的交谈。或许觉得自己的印度仆人过于恭顺，作为一名老到的反传统人士，他像往日一样对我的论断抱有怀疑态度。数日后，尼诺告诉我说："阿马蒂亚，跟以往一样，你错了，因为在给仆人房间安装传唤铃时，我刚刚证实了这一点。安装工作是在我和贾娜 [他的妻子] 出门时完成的，而当我们回到家，想查看一下电工活儿是否已经完成时，电工说一切都已就绪，而且还多做了一些事情。"应他们的仆人普拉迪普的请求，尼诺的起居室里也安装了一个传唤铃，而在仆人的房间里则装了一个按钮。普拉迪普对尼诺的妻子解释道："夫人，这很方便。夫人需要普拉迪普时，只需按一下您的起居室里
272 的白色铃铛，而普拉迪普想找夫人时，他按一下那个装在自己房

* 西尔维奥·贝卢斯科尼（Silvio Berlusconi），生于 1936 年 9 月 29 日。意大利政治家和知名企业家，中右翼的意大利力量党创始人，AC 米兰足球俱乐部的实际领导人和名誉主席，曾四度担任意大利总理，是二战后意大利任职时间最长的总理，一身横跨商界、政界、体育界和娱乐界。——译者注

间里的白色铃铛就行。”令我感到宽慰的是，我的朋友尼诺尽管功成名就，却没有失去自己的幽默感。此外，我还发现，他的两个铃铛的故事，对于变革中的印度的未来颇有激励作用。

六

我在剑桥读本科时，南亚人构成了一个非常独特的群体。我在来剑桥之前，就已经结识了两个印度人：普拉赫拉德·巴苏和迪帕克·(哈潘)·马宗达。我是在他们造访加尔各答期间遇到他们的。他们比我早一年来到剑桥。我到剑桥后不久就找到了他们，而且两个人都成了我的亲密朋友。普拉拉德后来进入政府部门工作，成为印度最重要的文官之一，而迪帕克则和我一样，成为一名学者。实际上，在二十世纪七十年代，我们还曾是伦敦经济学院*执教的同事。我和迪帕克以及他那位才情横溢的妻子保利娜时常聚首。保利娜是一位有些轻幽默的医学研究员。

我逐渐结识了别的很多印度人和巴基斯坦人，与他们在校园里聚会，时间大多在晚上。阿帕尔娜·梅达成了我非常亲近且总是给予我支持的朋友，非常像我的家人。她后来嫁给了普拉赫拉德。她童年的一些时光是在加尔各答度过的，会说一口流利的孟加拉语。我们常就各自遇到的难题相互咨询。朋友们断定我们组成了

---

* 伦敦经济学院（London School of Economics），是伦敦政治经济学院（The London School of Economics and Political Science）的简称，创立于 1895 年，系公立研究型大学，为伦敦大学联盟成员和罗素大学集团成员，与伦敦大学学院、帝国理工学院、牛津大学和剑桥大学并称英国 G5 超级精英大学。专注于社会科学研究，享有卓越口碑。学生国际化是该校最大的特色之一。——译者注

一个“双人互慕会”，而称之为“互咨会”倒是可能更为确切些。

另一个我逐渐熟识的印度人是迪潘迦尔·高希，是一位非常聪明的法学院学生，而他的父亲德瓦尔卡纳特·高希曾是印度最重要的经济学家之一。我知道这家人，但直到我来到剑桥后才遇到迪潘迦尔。他曾就读于加尔各答拉马丁内尔学院（La Martinère College），该校吸引了那些英语说得更为流利的学生，而我的教育背景使我在当时还达不到那样的水准。新学期第一天，我就去看望了迪潘迦尔。我们是在一家印巴餐厅（这家餐厅也照例叫“泰
273 姬餐馆”[*]）会面的，其位置差不多就在三一学院大门的对面。迪潘迦尔在剑桥法学院就读时表现非常出色（不过，很难断定他究竟什么时候在真正学习）。我们有一群共同的朋友，隔三差五就聚在一起。

迪利普·阿达卡尔就属于这个群体。他是印度另一位大经济学家的儿子。虽然直到第二学年我才遇到他，可我们很快就成了密友。在第二和第三个学年，我们一道做了很多事情，包括一同去挪威、瑞典、丹麦、德国和荷兰旅行。后来，在 1961 年夏季，凭着我们之间的这种亲密关系，我和妻子纳巴尼塔访问了斯坦福大学。当时，他和妻子奇德拉·阿达卡尔就在那里，即将完成研究生学业。

我熟识的一些印度人也在三一学院。我现在特别想到了库马尔·尚卡尔达斯。他曾是德里印度最高法院的主要辩护律师，在二十世纪八十年代，他还担任过国际律师协会的会长，而且一直

* 泰姬餐馆，与泰姬饭店一样，都借用了泰姬陵（Taj Mahal）的名号。——译者注

是我的一个亲密的朋友。还有萨米尔·穆克吉，他很多时间都泡在城里各处低级夜总会里听爵士乐。距离上次与他在加尔各答交谈应该有二十余年了。我从那次交谈中猜测到，他在患小儿麻痹症痊愈后，主要致力于为加尔各答剧院写左翼戏剧（鉴于他的家庭属于上流社会，且有英国化的商业背景，这未免有点异乎寻常）。他的弟弟普拉比尔也曾就读于三一学院（也是一个特别招人喜欢的人），对我们所讨论的每一个政治理念都持怀疑态度。

七

在剑桥的那些岁月中，印度人与巴基斯坦人之间相互来往甚多。虽然没有印度学会或巴基斯坦学会，但有一个蓬勃发展的“协会”（Majlis，该词在波斯语中意为集会），该协会欢迎所有南亚人。在我的密友圈子中，有来自东巴基斯坦（后来的孟加拉国）的拉赫曼·索班和来自西巴基斯坦的马赫布卜·哈克以及阿里夫·伊夫特哈尔（或许是我听过的最佳辩手）。从第二学年起，协会成了我生活的一个重要组成部分。拉赫曼·索班任协会主席，我则在其任期内追随他，担任财务主管（保管社团有名无实的财物）。拉赫曼或许可谓我终生的至交，而在二十世纪五十年代中 274
期，协会具有一种作用，那就是使我们得以不断聚首。

我们与牛津大学的协会举办过一些联席会议。有一次，我和拉赫曼去那里与他们就冷战问题进行辩论。牛津的出色代表是卡迈勒·侯赛因。他那时在学习法律，后来在孟加拉国的成立过程中表现得非常活跃；他于 1971 年成为独立后孟加拉国的首任外交部长。卡迈勒告诉我们，他事先得到警告，说两位剑桥协会的气势汹汹的左翼发言人前来发起挑战，他已经秣马厉兵，准备迎击我们。当看到我和拉赫曼竟然没有他所预期的那般声色俱厉时，他坦陈自己未免有些失望。

八

每年10月新生刚到校时，剑桥南亚学生协会都会大力招募新成员。为达此目的，拉赫曼为每位南亚新生都准备了一套足以让人折服的说辞。1955年10月，当卓尔不群的萨尔玛·伊克拉穆拉从巴基斯坦来到纽纳姆学院时，拉赫曼对吸收她入会表现得格外上心。为说服萨尔玛加入协会，他拉着我作陪，鼓起勇气去看望她。当拉赫曼拿出自己精心编排过的道理，说明为什么新到剑桥的南亚人必须立即加入协会，否则将会面临文化和政治生活上的困窘时，她只是嫣然一笑。在拉赫曼给她做工作时，萨尔玛饶有兴致地听着，显然没有被他的强行推销说动。她的眼中带着迷惘和怀疑，但无论如何，她还是决定加入我们这个团体。

当然，我当时并不知道那次晤面对后来拉赫曼的个人生活，以及次大陆和世界上别的许多人的生活会有多么重大的意义。萨尔玛后来嫁给了拉赫曼，并继续与他一道成就比我们的小小协会大得多而且重要得多的事业。她成为一名先驱性人权活动家，对孟加拉国的进步事业造成了重大影响，热情而坚定不移地投入反对普遍的社会不平等的斗争，尤其是反对性别不平等的斗争。萨
275 尔玛作为达卡大学法律系一位鼓舞人心且备受尊敬的教师，对人

权的重要性有着新颖而影响深远的见解，其中包括对妇女权利的维护，以及很多有关反对和消除社会不公正的切实可行的方式与办法。她还极大地丰富了性别视角以及女权主义对孟加拉国和其他地方社会不平等的理解。在她所负责的一些重要机构中，她所创立的法律与调解中心（Ain O Salish Kendra），致力于为那些从正当渠道几乎难以获得法律支持的人争取权利，与因性别歧视而导致的不利情况做斗争。

在这项工作的背后，是对剥夺现象根源的深入的理智分析。虽然通常需要通过立法来保护那些几乎没有公认权利的人，但由于文盲和赤贫等其他一些障碍，实际上对于权利被严重剥夺的人而言，甚至连现行的法律规定可能也不能发挥多大作用。这些不利因素会阻止被压迫者援引和利用法律的保护力。如果你连法律条文都看不懂，你在使用它时就不可避免地会遇到障碍。萨尔玛的朋友和同事们（苏丹娜・卡迈勒、哈米达・侯赛因等）无论是在过去还是现在，都在大力投身于这些事业。萨尔玛与他们一道，致力于抵制侵犯人权和捍卫社会最弱势群体的诉求，为全面解决这些问题奠定了良好的基础。虽然萨尔玛于 2003 年 12 月猝然去世，但她创办的法律与调解中心，由于其智识所及范围以及讲求实际的精神，仍然是她的远见和首倡精神的一份永久遗产。

九

我在第二学年开始时认识了经济学学生克莱尔・罗伊斯。她才貌双全，在当时位于唐宁街的马歇尔图书馆也就是经济学图书馆里非常引人注目。我在图书馆外与她有过许多愉快的交谈，总是边喝咖啡边聊天，而且我知道我的朋友迈克尔·尼科尔森在爱慕着她。在我们第一次晤面后不久，克莱尔问起我节日有何计划，是否愿意与她和她的家人一起在考文垂过圣诞节。我很快乐地接
276 受了她的邀请。克莱尔的男朋友贝夫·普利也要来，而她还请了来自南非的肯·波拉克和我的朋友拉尔·贾亚瓦德纳。这让人颇有些四海之内皆兄弟的感觉。克莱尔迷人的妹妹戴安娜也在那里，她生性活泼，极富魅力。

我十分熟悉英国圣诞节的张灯结彩和欢歌笑语，但对这个节日玩乐和嬉戏的一面却知之不多。考文垂的庆祝活动无疑弥补了这一缺失。克莱尔的父母亨利和埃莉诺极为热情好客而又十分健谈。他们对印度很有兴趣，同时也对我远离家乡的感受表示好奇和在意。我在克莱尔的家里感到十分自在，度过了一个非常愉快的假日。

我当然早已熟识拉尔·贾亚瓦德纳，但在克莱尔的家里，我们却可以更轻松地谈及他的生活和所关心的事情。拉尔有意成为一名左翼人士，我觉得这样说恰如其分，因为无论是从他与生俱来的本能看，还是从他的生活方式看，他都不适合成为一名左翼分子。他来自科伦坡一个富有且非常成功的银行家家庭，在科伦坡 7 区的绝佳位置拥有一栋大宅，但他的人道主义精神和平等主义思想在不断地将他往一个不同的方向上拉。当时他正在写一篇关于马克思的有趣文章（我想，标题是《马克思——一个备受毁谤的人》）。他后来娶了一位在政治上很活跃的左翼知识分子库玛

丽，那是个集政治热情与惊人美貌于一身的女人。

在考文垂过圣诞节期间，拉尔告诉我，他为自己在睡梦中使用英语而烦恼，这让他觉得自己与斯里兰卡人民疏远了。他问我：“你做梦时用的是什么语言？”当我说“主要用孟加拉语”之后，他告诉我，“我要是这样就好了。”我告诉他：“你不会听明白的，因为你不懂孟加拉语。”拉尔说：“我指的当然是僧伽罗语，但这并不容易，因为我无法控制自己的梦。”在二十世纪八十年代，拉尔成为在赫尔辛基的世界发展经济研究所 (UNU-WIDER) 的首任所长，在全球发展研究议程中发起了许多重大变革，我很自豪能够与他一道参与这些工作。他的关注和愿望源于他对平等主义的献身，直到他于 2004 年去世，我们一直都是亲密的朋友。

从我们一起在考文垂过节之时开始，到后来多次做客剑桥， 277
戴安娜·罗伊斯也成了我的一个非常亲密的朋友。我们享受彼此的陪伴，而那种亲密关系在多个不同方面丰富了我的生活。戴安娜本人后来加入了当地的保守党，但她大部分时间都投入了社会公益事业工作。我在三一学院的朋友约翰·布拉德菲尔德，向我讲述了戴安娜在改善剑桥阿登布鲁克医院方面多么矢志不移和卓有成效。如果说她成为保守党政治家这一举动让我感到惊讶（事实的确如此），那么她对普遍的社会福利尤其是医疗服务的投入就一点也不令人感到意外了。戴安娜嫁给了一个极招人喜欢的名叫乔治·阿博特的剑桥男生，他在剑桥学习之后，在市中心开了一家小而非常温馨的旅行社。

克莱尔也一直是个亲密的朋友，在她多姿多彩的生活的不同阶段，我起了不同的作用，包括在她的生活遭遇麻烦时充当过“荷兰大叔”[*]的角色。可是，我对克莱尔人生的最大贡献莫过于把她介绍给了路易吉·斯帕文塔。路易吉是一位极富才华的经济学家，是我带的第一个研究生（对此我感到非常自豪）。他在罗马大学 (La Sapienza) 学习之后，于 1957 年来到剑桥。也是在这一年，我被遴选为三一学院的奖学金研究员。翌年，当我从加尔各答回到三一学院后，除了研究之外，我也开始做一些教学工作，于是路易吉请我担任他的导师，而他的主要兴趣是意大利较贫穷的南部地区（即所谓的梅索兹阿诺地区）贫困问题的性质。他仅比我小一点，我从与他的交谈中学到的东西，与他可能从我身上学到的东西相差无几，涉及经济、政治、意大利葡萄酒以及欧洲的社会问题等方方面面。路易吉没有继续去提交他的剑桥博士学位论文，尽管他本来再稍加努力即可完成写作任务。（“在意大利，这对我没多大用处。”他解释说。）后来，他成为意大利多所大学的教授，而这是意大利的体制要求人们走的一个程序。他最终回到他在罗马的母校担任教授。他也积极参与政治活动，并在 1976—1983 年担任意大利国会议员，代表当时正转型为左翼民主党的共产党。他曾担任过一段时间的内阁部长，此后也一直继续担任经济领域的各种官方领导职务，包括担任意大利证券交易委员会
278 （CONSOB[**]）的负责人，而该政府委员会负责监督商业公司的运

* 荷兰大叔（Dutch uncle），本意指絮絮不休地教训他人的人，此处意即“和事佬”。——译者注

** CONSOB，Nasionale per leSocietàe la Borsa 的缩写，指意大利全国公司和证券交易所监管委员会。——译者注

营和监管意大利证券市场及证券交易所。

一天上午，我想是在 1960 年，克莱尔不请自来，走进我在三一新庭院公寓的房间，从那里可以俯瞰跨越剑河的林荫大道。我正在指导路易吉，至少是在装模作样地指导他。显然，他们彼此一见倾心，但最初他们都不愿承认这一点。克莱尔离开后，路易吉评论了这位“拘谨的英国女孩”。不久之后，克莱尔也跟我说了类似的话，就是我的朋友“简直太彬彬有礼，太博学多闻，一定是生来就在腋下夹着《曼彻斯特卫报》（*Manchester Guardian*）的”。大约一年后，当他们告诉我他们将要结婚时，我真是又惊又喜，当然，他们也确实结为了伉俪。在此后的岁月中，两人琴瑟和谐，相互扶持，相得益彰，共同度过了美好的一生。

十

在我的新圈子中，有一个圈子是缘于我的医疗需要。在接受大剂量放射治疗口腔癌仅一年之后，我就来到了剑桥。我们知道，癌症复发的概率很高，放射物对人体损害的程度也非常大。给我治疗的加尔各答奇塔兰詹医院管理非常混乱，以至于我无法从那里得到一份可以随身带到剑桥的病历。多年以后，当我去医院查看他们对我的病情和所接受治疗的记录时，我被告知他们无法找到任何记录。

幸运的是，我父亲是个做事一贯有条有理的人，保留了许多张笔记，包括疾病诊断和医疗咨询，和医生所讨论过的替代疗法，给我进行治疗的精确放射剂量以及我放疗后的反应。在我似乎已经康复之后，父亲把这些记录整齐地放进一个文件夹里，用一根红绳子把它绑起来。这个我记得清清楚楚，而且他还对我说："我希望，事实上我肯定，我们再也不用打开这个文件夹了。"事实上，鉴于奇塔兰詹癌症医院在医疗记录保存方面的失职，我确实再次打开过这个文件，因为事实证明这是一份极有价值的资料。
279 我母亲的堂弟阿米亚舅舅，是最初给我做活检的外科医生，尽管在做放疗决定时他不在加尔各答，也给了我一页半的简短病史。

我保存着那些文件，但不太确知在剑桥该去看哪个医生。在我遭过放射的口腔里，有一段时间并没有外观上的变化。我的全科医生辛普森博士阅读了那些笔记，在检查了我愈合良好的上颚后，决定不采取任何措施。可是，在我到达剑桥数月后，我上颚的末端似乎在萎缩，我的上牙变得十分松动（放疗的常见后果），而且有相当大的痛感。所以，我去看了牙医，他想在局部麻醉下立即拔除那些牙齿。可是，阿米亚舅舅曾告诉我要极为小心，鉴于放疗的后遗症，告诫我不要在没有听取专家意见的情况下在口腔内做任何事情，尤其是不要采用任何局部麻醉。牙医对这些谨慎的意见并不特别上心，但在注意到我忧心忡忡的样子后，说他在阿登布鲁克医院有一间小手术室，而他将安排我在那里拔牙。如果我真的担心某种未知的危险，我可以找医院放疗中心 (RTC) 的一名医生谈谈。

我比手术时间略早一点到达阿登布鲁克医院，并坚持在拔牙前必须见一位放疗中心的专家（这显然激怒了我的牙医）。但我的坚持奏效了，放疗中心有一人果然过来看我。这种情况激起了强烈的回应。我被告知只管等着，什么也不要做，而一位放疗中心的高级肿瘤学家很快赶到了牙医手术室。他很快就接管了我，坚持让我立即跟他走。他责备牙医没有早点与他们联系，并告诉我以后绝不能在没有首先通报放疗中心的情况下去看任何牙医。他说：“如果你乱动你那张接受过大剂量放射物的嘴，你可能给自己带来巨大的麻烦。我们对你口腔内接受过如此大剂量放射物的区域的现状知之甚少。你但凡要在嘴里做什么，都必须先让我们核查一下。”

从那一刻起，我成了放疗中心的一名受监护人，接受定期检查、细致入微的诊察以及一些虽小却是精心设计的次要程序。我无法充分表述我对英国国家医疗服务体系的钦佩之情，他们的服务质量、医疗中的谨慎态度以及他们的人道精神都给我留下了深刻印象。

我与放疗中心的关系成为我生命中最重要的联系之一。从 280
1953 年到 1963 年（我在剑桥的那些岁月），我有时不得不一个月去好几次放疗中心，以跟踪那些看起来潜在可疑的恶性病变。第一个以异常的谨慎和卓越的技术照顾我的肿瘤科医生，是一位人称利维森博士的年轻医生。他转到伦敦的一家医院后，J. S. 米切尔教授，一位钦定医学讲座教授，接替了他对我的责任。他是一位卓越的科学家，也是一位非常和善的医生。除了处理我口腔内出现的任何情况外，他还会每六个月给我做一次全身检查——（我认为）这与他讲座教授的头衔是相称的。他解释道，最好确保我身体的其他任何部位都没有发生任何异常情况。我想我以前从未接受过如此专注而慎重的检查。除了他所谈到的一般需要注意的事项外，他想确保其他任何地方都没有继发性迹象发生（尽管口腔鳞状细胞癌很少发生全身性转移，却往往会因局部扩散和最终使人窒息而致人死命）。

米切尔教授对我的正常饮食也有强烈的看法。他告诉我，我一定不要吃任何油炸食品，而应该喝加大量牛奶的淡茶。“这是为了防止癌症复发吗？”我问他。“不，”他说，“这是为了避免因不良饮食习惯而可能引发的其他健康问题。”不喝浓茶对印度人来说是一件难事（米切尔对喝浓咖啡的怀疑态度还要更甚），他还试图让我戒酒，要我滴酒不沾，而我内心对此是有些抵触情绪的。

我对米切尔教授所指导的良好生活方式很好奇，于是就此请教了戴维·布拉瑟顿医生，他接替米切尔在放疗中心负责我。布拉瑟顿医生对钦定讲座教授的严格建议微微一笑，说道：“你必须记住，米切尔教授是个滴酒不沾的人。”当我回答说：“这应该与他的科学建议无关吧？”布拉瑟顿只是继续微笑，而我则意识到，这是认识论中一例相当有深度的观察。

281 我在放疗中心受到了每个人的关注，其热心程度让我难以言表。我和布拉瑟顿医生相处的时间最长，他变得如同我自己的家人一般。我曾多次去他家拜访，而且我在 1957 年被遴选为奖学金研究员后，他也曾来三一学院与我一道吃饭。晚餐后，他待了很长时间，问起我在印度的生活和我在英国的经历。多年后，在他的妻子离世后，他独自住在格兰切斯特草甸的大宅中，我与他曾在那儿度过一个迷人的夜晚。当时，他为我演奏了优美的钢琴曲。

琴声美妙动听，但其中却夹杂着太多凄婉的音符，反映了他当时的心境，也令我感到悲伤。

布拉瑟顿医生不仅一直跟踪我的医疗问题，甚至在我于1963年离开剑桥之后依然如此，而且他还以极大的个人兴趣，关注我的职业和学术生涯。让人伤感的是，他在1997年去世了，而那正是我从哈佛回到剑桥的前一年，因此，我想在院长官邸招待他的计划也就永远无法实现了。我想他一定会乐于看到，昔日他精心照护的生命岌岌可危的男生，如今终究在过着圆满的生活。

近来，每当我走过格兰切斯特草甸，在看到布拉瑟顿医生的住宅时，总有一种强烈的失落感，同时心里也涌起一种无比感激之情。当初我在蒂尔伯里码头上岸时，我不知道我的新朋友会是谁。有些密切关系来自外貌上的相似，有些来自原籍的相似，有些来自政见略同，另一些是因为个人的喜爱，还有一些，譬如与放疗中心医生们的密切关系，则源于我的深度脆弱。当我回想起我在剑桥的新生活时，我断定，不仅仅只是力量，连虚弱也能使人们更加紧密地联系在一起。这真是太神奇了。

第十八章
什么经济学?

一

282 1954年夏，我在三一学院分到了房间，就在三一街的另一边，也就是三一学院大门对面的休厄尔庭院里。房间很宽敞，有一间不错的卧室和一个相当大的起居室。当然，和学院当时的大部分房屋情况一样，我得穿过庭院去盥洗室，而且还得手拿毛巾，穿过三一街，到大庭院去洗淋浴。由于我的房间里没有热水（实际上连自来水也没有），每天早上，房间清扫员都会带上一罐热水和一罐冷水，倒进一个白色大盆里，供我洗脸和剃须用。

我很高兴终于能够住进学院，不过离开汉格太太在修道院路的房子却让我感到难过。我逐渐变得非常喜欢她。她一直都很友好，可在我住在她家的那一年里，她也使自己转化成为种族平等的斗士。1953年10月我初来乍到时，她曾担心我可能会在她的浴缸里掉色，而到我离去时，她已在向街坊邻里的每个人说教，让大家都要搞明白，“所有人都是平等的”。

我在1954年去向她告别时，她递给我一杯茶和一些自制的蛋糕，说她会想念我的。随后，她继续就种族关系说了一些很具进步性的话语，并讲述了在她常去的一家舞蹈俱乐部里，她是如何怒斥一个不愿和一位正等着找舞伴的非裔男子跳舞的英国女人的。（“我很烦恼，于是抓住那个男子，和他跳了一个多小时舞，直到他说他想回家。”)

283

我在剑桥大学三一学院的学生宿舍里，1955 年。由堂兄巴伦·森摄。

多年以后，在 1998 年 1 月，我返回剑桥，想再次见到她，心想她也许会乐于在院长官邸喝杯茶，可我在电话簿上未能找到她的名字。于是，我前往修道院路，但似乎无人知道汉格一家去了哪里。当然，距离我上次看望她已有四十四年了，此时期望她还住在那里，只能说我是在犯傻。可是，没能再看一眼我那热情而又和善的房东太太，还是令我有些伤感。

二

在我搬进休厄尔庭院时，我受到另一个本科生西蒙·迪格比的欢迎，他的房间离我的很近。他是在 1951 年入读三一学院的，比我早了两年。我们有一些共同的朋友，不过我们两人在成为邻
284 居之前彼此并不熟识。为欢迎我来到休厄尔庭院，西蒙特意做了些印度菜，让我非常感动。可惜，搬家那天我耽误了不少时间，直到逼近午夜才带着行李到达那里。当然，我不知道西蒙业已备好一盘咖喱虾在等着我。我们美餐了一顿，不过这是我在那天晚上的第二顿晚餐，而且我怀疑他也跟我一样。

西蒙对印度历史的沉迷以及他不断增长的专业知识，尤其是他对莫卧儿王朝之前的伊斯兰历史的研究，已足以令人钦佩，而我们的谈话实际上就像他给我开设的免费教程。然而，我们对当代政治的意见并不一致，因为西蒙希望将印度视为一个印度教国家，就像巴基斯坦可以被说成是一个伊斯兰国家一样。他不喜欢的主要人物之一是贾瓦哈拉尔·尼赫鲁，尤其看不上尼赫鲁自命为历史学家。[他解释道："你知道，几乎没有比他的《世界历史掠影》（*Glimpses of World History*）写得更糟的书了。"] 西蒙也与尼赫鲁的政治见解格格不入。我声称，成为一个奉行世俗主义的民主国家，是会有一些重大优势的，这对西蒙来说是一个难以接受的主张，至少在那时是这样。后来，他的伊斯兰研究在巴基斯坦（由于某种原因）遭遇挫折，却在印度受到欢迎。我认为，他的观点随后就发生了一些变化。可惜，西蒙已经作古，不过，他的许多追随者以印度为基地，还在继续他的研究工作。

三

我在管区学院所学到的知识，似乎足够我应对自己在剑桥大学第一学年的经济学课业，而新开的课程，诸如琼·罗宾逊当时正在完成的《资本积累论》(*The Accumulation of Capital*) 一书，则是例外。我在剑桥听的第一场讲座就是她的诸多讲座之一。可是，尽管我们的个人关系友好而又温情，我还与她及她的家人一起度过了很多时光，但我们之间并没有形成一条学术纽带。这让我很伤脑筋，因为我非常喜欢她，而她对我又总是关爱有加、十分热情并大力相助。

琼与印度有着紧密的联系，她年轻时即曾游历印度。她嫁给了奥斯汀·罗宾逊，而他在二十世纪二十年代后期，曾给一位印度王子也就是瓜廖尔摩诃罗阇（the Maharaja of Gwalior）之子当过 285
私人教师。这是早在奥斯汀来到剑桥并成为那里知名且广受爱戴的教授之前的事。琼喜欢她在印度的时光，参观了许多历史遗迹（和奥斯汀一起或独自一人），且结交了很多朋友。琼经常穿着印度服装。如果说琼喜欢几乎所有印度的东西是她个性中的一个非常突出的特征的话，那么她对经济理论的态度就显得过于挑剔了。她坚信在经济学中是有是非曲直的，并认为帮助正确的一方获胜是她的职责。规范经济学通常被称为“主流经济学”或“新古典经济学”，而她对规范经济学的排斥彻底而又决绝。可在另一方面，她又觉得马克思主义经济思想尽管有前途，却也存在严重错误。她特别热衷于批评乃至嘲笑她的剑桥同事莫里斯·多布，而我在前面已经说过，他是当时英国最重要的马克思主义经济学家。

我必须承认，琼对马克思的理解并没有特别说动我，她论述增长经济学和资本理论的新作也不曾打动我，而那是在我刚到剑桥时她所进行的一项研究工作。然而，我对她的想法以及她本人都十分好奇，想在我本科学习期间请她担任我的额外导师，与多布一道指导我的学业。那是在 1954—1955 年期间，也就是我在剑桥两年本科的第二年。

琼当时正在完成《资本积累论》的写作，该书于 1956 年问世。她将自己的著作视为对主流资本理论以及“他们的”经济增长理论的终结性清算，她想要以一种她所寄望的看待资本和增长的新方式取而代之。我的好奇心使我接受了她不同寻常的建议，即我可以每周阅读她新手稿的一章内容，继而提出我的批评，而不是每周写一篇论文让她点评（这是剑桥导师制的惯例）。我非常喜欢阅读那些手稿，也喜欢随后的见面会。她的想法肯定是有趣而且富于创新精神的，不过我并不觉得它们很有说服力。

我以此种方式了解罗宾逊新书的一个结果是，我越来越确信，尽管我敬佩她，但我不会成为她的“追随者”，我想她倒是希望我
286 能追随她。她对我的信任让我感到荣幸，我也确实非常尊敬她，可我无法说服自己认为她走的是正确的道路。我与她争论过几次，但实际上都无济于事。她非常善于表达，却不善于倾听。实际上，琼不仅固执己见：她差不多绝不考虑相反的论点，仿佛这样一种决绝的态度能让它们烟消云散似的。什么因素才会使一个论点变得有力？我不禁想到，在印度哲学辩论中始终得到维护的争鸣传统，包括聆听他人意见，本来可以有助于增强琼对这一点的信念。

在我看来，她对主流理论的忽视，如同她对多布、斯拉法和霍布斯鲍姆等人用心发展的马克思主义观点的匆促摒弃一样，似乎缺乏合乎逻辑的道理为之辩护。

四

尽管一些关联并不总是显而易见，但琼的著述明显受到约翰·梅纳德·凯恩斯*否定市场经济充分性论述（特别是他关于衰退和萧条的著作）的影响。对凯恩斯经济学以及袭用凯恩斯方法而产生的新说，是有赞成与反对两种意见的，而剑桥政治经济学领域的许多主要辩论，就是紧紧围绕这些赞成论或反对论而展开的。凯恩斯的追随者（包括理查德·卡恩和尼古拉斯·卡尔多以及琼）和与他们对立的所谓“新古典主义”经济学家（包括丹尼斯·罗伯逊、哈里·约翰逊、彼得·鲍尔、迈克尔·法雷尔等人）大声宣告，他们彼此之间存在尖锐分歧。

一般来说，如果理查德·卡恩是这些早期凯恩斯主义者中最好争辩的，那么琼·罗宾逊则是最能说会道且最直言不讳的，而尼古拉斯·卡尔多因对资本理论令人信服的表述使其与凯恩斯的思想更为一致，是他们当中最具原创性和创造力的经济学家。他以让人一目了然的讽刺和幽默来看待不同学派之间的论战，似乎只是将它们视为对经济学理解并不会构成不可磨灭印记的小争执。

---

* 约翰·梅纳德·凯恩斯（John Maynard Keynes，1883.06.05—1946.04.21），英国经济学家，被后人尊称为“宏观经济学之父”。他所创立的宏观经济学与弗洛伊德所创立的精神分析法及爱因斯坦所发现的相对论被并称为20世纪人类知识界的三大革命。——译者注

我自己的学院，三一学院，是这场争执不休的论战中的一片绿洲，三位政治观点截然不同的杰出的经济学家似乎彼此都能和睦相处，
287 而且还经常互动。马克思主义者莫里斯·多布和保守的新古典主义者丹尼斯·罗伯逊一起举办过联合研讨会，他们也经常与皮耶罗·斯拉法携手开展学术活动，而斯拉法的怀疑主义似乎适用于所有经济思想学派。

当时剑桥经济学的主要辩论，基本涉及经济总量，包括资本的总价值。那些被称为"早期凯恩斯主义者"的经济学家（有时，让我们更加困惑的是，他们也被称为"新李嘉图主义者"），坚决反对在经济建模中使用"总资本"；以生产总量为形式的资本概念的有用性，是一种很有代表性的设计，其成功必须取决于其环境上的诸多优势。诚然，将总资本作为生产要素这一想法中存在着诸多困难，甚至有其内在的矛盾，这一点已经被斯拉法简明扼要地指出来了。围绕它们所做的尝试均以流产告终。我的几个同学和亲密朋友当时也在研究这些问题，特别是路易吉·帕西内蒂和皮耶兰杰洛·加雷尼亚尼两人，在该领域做出了决定性的分析性贡献。

可是，虽然剑桥经济学非常注重对此类主题的研究，却对诸如不平等、贫困和剥削等其他至关重要的问题关注甚少。剑桥经济学在政治上是左翼，因此它在一定程度上是为左翼事业效力的。然而，我觉得资本主义的垮台是难以置信的，如果这种情况真的发生，那可能会是由资本理论中某些错综复杂的错误造成的，而不是由资本主义对待人类的卑劣方式导致的。A.C. 庇古（那时他

仍然健在，住在剑桥。由于曾向凯恩斯在宏观经济学上的许多主张提出挑战，他往往被早期凯恩斯主义者斥为老式的新古典经济学家）表达了他对现实问题高明得多的理解。他说道：“经济科学的开端，不是好奇，而是对社会的热情，那种从穷街陋巷的污秽和萎靡生活的无趣中起而反抗的社会热情。”①

在这些问题上，琼·罗宾逊采取的立场是，就优先事项而言，你首先要关注的只是最大化经济增长。这种立场实际上在印度已变得相当普遍。一旦你在经济上增长了，变富有了，你就能够转 288
而关注医疗服务、教育和别的所有诸如此类的事项。我认为，这种方法是发展思维中更加严重的错误之一，因为当一个国家处于贫困时，它对健康和良好教育的需求也达到了峰值。

此外，尽管经济增长是重要的，但一心只追求经济增长，而忽视教育、医疗服务和营养的发展，不仅对人们的生活质量有害，而且是一种适得其反的战略。如亚当·斯密在很久以前所指出的，教育、医疗服务和营养不仅是一个人体面生活的关键组成部分，而且是人类生产力生成的重要因素。不知何故，琼对经济发展中斯密式的完整综合的认识并不怎么赞同。例如，她强烈批评斯里兰卡以营养和健康为由向每个人提供食品补贴，即使这样做的同时也促进了经济的扩张。她用一个极具误导性的类比驳斥了这种混合战略：“斯里兰卡试图不种树就品尝果实。”

不同经济思想学派之间的分歧，似乎在剑桥语境中起了一种

---

① 参见 A.C. 庇古所著《福利经济学》（*The Economics of Welfare*, 1920）（Basingstoke: Palgrave Macmillan, 4th edn, 1932），第 5 页。

令人迷惑的作用，而在将经济学家划分为或友或敌两个不同类别方面则尤其如此。新古典经济学和早期凯恩斯主义经济学的反差常常出现在这些争端中。在来剑桥之前，我并不知道经济学语境下的“新古典主义”这个术语，但它当时已经风行起来，并在这些辩论中被广泛使用，因而成为赋予旧词新义的一个例证。我想，通过类比在美术、雕刻和建筑中更为常用的“新古典主义”这个术语，就能猜出经济学中“新古典主义”的实际含义，结果劳而无功，令人绝望。回想起我所见过的新古典主义艺术的例子，诸如雅克 - 路易·大卫 * 技法精湛的画作《贺拉斯兄弟之誓》（*Oath of Horatii*），或安东尼奥·卡诺瓦 ** 的雕刻《丘比特吻醒昏睡的普绪喀》（*Psyche Revived by Cupid's Kiss*，又译《天使之吻》或《爱神丘比特与普绪喀》），仍旧毫无头绪。

稍加研究即可发现，“新古典主义”这一经济学术语显然是由索尔斯坦·凡勃伦于 1900 年率先使用的。这似乎是他刻意安排的一个序曲，以进而展开批评他所描述的所谓新古典主义，不过现在仍然很难将这一术语与其原初的贬义用法完全区分开来。我断定，将新古典经济学简单地视为有一串最大化行为主体的主流经济学要容易得多。这些行为主体有资本家、劳工、消费者等等，他们通过使边际的这个等同于边际的那个来遵循机械的最大化规则。

---

* 雅克 - 路易·大卫（Jacques-Louis David, 1748.08.30—1825.12.29），法国新古典主义重要画家。——译者注

** 安东尼奥·卡诺瓦 (Antonio Canova, 1757.11.01—1822.10.13)，意大利雕刻家、新古典主义最伟大的代表人物之一。——译者注

凡勃伦是一位多产的思想家，尽管他对新古典经济学的界定 289
相当糟糕，但他对一些主题的理解则要清晰得多：我们应把“炫耀性消费”和“有闲阶级”等重要概念的提出归功于他。[①]我记得在发现凡勃伦界定“有闲阶级”所采用的方法与马克·布洛克界定“靠他人劳动为生”（已在第十三章中论述过，与对劳动价值论的重要诠释有关）的人所采用的方法之间的相似之处时，我有多讶异。事实上，重要的是，要摆脱业已被人过度使用的大众批评路数（例如隐含在新古典主义理念中的批评），以在规范经济学的批评中寻找更明确的界定方法。

五

尽管剑桥有许多优秀的教师（如理查德·斯通、布莱恩·雷德韦、罗宾·马修斯、肯尼思·贝里尔、哈里·约翰逊、奥布里·西尔伯斯顿、罗宾·马里斯和理查德·古德温）并没有太多参与不同学派之间的激烈斗争，但总的来说，而且相当异乎寻常的是，他们的政治路线却被非常坚定地划分开来。凯恩斯主义者被认为是新古典经济学的左翼追随者，但这在很大程度上是本着“到此为止”的精神，因为早期凯恩斯主义者坚决反对马克思主义者以及其他显而易见的左翼思想学派。

我很快就明白，把不同经济学家放在一个维度上从左到右整齐地排列是不可能的。多布是一位敏锐的马克思主义经济学家，

① 参见索尔斯坦·凡勃伦所著《有闲阶级论》（*The Theory of the Leisure Class*, 1899）（Abingdon: Routledge, 1992）。

而早期凯恩斯主义者往往认为他对新古典经济学“十分软弱”。不管是否软弱，我的观察表明，与早期凯恩斯主义者和新古典经济学家之间的关系相比，马克思主义者和新古典经济学家之间通常是有增进彼此友好关系的更多余地的。例如，马克思主义者多布是当时剑桥为数不多的对福利经济学感兴趣的经济学讲师之一，是保守的新古典经济学家彼得·鲍尔的密友，而鲍尔后来被提名为上议院保守党代表，也是玛格丽特·撒切尔的经济顾问。

290 尽管我自己有左翼倾向，但在到达剑桥后不久，我就认识到右翼的鲍尔不仅是发展经济学方面最好的教师，而且是剑桥大学在这个学科上最有成就的思想家，以绝对的优势领先他人。事实上，他是世界上最具原创性的发展经济学家之一，而我对“发展如何发生”的很多理解都是我们素常对话的结果。令我感到非常荣幸的是，从我还是个年轻学子时起，彼得就把我当作朋友，几乎每周都和我一起喝咖啡。他常说：“咱们见一面，争论一番。”这对我来说是一个大有裨益的学问来源。在鲍尔的余生，我与他的友谊一直持续不断。我认为，早期凯恩斯主义者对他的事业几乎视而不见这一事实，不会给他们增光添彩。

六

虽然我钦佩许多不同经济学学派的成果，但我对福利经济学的兴趣，包括对社会发展程度予以评估的兴趣，仍然很强烈。在经济学中，这个领域直接评价一个社会的个体成员的福利，并对整个社会的福利进行综合评价。我越来越清楚，这是我特别感兴趣的一个主题。

我们如何确定一个社会发展得是好是坏呢？或者，用福利语言来说，我们如何才能评价社会福利？我们如何才能理性地谈论提高一个社会的福利？由于一个社会包含许多人，因此整个社会的福利必须以某种方式与组成该社会的个人福利相关联。因此，任何对社会福利做比较评价的尝试都必定会涉及许多个人福利的总和，而这必定会涉及某种形式的社会选择理论。

对组成社会的个人的集体福利进行评价，是一种社会选择问题。主张功利主义社会总量的杰里米·边沁优先考虑功利的总和，而不操心分配。相形之下，著名哲学家约翰·罗尔斯所倡导的正义论则更关注不平等，同时也结束了仅以功利为中心而不关心其 291
他的现象（他考虑自由等其他一些问题）。有多种界定社会福利的可能方法，也有许多不同的进行数据集成工作并对它们进行比较评价的方法。

另一种方法是投票机制。不同的个体可能会强烈要求我们的支持，而在竞争性备选社会方案之间做出选择，我们可能会有关于如何进行选择的某个规则或其他规则，也包括在一个社会的不同领导人之间进行选择。多数票规则是社会选择规则的一个众所周知的范例。除此之外，还有许多其他社会选择问题的例子。

每项社会选择的实施都可能涉及特定类型的问题。例如，即使是受到高度评价的多数票规则，也可能导致矛盾（通常被称为

“多数票循环”），产生不出得票占多数的优胜者。根据我们在第十二章中的简要讨论，我们可以使用多数票规则来理解不一致的要求。例如，如果有三个投票人 1、2 和 3，三个备选方案分别按降序排列，分别为 $[x, y, z]$、$[y, z, x]$ 和 $[z, x, y]$，那么在多数票规则中 x 将击败 y，而 y 将击败 z，z 将击败 x，这样根本就不会存在获得多数票的优胜者。因此，不可能通过多数票规则找到一个令人信服的解决方案。这个问题由十八世纪的孔多塞侯爵发现，并在 1950 年被肯尼思·阿罗证明普遍存在于社会选择的实施中，因此，如果我们坚持某些固定的一致性规则，那么显然无法做出民主选择。社会选择理论家因而不得不寻找合理的方法来应对不一致的普遍挑战，以及与之相关的不可能性问题的挑战。与投票机制一样，这也同样比较适用于社会福利评价。

七

从印度抵达英国后，我就试图弄清，是否可以将我在加尔各答期间在经济学领域的主要学术关注与我在剑桥学习期间希望专心从事的研究联系起来。事实证明，这是很难做到的。在加尔各
292 答读了阿罗的《社会选择与个人价值》并查看了与之相关的新出现的文献（加上我自己对社会选择理论这个新主题也进行了大量思考）之后，我感到我对该领域的兴趣变得越发强烈起来。可是，我无法说服任何一位剑桥教师对社会选择产生兴趣，或者鼓励我致力于任何与之相关的学科。

本来有一种方法，可以用福利经济学将社会选择理论与那些

剑桥认可的更为规范的经济学学科联系起来，但福利经济学那时在剑桥尚未被视为一门学科。在我来剑桥前不久，才华横溢的南非经济学家约翰内斯·德·维利尔斯·格拉夫（被昵称为“扬”）在一篇引人入胜的论文中表示，如果不评估对社会福利的价值判断，那么福利经济学就没多少可说的东西。[①] 社会判断怎样才能与个人福利评价（或个人价值判断）联系起来？格拉夫的意见当然可能是对这一问题做出批评性审视的开端，就如同阿罗试图在社会选择理论中通过使用合理的公理来解决这一问题一样。可是，主要是由于剑桥的大多数经济学家没有充分理解阿罗不可能性定理的实质，格拉夫的分析竟然被视为该学科的终结。事实上，阿罗的结论被视为对该学科的全面毁灭，而不是被看成对他所提出的公理及其组合进行审视的鼓励。因此，在格拉夫之后，福利经济学通常被看作没有出路的死胡同，而不是一片可以耕耘和结出硕果的田野。

当我告诉琼·罗宾逊我想研究福利经济学时，她说：“难道你不知道这是一个给搞砸了的学科吗？”她给我讲了一个故事，说聪明的经济学家都在试图研究福利经济学，可是“他们之中最聪明的一个人，就是格拉夫，表明这一切都是无稽之谈”。我告诉琼，她可能误解了格拉夫的研究工作：第一，格拉夫实际上并未表明福利经济学是胡说八道；第二，他本人从来不曾声称自己持有这样的看法。琼不仅没有被说服，而且没兴趣听我对这个学科

① 参见约翰内斯·德·维利尔斯·格拉夫所著《理论福利经济学》（J.de V. Graaff, *Theoretical Welfare Economics,* London: Cambridge University Press, 1957）。

的想法。她告诉我，我最好研究某种更为有用的东西。

我确实曾经尝试招募一两位别的剑桥教师加盟，希望他们能对社会选择理论产生研究兴趣，但没有取得成功。没人能找到鼓励我的理由。同琼一样，理查德·卡恩是怀有敌意的。尼古拉斯·卡尔多的所作所为就像平素那样，也就是对我表示鼓励，而
293 他的理由是：在人的一生中，一定数量的愚行对于其品格塑造是必要的。剑桥经济学教授中唯一讲授福利经济学的是莫里斯·多布。他的一些左翼同人把这一点视为莫里斯的一大错误（他们常把他的所作所为胡乱归结为“对右派输诚”）。就像当时别的许多经济学教授一样，多布对数学推理相当敏感，但他想让我给他解释一下阿罗定理的实质以及它之所以有趣的原因。他十分专心地听我讲，却在随后告诉我，这个学科太数学化了，我们没法一道研究它。不过，他愿意，而且实际上是渴望跟我聊聊他所理解的社会选择理论的若干组成部分。他说：“这对我来说将是一次不错的短途出行。”

另一位对我涉足社会选择理论有些兴趣的教师也是一位马克思主义者。不过，他属于一种颇为不同类型的马克思主义者。他就是皮耶罗·斯拉法。斯拉法（我已经说过）一直与左翼大知识分子、意大利共产党的创始人安东尼奥·葛兰西过从甚密。斯拉法说，社会选择理论必然会引发社会交流，因此他想与我讨论社会交流的本质，而这一点虽然曾经遭到阿罗相当严重的忽视，但结果却是一种非常有趣的挑战。

八

在毕业后成为一名研究生时，我在读本科时所承受的经济拮据已大体过去。我此时有两笔奖学金，足以支付一应开销。一笔奖学金叫伦伯里奖学金（Wrenbury Scholarship），是根据学士学位考试的成绩颁发的，不过得履行一些奇怪的附带手续。我获悉，丹尼斯·罗伯逊作为剑桥大学政治经济学教授，负有每学期对我的学业情况写几句评语的职责。他对我说；“你为什么不用第三人称的口气写一写你自己的学业情况？这样我也好把它报上去。可别编瞎话，学籍登记处的人可不喜欢这一套！”

无论如何，想要花招可并不容易，因为我发现很难决定从何处开始我的研究，以及选择什么作为我博士学位论文的主题。
琼·罗宾逊想让我与她一道研究资本理论。她告诉我，“这是真 294
正可以做原创性研究之处。”她还补充说：“让我们一道为新古典经济学的棺材敲上最后一颗钉子*。”我将琼的建议告诉莫里斯·多布后，他回答道：“把敲钉子的事留给她，做你最感兴趣的事情！”

我告诉多布，我真的很想专心致志研究社会选择理论中的某个问题，追随并拓展肯尼思·阿罗在《社会选择与个人价值》中业已完成的工作。他回答道：“如果周围有其他人也对这个主题感兴趣，你就去做。只要你愿意，随时可以来跟我谈谈你对社会选择的想法，但你的博士学位论文可要另外选题，一个你发现其他人也感兴趣、已有所知并有专门评价的主题。”

---

* 原文为 put the last nail in the coffin，意思是给予致命一击。——译者注

我依命行事。我决定研究“技术选择”，尤其是在一个失业率很高、工资很低的经济体中，从社会角度评估，如何选择合适的生产技术。这个选题在一定程度上是为了安抚成为我论文导师的琼，于是我将“资本”一词嵌入了论文标题之中。这种协调是很容易的，因为我非常关注如何将资本密集型生产技术理想化地应用于廉价劳动经济体的问题。这个选题涉及一些复杂问题，与技术选择对消费和储蓄的影响有关，不然的话，它似乎就是一个带有明显答案的问题。我把论文题目定为《发展规划中资本密集度的选择》（*Choice of Capital-Intensity in Development Planning*）。当我向皮耶罗·斯拉法提到这个题目时，他朗声大笑，说道：“没人会弄得清你的论文写的是什么。”他说，他强烈建议在我发表论文之前改变题目。然而，就博士学业自身而言，他又说道：“这个题目虽有点故弄玄虚，但也恰到好处，因而对一篇博士学位论文来说，还是无懈可击的。”

第十九章
欧洲知何处?

一

如果说我在剑桥的第一个秋天有什么让我很受打击的东西，295
那就是太阳下沉得太早了。午饭后就几乎没有明亮的天光了。随着我越来越喜欢身边有人做伴，我就越来越无法清晰地看到我所居住的小城的面貌。下午 3 : 30 日落，对任何人来说都是一种可怕的体验，尤其是对一个来自印度河－恒河平原的人来说。难怪英国人如此痴迷于拥有一个日不落帝国。

在我离开印度之前，我心里就有了去意大利旅游的想法。在我还是个学生时，包括在圣谛尼克坦和在加尔各答的那些岁月，我就被文艺复兴时期的绘画所深深吸引，从那时起我就开始迷恋意大利了。多年来，我买了一些复制的价格尚可承受的意大利文艺复兴时期的画册，所收作品从早期的乔托·迪·邦多纳、弗拉·安吉利科和波提切利（Botticelli）到后来的达·芬奇[*]、米开朗琪罗和提香的杰作都有，于是告诉自己，有朝一日我要亲眼看看那些真迹。1953 年 9 月，当我们在前往英国的途中从斯特拉斯内弗号轮上看到意大利海岸时，这个愿望又涌上心头。甚至夜间

* 列奥纳多·达·芬奇（Leonardo da Vinci），意大利文艺复兴时期著名的画家、雕塑家、建筑家和工程师。——译者注

从我们的船上看到的愤怒的斯特龙博利岛[*]，也增进了我游历意大利的强烈愿望。

我访问意大利的决心，也因我在管区学院期间观看了意大利新现实主义电影而得到大力加持，而且那些电影也改变了我对电影是如何传达信息的理解。我们在咖啡馆里对欧洲政治的讨论，也使我对意大利的兴趣更加浓厚，使得我阅读了大量有关意大利抵抗运动如何反抗法西斯政权并最终获胜的文献。可是，我在那时尚不知道自己很快就将熟识许多曾经参与意大利抵抗运动的人士。

296 然而，即使是从邻近的英格兰前往意大利，还是存在一个明显的障碍。父亲给了我一笔600英镑的预算，供我在剑桥的第一学年的用度。这足够我应对一年包括学院杂费[**]在内的正常开销，但也仅此而已。我告诉自己，但凡有任何手松之处，我就得削减一些正常开支。我本可以以教育兴趣为正当理由来一次海外之行，但我主要被一种单纯而强烈的享乐主义的欲望所驱动，就是想去观看我最喜欢的绘画、雕像、电影和那些壮丽的建筑，而世界上约有一半被列入文物保护名录的建筑位于意大利。等到3月，冬天的寒冷开始渐渐消退之时，我开始盘算能否设法实现这个愿望。恰在那时，一个修"现代文学"的学生罗伯特告诉我一个消息。我和他虽不熟络，却很喜欢他。他告诉我，他正要买一张由

* 斯特龙博利岛（Stromboli），一座位于意大利半岛西边第勒尼安海的火山岛，与西西里岛北部的埃奥利群岛形成一火山岛弧，系全球地震最频繁地区之一。该岛自古即有"地中海灯塔"之称，岛上火山活动至今犹在持续。——译者注

** 学院杂费（college fees），是学院制大学内每个学院所要求学生缴纳的学费之外的费用，不同于大学学费（tuition fees）。学院杂费是用于支付学院提供的学习设施和其他服务的，不涵盖住宿费和伙食费。——译者注

全国学生联合会组织的意大利“美术之旅”的廉价套餐票。这张票包含乘坐包机往返意大利的费用，而且还涵盖了在当地六个城市（米兰、威尼斯、维罗纳、佛罗伦萨、佩鲁贾和罗马）的旅行、酒店和膳食费用。我马上提出关键问题：“这要花多少钱？”他回答道：“五十英镑，一包在内。”

我回到家，再次筹算我的财务记录，然后去全国学生联合会办事处买了一张旅行套餐票。我跟自己说，我得在其他方面节减开支。令人高兴的是，就在我们出发前夕，三一学院告诉我，他们刚刚遴选我为高级学者。酬金并不高（英国公民被遴选为学院学者而他们所属诸郡又承诺为他们负担学术费用的除外），但即使是高级学者的基本报酬，也比我在全国学生联合会办事处的开销要高得多。成为高级学者还有其他一些好处，诸如免除学院杂费，享有包括假期在内的全年学院房间免费住宿的权利。当我在旧伦敦机场登上飞往米兰的包机时，我几乎觉得自己已经是富人了。

二

意大利之行非常成功。我的同伴们都非常随和。团里有十八
位年轻女士和三位男士（包括罗伯特和我，以及一位年近五旬的 297
和蔼可亲的中学教师），却毫无令人不快之处。我们住的那些简朴的酒店相当舒适，而且食物也很可口。正宗的意大利面很筋道，与三一学院那煮得过头且色味皆无的卷心菜和孢子甘蓝*相比，真有云泥之别。博物馆令人十分惬意，而且无比神圣。我在不同的

* 孢子甘蓝（Brussels sprouts），又译布鲁塞尔芽菜。——译者注

博物馆（乌菲齐美术馆*、皮蒂宫**、梵蒂冈宫***等）里度过了几个整天，在它们周边的美丽城市中来回穿行，走个不停。

意大利喧嚣与欢乐的生活充满活力，让我也乐在其中。我想是在佩鲁贾时，我在夜间被窗下街头很响亮的谈话声吵醒。我有点失眠，却喜爱这种生活的气息。翌晨早餐时，我是唯一没在抱怨意大利人吵闹不休的人。我喜欢他们不受压抑的生活方式。

我随身带着一部莎士比亚全集（他使我在加尔各答学习期间即对意大利深为着迷），而且花了些时间，试图将我此刻看到的东西与我曾经读到过的事物一一对应起来。奥赛罗获胜后是在威尼斯的什么地方登陆的？普洛丢斯是在哪里与维洛那的另一位绅士谈论“阴晴不定的四月天气****”的？倘若莎士比亚曾经记有日记，留下他游历意大利的印象，那么我定然喜欢一读。而我稍后获悉他可能压根就不曾去过意大利时，我真是大失所望。

三

神奇之旅终于临近尾声。但在那时，由于剑桥的暑假才刚刚

---

* 乌菲齐美术馆（Galleria degli Uffizi），在意大利佛罗伦萨市乌菲齐宫内，世界著名绘画艺术博物馆之一，以收藏欧洲文艺复兴时期画作而驰名，同时藏有古希腊、罗马雕塑作品。——译者注

** 皮蒂宫（Pitti Palace），佛罗伦萨最宏伟的建筑之一，原为美第奇家族住家，藏有历代美第奇家族收集来的艺术珍品。拉斐尔在文艺复兴鼎盛时期的作品《椅子上的圣母》和《戴面纱的女士》都收藏在这里。——译者注

*** 梵蒂冈宫（the Vatican），位于圣彼得广场对面，十四世纪以来一直为历代教皇的居住之处。宫内有举世闻名的西斯廷教堂。宫内所藏《雅典学院》《巴尔纳斯山》《圣典辩论》三幅壁画，系意大利文艺复兴时期艺术大师拉斐尔的杰作。——译者注

**** 参见莎士比亚．维洛那二绅士 // 莎士比亚全集：第 1 卷．北京：人民文学出版社，1978：104。——译者注

开始，我决定不与其他人一道直接飞回伦敦。罗伯特也做出了同样的决定，他在我们到达罗马之前即已离团到瑞士去了。那些令人非常愉快的旅伴乘坐包机返回，我就此告别他们。我们都许诺互通书信，可谁都没有践约。

我独自从罗马慢慢向北，前往多洛米蒂山脉[*]。我住各种青年旅社，在这些旅社之间行动则以搭便车为主，偶尔会在交通不便
时买学生票搭乘短途火车旅行。我口袋里有二十英镑，用于支付 298
从罗马到剑桥的旅费和食宿费，似乎绰绰有余。

在多洛米蒂山脉脚下的特伦托（Trento），我向人打听青年旅社在哪里（我根据随身携带的青年旅社指南知道附近有一家），他指着山顶跟我说，如果上山走得快一些的话，大约两个小时就可以到达那里。于是，我背上背包，迈步踏上这条锻炼耐力的徒步之旅，到达一家尚在建设之中的青年旅社。旅社有浴室和卫生间，不过令人相当难堪的是，还没有装上门。

我很不舍得离开意大利，于是兴奋地和一群住在旅社的英国学生一起远足数日，他们带我看了山路上一些格外优美的景观。可是，我最终还是越过阿尔卑斯山，到达了茵斯布鲁克[**]。游览奥地利之后，我去瑞士与罗伯特会合，待了数日，随后独自前往巴黎和加来并返回英国。我还剩下一点零钱，我对自己毅然仅靠面

* 多洛米蒂山脉（Dolomites），又译白云石山脉，位于意大利阿尔卑斯山脉北部东段，有冰川地貌和喀斯特地貌系统。2009 年被联合国教科文组织世界遗产委员会列入《世界遗产名录》。——译者注

** 茵斯布鲁克（Innsbruck），又译因斯布鲁克，奥地利西部城市，位于阿尔卑斯山谷之中，与德国、意大利和瑞士相邻，茵河穿城而过，为中欧负有盛名的旅游胜地。在旧城狭窄的街道上，林立着众多不同风格的古建筑。——译者注

包、乳酪、咖啡、搭便车和青年旅社维持生存感到十分欣慰。在横跨英吉利海峡的渡轮上，我为欧洲大陆之旅的结束感到黯然神伤，同时也很高兴回到我熟悉的学院环境和这个成为我第二故乡的地方。这倒是始料未及的。

四

我在意大利通过搭便车和住青年旅社轻松游览各地的经历让我入迷，因此我也想在欧洲其他地区，包括法国、比利时、荷兰和德国，一再如法炮制。这些旅行项目后来都逐一实现了。我有时与朋友一道出行，有时独自漫游。1955 年，也就是在我意大利之行后的那个夏天，我与几个在剑桥的南亚人一起，试图穿行挪威与瑞典，我们之中有印度人，也有巴基斯坦人。我们从哈里奇*乘坐渡轮至挪威的卑尔根登陆，随后通过搭便车游览了这个国家
299 的很多地方，沿途欣赏着群山风光。但是，在游览奥斯陆后，在我们跨过边境进入瑞典，打算前往斯德哥尔摩时，搭便车很快就变得不那么令人愉快了。天变得多雨，夏天即将结束（那是在 9 月初），路过的车辆似乎都极不情愿停下来。和我一起搭便车的伙伴是来自东巴基斯坦的拉赫曼·索班。我告诉他，他的长胡须不大可能让汽车司机把我们视为旅客。我强烈建议拉赫曼用剃须刀刮掉胡须，但他拒不同意。在一辆小轿车从我们身边驶过又折返回来后，司机告诉我们，他坐在后座的孩子想更好地看看拉赫曼

---

* 哈里奇（Harwich），英格兰东部埃塞克斯郡最北端的一个小镇，是英国一个重要的国际港口。——译者注

的胡须，从而让他觉得，自己保留胡须是完全正确的。

车主开车带了我们很长一段路，甚至请我们在他家吃了一顿精美的晚餐。我们就许多与南亚有关的话题忘情交谈，内容包括次大陆的各种饮食规则和禁忌。他想知道我们之中一人不吃牛肉，而另一人规避猪肉是否属实。拉赫曼解释道，我是无视规则的，根本不遵守任何食物方面的限制，但总的来说，我们的主人是绝对正确的：印度教徒通常不食牛肉，而穆斯林则回避猪肉。可是，拉赫曼还想让他多了解情况，尤其是关于行为人类学的内容。所以他继续说："然而，这些限制根本没有可比性，因为印度教徒不吃牛肉是因为他们认为牛是神圣的，而我们穆斯林拒绝猪肉是因为我们认为猪是肮脏的。"

我们花了一些时间来说明这种复杂的区别，拉赫曼以一个伟大导师的热情饶有兴致地施展他的教学技巧。在我们谢过主人准备离开时，主人说他很感谢我们拓展了他的知识。然后，他补充道，希望有朝一日还能继续我们的谈话，因为他非常想知道为什么穆斯林认为猪是神圣的。拉赫曼似乎为他人类学教学的糟糕效果感到有些难过，我不得不安慰他，表明如果他能把经济学学得非常非常好的话，他就可以获聘去教经济学，这样他就不必去找一份当人类学教师的工作了。

拉赫曼和我最后都断定，我们搭便车行进的速度太慢，于是我们乘公共汽车去火车站，然后乘火车前往哥本哈根。那里没在下雨，而且也有更多的日光。我们重拾搭便车的老办法，让我们 300
穿越丹麦、德国（我们曾流连于汉堡，那里有古老的遗址和盟军不到十年前猛烈轰炸留下的新伤痕）和荷兰（欣赏阿姆斯特丹的魅力和优雅），最后到荷兰角（the Hook of Holland）乘坐渡轮返回哈里奇。

五

我在游历欧洲期间，还有一次经历值得我反思。1958 年，我应邀前往华沙大学讲两周经济学课程，尽管完全不够格（我在剑桥甚至还没提交博士学位论文），但我还是踌躇满志。我难以抗拒亲睹波兰和会晤有趣之人的机会。我在华沙的东道主解释说，他们没法付我外币，但我一旦到达波兰，他们就可以慨然付我波兰钞票。他们会安排我在华沙一家优质酒店下榻，并会很好地照顾我。

对我而言，这个提议似乎很有吸引力，足以让我即使在口袋空空如也的情况下也愿冒险出行。略经犹豫，我给自己买了一张从伦敦到华沙的长途火车票，在柏林转车。旅程的第一部分不成问题，但我乘坐的火车到柏林晚点了，晚到让我错过了前往华沙的联运火车，也就是每天从西欧去东欧的转运火车。我就这样被困在了庞大的东柏林火车站，面临着在这里度过二十四小时的窘迫前景，而身上的钱连买杯咖啡都不够，更不用说支付一个房间和一张床的费用了。

当我在月台上徘徊，试图想出面对这个小危机的办法时，不知从哪里冒出个印度人的身影。他走上前来自报家门，说自己叫希亚姆·孙达尔·德。他解释说，他来自加尔各答，在柏林学习电气工程。他之所以来火车站只是因为自己的女朋友想用一下那里的设施。他问我为什么来柏林。我告诉了他我那不太可信的故事。当时我一定显得十分绝望。

随后，不寻常的事情开始发生。希亚姆为我办了一张可以在 301
东德游荡的通行证，然后又给我办了张可以在西柏林自由活动的通行证。他们带我去一所工程学院的餐厅吃晚饭（希亚姆的德国女友也非常友好，向我介绍了那天晚上的“美味”都是什么），最后安排我住在希亚姆就读的工程学院的一间不错的客房里。翌日，在希亚姆和他的女友上课时，我好好逛了逛东柏林的一部分，以及西柏林的一大部分。

晚上，他们到车站送我乘火车前往华沙。他考虑我可能会在柏林与华沙之间的某个地方又遇到什么难处，坚持往我衬衫胸前口袋里塞了一些钱。“可我该怎么把这钱还你呢？”我问。希亚姆在他的记事本上记下了十四天后我返程途中在柏林转车的列车时刻，算作对我的答复。“我到时会在这里，”他说道。

我的华沙之旅很顺利。我尤其高兴见到那些学生，以及就近参观肖邦美丽的家。一次，一位想跟我说话的左翼同人把我带进洗手间，打开所有的水龙头，唯恐他对政权的批评被人偷听。在归途中，在柏林站，希亚姆正坐在月台的长椅上等着我。他用英语大声打招呼：“你觉得华沙怎么样？”我由是认出他来。我的感激之情真是难以言表。

回想这一插曲，我当然知道我是多么幸运，可我也认识到，人类这样的善意和乐于助人的品质能有多么普遍。如果希亚姆愿意帮助处于困境中的人是他价值观的一个方面，那么他愿意信任一个完全不认识的人，甚至拿自己的钱（作为一名受资助的学生，他不可能富有）供这个陌生人花，则一定是他价值观的另一方面在起作用。伊曼纽尔（又译伊曼努尔）·康德以及后来的以赛亚·伯林，曾经告诫我们：“用扭曲的人性之材，从来做不出任何笔直的东西。”他们这样说很可能是对的。可是，人性中也确实有“直木”，能以其令人钦佩的善意给我们带来惊喜。纵然有背叛、暴力、屠杀和饥荒，但也有令人难以置信的慷慨和善良的行为。

六

302 在我游历过的地方中，让我百看不厌的是巴黎。那里有数量惊人的文化产品（卢浮宫位居榜首）和与之毗邻的令人愉悦的景观，如非凡的哥特式建筑沙特尔大教堂*。总的来说，由于我并不是哥特式建筑的狂热爱好者，因此我竟然那么喜欢沙特尔大教堂，连自己也觉得意外。我对巴黎的造访很快变得频繁起来。然而，从英国搭便车到那里并不容易，不过我很快就发现有许多减价路线存在。一旦我克制住自己走伦敦—多佛—加来—巴黎这一经典路线的冲动，就有了许多可以穷游的办法。其中一条路线是先乘公共汽车到英吉利海峡的边上，然后登上一架摇摇晃晃的飞机飞一小段，几乎立马就降落在了对岸，之后再乘公共汽车前往巴黎。

---

* 沙特尔大教堂（Chartres Cathedral），全称沙特尔圣母大教堂，坐落在法国厄尔-卢瓦尔省首府沙特尔市的山丘上。系标准的法国哥特式建筑，已被联合国教科文组织列入世界文化遗产。——译者注

这似乎是一段精心测算的藐视海峡这一庄严存在的旅程。多年后，在英吉利海峡隧道开通时，我已经掌握大量专门知识，可以采用各种省钱办法前往这座城市旅行。

有一种我不考虑的方法是，试着去效仿那些有胆量的英国人和法国人的无畏精神。他们的方法是相互竞赛，游过海峡。事实上，也有一些印度人在尝试这一壮举。在看到媒体宣布有一个刚毅的来自加尔各答的孟加拉人也在准备横渡海峡时，我深受触动。我饶有兴致地关注报纸上关于他的进展的报道，包括他定期发表的有关准备工作的声明。他要开始游泳横渡海峡的那一天终于来了。翌日早晨，我抓起一张报纸想看看他进展如何，结果他半途而废了。当救援人员问他是不是过于疲惫或是感觉不适时，他说“这些都不是”他放弃挑战的原因。相反，他解释道，他游泳时一直在想，自己为什么要这样做。最后他问自己：“这样做究竟有什么意义？”我发现，我们这位半渡英吉利海峡的孟加拉英雄有随机应变的智慧，很是令人觉得宽慰。

在巴黎，我发现了坐落在索邦广场显赫地段的名流酒店
(Hotel Select)，而从圣米歇尔大道*到索邦大学校园后面锁着的铁 303
门，不过 30 米之遥。名流酒店提供的服务很少（而且没有早餐），但房间价格也与之匹配，因此我成了它的常客。在这家破败失修的酒店，从我常用的那个房间可以俯瞰一条很短的路。这条路开始于喧闹的圣米歇尔大道，悄无声息地终结于索邦大学紧闭的铁

* 圣米歇尔大道（Boulevard Saint-Michel），法国巴黎拉丁区两条主要街道之一，系一条南北走向的林荫大道。——译者注

门。多年后，当索邦大学在一个激动人心的仪式上慨然授予我荣誉博士学位时，我不禁提到了我与索邦广场的长期关联。令我尴尬的是，我只是随口说了句，渴望看到那些关闭的大门打开几分钟，结果我真的如愿以偿。那是在从一个不同的视角来观看旧景，可是我也注意到，我熟悉的旧寓所如今已焕然一新，被改建成了一家非常时髦的现代酒店。

那时住在名流酒店最大的好事之一就是，我可以在下面的咖啡馆喝到大杯的欧蕾咖啡 *，吃到可口得让人难以置信的可颂面包。有时，我和朋友们一道从剑桥来巴黎，会被认为是对这座风情万种的城市了若指掌的行家里手。我的朋友们大多是其他专业的学生。我会领着他们到名流酒店住还算廉价的房间，然后去欣赏沙特尔大教堂那摄人心魄的美，再打道回府。我想，倘若我经济学一事无成，也许我可以经营一家旅游公司。

七

我在欧洲大多数地方的游历都只是短暂停留，品味一个城镇与它的博物馆及美术馆，然后继续前行。可是，在 1962 年，我发现自己竟然在奥地利一个叫阿尔卑巴赫（Alpbach）的迷人山城待了三个星期。缘起是我在那里的一个泛欧暑期学校从事教学工作。这是很久以后的事了。那时我已结婚，我的妻子纳巴尼塔和我都喜欢阿尔卑巴赫的朴实之美。埃里克·霍布斯鲍姆也在暑期学校任教，我们从剑桥开车把他捎到那里。在阿尔卑巴赫的工作结束

* 欧蕾咖啡（café au lait），字面意思是牛奶咖啡，系一种法式拿铁咖啡。——译者注

后，我们前往普罗旺斯地区艾克斯（Aix-en-Provence），埃里克和 304
我都应邀到在那里举行的第二届国际经济史大会上发表论文。他成就卓著，自然有参会资格，而我之所以应邀参会，则可能表明会议组织者愿意让我有所历练。

我们在一起的旅行是十分美妙的。埃里克知道沿途所有地方。在比利时、德国、奥地利、意大利和法国，无论我们在哪里停留，他都会给我们讲它们的历史。埃里克对我的思想产生了很大的影响，可令我惊讶的是，我们时代的这位最杰出的马克思主义历史学家，对基督教会史竟然也了如指掌。当我们从一座壮丽的大教堂移步到另一座时，就可以利用有关历史消遣。

埃里克和他的女朋友马琳·施瓦茨计划在我们的欧洲之旅结束后很快结婚。在旅途中，埃里克总是停下来购买马琳给他的一份清单上的各种家用物品。后来，她也成为我的一位非常亲密的朋友。我们交谈的话题之一是，当时正在进行的一体化方面的尝试将如何改变欧洲。我在那时还不知道，这一点在欧洲政治的发展中将会变得日益重要。

八

一些我在圣谛尼克坦和加尔各答读书时的同班同学，正在德国学习或接受培训，分散在科隆、杜伊斯堡、亚琛及别的地方。我尽量去看望所有这些人。圣谛尼克坦来的希布·克里希纳·卡尔，带着我和我的表兄巴丘哥，驾驶着一辆他从一个认识的修车店老板那儿借来的汽车。我们在行驶中陷入一起事故，人都安然无恙，但汽车却撞出了一个很大的凹痕。希布很是惊慌。和善的修车店老板说，既然他开着一家修车店，他就能轻而易举地把它修好。他说："要是你们撞掉了发动机，那倒会是个大问题。"我们闻言都如释重负。

我游历德国起步早得多，是在1955年。在二十世纪五十年代，由于人们心中对上一次战争仍然记忆犹新，我想知道那些看起来全都彬彬有礼而又友好的德国人是如何看待纳粹统治下的野蛮行径的，尤其想知道他们是如何看待集中营中的那些暴行的。同时，我也想知道，从另一个视角看，他们是如何评价盟军对德国城市残暴的狂轰滥炸的。巴丘哥和希布都担心我可能要在公共场
305 合谈论政治。巴丘哥斩钉截铁地说道："拜托，拜托，绝口别提政治！"他接着补充说："事实上，周围仍有一些希特勒的崇拜者，因此我们在公共交通工具上时，应尽量避免提到任何跟纳粹有关的词语或名字，即使我们说的是一种别人不熟悉的语言，也可能很容易就被识别出来。"我问道："如果希特勒的名字出现在孟加拉语交谈中，你怎么办？无疑，在每一种语言中，希特勒就是希特勒。"巴丘哥说："我们就称他为希图先生（Hitu Babu）。"我喜欢他这种用孟加拉语重新命名的机智，不过对于希特勒这种人来说，这个名字听起来有点过于亲切。

希图先生会怎么看待此事？那天夜里我去睡觉时就想弄清这一点。在二十世纪上半叶，民族自豪感和身份认同曾被严重利用，欧洲将如何克服这样的政治分裂，我对此也心存疑问。看到学院小教堂墙上镌刻着的太多在两次世界大战中丧生的三一男生的名

字，我感到震惊。这种感觉在我环游欧洲时仍挥之不去。这些欧洲国家在如此切近的过去还一直是彼此不共戴天的死敌。

两次世界大战中发生在欧洲的大屠杀真是骇人听闻。很难理解，那些有着悠久的文化、艺术、科学和文学互动历史的彼此相邻的国家怎么会变得如此无情，热衷于互相残杀。我在 2021 年时写道，身份冲突主要集中在宗教分裂上，也包括人为煽动起来的对来自中东和非洲的难民的敌意。很难理解，在不到一个世纪之前，欧洲人忙着互相斗争，不是因为宗教分裂，而是由于民族身份。英国人、德国人或法国人在公民身份上的差异，轻而易举地压倒了以基督教为形式的宗教共性。

在我童年时期经历了突然爆发的印度教徒与穆斯林之间的骚乱之后，这是我试图理解身份的分裂性作用的又一个阶段。在异常血腥的战争中相互杀戮的德国人和英国人，如何能在短短数年之后就成为最好的朋友？在二十世纪三十年代本来彼此和平相处的印度人，怎么会突然变成好战的印度教徒和穆斯林，造成二十世纪四十年代规模巨大的教派骚乱？此等事情，火速兴起，猝然
停下，何以如此？头脑清醒的反思能帮助我们克制这些暴力的爆 306
发吗？

九

除了拜访我在科隆、杜伊斯堡和亚琛的朋友们之外，我还想多看看德国的其他地方。坐游船顺着莱茵河游览的想法吸引着我，而我在去科隆看望朋友们时，发现可以从那里出发。第一次，我

从科隆乘船一路到美因茨，在包括林茨和科布伦茨在内的各个迷人的河港停靠，陶醉于四周的自然美景。乘船旅游的规则非常人性化，而且费用可以承受得起：你可以在沿途任何地方下船，在稍事休息后，再用同一张前往美因茨的通票，乘坐另一艘船继续旅行。我太喜欢这种体验了，以至于又两度踏上同一旅游线路。我变得非常眷恋莱茵河地区。

一次，我在船上挨着一些英国学生坐。他们告诉我，他们想去看看刚刚开始的吕德斯海姆葡萄酒节 * 的盛况，并说服我和他们一道前去。在一段旅途中，来了一群颇有学者风范的德国大学生，他们想知道我是哪里人。由于印度人和孟加拉人两词都出现在了我的答复中，这群人中有一位特别好奇的学生，想知道孟加拉最古老的名称是什么。"换言之，历史上它叫什么？"因为只是数个世纪之前才出现了一个统一的孟加拉，所以我试探着说是"榜葛"（Bongo），指的就是孟加拉统一之前曾经存在的一个重要地区，而它是统一的孟加拉的一个很大的组成部分。

我的德国新朋友中有一位以为榜葛与刚果相邻，想知道他是否正确。我只得让他失望，在一张餐巾纸上画了一幅世界地图，标出了非洲（包括刚果）和印度（包括榜葛），在它们之间尽可能多地填上许多国家。一个德国姑娘对二者之间的距离感到震惊，于是变得十分兴奋，大声宣告："我们得把它们弄到一块儿，我们必须这样做！"我说："这可不容易，因为地理不是可以轻易改变

---

* 吕德斯海姆葡萄酒节（Rüdesheimer Weinfest），于每年 8 月第三个周末在吕德斯海姆老城区集市广场举行。吕德斯海姆位于莱茵河畔，有"酒城"之誉。——译者注

的。国家在哪里，就会一直在那里。”她语气激昂地说：“你没有理解我的意思！我们必须让整个世界团结起来！”她重复道：“我们要让所有人都抱团！你明白吗？’在我正寻思她究竟想跟我说 307
什么的时候，她又发表了一项庄重的声明。我现在还能想起来，她说的是：“我们都是邻居！”

令我感动的是，这一番单纯的言论，与《路加福音》里好撒玛利亚人*故事中耶稣对与之争辩的律法师所说的话有几分相似之处。所以，我问她道：“任何人都可以成为别的任何人的邻居吗？你说的是这个意思吗？”她表示赞同：“是的，但我们必须为此而努力！”她说这句话时铿锵有力，仿佛她就要冲出酒吧，立即开始她的全球伟业一样。

我在去自己的小卧室就寝时，想着那次意想不到的交谈，断定它或许是在让我认识战后德国年轻人的思想是如何转变的，他们是如何通过认真的反思，从而远离了在数十年间支配这个国家的民族主义思维框架的。最近，安格拉·默克尔主张，为了应对叙利亚危机，德国必须接纳大量难民，作为德国对“我们的全球邻国”合理承诺的一部分。我在听她的讲话时，就想起了二十世纪五十年代那个德国姑娘的话。

那位德国年轻学生想告诉我什么？我的诠释是否正确？我当

* 好撒玛利亚人（the Good Samaritan），是基督教文化中一个著名的成语，意为好心人、见义勇为者。源于《新约圣经·路加福音》（10：25-37）中耶稣讲的寓言：一个犹太人被强盗打劫，受了重伤。躺在路边。有祭司和利未人路过，但不闻不问。唯有一个撒玛利亚人路过，动了慈悲心照应他。在民间，撒玛利亚人与犹太人互不交往达数百年。耶稣用这个寓言说明，鉴别人的标准是人心而不是人的身份。——译者注

时并没有把握，却认为我可能是对的。在离一场以德国为主要发动者的可怕战争仅仅十年之后，无疑这个国家有了许多变化的迹象。当我试图在吕德斯海姆的小床兼早餐桌上睡觉时，我惊叹于在莱茵河畔的地方葡萄酒节上竟能意外听到那样的对全球友好的承诺，而我现在还认为，我对她的那句话的理解是没错的。

夜已深，难以睡个好觉了。吕德斯海姆天色已破晓。我虽筋疲力尽，却满怀意兴，也感到莫名的快乐。

第二十章 交谈与政治

一

鉴于加尔各答左倾知识分子的国际联系，我初来乍到就受到剑桥左派的欢迎，对此我并不感到意外。实际上，有封来自天才数学家奥尔德里奇（里基）·布朗的热情洋溢的信正在门房等着我。他是剑桥大学社会党人俱乐部的成员，说他收到了加尔各答方面关于我即将抵达的“警示”，并邀请我参加俱乐部为剑桥新生举办的联欢会。我去参加了这次联欢会并决定加入俱乐部。在俱乐部的活跃分子中，有一些自封的马克思主义者，但作为一个来自学院街的有点自命不凡的学子，我对他们很少阅读马克思主义的经典，包括马克思本人的著作，感到有些震惊。 308

我也很惊讶地看到，俱乐部领导人对苏联和苏联主宰之下的东欧国家严重的威权主义毫不在意。诚然，这时还只是 1953 年，远在 1956 年 2 月苏共二十大召开之前，也在同年发生的匈牙利事件之前。在苏共二十大上，赫鲁晓夫令人震惊地披露了斯大林政权的问题，而匈牙利事件让很多人的思想受到触动。然而，在此之前的岁月里，有关苏联存在苛政的证据已经越来越多。就在我们动身奔赴英国之前，我和帕塔·古普塔一道在大吉岭度假时，恰恰就花了大量时间谈论这一问题。

在战争期间，英国士兵在他们的坦克上写上：“伙计，顶住他

309 们，我们胜利在望。”到 1953 年时，那种团结早已被遗忘，而苏联红军在 1945 年 1 月解放奥斯威辛集中营的非凡时刻也早已被遗忘。有关苏联威权主义的故事不胫而走，无疑与美国宣传的推波助澜有关，但也绝非仅仅出于这一原因。不过，不仅在英国共产党内部，而且在包括剑桥社会党人俱乐部在内的更为广泛的左翼社团中，人们都强烈否认苏联存在苛政。

不过，在英国内部和世界各地，在吸引人们关注平等问题及质疑冷战造成的敌意并敦促核裁军等方面，俱乐部确实发挥了更具建设性的作用。这些事务与政治实践密切相关，可是俱乐部在运用马克思主义分析问题方面的作用却收效甚微。

剑桥大学社会党人俱乐部的核心圈子里有一些激进分子，他们看起来有点像工党的极左派，但也有若干理论家。在这些人中，皮耶兰杰洛（往往被称为皮耶罗）·加雷尼亚尼坦言他认为俱乐部的肤浅令人痛心，而我想一位葛兰西派学者完全可能会发出如此议论。查尔斯·范斯坦是个来自南非的、有着共产主义背景的学生，在剑桥学习历史，对这样的言论感到十分恼火。查尔斯还一直是一名非常激进的左翼知识分子活动家。我记得，有一次我因为对斯大林的著述的不屑而受到他的责备（我还因将斯大林的书倒置在自己的书架上而受到他的批评）。然而，查尔斯后来伐毛换髓，相当彻底地改变了自己的观点，变得毫不关心政治，成为英国名列前茅的历史学家之一，而且不再带有任何左翼倾向。这位牛津大学经济史奇切利教授（the Chichele Professor）（他后来获得的荣誉教授头衔），保留了自己敏锐的才智和在 1953 年即已显而易见的富于人性的同情心，但他对政治显然变得更加漠不关心了，与那个刚从约翰内斯堡威特沃特斯兰德大学来的激进分子简直判若两人。

尽管有皮耶罗的苛评，社会党人俱乐部也不乏知识分子的素质。埃里克·霍布斯鲍姆经常在那里，斯蒂芬·塞德利（一位杰出的法律学者，后来成为英国的一名一流的法官）也是如此，他是在我于 1963 年前往德里前后加入俱乐部的。伊恩·布朗利后来成为世界最卓越的国际律师之一，曾是牛津大学的一名学生，隶属于那里的社会党人俱乐部（他也曾是一名英国共产党党员，在 310
苏联于 1968 年入侵捷克斯洛伐克后退党）。我经常遇到伊恩。在我的学生时代，他就是剑桥的常客，后来我们又成了牛津万灵学院的同事。那时，他就已经成为讲授国际公法的奇切利教授。

二

我通过政治性结社认识的最非同凡响的人物之一是多萝西·科尔，也就是后来的多萝西·韦德伯恩。在剑桥大学社会党人俱乐部的第一次会议上，里基·布朗递给我一份多萝西的请柬，约我去她家喝酒。她出生时叫多萝西·巴纳德，是一位带有激进观点的成功的木匠兼细木工的女儿，与她的历史学家丈夫马克斯·科尔住在帕克公园的一所房子里。多萝西优雅而亲切的脸上散发出智慧的光芒，让我深为着迷并为之倾倒。和她聊天也是妙趣无穷。这是我们终生友谊的开始，而这份友谊一直持续到她于 2012 年在 87 岁去世之时。

尽管取得了不少成就，多萝西的谦逊却显而易见。埃里克·霍布斯鲍姆在刊发于《卫报》的讣闻中写道，她是“一切自我标榜的敌人”时，就点明了她的这一品质，而她的这种品质，甚至在我们于 1953 年在剑桥初次晤面时，就给我留下了深刻印象。她的所有批评无一锋芒毕露，有时甚至还带有一定程度的自我怀疑。这也适用于她对主流经济学的怀疑态度。她在谈到主流经济学时说，她“太愚钝，无法搞懂”它们，但她随后就深入对主流经济学主体部分的错误提出了一些非常具有启发性的批评。

在我们晤面数年后，多萝西与马克斯·科尔的婚姻破裂，她于是嫁给了著名的律师兼法律思想家比尔·韦德伯恩（后成为韦德伯恩勋爵），而他也是英国政界中的左派。在过了数年幸福时光后，这段婚姻也以离异告终。随后，在数十年间，她基本孑然一身，可她总是那么欢快，总是那么关心他人，但她无疑是孤独的。在我看来，多萝西的人生，就是欢乐与痛苦交替出现的人生。好在她有亲密的朋友，在晚年时经常依赖于他们的陪伴，其中包括
311 霍布斯鲍姆夫妇和马里恩·米利班德，而米利班德是一位头脑异常清醒的思想家，是我的朋友、伟大的马克思主义社会学家拉尔夫·米利班德的遗孀（也是戴维和埃德的母亲）。

在我初次见到多萝西时，社会学在剑桥还没有被当作一个严格意义上的学术研究领域而获得认可，而她通常被说成是一位典型的应用经济学家。她当然也是一位应用经济学家。在社会学不再被束之学术高阁后，多萝西成为英国一位名列前茅的社会学家，留下了久远的影响。她的著作中包括对英国老年人生活的富

于启发性而又令人忧虑的分析，以及对护理职业和护理工作的调查研究。她成为伦敦贝德福德学院 * 的院长，并在贝德福德学院与皇家霍洛威学院 ** 合并后，又成为这一合成机构的负责人。她还主持了一项对狱中妇女状况的重要调查，并撰写了一本很有影响力的书，题为《为妇女伸张正义——改革的必要性》(*Justice for Women: The Need for Reform*)，提出了一些影响深远的女权主义见解。我从多萝西的研究工作中学到了很多东西，特别是了解了探索经济关系中社会层面的重要性，也非常钦佩她在研究一些遭到社会忽视的重要方面中所做出的贡献。

令人遗憾的是，在我看来，女性权利被剥夺的一个特征，也深深地反映在了多萝西自己的人生中。遵循社会惯例，她在结婚时两次改名，而且她的大部分知名出版物用的都是她的第二个婚姓（韦德伯恩），甚至在她与比尔·韦德伯恩的婚姻结束之后还是如此。因此，思想上有激进倾向的多萝西·巴纳德用婚姓出版了她所有的书籍和论文。说来也怪，我们在帕克公园的第一次交谈中就触及了这个话题，当时我已经形成这样一种观点，即女性在婚后改姓是一个很大的社会错误。多萝西耐心地听着新来的印度本科生的高论，随后嫣然一笑，似乎并未特别上心。她说："我明白你在说什么，但肯定有比这更严重的问题需要先处理好。"

---

* 贝德福德学院（Bedford College），系英国贝德福德自治市唯一的继续教育学院。——译者注

** 皇家霍洛威学院（Royal Holloway, University of London），系伦敦大学皇家霍洛威学院的简称，一所坐落于英国大伦敦地区萨里郡艾格镇的一流大学。始建于 1886 年，1900 年加入伦敦大学，1986 年与贝德福德学院合并。——译者注

三

尽管参与社会党人俱乐部的活动也很重要，但我对政治的兴趣远远超越了对该俱乐部的兴趣。我喜欢参加政治辩论和研讨会，
312 而最经济的方式就是成为举办那些会议的俱乐部的一员，从而可以免费出席。我于是分别成为自由党俱乐部和保守党俱乐部的会员，并且喜欢在有时感觉像是异邦人聚会的场合开展的讨论。加入剑桥工党俱乐部对我来说也是很自然的事，但那时该俱乐部有一个奇怪的规定，就是如果你是剑桥大学社会党人俱乐部的成员，你就不能加入剑桥工党俱乐部。这反映了他们对社会党人俱乐部中的共产党人及其同路人可能破坏工党俱乐部的担心。这一规则气量狭小，但它的愚蠢则更为过头。当人们听我说我属于剑桥"除工党俱乐部外"的所有主要政治俱乐部时，他们往往认为我的政治观点与那些俱乐部实际上大不相同。事实上，我也经常付六便士的入场费去出席工党俱乐部的一些看来不错的会议。

加入保守党俱乐部的一个意外结果是，我逐渐认识了身为当时主席的塔姆·戴利埃尔。塔姆出自苏格兰的一个属于上流社会的家庭（他在伊顿公学接受教育，并在后来继承了男爵爵位），已经开始对保守党政治心存疑虑。他在竞选剑桥联合会（Cambridge Union Society）这一主要的大学辩论论坛的主席时，请我支持他（实际上我可能是他提名的附议者），我于是出手为他从左翼那边罗致选票。事情进展得很顺利，可当时在剑桥学生中占大多数的保守党抛弃了他。塔姆输掉了那次选举。

塔姆与保守派渐行渐远，后来成为著名的工党议员（代表苏

格兰西洛锡安选区），经常站在党的左翼一边。他是一位激情似火的议会辩手，对于玛格丽特·撒切尔的保守党政府而言，他也是一名很有威力的扰乱者。他最出名的一件事是，在马尔维纳斯群岛战争[*]期间，英国政府（通过虚假公告）宣称击沉了阿根廷贝尔格拉诺将军号巡洋舰，塔姆因而认为英国政府欺诈不实。[**]塔姆还指责托尼·布莱尔的工党政府在欠缺情报，更没进行充分论证的情况下，就与美国一道进攻伊拉克。在苏格兰分权之后，英格兰人在苏格兰事务上没有了与苏格兰人相似的发言权，而与此同时，苏格兰出席威斯敏斯特议会的议员，对一些英格兰地区问题还能继续拥有与英格兰议员对等的发言权（这一问题以西洛锡安问题而知名）。他也因为质疑这种不对等性而闻名。在从议会退休之前，塔姆就已经成为"议院元老"，是议会最为资深的成员。 313

塔姆的品质，他的热情，他的勇气，他的政治智慧，包括他敢于与众不同的思想方式和提出难题的意愿，在我们的学生时代就已初露锋芒。他在自己的很有可读性的《自传：笨拙的重要性》一书中绝妙地探讨了他优先关注的事项。①

我在他的祖居宾斯庄园（The Binns）曾度过一些美好的日子，那里离爱丁堡不远。我也结识了他母亲，与她的交谈非常温馨而且富于启发性。她是一个可爱的人，有着惊人的记忆力，对苏格

---

* 马尔维纳斯群岛战争（the Falklands War），系指英国和阿根廷于 1982 年 4 月到 6 月间为争夺马尔维纳斯群岛主权而爆发的一场局部战争。——译者注

** 这为塔姆的猜测。——译者注

① 参见塔姆·戴利埃尔所著《自传：笨拙的重要性》（The Importance of Being Awkward: The Autobiography, Edinburgh: Birlinn Ltd, 2011）。

兰的传统与历史有着详尽的知识。这当然也包括对他们家族历史的记载，是从塔姆大名鼎鼎的祖先也就是“血腥的塔姆·戴利埃尔”开始的。塔姆的这位祖先在十七世纪组建了皇家苏格兰灰骑兵团，至今依然受人崇敬。塔姆的善良主要是一种天赋，但他母亲基督教的和人道主义的信念显然也强化了这一点。

正如以前我去迈克尔·尼科尔森家小住时，他坚持必须离开他家所在村庄才能喝酒一样，塔姆告诫我在与他母亲交谈时不要说自己是个无神论者。做到这一点很容易，何况塔姆还把我说成是一个虔诚的印度教徒。在我做客宾斯庄园的次日，塔姆的母亲告诉我，她已经邀请了爱丁堡主教过来，他非常想和我讨论一些印度教的复杂问题。值得庆幸的是，由于主教的问题大多关乎印度教哲学的基础，而不是有关信仰和习俗的问题，所以我基本上能够对答如流。

四

如我在前面所提到的，在跟我同班的经济学家中，我逐渐与来自巴基斯坦的马赫布卜·哈克熟络起来。我还与耶稣学院的塞缪尔·布里坦变得关系密切。离开剑桥后，萨姆[*]很快成为一名职业记者，首先供职于《观察家报》（*The Observer*）（他成为该报的经济编辑），继而在《金融时报》（*Financial Times*）担任了数十
314 年的首席评论员和社论作者。就在我们刚刚毕业之后，萨姆的专栏开始出现在《观察家报》上。这些专栏附有他的一张照片，看

* 塞缪尔的昵称。——译者注

起来不仅睿智和严肃（当然，他兼而有之），而且显得比他的实际年龄老成得多。丹尼斯·罗伯逊在萨姆还是学生时就认识他，有一天问我是否同意他的看法，即这张照片反映了萨姆想让自己看起来更为成熟的意图。（丹尼斯说："像五十岁了呀。"）我们讨论了这个猜想，但我坚持自己的观点，就是萨姆只是想看起来知识渊博、为人沉稳，而要取得这样的效果，年龄只是众多因素之一。我至今不确定我是否赢得了那场争论。

塞缪尔·布里坦从来都远不只是一名记者。他在职业生涯的后期，出版了许多论述社会、经济和政治主题的书籍，逻辑缜密而笔力雄健。在他的《道德、政治与经济论集》（*Essays: Moral, Political and Economic,* 1998）中，他汇集了一些极具原创性的文章，其中包含对一些独特论点的合理称扬，却并没有过于旁逸斜出。他主张的经济学和政治学总方法，充分反映在他的《经济自由主义的重述》(*A Restatement of Economic Liberalism,* 1988）和《有人情味的资本主义》（*Capitalism With a Human Face,*1995）两书中；后者的标题贴切地体现了萨姆的基本动机。

1954 年秋天，当我还是一名本科生时，首次见到萨姆。他刚刚结束对俄罗斯的访问回来，而这次俄罗斯之行证实了他对苏联的所有深重疑虑。他向我解释说，他在赴苏之前一直是工党俱乐部的成员，但在旅行结束后决定离开工党并加入自由党。我很喜欢我们的交谈，而且我从他的总的经济学思想中也学到了一些东西，一种经过深思熟虑的亲市场的立场，但其中却带有与其说保守毋宁说自由的热忱，主张让人们过自己的生活。不论是关于实行市场经济的必要性，抑或是市场经济在我们经济和政治思想中的地位，还是他对各种制度的自由而非保守的态度，我在任何领域都没有发现与他有严重分歧。

然而，我比萨姆更关心市场的缺陷以及市场能做什么的问题，尤其忧心它无法应对来自市场之外的影响个人和社会的因素，也就是经济学家们所说的“外部效应”（其中，污染、犯罪、城市污
315 秽和传染病流行就是很好的例子）。1920 年，A. C. 庇古在其杰作《福利经济学》一书中，就已发人深省地写到了不同类型的外部效应。[①]

1954 年，就在我与萨姆、马赫布卜等还在本科攻读经济学时，伟大的经济学家保罗·萨缪尔森发表了一篇题为《公共支出的纯理论》（The Pure Theory of Public Expenditure）的雄文，论述了市场在生产和配置像安全、防御等共用的“公共消费品”以及对医疗资源进行总体安排等诸多方面容易出现的重大错误。牙刷是一种典型的私人消费品（如果它是我的，那你就不可使用），而市场往往能够很好地处理私人消费品。然而，街头没有犯罪是一种公共消费品，就一个人对它的使用而言（受益于低犯罪率，对他或她的生活产生了有利影响），他或她的使用并不会排除另一个人对这个相同的“物品”（低犯罪率）的可使用性。萨缪尔森表明，如果只通过市场进行配置，那么公共服务资源的分配就存在着非常严重的局限性；他的这一思想，对我的一些基本关注点产生了巨大

① 参见 A.C. 庇古所著《福利经济学》（1920，Basingstoke: Palgrave Macmillan, 4th edn, 1932）。

的影响，我于是试图说服萨姆认同萨缪尔森的信念。对于萨缪尔森做出如此区分的正确性，我们的意见毫无二致，但对于公共消费品在经济决策中究竟有多么重要，我至今依然怀疑，我们之间是一直有分歧的。如果那算一个分歧的话，那么另一个分歧则在于对避免严重经济不平等的重要性的看法，而我非常关注这一问题。我与萨姆在大处一致而又有些许分歧，从而使我们的关系始终既能激发智慧，又能让我们工作硕果累累。

班上还有其他同学也成为我的亲密好友。我太了解沃尔特·埃尔蒂斯了：他一直在牛津大学任教（兼任埃克塞特学院董事），还担任过英国数届政府的高级经济顾问。我还逐渐了解了另外几名同学的情况，如来自斯里兰卡的兰吉·萨尔加多，是一位颇有资历的经济学家，却表现出令人难以置信的恬静和谦逊。他后来在国际货币基金组织工作，在那里取得了事业上的巨大成功。从学生时代起，兰吉就热衷于冥想和其他佛教修行，后来担任华盛顿佛教寺院（Washington Buddhist Vihara）住持。他是一位谨行中道而且非常宽容的政治思想家，很难推动他参与任何争论（虽然我尝试过，但不成功）。我和兰吉在第二年复活节假期曾一道
旅行，在韦林花园市（Welwyn Garden City）度过一周。我们是被 316
该市名字中所含信息误导的，还以为那里会有一些美妙绝伦的花园。在剑桥相当冷清的节假日，我们实际上只是想找个花费不多的去处度个短假。当我们在韦林下了火车时，环顾这个人工拼合起来的小镇，竟然没有一个花园在望。兰吉问道：“我们没搞错地方吧？”

五

尽管不宜公开正式谈论，但还应当说，剑桥最知名的讨论小组是“使徒社”，也就是所谓剑桥座谈会（Cambridge Conversazione Society）。它的历史源远流长，是由乔治·汤姆林森于1820年创立的。他当时是剑桥的一名学生，而有点难以置信（鉴于该社的异端声誉）的是，他后来成了直布罗陀主教。汤姆林森与其他十一名来自圣约翰学院的剑桥学生联合创办了座谈会，而它通常被简称为“会”。随后，它的成员的绝大多数都来自约翰学院、三一学院和国王学院。“使徒社”名副其实，在任何时期最多也只有十二名使徒，但在一名使徒退休后，他就变成一名天使（这种转变被描述成“长出翅膀”），而且永远是该社一员。社长是从天使中遴选出来的，需要安排一年一度的晚宴，不过我觉得这在如今可能已变得有点不太规律了。

该社会员包括许多伟大的科学家、哲学家、数学家、文学家、作家、历史学家以及在知识和创新领域取得其他非凡成就的人士。例如，在哲学领域，就包括亨利·西奇威克、伯特兰·罗素、乔治·爱德华·穆尔、路德维希·维特根斯坦、弗兰克·拉姆齐和理查德·布雷思韦特等哲学家。使徒社在许多方面都符合威廉·科里关于它是“剑桥的知识贵族小团体”这一描述。

该社的选举程序由两部分组成，先与可能的候选人聊一两个晚上，随后对他们进行投票。有时会因候选人同时拥有众多追随
317 者和批评者而产生争论，而当选往往被视为一件大事。即使是拥有许多其他成就的利顿·斯特拉奇，在1902年2月2日当选后也

曾激动地写信告知自己的母亲："我现在是使徒社的一名兄弟了。"接着补充道："我显然是在昨天当选的！"

该社也曾有过一些格格不入的怪人。他们有时宁愿退社也不参与活动。在这些背弃者中，阿尔弗雷德·丁尼生的离去或许最为人所铭记。他是在1830年退社的，当时该社成立仅有十年。他在使徒社的同人多半认为，丁尼生的出走实际上是对他的驱逐而不是他的自行引退：詹姆斯·菲茨詹姆斯·斯蒂芬以带有些许轻蔑的口吻写道，丁尼生之所以"出局，是因为他懒得无可救药，以至于轮到他时都无法让他写出论文来"。多年后，使徒社试图通过选举丁尼生为"名誉社员"来弥补过失，但这位诗人并不领情。他这样回复该社主席威廉·弗雷德里克·波洛克的年度晚宴邀请："亲爱的波：无法赴宴。阿·丁"。后来的一个格格不入者是路德维希·维特根斯坦，而他的当选得到了伯特兰·罗素和约翰·梅纳德·凯恩斯等人的支持。维特根斯坦认为，使徒社会议浪费时间，因而从来不是一个热情的参会者，但他的退社威胁因乔治·爱德华·穆尔和利顿·斯特拉奇的求情而得以化解。

六

使徒社的事情本应该是要保密的，而且这种保密性也得到了学术界的普遍承认。事实上，该社的一些令人不敢恭维的特点，比那些让人快意的方面更广为人知。在剑桥间谍尤其是盖伊·伯吉斯和安东尼·布伦特被曝光时，由于他们都是使徒，该社受到了一些高调的负面报道。但是，频繁翻炒的有关使徒社广泛参与为苏联效力的间谍活动的传闻，其实难以让人相信它是真实的。公平地说，社员们的政治倾向大体来说趋左，至少在二十世纪是如此，但政治上的左倾与想成为苏联间谍几乎没有关系。

在使徒社悠久历史的多半时间里，保密的传统一直使公众无法得知该会的详情细节。然而，最近出现了涉及该会性质和活动
318 过程的出版物和公众推测，而纠正这种有风传势头的错误发声的冲动，令人难以抗拒。关于使徒社是什么以及它做什么的错误说法，有一个有名的纠正事例，与昆廷·斯金纳有关。他当时是使徒社社长（我们差不多是同一时期的使徒），后来成为剑桥大学的钦定历史教授。昆廷在该社年度晚宴前接到《卫报》的电话，该报请求他告诉他们关于该“秘密小组”的所有事情。显然，一个由一帮间谍组成的道貌岸然而又狡猾诡诈的使徒社公众形象，引发了他们新闻工作者的好奇心。昆廷在年度晚宴上回忆他与《卫报》的谈话时提到，他必须告诉记者，使徒社不仅缺间谍，而且即便不缺，也不会使该社变得更为机敏，因为“社员中一些人甚至无法对一次私宴这样的消息保密”。

在我那时的数年间，活跃的使徒包括（这还是在使徒社可以遴选女使徒之前）乔纳森·米勒、诺埃尔·安南、迈尔斯·本伊特、约翰·邓恩、昆廷·斯金纳、弗朗西斯·哈斯克尔、迈克尔·贾菲、杰弗里·劳埃德、弗兰克·哈恩、加里·朗西曼、詹姆斯·米尔利斯、拉尔·贾亚瓦德纳以及别的许多以学术和其他成就而闻名的人物。我必须坦言，我确实很喜欢那些每周一次的讨论会。一个典型的晚间讨论会包括由使徒之一朗读一篇非常有

趣的论文，接着大家展开讨论，然后通常会对某一篇与所读内容有关的论文进行投票。没有人会很在意投票结果，而讨论会的质量才是大家真正关注的。

七

一个人的学术研究和参与使徒社活动之间通常几乎没有联系。一些为该社讨论会准备的论文，会在面儿更广的学术界得到讨论，偶然还会产生很大的影响。1925 年的一个晚上，弗兰克·拉姆齐在宣讲他的论文《有什么要讨论的吗？》（Is There Anything to Discuss?）时，提出了一些极其重要的观点（例如，关于不容置疑的分歧），以至它逐渐在哲学文献中占有重要地位。

有时，这种联系是缘于在使徒社的讨论中涉及通用文献而发生的，而公共期刊对此很感兴趣。我能记起我个人在这方面的一个刚好重合的案例。那是在我阅读了一篇论卢梭的“共同意志” *319*
（general will）理念与我们可以从博弈论中获得的灼见的论文之后，发生了一系列有趣的事件。时间应该是在 1959 年前后，当时约翰·冯·诺依曼和约翰·纳什正在推进对博弈论的研究，尤其令人印象深刻。

此时，我刚对博弈论产生兴趣（我后来在德里经济学院讲授这门课），而用其中一小部分似乎就不难解释卢梭的“共同意志”（所有人集体赞成的东西）与每个孤立的人所选择的东西［与“共同意志”相对，有时也被称为“全体意志”（will of all）］之间的差别。加里·朗西曼是一位正在转型为社会学家的非常有才华的古典主义者。他在会议上很活跃，向我指出，我所提出的推理可能也有助于说明由新近脱颖而出的哲学家约翰·罗尔斯正在开掘的正义论。

我们决定合写一篇论文，来探索和拓展会议上讨论的那些想法，并将它寄给一家至关重要的哲学期刊《思维》（*Mind*）的主编吉尔伯特·赖尔。该论文的部分内容支持当时正由罗尔斯开掘的正义论，而罗尔斯很快就被视为我们这个时代最重要的道德与政治哲学家。可是，我们反对罗尔斯关于在不偏不倚的选择状态下只有一种特定选择会受到所有人青睐的假设。假如存在多种公正解决方案，而且我们认为一定存在这样的情况，那么罗尔斯框架就面临严重的困难。

令我们高兴的是，这篇经使徒社在隐秘环境下讨论而得以拓展的论文，很快就被赖尔认可了。但在随后数年，我们再没听到任何音信。我们最终决定再给赖尔写信，给他寄去同一论文的又一个副本，询问他这篇论文情况如何。我们当然知道，赖尔是手书信件，也许没保留自己信件的副本，但当我们收到他的另一封信时，我们的担忧变得更加复杂，因为他在信中误将这篇论文视为新提交的作品并再次承诺发表。加里和我很钦佩赖尔的始终如一，但不得不提醒赖尔，他在三年前就已经接受了这篇论文，而我们正在翘首以待，希望它能尽快得以刊发。这个故事有了一个
320 圆满的结局：这篇论文确实刊登在了 1965 年的《思维》上，题为《博弈、正义与公意》（Games, Justice and the General Will），引发了

不少人的兴趣。[1]

多年后，我在哈佛大学做为期一年的客座教授，与约翰·罗尔斯、肯尼思·阿罗一同讲授一门政治哲学课程。罗尔斯与我讨论了我和加里提出的论点，并对那些论点发表了极富启发性的评论。当然，我非常仰慕罗尔斯，数十年来他和我就这个话题不时争论（我在 2009 年出版的《正义的理念》一书中进一步论述了这个问题[2]）。如果说这是从使徒社的一次讨论会而来的非同寻常的发展，那么它也肯定符合该社鼓励争鸣与驳论的优良传统。

我们常在爱默生大楼联合举办研讨会。在这座大楼里，我一边听着罗尔斯的讲话，看着他那因推理的力量而发亮的优雅脸庞，一边寻思，如果汤姆林森在天有灵，能想方设法把这位伟大的哈佛哲学家弄到剑桥当学生，而且说服他加入使徒社的话，那么罗尔斯该会是一个多么了不起的使徒啊！可是，如果丁尼生拒绝为使徒社写的那篇论文（他宁愿退社也不着一字）居然有人捉刀，我想他可能就不会赞成我的梦想了。

八

使徒社的讨论会在学期内每周召开一次，在固定的一天和固定的地点举行。显然，早先会议通常在周六举行，但在我那个时

① 参见加里·朗西曼和阿马蒂亚·森合著的文章《博弈、正义与公意》，载 *Mind*, LXXIV(296)(October 1965)，第 554-562 页。

② 参见阿马蒂亚·森所著《正义的理念》（*The Idea of Justice*, London: Allen Lane, 2009)。

候，我们是周日晚上在国王学院爱德华·摩根·福斯特[*]的房间里会面。作为福斯特作品的狂热崇拜者，能看到他经常以“天使”的身份现身并参与讨论，对我已是莫大的奖赏。不过，在有些晚上，他更愿意去国王学院小教堂，（据他说）主要是去听音乐。

我早先就遇见过福斯特，那还是远在我当选为使徒之前，而且我还在其他一些聚会上相当频繁地看到他。他与印度仍然保持着密切的联系，在 1960 年的一个晚上，他邀请我和他一起到剑桥艺术剧院观看由桑塔·拉马·拉乌改编的戏剧《印度之行》的首演，我感到非常激动。琼·罗宾逊和理查德·卡恩陪伴我们，事前先带我们所有人去用了晚餐。福斯特说，他非常喜欢这部戏，当然，
321 能将它搬上舞台这件事本身就十分吸引人，但对于熟悉小说原著的人来说，它的不足之处也是难以忽视的。也许，这个评价未免有些苛刻，因为很难将名著改编成令人满意的剧本。可是，我察觉福斯特有心善待一位不怎么出名的译者，而我在后来遇到拉乌时，她告诉我，福斯特的赞许令她欢欣鼓舞。

福斯特对印度的浓厚兴趣一直让我铭记。我于 1953 年第一次见到他，那时我们在国王学院普拉拉德·巴苏的房间里喝茶，他非常亲切地询问了我的背景。听说我来自圣谛尼克坦，他说，他觉得泰戈尔对世界的想法以及他所选择的主题都非常令人喜欢，但他本人并不太倾心于泰戈尔的写作风格。福斯特还说，他认为

---

* 爱德华·摩根·福斯特（Edward Morgan Forster, 1879.01.01—1970.06.07），英国小说家、散文家，毕业于剑桥大学。曾两次游历印度。长篇小说《印度之行》（*A Passage to India*）是他最重要的一部代表作。——译者注

泰戈尔一直在试验写英文散文，而这些试验很多都没有成功。他钦佩泰戈尔永不放弃的精神。

直到借助使徒社而非常了解福斯特之后，我才意识到他是四世纪古典梵语剧作家迦梨陀娑的超级崇拜者。我相当无知地问他："你在这方面写过什么吗？"福斯特说："没有什么有重大价值的东西，可我婉转抱怨过，印度对迦梨陀娑的作品还缺乏普遍的兴趣，这与我们拿莎士比亚大做文章很不相同。"这就促使我阅读了他的随笔和评论集《阿宾哲收获集》（*Abinger Harvest*，1936），里面有一篇题为《漂泊在印度——乌贾因九宝》（Adrift in India: The Nine Gems of Ujjain）的随笔，既是精彩的文学鉴赏之作，也是批评公众不能赏识迦梨陀娑的文雅牢骚。

在这篇文章里，福斯特引人入胜地描述了迦梨陀娑的故乡（也是王国的首府）乌贾因在历史上的魅力："人们在街上唱着欢乐的歌曲"，而在晚上，"女郎们穿越'针尖才能刺破的黑暗'偷偷前去与自己的恋人幽会"。在到达迦梨陀娑最喜欢的河流——希波罗河（Sipra）后，福斯特兴奋不已，顾不上停下来脱掉鞋袜，直接蹚过齐脚踝深的水。记起迦梨陀娑对希波罗河与河中人们的描写，他把此刻视为一个伟大的时刻，为这一刻他已期盼许久。当福斯特从沉思中回过神来，他才想到自己的鞋袜到上火车时会不会干，而更重要的是，他想到被历史建筑环绕的现代乌贾因人缺乏对迦梨陀娑的兴趣。他相当感伤地总结道："老建筑是建筑，废 322
墟则是废墟。"这次激动人心的访问以令人沮丧的方式结束了，但他告诉我，"漂泊在印度"教给他很多东西，他知道了在这个自己非常热爱的国度里，什么是可以期待的，而什么又是不能指望的。

九

我的本科时代在1955年6月圆满结束。在我确认自己已完成毕业考试后的次日早晨，三一学院的一位好心的守门人前来想叫醒我。那时，每个经济学专业的学生除了必须完成学士学位论文外，还得另外选择完成两篇相关学科论文的考试。不过，我们也可以完成三篇这样的附加论文考试，所给优惠条件是，其中两篇评分等级最好论文的成绩将计入毕业考试成绩。我选择了参加统计学、政治哲学和英国经济史这三门学科的论文考试。我现在不记得这三门考试的举行顺序了，不过，无论情况如何，反正是在考完头两门后，我断定自己考得非常好，因而无须再考虑第三篇论文。所以，我参加了全体庆祝考试结束的活动，到凌晨4时左右才去睡觉。

然而，我的名字仍然列在翌晨参加第三篇自选论文考试（不管它是什么）人员的名单中。早上9点后不久，考试院给三一学院门房打电话，说在考试楼没见到我，叫我必须马上赶到。到9点20分时，一位名叫迈克尔的非常和气的门房担负起了叫我起床这项具有挑战性的任务。他设法叫醒了我，但几乎没有得到什么回应。他说："我去给你泡上一杯好茶，再拿些甜饼干过来，不过请你一定先从床上爬起来。"当他端着茶和饼干回来时，我已经好不容易让自己挪到了起居室里的沙发上，就在那儿告诉他："我考完了。"迈克尔回答道："不，还没有。他们一直在从唐宁街考试楼打电话来。拜托，帮个忙：喝了这杯茶，穿上裤子和衬衫，赶紧跑到那儿去！”

我竭力向他解释说，我真的不必参加其余考试了，因为已经完成的两篇论文都作数，就不必参加第三篇论文的考试了。我坚持道：“我真考完了。”好心的迈克尔说道：“森先生，每个人在考 323
试期间都有这种感觉，并且让自己深信那些不大可能发生的事情，可你必须坚持到底，完成考试。”我花了很长时间才说服他，我真的不打算跑到考试楼。后来，每当我在学院看到迈克尔时，他总会笑容满面地跟我说：“当然，你明白，他们还在唐宁街等着你呢！”

十

我的父母和妹妹曼珠一道前来，在评议会礼堂见证我获得学位。这是件赏心乐事，因为我需要履行的职责不多。多年后，作为三一学院的院长，当我紧握着学院每个毕业生的手，用拉丁语逐一介绍他们，告诉他们每个人各自获得了什么学位（用拉丁语）时，我觉得，在这样的典礼上，学院的院长们要比毕业生们辛苦得多。到我成为三一学院院长时，学生们的风度也已与时俱进。我很欣赏我任院长第一年时一位即将接受学位的学生的回应。他笑容满面，开口说道：“非常感谢老兄！”这似乎是一次拉丁语交谈的恰当收束。

在我毕业时，父亲收到一份来伦敦演讲的邀请，而酬金则由他用于安排全家人的旅行。我们在诺丁山租了一套小公寓，在那里快乐地住了将近一个月。曼珠尤其兴高采烈，她想看伦敦的博物馆和美术馆，于是我常同她一起去。我的一些朋友前来诺丁山公寓看望我们。我尤其记得迪利普·阿达卡尔的造访，他给我的父母和妹妹留下了极为深刻的印象，让他们相信我在与好人为伍。

尽管有新学生在进来，但我在剑桥的许多老朋友都在离开，我为此而感伤。不过，还是有一些老朋友留下来了，包括拉赫曼·索班和迪利普，因为他们读的是三年制学位。拉尔·贾亚瓦德纳正处于攻读博士学位的中途，也留下来了，不过马赫布卜却转到耶鲁攻读博士学位去了。在1955级新生中，数学家拉梅什·甘戈利也成为我终生的朋友。我很快就明白，他是一个才智超群之人。拉梅什兴趣非常广泛（从对数学中李群的深度研究到印度
324 古典音乐的理论和实践），他的多才多艺使我们的谈话变得兴味盎然。他在剑桥毕业后到麻省理工学院攻读博士学位，而且我后来竟有机会赶上他以及他出色的妻子尚塔。那是在1960年秋季，我到麻省理工学院担任为期一年的客座助理教授。

后来成为印度总理的曼莫汉·辛格，于1955年以一名本科生的身份来到圣约翰学院，而我在不久之后就去看望了他。曼莫汉一直很热情、友好而又平易近人，我刚认识他就发现了他身上的这些品质。甚至在2004—2014年担任印度总理治理国家期间，他依然如故。每当访问德里时，我往往都会在他的官邸与他共进晚餐。我欣然注意到，即使已身为总理，他还总是等别人先畅所欲言之后才开口说话。

曼莫汉的谦虚对于身为总理的他而言，实际上可能是个问题。

谦虚虽然是一种伟大的社交美德，但在激进政治之中，特别是在一个像印度那样的由不少当仁不让的现任政治领导人所主宰的世界里，就可能是一个不利因素。这就可能使得曼莫汉不愿让公众听到他的情况。他有时异常安静，悄无声息。可是，尽管他如此罕言寡语，尽管他基本默然以对一些公众批评（他本可以大声反击那些批评，但他没有那样做），但他事实上是一位优秀的政治领袖，与那些批评意见恰恰相反。他成就了许多事情，包括促使印度经济增长率达到了前所未有的最快速度，无论是在他之前还是在他之后都不曾有过这样的现象。他的第二任期（2009—2014 年）恰与一个全球经济衰退时期重合。不过，印度的经济增长率虽然有所放缓，但仍处于世界最高增长率之列。他还取得了其他一些重大成就，包括颁布《信息权利法案》（Right to Information Act）和确立《农村就业保障计划》（Rural Employment Guarantee Scheme）等。

十一

1955 年，随着新生的到来，研究印度农业史的重要经济历史学家达尔马 • 库马尔也返回剑桥。她在数年前就已经着手准备她的博士学位论文，却在那时返回故国，在印度储备银行工作，结 325
果声名鹊起。她是一位有着惊人美貌和魅力的女人，而我非常钦佩她的才思敏捷与随机应变。我们很快就成为亲密的朋友，多半日子都会见面聊天。我们还多次一道去邻近乡间散步，穿行科顿、格兰切斯特及比它们还远的村庄，也曾多次去伦敦观看戏剧。

达尔马缺乏耐心，可是具有做出快速判断的能力，这就与我自己偏于优柔寡断的性格形成了鲜明对比。她如果断定一部剧没看头而且后面也不会变得精彩，很可能会在观看二十分钟后就退场走人，而我最初对她的这一做法是感到惊讶的。（我看剧时，从头到尾，分秒不落，连观众鼓掌和演员谢幕也不放过，以充分领略其全部价值。）达尔马可能不是与我一道观剧次数最多的人，但她肯定是和我观看一部剧前二十分钟次数最多的人，而在1955—1956年那个美妙的演出季，我们确实在伦敦西区观看了大量戏剧。

达尔马对印度农业历史的开拓性研究，可以追溯到英国殖民时代之前，从而有助于我们了解在英国统治印度期间发生了什么。正如另一位杰出的历史学家桑贾伊·苏布拉曼尼亚姆所说，在打破人们对一些根深蒂固的正统观念所抱持的安逸共识这一方面，几乎无人能与她比肩。她的富于探索性的《南印度的土地与种姓》（*Land and Caste in South India*）一书，一直是一部严谨而又有创新精神的经济史经典，不仅对英国统治给印度农业造成的后果提出了灼见，而且改变了我们对英国统治印度之前南印度土地整理性质的理解。南印度土地整理，远没有以前所想象的那么公平。

我最后一次见到达尔马是在2001年，当时她患了脑瘤，导致她无法说话，或许是她不愿意说话。在她去世前不久，我在她女儿拉达·库马尔的陪同下去看望她。拉达恳请自己的母亲对一位老友说几句话，但没有得到任何回应。达尔马双眼圆睁。她望着我，眼睛里似乎带有一抹温馨而亲切的神色，可是她一声没吭。当年她曾是智慧与幽默的化身，而今与那时相比，已是天壤之别。

第二十一章
在剑桥与加尔各答之间

一

到 1956 年 6 月，在我研究生第一学年结束时，我已写出一组 326
文章，看上去似乎可以构成一篇学位论文了。当时，在各个大学，有一批数量可观的经济学家在研究生产技术选择的不同方式。有些人特别关注产出总价值的最大化，另一些人则想要使产出剩余最大化，还有一些人则是利润最大化论者。分析这些以及别的一些方法，并注意一个事实，即更高的剩余在再投资时，可能带来更高的增长率，从而导致未来更高的产出，这些不同的标准可以通过评估产出和消费的可选时间序列来进行比较。

我确信，所有这方面的难以厘清的文献，均可以通过对可选时间序列的比较评价很好地加以梳理和规范，结果证明这样做让人乐在其中。我称之为“时间序列法”。我很高兴能够为各种可选方案概括出一个易于讨论的通用方法。我在寄给《经济学季刊》（*Quarterly Journal of Economics*，一家至关重要的经济学期刊，当时与现在均是如此）的一篇文章中展现了总体情况，承蒙该刊厚意，这篇论文随即得以发表。不久，他们又接受并发表了我的第二篇论文。

我还有一些各自独立的论文，分别研究了一些相关的重要问题，而它们也都得以刊发。于是，在我研究生第一学年结束时，

我开始思量，将这些论文融合在一起，我是否可以弄出一篇博士
327 学位论文来。但是，我也担心这是否为一种痴心妄想。于是，我请我的老师莫里斯·多布快速浏览一下这些论文，并向我提出他的评估意见。我忘了，对多布而言，是没有快速浏览这回事的。两星期后，我收到了他巨量的大有裨益的批注意见，都与如何改进我的行文方式有关。此外，他还给我做出了令人欣慰的结论，就是在我的这些篇什里，无疑蕴含着多于一篇博士学位论文所需的东西。

不过，莫里斯提醒我，按照剑桥大学的规定，我是不可以在研究生第一学年结束时就提交博士学位论文的。实际上，大学规章明文告知，学生须在完成三年研究之后方可提交博士学位论文。所以，我问了自己一个问题：我是否应该离开此地，去做一些比出于种种原因而选择的博士学位论文主题更有趣的事情？此外，由于有了那些业已完成的篇章，难道我就不可以回到加尔各答，暂时忘却两年的博士研究工作吗？我想休息一下，而更重要的是，我在思念印度。

于是，我去见皮耶罗·斯拉法，他除在三一学院任职外，还是经济学系的研究部主任，为博士生提供咨询建议。我送给他一份我论文的写作提纲，他浏览了一遍，意似认可。于是，我问他我能否去加尔各答，两年后再回来。斯拉法说："你是对的。校方不会准许你提前两年提交论文，但也不会允许你在此期间离开，因为你必须住在剑桥，至少假装在按三年研究要求行事，在为你的论文而勤奋劳作。"

这让我非常失望，不过这个两难困境还是有了一个令人愉快的解决办法，是斯拉法本人机敏地想出来的。我按照他的建议，请求系里允许我把剩下的两年研究时间放在加尔各答，以便我能够将我的理论应用于印度的实证数据。我必须为此项计划在印度另找一位导师，因为如果没有当地导师，学校就不会准许我去。不过，这是个最容易解决的问题，因为在印度的阿米亚·达斯古普塔教授那里，有一位才华横溢的经济学家乐于帮助我。此外，我知道，与阿米亚叔叔无论就什么主题交谈，都会富于教益，也会令人快意。于是，我给他修书一封，继而收到了他表示热情同意的回复。

我在斯拉法的帮助下，解决了学校规定方面的问题，随后开 328
始准备前往印度。我觉得，至少我与剑桥在一个阶段的联系行将结束。我还会回来，也只是为了提交我的论文，然后又再度离开。由于我在计划大量缩短我在剑桥的停留时间，我过早为一种对这所古老大学的眷恋之情所困而难以自拔。

二

这次我能负担得起坐飞机去加尔各答的开销了，因为在 1953 年（我于该年乘坐斯特拉斯内弗号轮经海路来到英国）至 1956 年之间，航空旅行的成本已经大幅下降，而乘船旅行的费用则由于劳动力成本的不断增加而迅速上涨，甚至上涨速度比机票下跌速度还要快。就在我飞往印度之前，我突然收到了加尔各答一所新大学（贾达夫普尔大学）副校长的来信，说如果我能在那里领衔组建经济学系并担任该系负责人的话，他们会非常高兴。当时，这所大学正在筹建之中。我年纪太轻，不适合担当那份工作。我那时还未满二十三周岁，而且我也不愿突然被推到一个受约束的行政职位上去。但是，尽管有些不安，这个令人难以置信的提议还是在引诱我一试身手，以我所认定的经济学教授方式来创建一个系并安排其课程设置。

这不是一个容易做出的决定，但几经踌躇，我还是同意接受这项挑战。于是，我身处加尔各答，在多雨的8月勤奋工作，为所要讲授的课程制定教学大纲，同时竭力招募能与我一道在贾达夫普尔大学执教的人员。鉴于一开始时师资短缺，我记得自己每周都得大量上课，而且课程涉及经济学的不同领域。有一个星期，我想我是讲了二十八节课，而且每节课满打满算，足足一个小时。这份工作真是令人筋疲力尽，不过由于我得投身于经济学众多不同领域，我也从中学到了许多新东西。我希望这对我的学生也能有所助益。事实上，我从教学中学到的东西如此之多，以至我坚信，只有在我尝试把一门学科教给他人之后，我才能真正确定自己很好地掌握了这门学科。在经济学中，这尤其适用于经济认识
329 论中所使用的分类方法，而这种独特的想法，让我记起了我的老朋友，也就是公元前三世纪的语法学家兼语音学家波你尼，而他的分类分析对我的思想产生了很大的影响。

由于我太年轻，于是谣言不胫而走，说我是通过裙带关系而不是真才实学得到贾达夫普尔大学的这份工作的。对我的任命引发了一场抗议风暴，这是可以预见的，也是完全可以理解的。此

外，我的左翼信念让人有理由怀疑我的政治倾向，毕竟我在管区学院积极参加学生政治活动的时代才刚刚过去三年。有一系列谴责性文章，刊登在右翼杂志《时代之声》（*Jugabani*）上，对我进行了最为尖锐的攻击。我从那些文章中了解到，由于对我的任命，世界末日已变得越发迫在眉睫，如此等等。一篇对我的攻击性文章，配了一幅由妙手绘制的漫画，描绘的是我被人从摇篮中一把抓起，而且随即被任命为一名教授，站在一块黑板前，手里拿着一支粉笔。我得承认，我确实很喜欢这幅漫画。

学生们的热情支撑着我，我为此而非常感激他们。他们中的一些人真是颖悟绝伦，例如苏林·巴塔查里亚，后来成了一名卓越的学者兼作家。事实上，敢于进入这所全新大学攻读经济学的学生，大部分都是非常有才华的。除苏林外，还有丽芭（她后来嫁给了苏林）、迪伦德拉·查克拉博蒂、P.K. 森等人，组成了一个优秀的群体。我在离开贾达夫普尔大学后，与他们保持了多年的联系。

我很喜欢在贾达夫普尔大学的机会和挑战，这是一个在学问上令人激动的地方。事实上，数十年来，它原来一直是一所著名的工程学院。后来，在原先就有的工程学和自然科学的基础上，通过增设（常见的文学、历史、社会科学以及“艺术”）学系，转型为一所综合性大学。我所在系的同事，包括帕拉梅什·拉伊、里希凯希·班纳吉、安妮塔·班纳吉、阿吉特·达斯古普塔和姆里纳尔·达塔·乔杜里等，都有着无穷无尽的活力。

在贾达夫普尔大学，除我之外，所有被任命为各系主任的教

330 授都是声誉卓著的学者，而且比我年长得多。历史系主任是苏绍班·萨卡尔教授，我在管区学院攻读经济学时，他就已经是那里的历史教授。我在管区学院当学生时，萨卡尔教授作为一名出类拔萃的教师兼研究员，对我的思想产生了很大的影响。对我而言，能成为萨卡尔教授的同事，是一种莫大的荣幸，而由于他对我的喜爱，我还能经常得到他的耳提面命，从而明白了作为一名新来乍到而且过于年轻的教授，究竟应该如何行事（更为重要的是，应忌讳什么行为）。

比较文学系的主任是布托德布·鲍斯。他是孟加拉语文学最重要的作家之一，在诗歌和孟加拉语的新创散文方面享有盛誉。我非常钦佩他的作品，而且认识他本人，因为他是我大学朋友米纳克希的父亲。米纳克希和她的男朋友（后来的丈夫）乔蒂莫伊曾在这一回忆录的前部出现过。孟加拉语系的负责人是德高望重的学者苏希尔·戴伊。苏希尔·戴伊和布托德布·鲍斯先前都曾在达卡大学任教，而且他们曾是我父亲的同事。更令人惊讶的是，苏希尔·戴伊还与我的祖父沙拉达·普拉萨德·森相知甚深。他有时会提醒我，他比我年长四十余岁。特别是在我们有什么分歧时，他就会用这一条来提醒我。戴伊在大学事务上是十分保守的。他若对我的提议持有异议，就会拿我的家系说事，来增强他那本就合情合理的论点，让我颇为无奈。“你的祖父是个非常明智的人，我非常了解他。你难以搞明白的要害问题，他能毫无障碍，一眼看清。”戴伊教授在我与他发生的所有争论中都无往而不胜。

三

在我们的教授队伍中，还有一位极具创新精神的历史学家拉纳吉特·古哈。由于他比我大几岁，我就称他为拉纳吉特哥。不过，他还是相对年轻的。开课之后不久，我在校园里第一次偶遇他时就感到十分欣喜，因为我听说过他的情况，也知道他有不可思议的思想创新能力。

我们初次见面时，拉纳吉特哥跟我说："你大名鼎鼎。我不断听到有人说，你有严重缺点，而大学任用你是个错误。所以，我们干脆聚聚吧。确切地说，我们今晚一块吃个饭吧。"那天晚上，我去了他在潘迪蒂亚路的公寓，而那里很快就成了我经常出没的地方之一。拉纳吉特哥以前是一名活跃的共产党党员，但到我遇 331
到他时，他已经认定这是个错误。他仍然是一名革命者，在以一种温和的非暴力的方式，为被忽视的社会弱势群体谋福祉，可他完全失去了对印度共产主义组织的信心，尤其是对当时风靡于加尔各答的斯大林主义的信心。拉纳吉特哥后来娶了波兰籍犹太裔女子玛尔塔为妻。他们定期一道呼朋唤友，举办聚会活动。

当时，拉纳吉特哥正在撰写他的第一本书《一项孟加拉土地产权条例》（*A Rule of Property for Bengal*），此书后来使他得以立足学术界，成为一名具有非凡想象力和远见卓识的历史学家。1793年，康沃利斯勋爵强加给孟加拉一项永久解决孟加拉土地保有权的致命条例。此书从理性的角度调查了这项条例的背景（本书第八章对此已有所论述)。[①] 这一条例对经济造成了令人难以置信的破坏。这是一部十分深刻且具有原创性的作品，注重的是思想理念的作用，而不再是殖民者的贪婪和自利一类问题（这在当时已成为批判性历史著述的主流倾向），从而不同于论述英国在印度的殖民政策的规范著作。在孟加拉土地条例的选择中拥有发言权的英国官员，就如何改进孟加拉地区的农业煞费苦心，并依照自己的想法而行动。永久解决土地所有权方案的理论依据背后的道德原则，以及导致这一条例的理性的和人道的想法，实际上是对善治的不同解读。令人注目的是，尽管他们诚心想把事情办好，但这项永久解决条例却造成了深重的灾难性后果。古哈所关注的焦点，在殖民史研究中异乎寻常，并不是放在帝国剥削和英国利益凌驾于印度臣民福祉之上之类问题上，而是放在英国人的各种包含善意的想法上，随后揭示了那些想法所导致的孟加拉土地问题解决方案的混乱，以及该方案在实施中造成的糟糕局面。

然而，《一项孟加拉土地产权条例》并不是拉纳吉特·古哈现在最有名的作品。他的盛名与一系列总题为“庶民研究”的出版物有关，那是由他发起并领衔的一个极具影响力的殖民与后殖民历史学派的产物。（正如我在第四章中所指出的，庶民研究与我的外祖父克希提·莫汉推重贫穷信徒所热爱的迦比尔诗歌有些相

① 参见拉纳吉特·古哈所著《一项孟加拉土地产权条例》，最初于 1963 年由 Mouton and the École Pratique des Hautes Études 出版，1982 年由 Orient Longman 再版，后来在 1996 年由 Duke University Press 重印（我很荣幸为此版写了一个较长的前言）。由于过去贵重包裹的安全航空邮件费用往往十分昂贵（相对于一个印度教师的薪金而言），我因而得到美差，将书的定稿装在公文包内带往欧洲，交给 Mouton and the École Pratique 出版社。

似。）庶民研究学派全面质疑对历史的精英主义诠释。长期以来，332
印度民族主义的历史编纂学一直为殖民精英主义和“资产阶级－民族主义”的精英主义所主宰。古哈在为1982年出版的庶民研究第一卷所写的导论中对这一事实提出了深刻的批评。拉纳吉特哥还为改变这一事实做了很多工作。这是一个让印度史编纂摆脱刻意专注于精英主义视角的一个重大步骤，而且对世界各地的历史编纂其实也有暗示意义。虽然在我刚认识拉纳吉特哥时，庶民研究尚未诞生，但我们的日常交谈表明，他已经在思考对历史进行反精英主义的再评估了。

拉纳吉特哥和他周围的圈子不仅在知识上对我很重要，而且对我在加尔各答的社交生活贡献良多。定期聚会交谈的小组成员有塔潘·拉伊乔杜里、雅克·沙逊、姆里纳尔·达塔·乔杜里、帕拉梅什·拉伊、恰亚·拉伊、拉尼·拉伊乔杜里（Rani Raychaudhuri）等多人。我在加尔各答当青年教师，这种交谈让我的生活变得极为充实。当达尔马·库马尔造访加尔各答并与我一道前去拉纳吉特哥的寓所时，她对我们晚间聚会勉力讨论的问题所涉范围之广表示惊讶。虽然我参与的学术讨论会一直在继续，可是我觉得，即便在今天，它们也难以与二十世纪五十年代中期在潘迪蒂亚路那间小而简陋的公寓里的高谈阔论相媲美。

四

我一旦适应了新工作，认识了新学生，就当然不会忽略我以前经常光顾的地方——学院街的咖啡馆。它在管区学院对面，离

加尔各答大学本部不远。那是 1956 年夏季，在当时进行的一些激
烈辩论中，就有对尼基塔·赫鲁晓夫在苏共二十大上披露的践行斯
大林主义情况的即时反应。大会于 1956 年 2 月召开。数月后，我
返回加尔各答，这一已经发生的事件的意义，正在为那里的左翼
政治圈子所慢慢理解。有一位熟识的拥戴斯大林的长者，我问到
他的想法时，他当即告诉我："我讨厌赫鲁晓夫，胜过讨厌任何令
人作呕的小虫豸！"随后，他就绝口不愿再深入谈论下去。我斗
333 胆说，赫鲁晓夫报告的内容虽然令人震惊，却并不完全出乎意料，
结果我被他从政治角度严厉批评了一番。

十年以前，我阅读了有关苏联威权主义的报道，我就已经意识到了苏维埃制度的专权性质（我在第十二章中已提到这一点）。所以，我看到的并不是持续发生的情况的突然终止，而是官方正在认可的一个变化而已。斯大林的一位忠实追随者对我生气，援引了美国作家约翰·根室对苏联威权主义的评论。听了他的一番话后，我真对他所表现出来的政治上的天真感到惊讶。

1956 年 10 月和 11 月，随着苏共二十大引发的震撼在左翼
圈子中的逐渐消释，反抗苏联统治的匈牙利事件发生并遭到苏军
的野蛮镇压。印度共产党没有像其他共产党（尤其是意大利共产
党）那样谴责苏联的威权主义，而且情况在变得越来越清楚，世
界上统一的列宁式共产主义运动遭受了挫折。在我看来，此时刚
334 刚提出的问题，似乎是很早以前就应当解决了的问题。虽然我从
未加入过印度共产党（也不曾动过加入该组织的念头），但我确实
认为，尽管印度已经长期饱受不平等和不公平现象的困扰，可是

以阶级为基础的斗争，依然可以在这个国家发挥非常积极的作用。二十世纪五十年代，最终传出了呼吁民主的声音。在那样的背景下，我曾试图主张，如果一个共产党认真对待民主问题，那么它的效力和建设性能力将会大大增强。

印度的共产主义运动最后确实提出了它与印度政治民主体制的协调问题，虽然回应进展非常缓慢，但在这个国家的政治辩论中，1956 年及随后发生的那些令人震撼的事件一直没有缺席，也就算不错了。然而，与中国、越南和古巴的共产党不同，印度共产党从未强大到足以成为一种决定性的政治力量。它于 1964 年首次分裂，后来又曾数度分裂。

五

我虽然是一名在加尔各答倾心奉献的教师，享受着在贾达夫普尔大学授课的快乐，但要等两个年头过去才可以在剑桥提交我的博士学位论文。在此期间，在三一学院发生的一个情况让我有点不知所措。学院现在有少数奖学金研究员职位，在我所在时期是四个，是在对研究生的研究工作进行竞争性评估的基础上选定的。（在某一时间限度内，一个人可以获得多于一次的机会。）事实上，奖学金研究员是学院的全职研究员，能获得四年的酬金，而且无须做任何预先指定的工作。换言之，他或她可以随心所欲，自由研究自己所选择的任何课题。

1956 年夏季，在我离开三一学院前往印度时，皮耶罗·斯拉法对我说道："为什么不提交你的竞争奖学金研究员职位的论文呢？你不会很快就获得这一职位，但是你可能收到评语，从而改进你的论文，并且有可能在一年后获得一个重要的机会。”于是我不假思索就从加尔各答寄出一份现成论文，然后就把此事抛到九霄云外去了。

奖学金研究员职位评选的结果是在 10 月第一周公布的，由于我没指望被选上，所以没有留意通知发布时间。相反，由于加尔各答时值难近母大祭节假期，贾达夫普尔大学也暂时休课，因此我前往德里，而且没有留下邮件转寄地址。我在德里度过了非常
335 愉快的时光，首次见到了几位成就非凡的经济学家，如 K.N. 拉杰，他后来成为我在德里经济学院的同事，还有 I.G. 帕特尔（他娶了阿拉卡南达，一个小名比比的姑娘，是阿米亚叔叔的女儿，就像我的妹妹一样），以及达尔姆·纳拉音，一位杰出的实证经济学家，而我逐渐与他及他的妻子沙恭达罗·梅拉熟识起来。还有一位活泼的年轻女子德瓦吉·斯里尼瓦桑，从金奈（马德拉斯）前来访问德里。她在与国大党老传统的坚定拥护者拉克希米·贾殷结缡后更名为德瓦吉·贾殷，而她本人则成为全球女权运动的风云人物。我在一个朋友家中首次见到德瓦吉：在会面时，她似乎觉得我的传统孟加拉装束极为好笑，而她以前想必从未见过这样的行头。在后来的漫长岁月中，她成了我的一位密友。所以，我在远离贾达夫普尔大学的德里，沉浸在晚间一连串令人愉快的高谈阔论之中。其间，贾达夫普尔大学收到了来自三一学院的一连串函件，告知我已被遴选为奖学金研究员，让人颇感意外。

由于贾达夫普尔大学不知在哪里可以找到我，因此三一学院

（以及我的老师斯拉法、多布和罗伯逊）拍给我的电报就没有得到任何回音，连表达谢意的文字都没有。不过，在没等到我签字确认的情况下，三一学院还是决定正式遴选我为研究员。到我在加尔各答看到所有那些堆积函件时，我成为三一学院研究员已经有数个星期了，而我却浑然不知。可是，我在随后就不得不改变因自己计划不周而造成的局面，因为我现在身兼两份全职工作，而我无意同时持有它们。我必须在继续留在加尔各答与返回剑桥之间做出选择。在与三一学院和贾达夫普尔大学双方谈话后，我把时间裂解开来，于 1958 年春季返回剑桥，比原先设想的早了一段时间。

六

我非常快意于做四年奖学金研究员的那段时光。既然我已经决定不再对我的博士课题也就是技术选择做进一步的研究工作，我就想自己应该利用这个时机学习一些严肃哲学。剑桥大学的开 *336*
架图书馆，使读者能在搜寻某一本书时顺藤摸瓜，进而找到任一学科的另一本书，回报极为丰厚。此外，我也参加了数理逻辑和递归函数理论等数学学科方面的讲座，并常常出没于哲学研讨课和哲学研讨会上。

三一学院优秀哲学家 C.D. 布罗德的《心灵及其在自然中的位置》（*The Mind and Its Place in Nature*）一书给我留下了深刻的印象，我于是设法接近他。我问他是否可以为我指点迷津，向我提点读书建议，同时也帮我看看我正打算写的一些论文。布罗德欣然同意，还反过来问我，是否愿意听他给我朗诵一些诗歌（他有着惊人的记忆力）。结果证明，他的哲学与诗都是令人非常快意的。

当一些权威的哲学期刊认可并准备发表我写的一些论文时，我的自信心增强了，而且我渐渐变得越来越多地参与到哲学辩论之中。我在前面的一章中论述过，在使徒社的一次会议上，我曾试图用博弈论来评论约翰·罗尔斯提出的哲学问题。让我在早期哲学教育中受益匪浅的另一个人，是伟大的社会哲学家兼观念史学家以赛亚·伯林。我从伯林的著述中学到了很多东西（就像我从罗尔斯的著述中学到的一样），并受到他的一个理念的强烈影响，即争论的价值不仅在于获胜方所提供的胜利的思维方法，而且在于一个被击倒的论点可能继续产生的价值与启示。

作为一名年轻的见习哲学家，我决定反驳伯林在《历史必然性》（*Historical Inevitability*）一书中阐述的一个观点，即因果决定论必然导致宿命论。伯林认为，既然决定论使事情变得可预测（我们可以预测你会选择什么），它就使得人们失去了选择的自由，而且最重要的是，失去了为世界带来有价值的变化的自由。伯林声称，这种宿命论是马克思主义的一个问题，而为了恢复人类的自由，马克思主义者应该摈弃他们的决定论方法。在反驳这一推理方法时，我提出了这样一个论点，即能预测我会选择什么并不
337 会让我的选择消失。在对 x、y 和 z 的选择中，我可能把 x 排在首位，其次是 y，最后是 z，你知道我的排序绝不会减少我的选择自由。因此，我可以自由地选择 x（我有极为充分的理由选择此项），你也许能预测到这一点。这种可预测性是你算计出我可能会选择

什么的结果，而不是我没有其他选择的结果。因此，“历史必然性”并不会将人们幽禁在一个宿命论的世界中。

我在一篇题为《决定论与历史预测》（Determinism and Historical Predictions）的文章中的批评意见，于1959年被刊登在德里出版的一家名为《探索》的新期刊上。我在那时尚不认识以赛亚·伯林，可作为一个自负的年轻人，我冒昧地给他寄去了我对他的论点的批评。令我惊讶的是，我收到了一份非常理性而又友好的答复。更令人诧异的是，在他为自己的下一本书《自由四论》（*Four Essays on Liberty*，1969）写的导论中，有四处提到我的论点。这让年轻气盛的我非常得意。伯林在论证中说他不能苟同于“斯宾诺莎与森”时，尤其让我感到高兴。（我当时想，或许可以将以赛亚·伯林的这句话放大后贴在我办公室的墙上！）老实说，让我印象极其深刻的是，伯林真正关注来自任何地方的言论，这一点确实是他的一个过人之处。在我的这一案例中，一个他完全不了解的年轻作者，在德里一家默默无闻的期刊上发表了一篇文章，里面的论点居然引起了他的重视。须知，那家期刊是由一些年轻的印度学者刚创办的。这就是我与伯林长期友谊的开端，而我则继续不断从他身上学到许多东西。

七

当我越来越多地陷入哲学之中时，皮耶罗·斯拉法提醒我，我得提交博士学位论文了。现在，我的修业时间已三年有余。我的博士学位论文与我竞争三一学院奖学金研究员职位的论文实质上是相同的（只是我的博士学位论文增添了印度例证）。阿德里安勋爵是当时三一学院的院长，曾主持奖学金研究员遴选会议，而我就是在那次会议上被选拔的。在听了我获取博士学位的计划后，他表示出些许惊讶。“你真的需要这个学位吗？你已经有奖学金研究员的身份了。不然，你是在考虑去美国吗？”我告诉他，我有意在某个阶段到美国的一些大学访学，但没有马上就去的计划。
338 我不清楚阿德里安对我考虑前往美国有何看法。总的来说，他对我非常宽厚，而且我也从奖学金研究员委员会的一名成员那里了解到，他曾极力支持我当选。

我很高兴地获悉，三一学院在评审我的研究员资格论文时，曾征求过评审专家戴维·钱珀瑙恩和尼古拉斯·卡尔多的意见，他们两人也将成为我的博士学位论文评审委员。我期待轻松过关，情况也确实如此。然而，我未曾料到的是，钱珀瑙恩与卡尔多在答辩过程中对我论文中所讲述的东西意见相左。我至今不清楚他们两人谁的意见占了上风，但令我欣慰的是，在我的答辩会上，他们的分歧倒成了辩论的焦点。

在我的博士学位论文通过后的一周，牛津布莱克威尔出版公司的董事之一亨利·舍利克突然前来看我，拿出一份完整的书面合同，让我签字同意由该公司将我的论文出书。由于他还不曾读过，甚至尚未见过这篇论文，他的信任让我动容。当然，我接受了他的提议，但还有后续工作要做。皮耶罗·斯拉法对布莱克威尔出版公司的提议感到快意，但告诉我：“现在你必须改变标题。”斯拉法此前已经准许我用《发展规划中资本密集度的选择》作为我博士学位论文选题的登记标题（供大学官方存差），但他现在又说：“如今，你的著作将面对世界。”我问他是否真有必要更改标题，他回答道：

我们想想看，从《发展规划中资本密集度的选择》（Choice of Capital-Intensity in Development Planning）这个标题，公众会如何理解你这本书的主旨。capital* 是一个国家一套管理部门的驻地，譬如伦敦就是一个首都，而 development** 则可以被理解为建设新的楼房和城镇。那么，我们来看看，你这篇论文就可以被理解为是有关全英新建筑的多大比例应该落在伦敦这个问题的。我的理解对吗？

我立即回到我的书房，写信告诉舍利克先生，标题须改为“技术的选择”（正如斯拉法最初所建议的那样）。

由于此书引发了读者的兴趣，我感到很幸运。我想，这主要得归功于它的主旨。我当时就知道，这只是一篇在一个很有限的主题上写得还算不错的论文而已。当我告知布莱克威尔出版公司停止再重印此书时（那时已出了此书的第三版第三次重印本），我有些纳罕，如若保留了原标题，它是否能卖得出去。我认识到， 339
除了别的许多优良品质外，皮耶罗·斯拉法还是一个我可以信赖的朋友，能够循循善诱，使我得以免于做蠢事。

* 该词有两个基本义项，可以指首都，也可以指资本。——译者注

** 该词有发展和开发两个基本义项。——译者注

八

奖学金研究员的身份，让我有机会在午餐和晚餐时享用三一学院的高台餐桌 *。那里的许多交谈内容多属泛泛之谈，但有一些谈话却属于我在学院里也算难得遇到的非常机会。一个很好的例子是，我试图了解流体力学的基本推理方法，于是就去找杰弗里·泰勒交谈请益。他为这一学科做出了开拓性贡献，几乎可以说是该学科的奠基人。他还讲述了他的划船经历，妙趣横生，令我开心。另一个例子是，我试图通过与奥托·弗里施聊天，来更多地了解核裂变的历史。他也是自己所在领域的先驱。他还与我分享了他关于补觉的理论："或许是因为通宵达旦的舞会"，你在次日夜间就需要多睡若干时间，以弥补"头天晚上失去的睡眠"。在用来自许多不同方向的多样化的点滴知识把自己武装起来后，我深信自己在接受一种相当平衡的教育。

我还利用研究员职位给我的自由去拜访在伦敦的朋友，特别是在伦敦经济学院和牛津的朋友，包括看望像德瓦吉·斯里尼瓦桑这样的老朋友。还有贾索达拉（拉特纳）·森古普塔，她正在牛津学习英国文学，是我的一个表妹，因为她父亲是我母亲的表弟。她与在三一学院读经济学的才子阿米亚·巴格奇过从甚密，而巴格奇也同样来自管区学院。两人后来喜结连理，而我们常在牛津或剑桥会面。

通过贾索达拉，我认识了普丽雅·阿达卡尔，她是我在剑桥的

* 高台餐桌（high table），英国大学餐厅中为校长和导师一类重要人士设在高平台上的餐桌。——译者注

朋友迪利普·阿达卡尔的妹妹。普丽雅是一位冰雪聪明、富于创造力而且十分迷人的年轻女子，对人际关系有着敏锐的直觉，而这是我所欠缺的，所以她的陪伴在多个不同的方面丰富了我的生活。韦德·梅达最初因《纽约客》（*New Yorker*）专栏作家的身份而成名。他在一份自传中写道，他在牛津与普丽雅谈恋爱时，曾将我视为一个障碍（甚至为此还引用了普丽雅本人的话）。显然，由于我们的关系暧昧不明，我和她应当相互疏远。这虽然可能是
个正确的决定，但对我而言却是一大损失。到了暮年，普丽雅与 340
大剧作家维贾伊·滕杜尔卡合作，翻译了他的一些剧本。她多方面的才能通过出版、翻译和编剧等不同渠道表现出来。

九

我觉得我应该在这里记录一下我第一次，也是迄今仅有的一次轻微触犯学院规章的情况。此次事件教给我一些东西，是与申斥方式有关的，我觉得富于教育意义。事情发生在我从加尔各答返回三一学院后不久，在我的社会责任与学院规章之间发生冲突时，我不得不面对一个艰难的选择。一天晚上，我的朋友迈克尔·尼科尔森的女朋友克里斯廷到剑桥来看他，很晚才到达，完全出乎意料。我想，他们是要筹划他们的婚礼细节。经多方努力，迈克尔还是没能在剑桥的旅馆给克里斯廷找到一间空房，但学院规章明令，任何人（除院长外）均不得允许女性留宿学院房间。当时，三一学院还是一所只招男生的学院。

迈克尔当时是一名研究生，而即便是一名研究员，也没有可

以自外于有关规则的法权。不过，我们还是认为，如若事情败露，对我的处罚不会像对他那样严重。我们以为，如果克里斯廷睡在我新庭公寓楼下的空房间里被发现，相比她睡在迈克尔的房间里被人瞅见，我的麻烦会比迈克尔少得多。所以，克里斯廷被及时安置在了我那套公寓的台球室里（之所以这么叫是因为，那里放置了大数学家 G.H. 哈代的台球桌）。我们的方案是，一旦三一学院的后门在黎明时分打开，克里斯廷就经那条跨越剑河直达后门的林荫道悄然溜走。当我上楼睡觉时，我还能听到迈克尔与克里斯廷在兴致勃勃地聊天，我对克里斯廷及时起床离去而不至于引发危机的能力感到越来越悲观了。

唉，寝室清洁工果真发现了她。我想，迈克尔不会还与她在一起。数小时后，当我醒来时，清洁工严厉地告诉我，她已经向
341 管理部门报告了这一严重违反三一学院规章的行为。因此，我咨询了历史学家杰克·加拉格尔。他是我的朋友兼顾问，一位经验丰富的研究员。我问他，依他之见，下一步会发生什么情况。他说，他认为副院长詹姆斯·巴特勒爵士会严厉地斥责我。于是，我做了出现最坏情况的准备。

一周又一周，接连好多周过去了，还是没有任何动静。就在我几乎忘记这段插曲时，有一天，在三一学院吃过午饭后，巴特勒爵士问我是否愿意同他一道去研究员花园散步。我告诉他，通常我都会觉得求之不得，可那天下午，我计划去图书馆，于是问他我是否可以改日再与他一道散步。巴特勒爵士毫不容情地看着我，说道："森，如果你现在能与我一道在研究员花园散步，就算

你给了我一个很大的面子。”我于是说道：“既然如此，当然没问题。”在我们沿着跨河的林荫道漫步时，巴特勒爵士问我是否知道我们周围那些高大树木的年龄。我答不上来，于是他告诉我答案。在研究员花园里，他指点着各种植物，问我是否知道它们的名称。我答不上来，于是他告诉了我答案。

我们在回程中靠近学院时，巴特勒爵士告诉我，一位研究员曾经住在学院里，而他的妻子却在葡萄牙广场（Portugal Place）附近有一套公寓。这位年事已高的研究员命在旦夕，显然最多只剩寥寥数日，于是请求允许他的妻子在他临终前一两天来学院陪伴他。巴特勒爵士随后问我：“森，你觉得学院对他的请求做出了怎样的决定？”我说：“我想，学院得同意他的请求吧。”巴特勒爵士说：“胡扯！当然，学院不得不回绝他的请求。”接着，他改变了话题。当我们穿过林荫道往回走时，巴特勒爵士教给了我更多有关树木的知识，而我也晓得自己已经受到了严厉的申斥。我认识到，教育可以有许多不同的形式。

第二十二章
多布、斯拉法与罗伯逊

一

342 作为三一学院的一名奖学金研究员，我的职责只关乎我自己选择的研究项目。但是，在一定程度上是由于我在贾达夫普尔大学的经历，我逐渐明白，教学本身不仅可以令人感到其乐无穷，而且是补充个人研究工作的绝妙方式，所以，我欣然接受了三一学院让我监督一些大学经济学本科生的建议。

我还被问到是否愿意讲课。我也被这个主意所吸引，于是申请并获得了经济学助理讲师的职位。我讲授一些基础经济学原理，也与詹姆斯·米德教授互相配合。他是一位出色的主流经济学家，有着惊人的洞察力。他于 1957 年从伦敦经济学院转到剑桥，接替丹尼斯·罗伯逊成为政治经济学教授。在米德教经济学理论的通用课程之后，我与他联袂授课。我们讨论了规范主流经济学所产生的许多分析难题，当然也设法解决学生的提问，而这些问题通常很吸引人。

我还做过一些关于投资规划的讲座，而我把这些讲座与我对技术选择的研究联系起来。新近从苏格兰到达三一学院的詹姆斯·米尔利斯听了这些讲座，让我感到十分荣幸。米尔利斯来剑桥大学是一件大事，因为他机敏的头脑让人们确信，他有朝一日会成为纯理论经济学的领军人物。他后来真成了这样的人物，先后在牛津大学与剑桥大学执教。他不仅著书立说，改变了我们对最优政策要求的理解，还在英国培养了大量名列前茅的经济学家。343

来自哈佛的斯蒂芬·马格林现身我的讲座，是又一桩令人振奋的事情。他坐在第一排，向我提出的问题富于见地和创意，以至我很难相信他才刚刚完成本科教育，因而给我留下了非常深刻的印象。作为他获取哈佛大学学士学位的必备条件之一，他写出了一篇精妙的高水平的论文，颠覆了一些既定的投资决策程序，尤其是那些与投资顺序有关的程序。他也成了我的一位亲密的朋友。

二

作为一名年轻的讲师，能与丹尼斯·罗伯逊、莫里斯·多布和皮耶罗·斯拉法合作，一道在三一学院执教，我感到极为兴奋。他们都曾是我的老师。我在前面谈过一点有关他们的事情。但是，只是在我成为他们的同事后，我才真正开始熟知他们。

罗伯逊与我的工作的关系，不像多布或斯拉法那样密切，但我从在剑桥大学的第一学年起就对他相当熟识，这不仅因为他人在三一学院，而且因为他总是十分友好且乐于交谈。罗伯逊与他那一代的大多数经济学家不同，对功利主义伦理学抱着无可置疑的忠诚，因而特别引发了我的好奇心。他认为，精确这一美德被高估了，而即使我们难以将不同人享用的主要生活用品一一予以清晰的相互对应，我们也可以对社会福利做出完全合理的判断。他对穷人有一些本能的同情，但我无法说服他相信，在从根本上减少经济不平等方面，公共政策具有绝对重要的意义。

罗伯逊出于善良的功利主义考虑确实认可，保证非常贫穷的群体——例如长期失业人员——的额外收入应该作为公共政策的一项重要目标，但他几乎没有将追求平等主义作为一个主要社会目标的热情。这样一个目标，可能源于他自己的更多地利用效用进行人际比较的信念（这种信念认为，越来越多的收入，对增加一个人的总效用的影响，在变得越来越小），但他似乎并不特别热衷于深入研究实现公平与正义的可行的政策举措。我发现，虽然
344 很容易让他谈论阿尔弗雷德·马歇尔，却难以吸引他参与到对更为激进的三一学院思想家亨利·西奇威克思想的讨论中来。不过，他还是认同西奇威克的功利主义关注点的。

西奇威克对社会公正经济学有很多话要说，而罗伯逊却对社会公正经济学缺乏兴趣，这可能与他对宏观经济学涉及工程的一面的浓厚兴趣有关。实际上，他作为经济学家的名声，主要与他在实用的宏观经济学领域所做出的一些贡献有关，例如他解决了诸如经济中的国民收入、投资、储蓄和总就业等经济总量的测定问题。他在三一学院获得研究员身份的论文《产业波动研究》（A Study of Industrial Fluctuation），是在他动情地思考自己在第一次世界大战中大概应该起什么作用时写的（他是一个和平主义者，但最终确实还是参了军）。这篇论文对导致繁荣和衰退的经济过程的分析是一个卓越的贡献。

罗伯逊在研究工作中探索的一些概念，也与约翰·梅纳德·凯恩斯在探讨的一些想法不谋而合。他们在社交关系上也很密切，而且还都是活跃的使徒。由于他们不仅都在研究类似的问

题和探索类似的经济联系，而且一直相互交流思想，因此可以了解，罗伯逊注意到，他与凯恩斯“有过如此之多的讨论”，以至于“我们谁也弄不清楚，在那些想法中有多少是他的，有多少是我的”①。这种亲密无间确实使罗伯逊与凯恩斯之间的私人关系大成问题。当然，凯恩斯大名鼎鼎，而罗伯逊却没有获得他那样的声誉；鉴于他们研究工作的重叠，连罗伯逊可能也已经觉察其中有点不公。作为一名学生，我花了一些时间，试图在他们各自的著作中确定哪一个处于优先地位。可是，事实证明，这是非常难办的一件事，而我最终只得承认，罗伯逊是对的：试图将他们区分开来只能是徒劳。

三

按照对经济学家的分类方式，罗伯逊肯定是个保守派。他不喜欢革命，他想把革命留给莫里斯·多布。可是，事实上，他也
怀疑多布是否喜欢革命。他告诉我：“你明白，多布喜欢一个没有 345
动乱的和平世界。”在确认多布的天生情趣方面，他也很可能是对的，可是我认为，他在识别多布所显现出来的政治偏好方面，就未必正确了。

我记得我与罗伯逊最后的晚餐，那是在戴维·钱珀瑙恩家里。两天后，我将前往印度一个月。罗伯逊说：“阿马蒂亚，你知道

① 参见 D.H. 罗伯逊所著《银行政策与物价水平》“1949 年版前言”（D.H.Robertson, “Preface to 1949 Edition,” *Banking Policy and the Price Level*, 1926）(New York: Augustus M. Kelley 1949)，第 5 页。

吗？没人熟悉《猫头鹰与猫咪》（*The Owl and the Pussycat*）的准确曲调。我的曾祖母曾教过我，我勉力一星半点都不忘记。”我回答说：“我想听听。”钱珀瑙恩同我一道恳请他。于是，罗伯逊唱了起来。末了，他说道：“在我死后，就没有人会知道《猫头鹰与猫咪》的准确曲调了。”两天后，我前往印度，罗伯逊对我说的最后一句话是：“等你回来后，我们再继续争论。”我想，他指的是我们之间对一个问题的分歧。对我来说，减少不平等具有非常重要的意义，而我们数年来不时就这一问题发生争论。

一个月后，在从机场返回的路上，我差点在国王十字车站错过开往剑桥的列车，不得不沿着月台奔跑。当我在同一节车厢发现一位老朋友时，我还在气喘吁吁。他是剑桥的又一位经济学老师迈克尔·波斯纳。他立即问我是否知道丹尼斯·罗伯逊刚刚去世的消息。我感到悲不自胜。即使是在六十年后的今天，我依然想念罗伯逊，而当我想到《猫头鹰与猫咪》时，一种怀旧的情感就涌上心头。

四

从我在加尔各答开始攻读经济学时起，莫里斯·多布就是我的英雄。他掌握的马克思主义使他尤其具有吸引力，因为我对马克思的思想也有着浓厚的兴趣。直到 1976 年去世，他一直是一名英国共产党党员。即使苏联和东欧事件的报道令他感到不安，他也依旧忠于英国共产党。他确实认为英国共产党常常过于教条，而我从剑桥大学支部的另一名共产党党员那里获悉，他在他们的

会议上经常会有一些类似言论。丹尼斯·罗伯逊说得对，多布并
不喜欢动乱，而我的朋友杰克·加拉格尔曾经滑稽地模仿过多布 346
于 1917 年 10 月在红场上的讲话。多布说的第一句话是："同志们，时机尚未成熟。"

我在第十三章中已经描述过，当我在加尔各答第一次读到多布 1937 年的经典著作《政治经济学与资本主义》，尤其是其中一篇名为《一种价值论的必要条件》的论文时，我曾如何为之而倾倒。他在此文中论证了有别于价格决定理论的价值理论的重要性。多布认为，劳动价值论和效用理论都是价值理论的重大范例，不能简单地将它们视为通向价格理论的中间产品（虽然主流经济学家们倾向于这么看），而是应当把它们视为丰富的描述，而且由于它们自身独特的重要性，我们有理由对它们产生兴趣。

我从早期阅读多布的著述中悟出十分关键的一点，就是经过严密审视的描述性经济学 * 的重要性。这种经济学可以启发我们对人类社会的基本兴趣，而且除了帮助我们预测价格之外尚大有裨益。令我感到懊丧的是，经济学似乎正稳步走向局限于狭窄范围的问题，主要集中在预测某些经济量的难易程度上，而这些并不总是非常重要。在我看来，莫里斯·多布似乎坚决反对这种倾向。尽管我在本科二年级才成为多布的学生之一，但我在此前就已经开始定期去拜访他，与他进行长时间的交谈。

1957 年，我离开加尔各答，返回三一学院做奖学金研究员。

* 描述性经济学（descriptive economics），即实证经济学。——译者注

于是，我们得以继续定期聊天。除了他对经济学的真知灼见外，他给我的印象是，他一直是一个非常友善的人，总是不遗余力地帮助别人。在我们谈话时，他通常会泡上一壶茶，用的是一把旧茶壶，壶盖摔坏了他也懒得更换。后来，他告诉我，当那个茶壶本身也摔破了时，房间清洁工出于善意，买了一把新茶壶来作为礼物送给他，说道："我知道，多布先生，您不喜欢壶盖，所以我把它给扔了。"我问多布，他是否向房间清洁工说明过那把没盖茶壶的历史，他回答说："没有，当然没有。"所以，我记得，他继续用一把无盖茶壶喝茶。

五

347 我很幸运在三一学院本科期间能由皮耶罗·斯拉法担任我的学业主管。他在不同阶段适时地安排我去见我的指导教师莫里斯·多布、琼·罗宾逊、肯尼思·贝里尔和奥布里·西尔伯斯顿，但也鼓励我只要愿意随时可以去找他相谈。我一切依命而行，而且正如我在前面（第十六章中）所论述的，我将他视为一个额外的导师。不久我就明白，斯拉法喜欢聊天，而且话题包罗万象，从经济学和欧洲政治传统到咖啡制作，可谓无所不谈。另外我还获悉，这位极具独创性而且善于质疑的知识分子，喜欢与他人一道合力为宏伟的共同事业而奋斗。

在我先后成为奖学金研究员和学院讲师之后，我有更多的机会与斯拉法共度时光。在 1958—1963 年期间，我们几乎每天午饭后都会长距离散步，经常外出到剑桥数英里之外的科顿。除了别的见闻外，我逐渐认识到他在意大利的学生时代对他有多么重要。其间，他与左翼期刊《新秩序报》（*L'Ordine Nuovo*）圈子里的安东尼奥·葛兰西等人一起工作，而该期刊的宗旨在于抵制法西斯主义的威胁和实现意大利彻底的社会变革。葛兰西在 1919 年创办了该刊并成为其主编。斯拉法定期为该刊撰写文章，并于 1921 年加入该刊编辑部，因遭受法西斯的迫害而不得不在二十世纪二十年代后期离开意大利。到 1927 年移居英国时，他已成为意大利左翼知识界一个举足轻重的人物，接近意大利共产党，但没有加入组织。

六

斯拉法很少发表著述，但他对许多不同的学术研究领域产生了深刻的影响。关于他不愿写作一事，有种种传闻。在我刚到剑桥时，有人告诉我，一向相当沉静的尼古拉斯·卡尔多曾向他的医生叫苦，说他恐怕得了“足癣”[*]；医生（很了解自己的病人）观察后说，你“不大可能得这病，就像斯拉法先生不会得书写痉 348
挛症[**]一样”。

事实上，斯拉法确实有所谓“出版痉挛”的问题，因为他做了大量笔记，大部分是意大利文的，涉及经济学、哲学和政治学等不同学科。它们有时会在我们的交谈中冒出来，给我的印象是，

* 足癣（athlete's foot），原文字面意思是“运动员的脚”。——译者注

** 书写痉挛（writer's cramp），原文字面意思是“作家的痉挛”，指一个作家因写字过多而导致手部抽筋。医生此处的话是在与病人开玩笑，说卡尔多没有运动员的脚，而斯拉法述而不作，不会写到手抽筋的地步。——译者注

他曾经想过，将那些笔记精选一番，经过认真编辑，将它们出版。有一次，在我问斯拉法他为什么那么喜欢大卫·休谟时，他告诉我，关于这一点，除早期有一个匿名出版物之外，在他的文件中还有一个有关这一主题的长篇笔记。① 这些未出版的著述都保存在三一学院的雷恩图书馆中。

斯拉法除了对经济学和哲学做出巨大贡献（下文将对此详加论述）之外，还与莫里斯·多布一道，对大卫·李嘉图全集终极版的编辑工作做出了重要贡献。这部著作有十一卷，于 1951 年开始面世，而在我于 1953 年到达剑桥时，已经引发了热烈讨论。最后一卷是总索引，于 1973 年出版。这部索引本身极其详尽且带有诸多注释，斯拉法和多布用了一年时间才告完工。我记得，肯尼思·阿罗曾告诉我，他在一次访问剑桥时想见斯拉法一面，但被告知斯拉法正忙于给李嘉图全集准备索引，因而不会见任何人，他为此而感到十分沮丧。阿罗问我："你不觉得惊诧吗？编索引难道不是在一个下雨的星期天，你不必外出奔波之时做的事吗？"我试图为斯拉法辩护，解释说这可不是那种一般的索引，可我觉得阿罗完全不以为然。

---

① 我一直试图说服三一学院花一点钱来翻译斯拉法身后留下的意大利文论文。尽管三一学院在斯拉法 1983 年去世时收到了他一笔一百余万美元的遗产，但我未能成功让我的学院拨出哪怕一笔较小的款项。如果我们能获得翻译补助金的话，我将与谢里尔·米萨克教授（一本关于弗兰克·拉姆齐的出色的书的作者）合作，在两位意大利学者的协助下承担这项任务。见我无法获得甚至是这样一笔小额的研究资助金，谢里尔问我在三一学院的哲学同事休·理查兹："难道一个前院长在这所学院就没有任何影响力了吗？"休解释道："谢里尔，你应该知道，一个现任院长在这个学院的影响力都等于零，至于一个前院长，那就更得等而下之了。"

七

确切地说，在经济学中，至少有三个主要的见解或理念源于
斯拉法的研究工作。第一个是他在二十世纪二十年代的论证，即
如果按照主流经济学的标准做法，将市场表现解释为完全的竞争
性均衡的结果，可能引起严重的内部矛盾。这是因为，在规模收
益不变（或递增）的情况下，完全的竞争性均衡是不可能的。只 349
要所售商品的价格没有开始上涨，一个竞争性市场便使得企业可
以无限增加其销售，而规模收益不变或递增，则在真有变化的条
件下，使得生产一种商品的单位成本下降。所以，没有什么是可
以阻止扩张的。这表明，在市场竞争中必须承认垄断因素的存在，
而一个由阿尔弗雷德·马歇尔（当时占主导地位的“剑桥学派”领
袖）和他的追随者们（其中包括丹尼斯·罗伯逊）所引领的主流经
济学不断发展的宏大理论，却没有考虑到这一因素。

斯拉法从而证明，业已确立的价格理论的基本原理存在致命缺陷。他的论文最初是以意大利文面世的，而它的英文版则于 1926 年被刊登在《经济学刊》（*Economic Journal*）上，并立即产生了巨大影响。丹尼斯·罗伯逊试图为马歇尔的理论辩护，但最终承认斯拉法在这场争论中胜出。在斯拉法的判断面世之后，接着出现了大量新文献，探索“不完全竞争”和“垄断性竞争”的特性，而这些新文献是由琼·罗宾逊和爱德华·张伯伦领衔推出的。

第二个重大贡献涉及更多技术推理，与斯拉法的这一论证有关：通常使用的将资本作为具有数值的生产要素的观念，给人以深重的错觉，并且它自身就产生了诸多矛盾（除非提出非常特殊

的假定)。生产技术不能根据“资本集约”的多或少来分级，因为依赖于利率的资本集约，会随着利率的系统性提高而使它们的相对等级频频反转。该论证迷人的名称是“多次转换”。资本“多”还是“少”的概念因而变得混乱，使得人们难以将资本视为一种生产要素。这与主流经济学中所指的生产要素的表现方式迥然不同。与此相应，因为将资本视为一种生产要素，主流经济学中有很大一部分内容存在着深度的不一致性。

第三个更具建设性的贡献，是斯拉法论证了：按给定利率（或者按给定工资率），对正在进行的所有生产活动（包括所有投
350 入和产出）的全面描述，是足以从数学上告知我们所有商品的市场价格的。我们并不需要所涉商品的需求条件来确定所有价格。在斯拉法 1960 年出版的一本名为《用商品生产商品：经济理论批判绪论》的篇幅不长的书中，除阐述其他观点之外，简明扼要地论证了这一点。①

这是一个了不起的分析结果，但在观照第三个贡献时，我们需要小心判断，不要言过其实，以免把这一贡献夸大到超越斯拉法的自我主张。新古典经济学理论的批评者们有一种强烈倾向，那就是认为斯拉法的论证表明，在随意决定价格时，需求条件是多余的。琼·罗宾逊并不是唯一立刻抓住这种不公正机会的评论员，但她充分利用了这一点：

---

① 参见皮耶罗·斯拉法所著《用商品生产商品：经济理论批判绪论》（Piero Sraffa, *Production of Commodities by Means of Commodities: Prelude to a Critique of Economic Theory*, Cambridge: Cambridge University Press, 1960)。

……当我们得到一组生产方面的技术方程和在整个经济中都一致的实际工资率时，在确定均衡价格时就没有需求方程的空间了。[①]

此说恐怕并不正确。由于斯拉法系统中的整个计算是针对既定的和观察到的生产状况（投入和产出都是固定的，就像经济中生产运行的快照一样）进行的，至于假设需求条件发生变化之后会发生什么情况的问题，是在这一操作中根本没有解决的问题。需求条件发生变化，当然有可能导致所涉商品的生产水平产生差异。因此，那种将数学决定（即我们可以计算的东西）诠释为随意决定（即什么决定什么）的倾向，可能导致重大混乱。

我们从斯拉法那里的获益已经足够可观。一旦工资率（也可以是利润率或利率）得以规定下来，我们就可以从生产关系中得出价格理论。对于给定的生产配置，实际上就是用商品生产商品的配置，在利润率和工资率之间显然存在着一种可计算的关系，事实上是一种直接关系。如果你规定一个，你会从中得到另一个。正如莫里斯·多布所指出的，这几乎是对一场阶级战争的生动描述，也就是对阶级关系经济学的不同凡响的深刻描述。

斯拉法的书有一个副标题:《经济理论批判绪论》。显然，他 *351*
可能有所期许，就是希望自己的书会导致对主流经济学理论的更为充分的批判。可是，我相信斯拉法并不真的打算引起这样一种批判。他肯定对其他人将如何拓展他已经完成的研究很感兴

① 参见琼·罗宾逊的文章《经济理论批判绪论》(Joan Robinson, “Prelude to a Critique of Economic Theory”), 载 *Oxford Economic Papers*, New Series, 13(1), February 1961), 第 53-58 页。

趣。我有幸在本书出版之前很早就阅读了手稿。事实上，我和莫里斯·多布在此书写作过程中就已先睹为快。只有在晚饭后，在斯拉法三一学院的房间里，我才被允许这样做，而与此同时，斯拉法（戴着绿色遮光罩以防头顶灯光损害他的视力）在看法国的《世界报》（*Le Monde*）或者意大利的《晚邮报》（*Corriere della Sera*）。每当我把目光从他的文字上移开时，他就会立即问我："你为什么停下来？是我的一些说法让你感到担忧吗？"对我而言，这是一次令人激动也令人费心的经历，既让我绞尽脑汁，也让我兴奋不已。

斯拉法的这本小书本身就很有启发意义。如果我们能够清楚地领会他的话语，那么此书就不单纯是随后可能出现的批判的先声。不过，其他人已经采用斯拉法的思想来探索更多问题，其中尤以路易吉·帕西内蒂和皮耶兰杰洛·加雷尼亚尼，以及海因茨·库尔茨、克里希纳·巴拉德瓦杰、杰弗里·哈考特、理查德·戴维斯、亚历山德罗·龙卡吉利亚和阿吉特·辛哈等最为突出。帕西内蒂还对斯拉法的研究工作与剑桥学派的凯恩斯主义者的研究工作之间的关系写了一篇影响深远的纪事。

八

斯拉法的经济思想让我大感兴趣，但更让我为之着迷的是他的哲学思想。到我与他相会之时，他已经促成了当代哲学尤其是英美哲学中一项至关重要的发展，也就是路德维希·维特根斯坦断然摈弃了他在自己的开拓性著作《逻辑哲学论》（*Tractatus*

Logico-Philosophicus）中的早期立场，而以他随后在《哲学研究》（*Philosophical Investigations*）中刊布的哲学思想的发展取而代之。

维特根斯坦早年是伯特兰·罗素的学生。他在 1913 年离开三一学院和剑桥大学时，就已经功成名就，成为世界上最重要的 352
哲学家之一。到 1929 年 1 月他返回时（就在斯拉法本人抵达剑桥后不久），他已声名远扬。《逻辑哲学论》坚持认为，表述必须遵循逻辑结构，而这一令人敬畏的要求已经广为人知，并在整个哲学界产生了巨大的影响。

鉴于维特根斯坦非同寻常的声誉，他的归来在剑桥成为一件引起轰动的大事。当时，约翰·梅纳德·凯恩斯立即写信给自己的妻子莉迪亚·洛波科娃，赞叹这位天才哲学家的回归："啊！上帝到了！我在 5 点 15 分的火车上遇到了他。"整个剑桥都为之兴奋。《逻辑哲学论》的最后一句是一个著名的祈使句："凡不可言说之事，均须对之保持沉默。"如此要求，十分严苛，足以令率尔发言者噤声。斯拉法对维特根斯坦的祈使句所提出的要求没有异议，但认为我们如果不遵循维特根斯坦的严格规则，就可以畅通无阻地说话和沟通。

在《逻辑哲学论》中，维特根斯坦使用了一种有时被称为"意义图像理论"的方法，该方法将一个句子视为由一种图像代表的一种事态。这种决绝的主张，即一个要讨论的主题与它所描述的内容必须具有相同的逻辑形式，可以说有一定的过于简单化的风险。斯拉法认为，这种哲学立场是完全错误的，实际上是荒诞不经的，并在他们频繁的交谈中试图让维特根斯坦相信，这是个错误。斯拉法表明，这不是人们相互交流的方式，而且他们也没有理由这样做。我们按照交流规则说话，这些规则大多是心照不宣的，别人也心知肚明，而这些规则不必具有维特根斯坦所坚持的逻辑形式。

根据一个广为流传的逸闻，斯拉法用手指尖摩挲下巴的方式，表达自己对维特根斯坦坚持使用严格规定的逻辑形式进行有意义交流的怀疑态度。维特根斯坦对那不勒斯人表达怀疑态度的手势完全心领神会，斯拉法于是问道："这种交流的逻辑形式是什么？"我向斯拉法问及此事时，他坚持认为这个传闻，即使不是完全杜撰的（"我不记得有任何这样的特定场合"），也更像是一个寓言故事，而不是一件实际发生过的事情。他说："我和维特根斯坦的争论如此频繁而且如此之多，以至于我无须多借助手指尖来表达什么。"但是，这个传闻确实生动地说明了斯拉法质疑的力
353 量，以及他对《逻辑哲学论》中哲学持怀疑态度的实质。（当然，这个传闻也有助于我们理解，与语言和表达相关的社会习俗是如何促进交流的。）

维特根斯坦后来向同样在三一学院的杰出的芬兰哲学家格奥尔格·亨里克·冯·赖特描述说，这些交谈如何使他觉得"就像一棵所有枝杈都被砍掉了的树"。这些交谈对他而言显然是很重要的。事实上，斯拉法的批评并不是维特根斯坦当时面临的唯一批评。剑桥年轻的数学奇才弗兰克·拉姆齐提出了另外一些批评意见。维特根斯坦在《哲学研究》的序言中对拉姆齐表达了谢意，但申明自己"甚至更加"感激"这所大学里的一位教师皮耶罗·斯拉法先生的批评，因为多年来他一直在不断地磨砺着我的

思想”，而且补充道，他“铭感这种批评激发了本书中一些极为重要的思想”。在说明斯拉法的批评时，维特根斯坦告诉一位朋友（另一位剑桥哲学家拉什·里斯），斯拉法教给他的最重要的东西，就是以“人类学方法”来观照哲学问题。

人们通常将维特根斯坦的作品分为“早期维特根斯坦哲学”和“后期维特根斯坦哲学”，而1929年则是这两个阶段明显的分界线。《逻辑哲学论》试图在与使用语言的社会环境隔离的情况下看语言，而《哲学研究》则强调惯例和规则赋予话语的特定意义。这一观点与后来被称为“普通语言哲学”的东西的联系显而易见。“普通语言哲学”在维特根斯坦对交流的理解发生变化之后的时期蓬勃发展。

那不勒斯人用手指尖摩挲下巴的习惯所传达的怀疑态度（即使这种摩挲动作是由一个出生于都灵而住在比萨的托斯卡纳人做出来的），也许可以被视为那不勒斯世界里约定俗成的规则和惯例，也就是“生活流”的一部分。在《哲学研究》中，维特根斯坦使用“语言游戏”这一表达方式来说明人们是如何学习怎样使用语言以及词语和手势的意义的（当然，任何实际语言的丰富程度都会远多于手势）。

九

斯拉法是否为自己的思想影响了这个可能是我们时代最杰出 354
的哲学家而感到兴奋呢？当我在午后例行的散步中不止一次地问他这个问题时，他都回答说，不，他不至于。当被追问得急了时，他解释说，他所提出的观点是“相当平淡无奇的”。

在维特根斯坦去世后不久，我于1953年抵达三一学院，随后就意识到这两个朋友之间存在着某种裂痕。在回答我的问题时，斯拉法极不愿深谈到底实际上发生了什么事情。我得到的最接近真相的回答是：“我不得不终止我们的常规交谈。我有点烦了。”然而，雷·蒙克在他的维特根斯坦传中讲述了这些事件：

> 1946年5月，皮耶罗·斯拉法断定，他不再希望与维特根斯坦交谈，称他不能再将时间和精力放在维特根斯坦想讨论的问题上。这对维特根斯坦来说是一个巨大的打击。维特根斯坦恳求斯拉法继续他们每周的谈话，即便避而不谈哲学话题也好。他告诉斯拉法：“我可以谈任何东西。”斯拉法回答说：“是的，可还是你行你素。”[①]

在斯拉法与维特根斯坦的友谊中，有许多令人费解的特征。斯拉法喜爱对话和争论（我庆幸自己能够因为与他争论而受益），怎么会变得如此不愿与二十世纪最优秀的智者之一交谈呢？此外，那些谈话对维特根斯坦极为重要，而且被证明对当代哲学也具有极其深远的影响。那么，它们在这位来自托斯卡纳的年轻经济学家看来，怎么就会变得“相当平淡无奇”呢？

我怀疑，我们是否还会确切得知这些问题的答案。还有一个相关问题：为什么斯拉法对他与维特根斯坦交谈的深度与话题的

① 参见雷·蒙克所著《路德维希·维特根斯坦：天才之责任》(*Ludwig Wittgenstein: The Duty of Genius*, London: Jonathan Cape, 1990)，第487页。

新颖如此罕言寡语？我认为，至少有部分答案在于这样一个事实，
即被维特根斯坦视为新智慧的东西，是以《新秩序报》为中心的
意大利知识界讨论中的一个寻常话题。我以为，这包括了所谓交
流规则的“人类学”若干方面的内容。不过，斯拉法向维特根斯 355
坦传达的这种怀疑态度的巨大影响，终将在主流哲学中开启分析
思维的一个宏大的新征程，并使所谓“普通语言哲学”重焕生机。
我认为，斯拉法的批评所导致的创造力，是难以充分估量的。

十

通过阅读斯拉法的著述，以及我与他的谈话，我了解了安东尼奥·葛兰西对哲学的基本贡献。1927 年 1 月，当约翰·梅纳德·凯恩斯写信给斯拉法，表明剑桥大学有意聘他担任教席时，葛兰西刚被逮捕（1926 年 11 月 8 日）。葛兰西在狱中，尤其是在米兰，经受百般折磨之后，与别的一些政治犯一道于 1928 年夏季在罗马受到审判。他被判处二十年有期徒刑（检察官在一份声明中说：“我们必须让这个大脑停止运行二十年。”），并被送往距巴里约二十英里的图里监狱。在那里，从 1929 年 2 月起，葛兰西开始着手写随笔和笔记，后来集成为闻名于世的《狱中札记》（二十世纪五十年代在意大利出版，1971 年被翻译成英文）。①

葛兰西的笔记绝妙地打开了一扇窗口，让我们得以窥见葛兰

① 葛兰西的《狱中札记》（*Prison Notebooks*）以及《现代君主论和其他作品》(*The Modern Prince and Other Writings*, London: Lawrence and Wishart, 1957)，有助于我们更为全面地理解他的观点。

西、斯拉法以及他们的朋友圈的兴趣所在。他们直接而有力地参与实际政治，但他们还非常关注当前政治之外的概念世界。斯拉法热切希望葛兰西在狱中写下他的想法，并在米兰的一家书店（施佩林与库普弗书店，Sperling & Kupfer）为他开设了一个账户，以为他提供无限量的书籍和文具，费用则由斯拉法自己解决。

在《狱中札记》中的一篇关于“哲学研究”的文章里，葛兰西论述了“一些初步的可供参考的要点”，其中包括一项大胆的主张：“有一种普遍的偏见，仅仅因为哲学是特定类别的专家或者专
356 业而且体系化的哲学家的特定智力活动，就认为哲学是一种奇怪而艰难的事物。消除这种偏见是至关重要的。”葛兰西进而认为：“必须首先通过界定对每个人都适当的‘自发哲学’的范围和特征，来表明所有人都是‘哲学家’。”[①]

这种“自发哲学”是一种什么样的东西？葛兰西在这个标题下列出的第一项是“语言本身，也就是确定的观念和概念的总和，而不只是语法上缺乏内容的单词”。交谈和规则的作用，包括后来被维特根斯坦称为“语言游戏”的东西，以及斯拉法向他力荐的“人类学方法”的重要意义，都突显了葛兰西对世界的理解中的重要部分，而他与斯拉法对世界的理解是相同的。

直到1937年葛兰西去世，斯拉法与葛兰西一直保持着密切的联系，因而不难看出，葛兰西对斯拉法尤其是对他的马克思主义

① 安东尼奥·葛兰西所著《狱中札记选》(*Selections from the Prison Notebooks*)，由昆廷·霍尔和杰弗里·诺维尔·史密斯编辑及翻译（London: Lawrence and Wishart, 1971），参见《哲学研究》，第323页。

思想产生了深刻影响。然而，《新秩序报》圈子里有这样的议论，尽管他们关系良好，但斯拉法并不是一个完全忠诚的追随者，并且在一些关键问题上与葛兰西意见相左。在二十世纪五十年代末六十年代初，我曾与斯拉法多次长谈（我将在第二十四章中讲述这一点）。后来在二十世纪七十年代，我又逐渐熟识了意大利伟大的政治家兼我的岳父阿尔蒂埃罗·斯皮内利，我对葛兰西与斯拉法的关系就有了更为深入的了解。斯拉法与葛兰西两人都拓宽了我观察意大利左翼知识分子所关注问题的视角，而且他们对于我自己如何理解这个世界也起了至关重要的作用。

第二十三章
邂逅相逢于美国

一

357 1959 年，我与纳巴尼塔·德夫订婚。她是一位诗人、小说家和文学家。我们在 1960 年 6 月完婚。1956 年，我在加尔各答的贾达夫普尔大学任教时，纳巴尼塔在那里攻读比较文学。我就是在那时开始结识她的。不久以后，她获得了美国印第安纳大学的奖学金，于 1959 年秋季开始在那里攻读博士学位。她在前往美国途中经停英国。我们除了一起参观剑桥和牛津外，还进行了一趟非常愉快的威尔士之旅。我们于一年后在加尔各答举办了婚礼。

纳巴尼塔当时已是一位成功的年轻诗人，后来成为孟加拉语文学中最为著名的原创作家之一；她还成为贾达夫普尔大学的一位知名教授。遗憾的是，我们的婚姻在 1973 年以离异告终，但我们养育了安塔拉和南达娜两个极为出色的女儿。纳巴尼塔的父母也是著名的诗人，而她则以自然的亲和力与热情，赢得诗坛名人的地位，许多荣誉接踵而来。

我们在一起生活时，文学爱好者纷至沓来，热切地求教于她并让她看他们的作品。当她不在家时，我不得不尽我所能招待他们。对于专攻经济学、数学和哲学的人来说，这真是一种挑战。有一次，一位诗人带着一部厚厚的诗集到来，想朗读给纳巴尼塔听，并听取她的评判。可是，由于她不在家，这位诗人说他干脆

塌下心来，将他的数百首诗读给我听。我连连告饶，说我完全缺
乏文学素养，他却安抚我说：“这真是再好不过。我特别想看看 358
普通人，也就是没有文学素养的普通人，对我的诗歌会有什么反应。”我如今可以愉快地通报说，我这个普通人当时对他诗歌的反应，既不失尊严，也不乏自制。

二

在 1960—1961 年，我和纳巴尼塔都认为，在美国的一所大学度过一年是一个诱人的想法。纳巴尼塔大量参与了当时新兴的比较文学学科，而我则热望与美国经济学家们共度一些时光，也好远离凯恩斯主义新剑桥学派和新古典学派之间的争斗。也算是机缘巧合，一封来自麻省理工学院的信件到来，向我提供一份为期一年的经济系客座助理教授职位，我因而感到十分快意。此外，我又获悉，由两位知名的发展研究专家马克斯·米立肯与保罗·罗森斯坦 - 罗丹领导的国际研究中心，愿意向我提供一份研究员职务，而如果我也接受这一任命，那么我的教学工作量将减为标准要求的一半。我的朋友所罗门·阿德勒是一位才华横溢的学者和一个无国籍美国人，而由于美国当时对左派不宽容，他于是在英国剑桥找到了容身之地。他毫不迟疑地向我建言：“一定要去拜访他们！你在麻省理工学院会很开心的。”他补充道：“至于经济学，世界上没有比那里更强的地方了！”

我的任职拟于 1960 年秋季开始。那时，纳巴尼塔将请假离开印第安纳大学，在哈佛大学（同麻省理工学院一样，位于马萨诸

塞州的剑桥市）学习一年。在哈佛大学，她会在 A. B. 洛德教授的指导下专攻口头史诗，而洛德教授是建立该学科的米尔曼·帕里最重要的合作者。

我们恰好在 1960—1961 学年开始之前飞到波士顿。纳巴尼塔投入口头史诗研究，但也忙于兼顾比较文学的其他方面，包括与伟大的梵文家丹尼尔·英戈尔斯一道研究梵文。在她的影响下，我发现自己有大量时间是在世界各地史诗的陪伴下度过的。这些史
359 诗包括《吉尔伽美什》(*Gilgamesh*)、《伊利亚特》与《奥德赛》、《罗兰之歌》(*Song of Roland*)、《尼伯龙根之歌》(*Nibelungenlied*)、《卡勒瓦拉》(*Kalevala*) 等。当我在享受着规模宏大的故事和史诗叙事技巧所带来的乐趣时，纳巴尼塔却在苦苦查找语言成分的细枝末节（例如，从有关史诗频繁重复使用一些精选习语的倾向来考察），从而推断一部特定史诗原初系口头传说，而非书面作品。

那时，我在忙于一种不同类型的文字工作，即编辑我外祖父克希提·莫汉的一部关于印度教的书稿（我在第四章中已予以论述），而与此同时，令我忧心难已的是，他在变得更加衰老，也更加虚弱（他于 1960 年 3 月 12 日谢世）。克希提·莫汉惜墨如金，文字洗练，因而这本书篇幅十分简短。所以，按照企鹅书局编辑的建议，我们计划从印度教文学经典中精选一些作品附入书中，就以《梨俱吠陀》第十卷中绝妙的不可知论诗章《创世歌》为始，而我在前文曾提及此诗。

尽管我在梵文方面有相当坚实的基础，我还是断定，在处理外祖父文本词句的一些微妙之处以及收录于书末的印度教文本选

择方面，我可能需要向别人请益。我想，还有谁比丹尼尔·英戈尔斯更适合我去请教的呢？可是，众所周知，英戈尔斯在怀德纳图书馆内隐蔽的办公室里过着一种与世隔绝的生活，在那里很难找到他，就更别想跟他搭讪交谈了。我跟一些朋友商量过此事。他们对成功获得他的帮助的可能性表示严重怀疑。随后，我开始斗胆接近隐士英戈尔斯。

不过，我还是与英戈尔斯预约成功，得以前往他在怀德纳图书馆的藏身处见他。令我欣喜的是，这次会面大获成功。在听到我所关注的问题以及我请求他帮助后，他问我星期五下午 3 时是否合适。我有些迟疑地问他我能来见他多少次。他显然觉得这是个愚蠢的问题。他这样回答说："当然，一直到我们的工作完成为止。"

英戈尔斯给我提的建议绝顶睿智。他对那些文献当然了如指掌，无与伦比，但我没料到的是，他具有非凡的判断能力，对于恰如其分地阐释印度教心中有数，那就是使之既要吸引寻求真知 360
灼见的读者，又能为大众所喜闻乐见，而他并不想让细枝末节喧宾夺主，掩盖要旨。他就像面对一大堆黏土的雕塑家，对于如何塑造自己想要创作的东西了然于胸。

三

麻省理工学院的一个吸引我之处是，我在管区学院时的密友苏卡莫伊·查克拉瓦蒂在该校有一份客座职务，也在那里执教。和我们一样，他和他的妻子拉丽塔在剑桥的普伦蒂斯街有一套公寓。

这两套公寓都是由我们的总是乐于助人而且效率极高的朋友拉梅什·甘戈利安排的，而他正在麻省理工学院攻读数学博士学位。他和他的妻子尚塔，以及苏卡莫伊、拉丽塔、纳巴尼塔与我，经常轮流在我们中间一个的家中共进晚餐。由于我们的畅谈，那些夜晚令人愉快。此外，我们的聚会也有助于我们所有人不断接触来自印度的消息。

我在麻省理工学院的教学负担很轻，而且我很快发现，向懂一些数学的工科学生讲授基础经济学并不是一项费力的任务。学生们很可亲，渴望倾听和交谈。我所承担的为国际研究中心而做的发展问题研究项目也不太耗费时间。所以，我拥有较多空闲时间，这既让人快意，也很有用。

我极为期望师从的两位经济学家保罗·萨缪尔森和罗伯特·索洛，都很平易近人，也喜欢说话，不过，索洛大部分时间都待在华盛顿市为新当选的肯尼迪总统建言献策。尽管如此，当他回到麻省理工学院时，我还是可以经常抓住他，而且毫无顾忌地打扰他。

鲍勃·索洛*可能不曾意识到，通过我们断断续续的交谈，我从他身上学到了多少东西。当然，我在来麻省理工学院之前，就已熟悉了他的相当多著述，但我以前并不知道，无论他谈什么话
361 题，都那么妙趣横生而且引人入胜。我们第一天交谈时，他问我当时在研究什么。事实上，我在看莫里斯·多布向我提出的一个

* 鲍勃·索洛（Bob Solow），即罗伯特·索洛，“鲍勃”是“罗伯特”的昵称。——译者注

问题，是关于旧机器和新机器的相对价格取决于利率和工资的方式的，以及在高利率和低利率的经济体中，这一点会如何分别影响使用较旧机器或较新机器的相对优势。我刚给多布寄了一封信，内中谈到了一个总规则，即与高工资、低利率的国家相比，在工资较低、利率较高的国家，购买较旧机器比购买较新机器更具经济价值。很容易证明，在现行价格下，高利率经济国家的人们从较旧机器中获得的回报会更高。

这是一种分析关系，产生了一个总规则，但我当时提到这个例子，纯粹只是出于某种好奇心［当最终在《经济与统计评论》上发表时，这个结果出现在一篇题为《论旧机器的有用性》的论文中］[①]。索洛问我："你有把握吗？你能证明给我看吗？"他把我的信笔涂鸦带回家，翌日早晨告诉我："你明白，你是对的。"我告诉他，我现在敢肯定我是对的，因为他刚刚进行了验证。不过，我也问他，每当有哪怕只是一点点新鲜的事物出现在他面前时，他是否总是这样做——哪怕是与他自己的兴趣和关注相去甚远的事物。索洛回答说："如果你不喜欢把问题搞个水落石出，当教师的意义又何在呢？"他没有说的是，这种对教学的投入，使他成为全世界最杰出的经济学教师之一。他的许多学生已经达到令人炫目的高度。我不仅从他们身上了解到这一点，而且从我在麻省理工学院的短短一年的亲身经历中认识到这一点。我在这里学习

① 参见阿马蒂亚·森的文章《论旧机器的有用性》（"On the Usefulness of Used Machines"），载《经济与统计评论》（*Review of Economics and Statistics*）44(3)(August 1962)，第346-348页。

经济学的进度，比以往任何时候都更快。

四

当时麻省理工学院经济系最令人愉快的特点之一是，经济学家们通常每个工作日都在教师俱乐部围坐在一张圆桌旁一起吃午饭。除萨缪尔森和索洛外，其他通常在场的还包括佛朗哥·莫迪利亚尼、埃弗塞·多马、弗兰克·费希尔、埃德温·库、路易斯·勒
362 费伯、理查德·埃考斯以及别的许多我非常喜欢与之交谈的人。谈话中不乏轻松与诙谐，与老剑桥经济学家们聚会的显著区别是，不同思想流派成员之间几乎完全没有宗派主义。我向来都对争论很感兴趣（在麻省理工学院的午餐桌上就有许多争论），但是在老剑桥，在听到有人对与自己壁垒分明的思想流派发起经过精心排演的攻击时，我就心生厌倦，而在这里我就完全没有那样的感觉。

在麻省理工学院，智力刺激和轻松时刻的结合，让我有机会反思我对作为一个整体的经济学的理解。我很欣慰不再需要将经济学视为不同思想流派之间的擂台赛。我逐渐将经济学视为一门不同方法均有用武余地的综合学科，而这些方法依环境变化而有程度不尽相同的重要性，均可有效使用不同的分析工具（或有或没有特定类型的数学推理）来恰如其分地处理多种问题。由于我很早就涉猎不同的经济学方法，并且一直喜欢探索有多样化兴趣和抱负的作家（从亚当·斯密、孔多塞、玛丽·沃斯通克拉夫特、卡尔·马克思和约翰·斯图亚特·穆勒到约翰·梅纳德·凯恩斯、约翰·希克斯、保罗·萨缪尔森、肯尼思·阿罗、皮耶罗·斯拉法、

莫里斯·多布和杰拉德·德布鲁），因此我就想要考察如何才能使他们相互对谈论学。这样做到头来不仅对我富于教育意义，而且让我感受到了极大的乐趣，于是在我的心中也出现了这样一个坚定的信念，即经济学是一个比初看之时要伟大得多的学科。这是一个不可思议的富于建设性的时期，也是一个颇为出乎意料的时期。

五

麻省理工学院有不少优秀的经济学家，但大家有一种共识，即保罗·萨缪尔森为该校的指路明灯。实际上，他已经是享誉世界的最伟大的经济学家之一，并且对这个学科的几乎每一领域都撰写了具有决定性的权威论著。我最初是在加尔各答基督教青年会招待所的宿舍里开始阅读他的著作的，而如今我发现自己能够去上他的课了，既学习他的经济学，又学习他的推理和阐释风格。

因为萨缪尔森得去华盛顿市开会，所以他请我代他讲一次他 363
常规教授的经济理论课。我既感到荣幸，也觉得是一种挑战。他说：“是要讲福利经济学。听说你对此已有所研究。”我同意接受代课工作，但告诉自己，以我所知（特别是从萨缪尔森自己的著述中）来讲授福利经济学是一回事，试图替代保罗·萨缪尔森讲课则完全是另一回事。

我很喜欢上一讲两小时的福利经济学课，而能有一些非常出色的学生（如彼得·戴蒙德，后来成长为经济学家中最具原创性的思想家之一）也是十分令人兴奋的。我按照萨缪尔森的思路讲课

（他的《经济分析基础》第 8 章专门论述这个主题，而我从在管区学院的学生时期起就已知道这一点），但在此过程中，我自己也开始深信不疑，尽管萨缪尔森异常伟大，但他解决福利经济学问题的方式并不完美。[①] 一个重要的问题是，如何准确表述不同人效用的人际比较（换言之，也就是关于任何个体优势指标的人际比较）的理念及其确切公式。除了获得关于效用的实证证据有显而易见的困难外（已经是一个备受讨论的问题），我们还需要一个坚实的分析框架，以各种方式来比较不同人的效用。一个人的效用与另一个人的效用之间，并没有共同的度量单位。

在我教的班上，我只简略地提到了人际比较的分析问题，大体上还是沿用了萨缪尔森（尽管我认为他实际上并没有十分认真地接受那些人际比较的挑战）的方法。试图填补此项空白的愿望促使我致力于为系统的人际效用比较建立一个坚实的分析基础。我认为，利用数学家所称的“不变性条件”建立人际比较分析框架是一种更为令人满意的方法。我于 1970 年发表了有关文章。[②] 这在本质上是我在为萨缪尔森代课时与他发生的辩论的延续。

使用不变性条件来描述人际比较的特点，在当时对许多人来说似乎是不寻常的，但很快在采用此方法的社会选择理论领域出

① 参见保罗·萨缪尔森所著《经济分析基础》（Paul A. Samuelson, *Foundations of Economic Analysis*, Cambridge, MA: Harvard University Press, 1947）。

② 我的文章的标题是《人际聚合与部分可比性》(“Interpersonal Aggregation and Partial Comparability”)，载 *Econometrica*,38(3)(May 1970)，第 393-409 页。想对这种方法有更全面的探索，请参见我的《集体选择与社会福利》（*Collective Choice and Social Welfare*, 1970）（republished Amsterdam: North-Holland, 1979; expanded edition, London: Penguin Books, 2017）。

现了相当多的文献。萨缪尔森对我们的分歧总是很宽容，但直到 364
多年后他似乎才接受了我当时使用的框架。与老剑桥的争论不同，萨缪尔森与人争论的方式也让我觉得有趣。他完全专注于争论中可能出现的真理，而不关心是否赢得辩论。鉴于他在经济学中一言九鼎的地位，他本可以轻而易举地获得胜利。

六

我在麻省理工学院忙忙碌碌之时，突然收到了一封斯坦福大学经济系的来信，邀请我在夏季学期讲授一门发展经济学课程。由于我对社会选择理论越来越感兴趣，而这一领域货真价实的先驱肯尼思·阿罗就是斯坦福大学的一名教授，所以访问斯坦福大学的想法即刻吸引了我。经打听获悉，原来阿罗当时正打算离开斯坦福大学，但他给我写了一封非常温馨的信，说他希望不久后能与我相会。这些年来，我们确实曾经聚首，事实上还经常在一起合作。（1968—1969 年，我们都在哈佛大学执教，而且与日本的社会选择理论大家铃村兴太郎一道，推出了三本合著的书。）

斯坦福大学提议我去该校执教的直接原因是，他们最重要的而且实际上是唯一的马克思主义经济学家保罗·巴兰在讲授一门常规的夏季课程，但刚刚心脏病发作，因而提名我作为他可能的接替者。在巴兰访问英国剑桥时，我曾数度与他相会，非常喜欢和他聊天。他告诉我，他非常喜欢到三一学院皮耶罗·斯拉法的公寓里拜访他。当他在外屋翻检斯拉法的书架时，主人告诉他："哦，这些书没什么。真正重要的书，我都放在里面的书房里。我带你去那边看看。这里的书都是垃圾。”在从一个房间移步另一个房间时，巴兰注意到，他自己写的所有书籍都被斯拉法断然放在了他所认定的那些垃圾之中，不禁哑然失笑。

365 我们在斯坦福大学度过的两个月多一点的时间真是妙不可言。上课令人心旷神怡；和同事们谈笑风生；晚上的斯坦福大学及其附近也是充满乐趣；而且可以常去旧金山观剧。我的老朋友迪利普·阿达卡尔与他的妻子奇德拉·阿达卡尔也在那里（迪利普当时在斯坦福大学即将拿到博士学位），为我们安排了舒适的住处，并在那两个多月里陪伴我们，让我们过得十分快乐。有一些优秀的学生，本来计划师从保罗·巴兰学习，不料（让他们感到遗憾的是）却换成了我，不过他们中有数人和我成了终生朋友。我与纳巴尼塔非常喜欢旧金山湾区所给予的一切，我们还从大瑟尔到洛杉矶漫游了加利福尼亚。

七

随后，夏季结束。我们乘坐行驶于纽约与伦敦之间的伊丽莎白二世女王号返回英国。在纽约，我们与韦德·梅达住在一起，这加深了我们的友谊，至于我们在等待启程时可以在这座大城市里做些什么，也得到了他的指点。横渡大西洋始于一场大风暴，伊丽莎白二世女王号是唯一不顾天气状况决定启航的客轮。波涛汹涌的大海有一种惊人的美，所以你如果感到绝对安全，便会欣赏它。我们在那艘巨轮上就做到了这一点。

在美国的经历使得我在学术上变得十分贪功。从工作角度看，麻省理工学院和斯坦福大学似乎完美。我告诉自己，如果在印度和一所美国或英国的好大学之间安排得井然有序，一种兼容并包的生活既可以是令人愉快的，又可以是硕果累累的。自 1960—1961 年在麻省理工学院执教之后，我非常幸运，能够每四年安排一次访问，前往一所令人心仪的美国大学（每次都与美国总统大选时间巧合）。1964—1965 年，我在加州大学伯克利分校担任客座教授，随后在 1968—1969 年则是在哈佛大学担任客座教授。我回到德里后稳步推进的社会选择理论研究工作，在美国的那些岁月中呈现了突飞猛进之势，这既是因为我了解国外正在涌现的新东西，也因为我可以宣示自己的工作成果并得到该领域人士的反应。

在加州大学伯克利分校，我充分利用了与彼得·戴蒙德、约 366
翰·海萨尼、戴尔·乔根森、丹尼尔·麦克法登、卡尔·李思勤、提勃尔·西托夫斯基、本杰明·沃德、罗伊·拉德纳、奥利弗·威廉森、梅格纳德·德赛和迪帕克·班纳吉等许多人交谈的机会，以集思广益。他们对吸引我关注的包括社会选择理论在内的一些学科抱有直接或间接的兴趣。在哈佛大学，我与诸多良师益友为伴，其中既有肯尼思·阿罗和伟大的哲学家约翰·罗尔斯（我们曾联袂授课），也有萨缪尔·鲍尔斯、富兰克林·费舍尔、托马斯·谢林、查尔斯·弗里德、阿伦·吉伯德、斯蒂芬·马格林、霍华德·雷法和杰罗姆·罗森堡等等。

说来也怪，我每次到美国都会赶上那里激进政治的发展。我有幸近距离目睹了 1964—1965 年在加州大学伯克利分校的言论自由运动的发展和 1969 年哈佛学生对大学礼堂的占领。1968 年春季，我恰好在哥伦比亚大学，而在1968年初夏，我又恰好在巴黎访问，遭遇诸多事端。由于所有这些巧合，经典因素分析甚至有可能认定我是那些骚乱的“根源”！

八

尽管我曾经参加过加尔各答的学生抗议活动，但我从未见过像1964年加州大学伯克利分校的言论自由运动那样迅猛而又有组织的学潮的发展。就像我私下对民权运动和抵制越战的关注那样，争取广义言论自由这一动因也引起了我的强烈共鸣。我在全职执教，尤其是在教一门社会选择理论课程，吸引了规模可观而又充满热情的听众。我的课堂从未受到扰乱，而且我们就言论自由运动所涉及的问题与社会选择辩论及程序的关联进行了精彩的讨论。

在尝试讲授社会选择中的推理如何进行并发挥作用时，我学到了很多东西。由于言论自由运动的领导者们正在就领导人员和政策的选择进行广泛讨论，我经常收到朋友们的有关报告，说外面世界正在发生的事情与我们在课堂上讨论的问题之间异常切近。
367 即使在我错过一些重要的联系时，我也可以指望这个或那个理论联系实际的聪明学生来纠正我的失误。

尽管我是一名客座教授，但我和纳巴尼塔在年龄上比大多数研究生大不了多少；除了与同事的友谊外，我们还与学生中的许多人交了朋友。卡尔·李思勤和迈拉·李思勤同我们最为亲近，但还有其他一些人，包括夏玛拉·戈帕兰（来自印度）以及她的丈夫唐纳德·哈里斯（来自牙买加）。夏玛拉从事令人非常钦佩的癌症研究，唐纳德则是一位才华横溢的经济学家，而我则是他的博士学位考试委员会的一名委员。夏玛拉和唐*住在奥克兰，而我和纳巴尼塔位于电报大道附近的公寓，则几乎就在奥克兰与伯克利的中间，所以我们去看望他们很方便。我第一次见到他们的女儿卡玛拉时，她刚出生数日。我至今记得，当她父母的朋友们弄出很大声响时，她是如何抗议的。她长大后成为一名年轻的政治领袖，声名显赫，却也名副其实。在我写作本书时，她刚刚被选为美国第一位女性副总统，取得了一项非凡的成就。

如果我试着将我在四年一度的访问中看到的美国与今天的美国进行对比，我必须承认，一些大的差异主要归功于那些我数十年来有幸目睹的变化进程。金钱的力量可能并没有减弱，但现在对那种力量的抗议已经有了坚实的基础，而在我第一次访问美国时，还没有这样的抗议方式。“社会主义”一词可能仍然会引起恐慌，但使得欧洲的“社会党”具有明显社会主义特征的东西（如对公共卫生、社会保障、最低工资等问题的关注），如果不贴上让一些人感到忧心的社会主义标签，就是在今天的美国也可以得到申辩机会。公众辩论和激进运动为这种变化做出了重大贡献。

---

* 唐（Don），系唐纳德的昵称。——译者注

第二十四章
剑桥再回首

一

368 在我于 1961 年 9 月返回剑桥后，三一学院为我提供了位于学院街对面的一套公寓。三一街 15 号位于镇中心，也就步行一分钟的路程。回来令我非常快意。

在我们到达剑桥后的第二天，琼・罗宾逊来看望我们。她非常想见到纳巴尼塔，并且极为热情地欢迎她。甚至就在我想着自己多么喜欢琼的时候，她告诉我，她希望我没有在麻省理工学院和斯坦福大学的影响下忘记我的剑桥经济学。她还告诉我，只要我对经济学领域正在进行的大战多一些兴趣，就可以轻而易举地将“新古典主义的毒药”从这一学科中清除出去。她当然是在半开玩笑，可我可以看出来，她昔日的忧思并没有消失。

临近周末，我们去探望了莫里斯・多布，并与他和他的妻子芭芭拉在他们位于富尔伯恩的家中共进午餐。那里离剑桥不远。席间没人谈论经济学领域的战斗，我们度过了一个美妙的下午。我记得那时我还在想，虽然吸引我到三一学院读本科是受了多布的经济学的巨大影响，但正是他的人格和友好，使我在当时就成了他的忠实拥护者。

二

当我正在剑桥重新安顿下来之时，我听说了因弗兰克·哈恩的到来而出现的骚动，事情就发生在我离开剑桥的那一年间。哈
恩是一位伟大的数理经济学家，也是一位效率高超的教师和交际 369
者，而且已经实至名归。他曾在伯明翰大学任教，后被人游说离开该校，迁来剑桥。他以研究员身份来到丘吉尔学院，并以神速将一切安排就绪。他的妻子多萝茜也是一位经济学家，成了纽纳姆学院的一个资深人物。我和哈恩迅速成为亲密的朋友，并开始逐渐在很多事情上听取他和多萝茜的意见。

确切地说，仅在一次研讨会上与哈恩晤面后，尼古拉斯·卡尔多就对他深感佩服，随后在说服剑桥给他提供一个好职位以及说服哈恩前来剑桥这两方面发挥了主导作用。我告诉尼基*，我为他出手经办此事而感到非常欣慰，因为哈恩是一位杰出的经济学家，并且具有优异的领袖品质。我还（略带调侃意味地对他）说，他卡尔多能仅凭一面之缘就断定一个人大有可为，真是了不得。尼基回答说，我大大低估了他的能力，他通常连面都不见就能对一个人形成定见。

我非常钦佩哈恩的研究工作，尤其是他处理复杂分析问题的方式。然而，包括琼在内的一些剑桥主流人物对他的影响力，尤其是对他对数理经济学的作用感到十分恼火。占主导地位的剑桥正统派，对詹姆斯·米德于 1957 年被任命为政治经济学教授（剑桥的资深经济学教席，原来由阿尔弗雷德·马歇尔担任）也感到不

* 尼基（Nicky），尼古拉斯·卡尔多的昵称。——译者注

快。剑桥本地曾有一种强烈的看法，即琼或尼基会获得这一职位。不过，尽管米德与剑桥的正统派截然不同，但他起初也倾向于息事宁人。我和他在 1958 年联袂讲课时，情况确实就是这样。

随着弗兰克·哈恩的到来，事情开始发生变化。正统派和叛逆派之间发生了一场公开的战斗。哈恩是后者的领袖，他并非不愿自己发声来破除早期凯恩斯主义看待经济世界方式的所谓中心地位。当我从美国回来时，注意到詹姆斯·米德身上出现了一种新的好战性，是特别针对正统派不愿倾听别的任何人的意见的做派的。他给人留下了非常清晰的印象，那就是他最终断定自己实在是已
370 经受够了。有一次，他也把嗓门提高到了声震霄汉的高八度，盖过了琼·罗宾逊正在说话的声音，此事就发生在琼曾以同样的方式对待他之后。就像两个名人之间的一场吼叫比赛有时会具有娱乐性一样，这个插曲可能颇具娱乐性，但也令人沮丧。

争斗似乎无休无止。少数几个经严格遴选的经济学家组成了一个“秘密”俱乐部，每周举行一次研讨会。该俱乐部虽然叫“星期二俱乐部”，却在周一晚上开会（要不就是叫“星期一俱乐部”，在周二晚上开会）。那里的讨论偶尔也会很有趣，但主要反映的还是与会成员对不同思想流派不同的忠诚度，而且这种忠诚往往只是对派系的忠诚。我没有主动提出在该俱乐部做一次演讲，但有时很喜欢那些讨论，而且总是喜欢享用会前的晚餐。餐馆就在艺术剧院上方，理查德·卡恩和琼·罗宾逊过去常带我们去那里（卡恩是我所认识的最慷慨的东道主之一）。

那时我也有自己的战斗：争取被准许讲授福利经济学和社会

选择理论。我在剑桥大学里有一份教学工作，一周需要讲两次课。我讲授发展经济学和投资规划，并在最后一学年的第三学期做了一系列关于一般经济原理的讲座，作为对这一学年前面所教内容的一种补充。我上这些课时教室里座无虚席，让我喜出望外。每当考试迫在眉睫时，学生们通常会蜂拥而来听课。然而，教授会建制派强烈阻止我讲授福利经济学这门课程，就如同他们在我当研究生时全力阻止我学习这门学科的情景一样。我对开设这样一门课程的提议，被提交给由理查德·卡恩任主席的经济学教授理事会。然而，这一提议立即遭到了否决。在遭阻挠数年之后（教授会中一位颇有威望的成员告诉我："福利经济学不是一门真正的学科。"），我最终获准开设一门只有八讲的短期课程。这与其说是承认福利经济学作为全部课程设置的一部分的重要性，毋宁说是对我的一种迁就。在我离开三一学院前往德里后，詹姆斯·米尔利斯被任命接过我在三一学院的旧职，而他也提出要讲授福利经济学这门课程。这一要求还是没被准许，而教授会领导告诉他说：371
"那门小课程是对森的特别让步；它不算经济学教学的正规组成部分。想点别的什么吧！"

三

我对剑桥的理解于是日益变得具有了两重性。我非常喜欢学院的生活，也乐于与大部分同事交谈，但经济学教授会对重点课程的安排，似乎故意把我最喜欢的课程排除在外。我只得向教授会妥协，但这并不容易，而且我还得为可以取得丰富成果的工作机会创造余地。虽然没人鼓励我去考虑社会选择，但还有其他一些科目是我乐意转而去研究的。当然，我仍然在从多布和斯拉法那里学到很多东西。

三一学院也是接触其他学问的主要基地，远不限于经济学。它从遥远的地方把莘莘学子也就是年轻学者招来，并帮助他们成为举足轻重的人物，留下了辉煌的纪录。当我还是三一学院的一名年轻研究员时，最常被人问及的人物是印度的数学天才拉马努坚，也就不足为奇了。还有钱德拉塞卡尔，他是现代天文学家中最具原创性和影响力的人物之一。在离开三一学院之后，他继而在芝加哥大学工作。还有别的许多人，从贾瓦哈拉尔·尼赫鲁到具有远见卓识的诗人穆罕默德·伊克巴尔，远在我之前很久就已经来到三一学院，而他们与学院的联系对他们的事业显然十分重要。我们在交谈中经常提到他们。

多年以后，我不得不在三一学院发表一次特别演讲。我在这次演讲中提到了自己进入学院的时间，那时我还处在从前一年口腔癌大剂量放疗中康复的过程中。迈克尔·阿提亚是一位卓越的数学家，而且是个极讨人喜欢的人。他获得了第一届阿贝尔奖（数学界的最高荣誉），曾是在我就职之前的上一任学院院长。他阅读了三一学院刊布的我的演讲的文本，还告诉了我一些我所不知道的有关他自己的事情：

372 我一直在读《三一学院年鉴》（*Trinity Annual Record*），很喜欢你关于斯拉法（与维特根斯坦）的文章以及你的 80 岁华诞讲话。我发现，三一学院险些失去连续两任正值英年的院长。你在 15 岁时患上口腔癌，此病困扰了你很多年，而我则是 13 岁时在开罗得了脑脊髓膜炎。这种病能在几天内夺走我的生命，可我恰好因当时刚面世的新型磺胺类药物 (M&B 693) 而得救。那药可是我的校长和我的叔叔想方设法找到的。

迈克尔经常谈到他的苏丹血统和他的埃及童年，但这丝毫没有削弱他作为英国数学家的强硬身份。他的苏丹身份与他的三一学院身份融合得天衣无缝。

在我的大学生活中，反思我们各不相同的身份的理由似乎无处不在，而在我的剑桥岁月中，这些理由变得越来越清楚。战时阵亡并在三一学院小教堂得到纪念的那些军人无疑是英国人，然而他们与后来的三一学人的亲密关系，却有一种与那些后来者各自不同的国籍并存的实在感。那些后辈学子来自世界各地，既有苏丹人，也有印度人。倾向于将身份视为一种独一无二而又判然有别的分类工具的社会分析家，没有看到我们所有人身上多重身份的丰富性。我们的地理来源、公民身份、居住地、语言、职业、宗教、政治倾向和我们身份的其他很多方面，是可以欣然共存的，而它们一起造就了今天的我们。

当然，身份也可能是冲突的一个根源，尤其是在身份的多重性没有得到恰当理解的情况下。分裂可以突然出现，并被激发为敌对行动。在二十世纪四十年代，在印度分治前的政治运动中，就有人利用分裂煽动暴力。二十世纪三十年代平静的印度人突然受到教唆，开始将自己视为寻衅逞凶或好勇斗狠的人。爱尔兰也出现过类似的暴力催化事件，尤其是在爱尔兰北部，就有人利用了天主教与新教分裂造成的脆弱局面。在思考身份问题的复杂性时，我开始更清楚地领悟，即便在这些问题以隐蔽而非清晰可见的形式存在时，它们也可以是极端重要的，而且很可能一触即发。

四

373 对一种假定的独一无二的占主导地位的身份的混乱想法，可能造成危害和暴力。另外一种不同的身份问题，即一种可能导致对社会组织运作方式误解的身份问题，往往与之相伴而生。我之所以会考虑这一问题，是因为我与闻名于世的经济学家奥斯卡·朗格（一译兰格）的数次交谈。那时，我刚刚开始自己的博士研究工作。

作为一名市场社会主义的先驱分析家，朗格不仅澄清了社会主义经济可以采取的不同形式，而且在此过程中还阐明了竞争性市场经济如何运行，以及在社会主义和资本主义制度下，如何通过平稳运行的市场体系，将分散管理的信息有力地整合起来。

作为芝加哥大学的一名教授，朗格于 1943 年入籍美国。但是此后不久，他开始质疑自己早期的研究工作。到第二次世界大战结束时，朗格已经认可（令他的同事和其他经济学家大为讶异）苏联式资源集中配置的优越性，而且否认通过市场分散权力的优点，包括否认市场社会主义的理念，而这在很大程度上曾是他自己经济学思想的产物。他还放弃了自己的美国公民身份，开始撰写一系列维护约瑟夫·斯大林思想的专著，其中包括《斯大林经济理论》(*Stalin's Economic Theories*)。行文至此，我也只得屏息敛气。

1952年前后，我在管区学院就读期间，朗格的名字就经常出现在加尔各答学院街咖啡馆的政治与经济讨论中。苏卡莫伊·查克拉瓦蒂对朗格的政治思想发展历程很着迷，而在朗格突然转向斯大林主义理论之后，苏卡莫伊告诉我，他感到大惑不解。朗格皈依苏式经济学一事，常为共产主义信徒所称道，当然也被批评共产主义制度之人斥为误入歧途的谬误。在职业经济学家中，朗格的后期思想尽管常常受人质疑，但他早期著作的卓绝品质却继 374
续受到钦佩，如肯尼思·阿罗对他就尤其不吝赞美之词。

在我谈到朗格时，莫里斯·多布也表示对他的早期研究工作非常钦佩，同时表示他无法理解朗格目前的发展方向。斯拉法更加直言不讳，说朗格是个非常聪明也非常宽厚的人，只是严重混淆了经济推理与意识形态政治的不同要求。斯拉法依旧与朗格保持联系。所以，在1956年初的某个时候，他告诉我说，朗格将很快造访剑桥，而且表示特别想与我会面。

原来，朗格从莫里斯·多布那里听说了有关我目前研究领域的情况（我刚开始对“技术选择”的研究工作），因而想向我提一些建议。我见到朗格时，他极其友好。他说，他想看看我最终会发展出怎样的理论来，但也觉得，这种经济决策确实是受政治优先事项支配的，因而在纯经济学理论领域中的任何研究，例如我所拟议的在技术选择方面的操作，必然会错失与决策有关的重要维度。

他说道："让我来举例说明一下。"他接着描述了波兰政府如何在毗邻克拉科夫老城的新胡塔（Nowa Huta）建造了一个大型工业联合企业，有一个巨大的钢铁厂及一个相关的工业单位（名为弗拉基米尔·列宁钢铁厂）。朗格又说："就纯粹的经济分析而言，很难证明将这个工业联合企业放在那里的决定是合理的，因为它侵占了主要的农业用地，依赖从远处运来的许多生产原料，包括煤炭和铁矿石等。"问题是，他们为什么要在一个看起来并不合适的地点进行如此巨大的工业投资呢？为什么偏偏在那里？

我猜不出答案可能是什么，于是问道："真的，为什么呀？"朗格回答说："这是因为，克拉科夫一直是个非常保守的城市，有漫长的右翼历史。他们甚至没有正儿八经地与纳粹做过斗争。"所以，波兰政府认定，一个"拥有大量无产阶级"的现代工业城市，正是克拉科夫所需要的。朗格满怀信心地说："克拉科夫人已经开始变得不那么保守了。不去不断深入挖掘隐秘的经济学推理依据，你就永远得不到这个问题的答案。在这个案例中，推理依据则完全是政治性的。"

375 朗格得去赴另一个约会，于是一边起身离开，一边非常诚恳地邀请我去波兰找他做客。他不辞劳苦前来见我，并向我说明了在经济决策中强调有关政治考量的必要性，让我不胜感激。

在他走后，我一直在想他是否真是对的。他指出政治考量在经济决策中的重要性一定是正确的，但如新胡塔这样的例子却未免过于规整而且刻板。事情真的会像朗格和他的朋友们所期望的那样发展吗？那时，我并不知道答案，可是我在后来找到了答案。

结果证明，在二十世纪八十年代初期，波兰引人注目的团结工会运动，在新胡塔的弗拉基米尔·列宁钢铁厂内就有一个强大的据点，而波兰政府原先的期望逐渐完全落空。这个钢铁厂成为新天主教劳工运动的堡垒。与其说是新胡塔改造了克拉科夫，毋宁说是克拉科夫压垮了新胡塔。朗格认为，政治在经济决策中当然是重要的。虽然这一主张没错，可是事态也可能朝着与政治领导人的规划相反的方向发展。

身份可能不会一成不变，但它们也不会轻易受制于有计划的操纵。多年来，团结工会运动不断壮大并变得成熟。我本来希望有机会与朗格再度会面讨论这一问题，谈论他最初的期望以及在新胡塔实际发生的情况。不幸的是，他于 1965 年去世，而团结工会在多年之后才成为一支不可忽视的力量。在思考身份的可变性和可操纵性时，我越来越相信，我们必须更加周到地考虑我们的多重身份如何适应环境这一问题，而它们通常是以不可预测的方式来做到这一点的。

五

由于在剑桥履行教学和研究职责后我手头仍有时间，几经踌躇之后，我决定还是探索社会选择理论。随着肯尼思·阿罗的研
究工作越来越为人所熟知和理解，世界各地有许多人开始对社会 376
选择产生兴趣，而在我看来，该领域还存在一些亟须探索的重要问题。詹姆斯·布坎南是一位非常和蔼可亲却相当保守的经济学家。他提出了一个妙不可言的基础性问题，即阿罗和许多社会选

择理论家使用的社会偏好这一理念，是否真的有意义。社会并不是一个人，那么我们怎么能合理地认为什么东西是“社会偏好”呢？布坎南不无道理地特意问道，既然一个社会不能像一个人那样进行综合反思，那么谈论社会选择的一贯性（阿罗称之为“集体理性”的东西）是否还有意义。

1954 年，布坎南就这一主题以及相关主题发表了两篇极为有趣的论文。[①] 那时，我还是剑桥的一个本科生。鉴于我当时正在准备参加学士学位考试，除了注意到布坎南的问题和他大致的推理路径的重要性之外，我不能过多涉猎其他无关的东西。为什么一组社会选择应该具有某种规律性，例如传递性（这种传递性要求，如果社会上对 x 的偏好大于 y，对 y 的偏好大于 z，那么社会上对 x 的偏好必定大于对 z 的偏好）呢？循着这个问题继续下去，如果我们不再要求这种连贯性，或者不再往前走，假设我们舍弃社会偏好这一理念，那么阿罗不可能性定理会崩溃吗？

我周围无人谈论这些值得关注的问题，而在布坎南于 1954 年发表论文之后，我一连数年忙忙碌碌（我对其他一些课题进行了研究，同时还在贾达夫普尔大学任教），布坎南的问题就被束之高阁了。然而，在我于 1960—1961 年造访麻省理工学院的那一年，尤其是在我代萨缪尔森讲授福利经济学的那段时间，我想起了自己在探索社会偏好理念方面尚未完成的工作，而我或迟或早还是

① 参见詹姆斯·布坎南所写《社会选择、民主和自由市场》(“Social Choice, Democracy, and Free Markets”)，载 *Journal of Political Economy*, 62(2)(April 1954)，第 114-123 页；以及《个人投票选择与市场》(“Individual Choice in Voting and the Market”)，载 *Journal of Political Economy*, 62(3)(August 1954)，第 334-343 页。

会回头继续这项研究的。我甚至冒昧地问过萨缪尔森，他是否曾经考虑过布坎南之问。他显然想过那些问题，但我问问题的方式引他发笑。他和蔼地说：“有朝一日，我们一道研究这个问题。”

从美国回到剑桥后的某个时间，我决定好好看看布坎南对阿罗框架的怀疑以及他何以摒弃阿罗不可能性定理。在剑桥还是无人可与讨论这个问题，我于是记起泰戈尔在印度争取独立的岁月里的一首令人振奋的歌：“如果无人响应你的召唤，你就必须独自向前。”独自前行并非不可能，而我在经过一番研究之后初步得出结论，即布坎南对社会偏好的怀疑是很有道理的，至少对某些类 377
型的社会选择来说是如此。

我们以投票制度为例来考虑问题。在已确立的机构中，会以这种或那种方式推出投票决定。如果将某种社会偏好视为这些决定的基础，就可能大有问题。如果发现候选人 x 可以胜过 y，而 y 又可以胜过 z，就不必提供 x 能胜过 z 的任何形式的保证。人们可能很容易倾向于认为 x 优于 y，而 y 又优于 z，所以 x 应该优于 z，但投票结果最好仅被视为程序性结果。它们没有任何直接令人信服的评判性含义。因此，在我看来，如果社会偏好是从投票结果推断而来的，那么布坎南对社会偏好的怀疑就是正确的。

然而，如果社会选择反映的是社会福利评价而不是投票结果，我们的理解就会大不相同。[1] 社会福利排序的任何必要的连贯性，都会使社会福利的价值发出和谐的共鸣。例如，如果社会政策 a

---

① 对这种比较和一些相关区别所做的批判性检验后来被纳入了我在美国经济学会的主席致辞中：《理性与社会选择》(“Rationality and Social Choice”)，载 *American Economic Review*, 85(1)(1995)，第 1-24 页。

能比政策 b 产生更多的社会福利，而政策 b 能比政策 c 产生更多的社会福利，基于评判的一致性，那么我们应该能推定出政策 a 会比政策 c 提供更多的社会福利。在这种情况下，在社会福利评价不以纯粹的制度性结果为方式时，集体理性的理念应该会对社会福利的判断有意义。因此，就福利评价而言，像社会偏好具有传递性这样的条件是有意义的。这会是阿罗的世界，而不是布坎南的世界。

那么，对于阿罗不可能性定理，我们能得出什么结论呢？就社会福利评价而言，按照阿罗自己的路数，若集体理性具有所需的连贯性，那么该理论还会继续有重要意义。但在另一种情况下，即试图从投票和选举中弄清社会偏好，却存在真正的困难。如果集体理性在投票决策中是一个有问题的条件，那么我们就无法得到阿罗不可能性结果——至少不能通过使用阿罗的数学推理得出这一结果，因为阿罗在证明不可能性时十分倚重于集体理性。那么，对于投票等程序性实例（尽管不是为获得社会福利评价而投票），这是否就是不可能性结果的终结？或者，有什么方法可以让
378 我们弃用集体理性而仍然得到阿罗不可能性结果？

我对这个问题思考良多，而且在我毕业后从事其他工作的一年中，也在继续思考这一问题（甚至在我着手研究“技术选择”时也是如此），但还是未能完全解决它。多年之后，我最终确实在不需要集体理性的情况下发展了一项对阿罗不可能性定理的证明，而这是一个有点复杂的数学定理，（数十年后）它成为我在计量经

济学会主席致辞中的核心内容。① 我在二十世纪七十年代后期将这个新定理及其证明寄给阿罗，他告诉我他确信在某处一定存在着错误。他答应将更正发给我，但我从未收到他的更正。令我无比欣慰的是，他最终接受了这个定理及其证明的可信性。沉浸在社会选择理论之中的时光，也是令人快乐的时刻。

六

除了布坎南关注的问题外，我还探索了社会选择理论中的其他几个分析性问题，但很遗憾，我身边无人对这些问题感兴趣。莫里斯·多布曾有先见之明地告诫我，研究同事、学生、老师或朋友几乎毫无兴趣的课题，会令人有孤独感。然而，跟往常一样，皮耶罗·斯拉法的广泛兴趣缓解了我的这种严重的孤独感。斯拉法过去常常研究严肃哲学而又不称之为哲学，而他也研究社会选择，却从不承认他在进行此项研究。

在一个特别的课题上，斯拉法与葛兰西的分歧是非常有意义的，无论就该课题本身而言，还是就它与社会选择理论相关的方式而言，都是如此。这涉及个人自由在其他人类价值观中的重要程度，以及在社会选择理论公理结构所体现的基本需求中，个人自由是否应当占有一席之地。我对后一个问题尤其感兴趣，因为自由在社会选择中的空间是我想探索的主要问题之一，以试图在经典的阿罗框架（在社会选择基本公理中没有给自由以空间）之 379

① 这篇演讲以《选择的内部一致性》（Internal Consistency of Choice）为题发表，载 *Econometrica*,61 (3)(1993)，第 495-521 页。

外扩展规范的社会选择理论的范围。我从麻省理工学院回来后，在老剑桥的最后两个学年（即 1961—1963 年），正是斯拉法对自由重要性的探究，促使我开始思考这一课题。

在讨论自由在社会和政治安排中的地位时，斯拉法关注的是什么呢？他批评意大利共产党有忽视个人自由的重要性的倾向。该党常常相当轻蔑地称个人自由为“资产阶级自由”，而他尤其对由此而来的对个人自由的轻忽持批评态度。在二十世纪五十年代初，在管区学院就读时，我自己也见识过正宗左翼对自由观念（他们也形容它为“资产阶级自由”）同样不屑一顾的态度。作为加尔各答的一名学生，我对二十世纪二十年代的葛兰西－斯拉法辩论一无所知，而只是在一天下午，在与斯拉法边散步边交谈时才对此有所耳闻。

从麻省理工学院返回后，我对持续存在的关于个人自由在左翼政治理论中的地位的辩论感到震惊，这与我还在加尔各答时的辩论实质上是相同的。斯拉法并不怀疑，自由的说辞可能会被保守派滥用于对追求经济公平和其他平等主义价值观的攻击，而葛兰西也显然曾经担心过这一问题。肯定有可能找到这种反平等主义的用法，而这种用法往往将自由观念与平等观念对立起来（尽管在法国大革命早期，对自由与平等两者的捍卫曾经名闻遐迩）。不过，斯拉法认为，在不忽视自由在人类生活中的真正重要性的情况下，就可以避免这种滥用。我们做任何有意义的事情都需要自由，而在不担心自由会成为实现其他重要社会目标的障碍的情况下，是有可能认可自由的重要性的。正如斯拉法所指出的，下面的做法是一个错误：

……对资产阶级的“自由”倾泻过多的蔑视［例如，《团结报》（L'Unità，隶属于意大利共产党的主要报纸）就是这样做的］：无论自由被认为是美好的还是丑陋的，这都是工人此刻最需要的东西，而且它是所有进一步的征服所不可或缺的条件。①

斯拉法让葛兰西重新思考自由的重要性，产生了相当大的影 380
响。不过，在我看来，葛兰西对自由的重要性的最终认可，远不及斯拉法那么热情。

这里的一个有趣的问题是，尽管卡尔·马克思本人对自由在提高人类生活质量的核心作用方面有非常浓厚的兴趣，但是共产主义运动本身却一直很不赞同个人自由。不仅意大利曾经如此，其他不少地方的情况也是这样。马克思在年轻时写了大量赞成新闻自由的文章和坚决捍卫言论自由的文章。他的主张也体现在了他论述社会合作自由和产业工会组织自由的著述中，而他在这方面的赞同自由的意见，与过去在世界上不少共产主义国家中出现的在实际上取消工会运动的做法，曾经形成一种矛盾现象。总之，马克思希望拓展自由在社会决策中的范畴。正如我们在前面已经看到过的那样，他热衷于通过扩大选择空间来强调自由在丰富人

① 对此处引文的来源和翻译，以及斯拉法和葛兰西的相关观点，参见让-皮埃尔·波捷所著《非正统经济学家皮耶罗·斯拉法传》(*Piero Sraffa—Unorthodox Economist (1898-1983): A Biographical Essay* (1991))(Abingdon: Routledge, 2015)，第 23-27 页。

类生活方面所能够发挥的作用，从而使“我有可能随自己的兴趣今天干这事，明天干那事，上午打猎，下午捕鱼，傍晚从事畜牧，晚饭后从事批判，这样就不会使我老是一个猎人、渔夫、牧人或批判者”[1] *。

在我于剑桥大学从事研究工作的第一年，在我起初对自由的思辨中（暂时逃离枯燥的资本理论科目），我喜欢思虑我在将自由用于社会选择时想到的各种连贯性问题。在我同斯拉法一道散步时，我希望与他分享一些更有趣的问题，从而引起他的注意，而我从他对它们的兴趣中获益匪浅。数年后，我在《政治经济学期刊》（*Journal of Political Economy*）的一篇论文《帕累托自由不可能性》（The Impossibility of a Paretian Liberal，1970）中发表了其中的一个成果，而该论文的阅读量可能大于我所写的其他任何论文。

七

斯拉法和我经常讨论的另一个社会选择问题（尽管我们没有称之为像“社会选择”这样正式的东西），与审议和辩论在提高一
381 个社会中所发生事情的影响范围方面的作用有关。这种讨论也有一个特别的现实背景。斯拉法全身心地参与反法西斯的斗争，与意大利共产党关系密切，而该党是意大利法西斯势力的主要反对党。可是，他也强烈反对他的朋友葛兰西作为共产党领导人所做

① 参见马克思与恩格斯合著的《德意志意识形态》(New York: International Publishers, 1947)，第 22 页。

* 中文译文摘自马克思，恩格斯 . 马克思恩格斯文集：第 1 卷 . 北京：人民出版社，2009:537。——译者注

的一项重大政策决定，即拒绝与意大利其他反法西斯政党联手的决定。葛兰西关注的是，他们不应偏离他们明确界定的政治目标，可斯拉法认为这是一个错误。

1924 年，在一篇对政党的单边主义进行强有力批评的文章中，斯拉法发表了关于形成一个统一的“民主反对党”的重要性的声明。他主张，反法西斯运动的各个组成部分通力合作，联合起来反对墨索里尼的法西斯主义，是至关重要的。互相对话有助于使运动更加头脑清醒。此外，联合起来可以增加反抗法西斯主义的力量。葛兰西最初完全不为斯拉法的主张所动，还将斯拉法的不同意见归咎于他仍处于“资产阶级思想”的蛊惑之下。但是，葛兰西后来不得不改变主意。意大利共产党最终确实与其他反法西斯政党和团体联合起来，形成了一场强大的反抗意大利法西斯主义的运动。

在我们下午的散步中，斯拉法告诉我，他与葛兰西的分歧远没有他从葛兰西身上学到的东西重要。我认为，他这么说是正确的，因为葛兰西的思想对斯拉法的影响是非常深刻的，而我能很容易就看出这一点来。然而，作为一个当时兴趣正猛烈转向社会选择理论的人（包括自由和劝说），我不禁感到，斯拉法试图向葛兰西提出的主张也同样非常重要。那些主张还表明，尽管斯拉法并不认为社会选择理论是一门可以独立存在的学科，但他对社会选择背后的哲学还是很感兴趣的。

第五编

Home in the World : A Memoir

第二十五章
劝说与合作

一

当我在 1953 年秋季抵达英国时，对第一次世界大战的直接记 385
忆已基本消失，但全欧洲对第二次世界大战却记忆犹新。战前令人痛苦的忧虑还很强烈。威斯坦·休·奥登在 1939 年初写的《悼叶芝》(In Memory of W. B. Yeats) 一诗中很好地再现了那种情绪：

黑暗的噩梦把一切笼罩，
欧洲所有的恶犬在吠叫，
尚存的国家在等待，
各为自己的恨所隔开。*

随后发生的事件只是证实了奥登最糟糕的预期。

我在英国的早期岁月中，听到了很多关于战前那个时期多么令人忧心忡忡的说法。世界大战可能重演的可怖传闻不断困扰着许许多多的欧洲人，对政治统一的热望强劲地推动了欧洲统一运动的诞生，而只有政治统一才能使欧洲摆脱自我毁灭的战争。发起这场运动的两份探索性文件清楚地表明了实现这一结果的希望：1941 年的《文托泰内宣言》(Ventotene Declaration) 和 1943 年的

* 译文摘自查良铮的译本。——译者注

《米兰宣言》(Milan Manifesto)①，是由四位直言不讳的意大利知识分子拟定的。他们包括阿尔蒂埃罗·斯皮内利、埃内斯托·罗西、欧金尼奥·科洛尔尼和乌尔苏拉·希施曼，都坚定不移地力主欧洲统一。

《文托泰内宣言》和《米兰宣言》的支持者们非常了解经济一体化的好处。接近他们的人（尤其是后来成为意大利总统的路易
386 吉·伊诺第）甚至清楚地提出，从长远的角度来看，有必要实现金融一体化。欧洲迫切需要统一的直接原因，不是出于对贸易和商业的考虑，也不是出于对一体化的银行和货币安排的考虑（这些都将在后来出现），而是为了欧洲和平而必须实现政治统一。

我有机缘观察了绵延七十余年的欧洲统一进程。正如我前面所细述的，我在年轻时搭便车漫游的岁月里，曾遇到欧洲不同国家的人，并与他们密切互动。他们有着相似的举止和优先关注的事项。与他们轻松自如地相处，让我产生了一种感觉，那就是我正身处一个行将聚合为“欧洲”的地方。我那时的主要动机，并不过多着重于增长政治智慧，而在于熟悉欧洲并享受我的旅行。可是，我逐渐变得清楚起来，即我也在观察欧洲一体化的进展。

形成一个统一的欧洲是一个古老的梦想，它经历了连续不断的文化和政治融合的浪潮，而这在很大程度上得益于基督教的传

① 在二十世纪七十年代，当我和爱娃·科洛尔尼（她是乌尔苏拉和欧金尼奥的女儿，也是阿尔蒂埃罗的继女）结婚时，四位先驱中的三位成了我的亲戚。在二十世纪七十年代，我有很多机会与阿尔蒂埃罗及乌尔苏拉讨论这两份宣言背后的动机。欧金尼奥在 1944 年 5 月被法西斯杀害，就在美国人解放罗马的两天前。我也与爱娃及她的姐妹雷娜塔和巴尔巴拉就这些发展的历史有过许多富有启发性的交谈。

播。甚至早在 1464 年，波希米亚王国波德布拉迪的乔治王就谈论过泛欧统一。在随后的时期里，别的许多人纷纷追随他。在十八世纪，乔治·华盛顿从大西洋彼岸给拉斐特侯爵写信道："有朝一日，以美利坚合众国为榜样，一个欧洲合众国将诞生。"随着时间的推移，我们似乎开始看到，乔治·华盛顿的愿景正在成为现实。

我在 2021 年写作此书时，随着公众舆论转向反对欧洲统一，甚至反对欧洲民主传统的一些要求，匈牙利和波兰的气氛在发生变化，而且在一定程度上，甚至法国和意大利也是如此。这种守旧的态度在英国当然也蔚然成风，在 2016 年的所谓英国脱欧公投中，脱欧派以微弱多数票险胜，赞成退出欧盟。现在空气中似乎弥漫着一种强烈的与《文托泰内宣言》背道而驰的意识。

二

然而，在过去的八十年间，欧洲在法治、人权、参与性民主、经济合作等方面取得了一些惊人的成就，而我于 1953 年在蒂尔伯
里码头登陆时，并不曾信心十足地预料到其中任何一项。也许， 387
我看到的最令人印象深刻的事情，就是包括国家医疗服务体系在内的国家福利制度发展的积极表现。这种根本的变化显然与新的社会思想有关。我记得，我在英国安顿的过程中，读了威廉·贝弗里奇写的很多东西（以及他与"匮乏、疾病、愚昧、肮脏和懒惰"的激战）。战争使人们更好地认识到了合作的重要性。在我寻求这种变化的根源时，我发现它也似乎颇为辩证地与刚刚结束的战争有关，尤其是与人们对这种共同经历的理解有关。

我很庆幸能够与皮耶罗·斯拉法分享我的问题和我的思辨，而他对这些问题进行了大量的思考。我还对以下事实感到震惊：除了援引葛兰西的观念（对斯拉法来说这已经是司空见惯的事情了），他还非常热切地建议我阅读约翰·梅纳德·凯恩斯关于在社会转型中公众舆论及其作用的形成和重要性，尤其是他的《劝说集》（*Essays in Persuasion*，1931）。凯恩斯强调劝说在改变人类社会中的核心作用，斯拉法为此而非常钦佩自己的这位老友。此外，凯恩斯热衷于表明不同方面通力合作以实现它们各自目标的重要性。即使在它们的宗旨并不完全契合而它们仍然拥有共同目标时，情况也是如此。

在两次世界大战的间隙期，凯恩斯非常关心减少欧洲国家之间的敌意这一问题。这尤其适用于第一次世界大战结束后的政府政策，以及 1919 年《凡尔赛条约》（又称《凡尔赛和约》，Versailles Treaty）所造成的严重伤害，包括英国、法国和美国在内的胜利者厉行向战败的德国索取赔款。凯恩斯认为，无情地索取战争赔款的想法是极不周全的，因为它会毁灭德国并严重影响欧洲其他经济体；这也会让德国对其所遭受的待遇产生强烈的不满之感。

388 凯恩斯知道，惩罚战败的德国并破坏其繁荣在英国是一种普遍的想法，但他希望英国公众明白，对德国施加如此严厉的惩罚并迫使其经济紧缩，是不符合德国、英国或法国的利益的。在《和约的经济后果》(*The Economic Consequences of the Peace*) 一书中，他认为公众教育和公众议事至关重要，他还充满热情地表达了他“去启动那些改变意见的具有指导性和想象力的力量”[①]的目标。实际上，他用书来“形成对未来的总体看法”。

凯恩斯影响当代政府政策的努力并没有立即取得成功（他的建议大多被否决），但他针对当时出现的问题和导致二十世纪三十年代经济衰退的原因，在有关“未来的总体看法”方面做出了巨大贡献。凯恩斯于 1946 年去世，享年 63 岁。他在建立国际制度框架方面产生了巨大的影响。他对经济学的最大贡献是他在经典著作《就业、利息和货币通论》（*The General Theory of Employment, Interest and Money*，1936）中提出的所谓“通论”，从而改变了人们对失业和经济萧条原因的理解。

尽管凯恩斯影响深远的经济分析的教训经常被人们遗忘（在 2008 年金融危机之后，包括英国在内的欧洲所实施的严厉经济紧缩政策惊人地证实，那是一个深度适得其反的举措），但我们真的不能承受因忽视所谓“凯恩斯主义革命”带给我们的经济智慧而导致的严重后果。我们也不能忘记凯恩斯在开明的“意见”领域所造成的富于建设性的重大变化。就不同国家之间的关系而言，通过 1944 年《布雷顿森林协定》所建立的机构，包括国际货币基金组织和世界银行，在很大程度上是受到凯恩斯思想的启发，自那时以来一直在塑造着世界。

---

① 参见约翰·梅纳德·凯恩斯所著《和约的经济后果》（John Maynard Keynes, *The Economic Consequences of the Peace*, London: Macmillan, 1919; New York: Harcourt, Brace and Howe,1920；由罗伯特·莱卡赫曼（Robert Lekachman）作序再版，New York: Penguin Classics, 1995）。

三

国家间合作的积极影响，与每个国家内个人之间合作的建设性成果有相似之处。最引人注目的发展，也就是福利国家的诞生，在一方面显然与战时后遗症有关，但尤其与那些让人们更好地认识到合作的重要性的共同经验和努力有关。

389 令人惊讶的是，在第二次世界大战粮食短缺的艰难岁月中，英国的营养不良发生率实际上是急剧下降的。面对二十世纪四十年代粮食供应总量减少的预期（部分原因是战争期间的运输困难和危险），政府通过定量配给和价格控制，建立了一个更为平等的分享可用食物的制度。结果，长期营养不良的人突然可以买得起满足他们需要的足够食物，而且买得到的食物比以往任何时候都要多。以较低的受控价格进行配给，最初可能只是为了应对大规模饥饿，但通过以可负担价格让所有人获得食物，英国在改善穷人营养方面向前迈出了巨大的一步。事实上，当英国的人均食物供应总量处于最低点时，严重和极度营养不良的发生率几乎完全消失了。类似的事情也发生在更好的医疗服务分配中。①

实施更好共享的结果是令人震惊的。在二十世纪四十年代的战争期间，与上一个十年的1.2年相比，英格兰和威尔士男性出生预期寿命大幅增长了6.5年。女性则增长了7年，远超战前十年

① 参见理查德·哈蒙德所著《第二次世界大战史：食物，第二卷，政府与控制研究》（Richard J. Hammond, *History of the Second World War: Food,* Vol. Ⅱ, *Studies in Administration and Control*）（London: HMSO, 1956）以及布莱恩·埃布尔-史密斯和理查德·蒂特马斯合著的《英格兰和威尔士国家医疗服务的成本》（Brian Abel-Smith and Richard M. Titmuss, *The Cost of the National Health Service in England and Wales*），NIESR Occasional Papers, XⅧ (Cambridge University Press, 1956)。

的 1.5 年。英国在以前也曾面对食品、药品和其他物品的短缺，但在第二次世界大战期间，却发生了一些真正彻底的变化。也许是与战争联系在一起的一连串的共同灾难，再加上对一道并肩战斗必要性的理解，产生了这样一种合作的观点并导致寻求一体化的对话。实际上，理查德·哈蒙德对战争期间食品分配的研究表明，英国人形成了一种新的信念，一种共享的信仰，也就是他们不能让其他人挨饿。“英国政府对养活其公民的态度出现了巨变。”[①] 一旦共享文化建立起来而且明显发扬光大，特别是在国家医疗服务体系的庇护下，就真没有什么理由将它抛弃，再回到战前一个严重不平等的、社会医疗不对称的老路上去。无论在战时还是战后，安奈林·比万都是一个实现更大公平的坚定倡导者。他于 1948 年在英国开设了第一家国家医疗服务体系医院——曼彻斯特的帕克医院（Park Hospital），而在我踏上英国本土时，这家医院年方五龄。

四

在战后的整个欧洲，尤其是在英国，正在涌现出一些特别的 390
东西，值得全世界学习。记得我到剑桥后不久，曾经坐在学院后面靠河的金属椅子上自问：“为什么在印度没有出现像英国国家医

① 参见理查德·哈蒙德所著《第二次世界大战史：食物，第一卷，政策的发展》（Richard J. Hammond, *History of the Second World War: Food,* Vol. Ⅰ, *The Growth of Policy*）（London: HMSO, 1951）。也可参见理查德·蒂特马斯所著《第二次世界大战史：社会政策问题》（Richard M. Titmuss, *History of the Second World War: Problems of Social Policy*）（London: HMSO, 1950）。

疗服务体系这样的东西？”在工党新的领导阶层的巨大鼓舞之下，虽然英国的政治进程一直在尝试新的合作理念，但是让殖民地保持不变的帝国传统却持续下来，直到印度独立一直没有多少突破。在这一方面，劝说的进程及其影响范围的差异至关重要。英属印度政府对与殖民地臣民交流共享经验几乎没有兴趣，而战后正在发生新的急剧变化的英国取得了社会成功，但印度臣民未能从中获得多少实际办法或任何重大的专门知识。

事实上，在印度的英国人与在英国的英国人选取了两个大不相同的走向。泰戈尔对这种反差的评说特别意味深长。他在最后一次题为《文明的危机》的公开演讲中，论述了这一反差以及别的类似反差：

> 我不禁对比了这两种政府体制。它们一个基于合作，另一个基于剥削，从而使得这样两种相反的状况成为可能。①

实际上，就在英国成功消灭严重营养不良时，印度却遭遇了一场巨大的饥荒——1943 年孟加拉饥荒，结果造成近三百万人死亡。一个由欧洲首屈一指的民主政权统治的国家，怎么会听任一场饥荒发展到如此地步呢？对这个问题的回答，可参看前面第七章中的有关分析以及信息封锁所起的灾难性作用。直到一位勇敢的记者挺身而出，才在一定程度上打破了那种局面。

如我所描述的，饥荒发生在第二次世界大战期间。当时，由

① 参见泰戈尔所著《文明的危机》（Calcutta: Visva-Bharati, 1941）。

于不断向前推进的日军的追击，英国人正在撤退。英国人非常担心，倘若有关英军撤退的消息被广泛传播，就可能造成士气低落。
于是，英国殖民统治者决定限制消息流通，审查孟加拉语报纸并 391
严格限制其出版自由。然而，当局并没有正式审查最知名的英文报纸，也就是英国人持有的《政治家报》。我们反而看到，英属印度政府呼吁该报发扬爱国主义精神，要求它不要做任何有害于英国战争努力的事情。

《政治家报》有很长一段时间都认可这项审查制度，确保报纸不议论任何与饥荒有关的事情。然而，在 1943 年夏季，该报的英国主编伊恩・斯蒂芬斯对政府压制灾难性新闻的做法变得越来越恼怒，于是决定公布孟加拉正在遭受赤贫之苦的人的照片。这些照片被刊登了出来，但没有议论，也没有批评。

一天——我现在甚至可以推测，那是在 1943 年 10 月 13 日，斯蒂芬斯断定，对饥荒默不作声，对英属印度政府批评的缺位，都是不可接受的，而他则再也无法压抑自己日益增长的道德怀疑。他心知肚明，他在背叛自己的职业；他是一名新闻工作者，但他对自己身边的这场有极其重大影响的灾难却没写只言片语。于是，在 10 月 14 日和 10 月 16 日，《政治家报》发表文章，愤怒抨击英国对这场饥荒的政策，还附带发表了有关新闻报道，以提供佐证。印度那时还没有议会，但英国有。在斯蒂芬斯发声之前，英国议会还从未讨论过这场人为的灾难。在《政治家报》报道之后，那一切都立即发生了变化。

实际上，在《政治家报》发表社论之后，伦敦不得不讨论事态的严重性，而事情也受到英国各报的广泛关注。数日之间，政府通过了一项决议来遏制饥荒；数周之内，官方开始了 1943 年饥荒时期的首次赈灾行动。因为饥荒一连持续了九个月，已经有一百余万人死亡。[①] 公开劝说最终导致一次重大的政策改变。

在伊恩·斯蒂芬斯对饥荒进行至关重要的干预多年后，我有机会与他在剑桥相遇。我想是在一次使徒会议上，摩根·福斯特
392 告诉我，斯蒂芬斯从印度退休后，成了国王学院的一名高级研究员，而且他实际上在那里拥有自己的房间。福斯特说，他很乐意将我引见给斯蒂芬斯，但我也可以径自敲门而入，因为他是个热情好客之人。于是我去敲他的门，但没有回应。因为门未上锁，我便走进屋内。只见斯蒂芬斯头朝下倒立着，正在房间的一角练瑜伽，看上去就像一尊古老的雕像。这是他在印度养成的习惯。看到我的出现，他落平身子，头朝上站立起来，随后我们便聊了起来。我与他肯定一共会见过六七次，我们在见面时就谈论加尔各答所发生的事情。他很为自己那个阶段的生活感到自豪。

在我和斯蒂芬斯第一次交谈之前，福斯特即曾告诉我："记住，伊恩·斯蒂芬斯可不是印度的朋友。"他的意思是，在印度独立和分治之后，没有立即返回本土的英国居民自己划分为不同的

① 伊恩·斯蒂芬斯（Ian Stephens）写了一本名为《雨季的早晨》（*Monsoon Morning*, London: Ernest Benn, 1966）的书，是关于他的经历、他不断增长的怀疑和他最后的抗命行为的。自然，他对他所引起的变化感到相当自豪。然而，伦敦《泰晤士报》上刊载的斯蒂芬斯的正式讣告，甚至没有提及他在停止孟加拉饥荒中的作用以及他挽救了也许有一百万人的性命的功绩。我在发现这一情况后，就为该报另写了一篇讣告。这是我此生为该报写的唯一讣告。《泰晤士报》确实刊登了我的补充性讣告，使我得以将斯蒂芬斯的这份实在当之无愧的荣誉归到他的名下，从而让我感到欣慰。

阵营，而斯蒂芬斯肯定属于巴基斯坦阵营。他有一个（颇具英国特色的）观点，即穆斯林不像印度教中的叛乱分子，对帝国较少敌意，但这个观点并不完全正确。（在福斯特于 1924 年问世的《印度之行》中，印度主人公阿齐兹显然是一名穆斯林。）斯蒂芬斯对印度的政策，尤其是对克什米尔的政策，是持严厉批评态度的。他在 1951 年离开《政治家报》后前往巴基斯坦，而这次行动与他不赞同印度当时政治上正在发生的情况有关。斯蒂芬斯站在巴基斯坦一边这一事实，一点也不曾让我感到忧心。他在孟加拉饥荒中拯救的生灵，既有印度教徒也有穆斯林，而他作为一名尽职的主笔让人类获得的巨大益处，并不专门属于某一特定宗教。

五

我从与伊恩·斯蒂芬斯的交谈中了解到几件事，极为深刻地了
解到为什么压制公众议事会给民众造成灾难性后果，乃至促成饥
荒的发生。制造像这样一种灾难的政府，如果有关消息被有效封
锁，或许能有一定逃避公众怒火的机会，这样它就不必面对政策
失败的批评。就这场孟加拉饥荒而言，英国人在一定程度上所能
做到的不过如此而已。只是在斯蒂芬斯吹哨之后，威斯敏斯特的
英国议会才不得不讨论这场饥荒，而且英国媒体也强烈要求立即 393
阻止这场灾难。直到那时，英属印度政府才不得不采取行动。

公众议事在决定一个社会如何运行方面显然具有重要作用。在争取实现良好决策方面，凯恩斯对劝说的强调与约翰·斯图亚特·穆勒对公众议事的倡导异曲同工。穆勒将民主描述为“议事之

治”也属于同一范畴。附带提一句，那些话并非穆勒的原话，而是沃尔特·巴杰特（前面提到过）讲的。不过，为了让人们明白这一理念，穆勒所做出的贡献最大。

为了寻求更好的决策，公众讲理不仅被用于后启蒙时代的西方世界，而且曾被用于其他社会及其他时代。虽然人们往往记得投票程序起源于古雅典，但注意到雅典人也将参与议事作为启蒙之源这一点也是很重要的。这一理念在印度也曾受到大量关注，在佛教传统中尤其如此。正如我们在第六章中所看到的，在公元前三世纪，统治几乎整个印度次大陆（一直延伸至今阿富汗境内）的佛教皇帝阿育王，在他的首府巴特那市（当时称为华氏城）主办了第三次也是规模最大的一次佛教结集，以同样的方式来解决争端。他强调，公开议事有助于更好地理解社会需要什么。他试图通过在全国及其以外地区的石柱上镌刻易于阅读的铭文来普及这一观念，倡导和平与宽容，并通过定期有序的公开议事来解决分歧。

同样，在七世纪初期的日本，佛教徒圣德太子在公元604年［比英国《大宪章》(Magna Carta）早了六个世纪］推出所谓《十七条宪法》，主张有必要通过协商更好地了解情况：“重要事务之决策，不宜由一人独断。应与多人共商。”民主即“议事之治”这一理念，并不仅仅关乎投票，至今依然有极大的现实意义。我认为，近年来发生的许多民主治理的重大失败，与其说是由某种明显的制度壁垒造成的，毋宁说恰恰是由公众议事的不充分造成的。

我从学生时代起就一直对这一问题感兴趣。那时，外祖父克

希提·莫汉就循循善诱，使我注意到了阿育王关于公众争鸣的敕 394
令，而穆勒和凯恩斯则就公众议事在社会选择中的作用为我提供了一条新的清晰的思路。在肯尼思·阿罗对这个主题的思考中，公众辩论并不是社会选择中一个占有特别突出地位的方面。他的思想在其他方面对我产生了巨大的影响。不过，让我欣慰的是，公众议事是我和皮耶罗·斯拉法在下午散步时能够讨论的社会选择理论领域众多话题中的一个。尽管斯拉法不愿使用“社会选择理论”这个术语（他觉得这个术语太专业化，有点令人生厌），但他谆谆教导我说，与投票一样，议事和劝说也都是社会选择的重要组成部分，从而对我产生了很大影响。

第二十六章 近与远

一

395 到二十世纪六十年代初，我听到很多关于印度一个新的经济学中心即德里经济学院的传闻，也听到了 K. N. 拉杰教授在那里担任领导的消息。1957 年，我在德里进行短暂访问期间见过拉杰，于是逐渐对他有所了解。我们一直保持联系，而他在 1961 年的一封来信中突然问我："你想要一份德里学院的工作吗？"我在回信中问道："你真的可以提供一份工作吗？"他回答道："我们不知道。我们这里著名的老教授 V. K. R. V. 拉奥曾经持有这个教席，如今他退休了。他说，只有在找到合适的继任者之后，他才会让出这个有待填补的位子。"我有些吃惊地问道："他还能这样做呀？他真的可以决定何时填补他退休造成的教席空缺吗？"我想，他的简短回答是："没错。"

V. K. R. V. 拉奥之子马达夫·拉奥是剑桥大学的一名经济学本科生。在我与拉杰通信后不久，马达夫告诉我，在我下次访问德里时，他父亲想和我共进午餐。他补充道："是一顿美味的南印度午餐。"那天上午，马达夫正在因为未能成功拜访剑桥大经济学家庇古而难过。庇古在很久之前曾在剑桥担任过 V. K. R. V. 拉奥的博士生导师。马达夫曾经预约，但当他到达庇古在学院四楼的办公室时，庇古问道："欢迎你，不过你为何而来？"马达夫回答说：

“我的父亲 V. K. R. V. 拉奥曾是您指导的博士，他让我向您表达他的敬意，当然我也向您表达了敬意。”庇古说：“很好，你现在已经表达敬意了。”说完这句话，庇古走到一边朝窗外望去，马达夫在到访六十秒后便下了楼。尽管众所周知，庇古非常害怕被访客 396
传染什么疾病（远在任何全球流行病暴发之前），但马达夫告诉我，他对自己的这一经历感到难过。他补充道：“我父亲会请你享用一顿非常好而且持续时间长的南印度午餐。”

翌年，也就是在 1962 年春季，在我访问德里时，V.K.R.V. 拉奥家的午餐确实漫长而又轻松，而那些素食绝对可口。我在餐后告辞时，V.K.R.V. 拉奥问我：“你为什么不申请我的教席呢？”我问自己：“那么，这就行了？”求职面试中的难关算是过了？

事实证明就是如此。这场正式的遴选过程，几乎与马达夫拜访庇古一样快。副校长主持了一场简短的正式面试（备有大吉岭茶），阿米亚・达斯古普塔教授和 I.G. 帕特尔教授提了几个问题。事后，学校很快寄来聘书。我和纳巴尼塔已经谈过成功的可能性，而她非常喜欢这个机会，于是我立即接受了这份工作。

1963 年 6 月，我们收拾行装前往德里。我们的第一个孩子安塔拉预计在 9 月下旬或 10 月初出生，而纳巴尼塔热切地渴望我们的女儿出生在印度。我们在收拾我们在剑桥的公寓时，得到了几个热心的英国朋友的帮助。我们都为即将天各一方而感到十分难过。我注意到，有一个朋友在非常仔细地察看我们挂在墙上的一幅高更画作的复制品，上面画的是一户优雅的波利尼西亚家庭，是我最喜爱的一幅画。我问她道：“你喜欢这幅画吗？”她说：“是的，非常喜欢。可是，我主要是在看你全家福中的人。”她想要弄清实情：“他们是你的亲戚，对吧？”我不由得倒吸了一口气，但在又看了看高更笔下的波利尼西亚朋友们之后说道：“是的，他们确实是，可是我还没有见过他们呢。”

二

我们可以与远离自己眼皮之下圈子的人建立亲密的友谊。此外，由于地理上的阻隔，许多真有可能缔结的友谊却从未得以发展。也许，我在莱茵河畔吕德斯海姆葡萄酒节遇到的那个年轻的
397 德国女子，试图让我明白的正是这一点。在我离开前夕，我虽对剑桥经济学有不满之处，但我知道，在拓展我的人际交往范围方面，我必须大力称赏剑桥。我在大学内外的生活中与许多人邂逅，这给予我大量机会，让我得以遇到那些本来永远不会认识的人。

吸引我们进入那些生活在远方的人的势力范围的事业，可能会有某种极富建设性的东西。尽管全球化因被指控造成不少问题而遭到很多责难，但如果我们将对外关系的拓展视为有价值的事情，那么我们就可以更加积极地看待全球化。在有些人看来，工业革命和世界贸易网络的扩展似乎是破坏性势力，但除了对普遍生活水准造成的影响之外，这种全球性发展还使我们与他人发生联系，而如果缺乏让我们进入陌生地域的活动，那么我们可能实际上就永远不会了解他们，从而有可能对他们的存在始终一无所知。了解他人，对我们如何思考这个世界，包括我们怎样看待自己的道德世界，都可能产生深刻影响。

在被收录于《道德原理研究》（1777）中的一篇题为《论正义》的文章中，伟大的哲学家大卫·休谟指出，全球贸易以及与他国经济关系的推展，能够延伸包括我们的正义感在内的道德关注范围：

> ……此外，如果几个不同的社会为了互惠互利而保持某种交流，那么正义的疆界就会不断增大，与人们视野的宏大以及他们相互联系的力量成正比。①

我们的正义感所能达到的范围，可能取决于我们认识谁，以及我们与谁熟悉，而这一范围可以通过我们与包括在贸易和交流中往来的各色人等的邂逅相逢而得以促进。相形之下，缺乏熟悉度可能使我们对他人漠不关心，而且在考量与他们相关的公正问题时将他们排除在外：联系提供了在更大范围进行道德思考的可能性。这一点不仅在不同社群之间是真切的，而且在同一社群内部也是如此。不难想见前文提到过的那种情况，即在第二次世界
大战期间，英国营养不良现象的显著减少以及随后国家医疗服务 398
体系的建立，至少在一定程度上是战争的迫切需要造成的新的人际密切关系的结果。由于态度上的转变，英国社会对其人民福祉

① 参见大卫·休谟所著《道德原理研究》(David Hume, *An Enquiry Concerning the Principles of Morals*, 1777)(LaSalle, IL: Open Court, 1966)，第 25 页。这句话所体现的豁达和开明态度，似乎会与休谟关于“白人”优越性的其他一些言论相冲突。与从未说过半点表现出种族或民族偏见话语的亚当·斯密不同，休谟明显听任自己出言有些前后不一。

承担了更大的责任，而且这种态度的变化也有助于促进制度性改革。在一个高度阶层化的社会中，我们也可以反向观察，问一问种姓和阶层的划分是否真的可能导致共同目标的阙如。

我知道自己必须认真思考这些反差，并以一名印度经济学老师的身份来研究它们。比姆拉奥·拉姆齐·安贝卡（又译安贝德卡尔）博士是一位伟大的社会和政治分析家，在为独立后的印度制定民主宪法方面发挥了主导作用。他曾敦促我们永远不要忘记分裂的惩罚。安贝卡自身属于“贱民”种姓。他对基于种姓的不平等和印度许多地区持续存在的贱民制度的深恶痛绝，使他在 1956 年去世前不久皈依了弃绝种姓划分的佛教。我在剑桥的最后数年里，读了安贝卡对不平等历史富于洞见的调查研究，特别是他对印度不平等历史的调查研究，从而留下了非常强烈的印象。

三

随着永久回归印度日子的临近，我非常担心会失去与巴基斯坦友人的密切联系。我知道，一旦我在可能被他们视作敌国的都城定居下来，这种友谊将很难维系。1963 年初，我在准备搬至德里时（这是第一趟，最终搬迁安排在当年夏季），印度突然与中国发生了一场战争。* 虽然这场战争并没有持续多久，但这一事件吸引了我们所有人，让我们注意到邻国之间突然爆发战争的可能性。当然，我意识到，有足够多的政治火种可导致印度陷入与巴基斯坦的激烈战争。由于我非常渴望在遭受坦克和飞机的干扰之前去

* 疑作者这里的回忆时间有误。中印边境战争发生于 1962 年 10 月。——译者注

巴基斯坦看望我的朋友，我决定走一条非同寻常的路线返回印度：首先前往巴基斯坦的拉合尔（我的朋友阿里夫·伊夫特哈尔的家所在地。他在剑桥完成学业后回到那里），然后从拉合尔前往卡拉奇（马赫布卜·哈克那时住在那里），最后前往德里。当我到达拉合尔时，阿里夫因工作关系而在伊斯兰堡，所以在他尽快赶回与 399
我相聚之前，我有一天时间可以自行支配。在阿里夫母亲的建议下，我在那个无比典雅的城市参观了一些漂亮的清真寺，从而度过了那个“悠闲日”。阿里夫当晚回来，而由于伊夫特哈尔家族的人既非常左倾又极其富有，我们在第二天就在城里闲逛，既观瞻了一些宫殿，也参观了工会总部。拉合尔有众多绝妙的事物值得一看，让我一连寻访了数日。

一天晚上，我们在拉合尔俱乐部享用了一顿丰盛的晚餐之后，阿里夫的车恰好在出口大门处抛锚。几十名被堵在我们后面的其他车主出来大声抗议。一些显然熟知阿里夫的年轻人围住了他的车，开始朗声念诵起一些东西来，在我听来就像是一句带有威胁性的咒语。这个场面给我一种不祥之感，特别是因为我最初听不清他们在说什么。待我的理解力恢复后，我确认这些单调的语句并不是在鼓动什么，而是在重复一句口号形式的韵语：“挪开车儿，伊夫特哈尔，伊夫特哈尔！”当阿里夫在修理引擎盖下的什么东西时，我移步车外，做了自我介绍，随后好像有许多人与我一一热情握手，同时伴以果决的指示：“在巴基斯坦玩好！”我答应竭尽全力执行这些新结识的朋友的命令。

拉合尔是一座非常讨人喜欢的城市，有诸多壮丽的清真寺和别的雅致的建筑，当然还有世界上最大的花园夏利玛园[*]。过去，莫卧儿皇帝和贵族在前往克什米尔的途中常在这里休息。伊夫特哈尔家族是这座城市里的老地主，与阿里夫充满激情的左翼政治思想形成了鲜明的对比。许多个世纪以来，这个家族一直是夏利玛园的官方守护者，而阿里夫的母亲告诉我，他们曾收到过很多来自那些总是十分客气的莫卧儿皇帝的信件，请求允许他们在夏季前往克什米尔的途中使用花园。当我们在那座非同寻常的花园里漫步时，阿里夫告诉我，由于无法积极参与政治，他感到非常沮丧。阿里夫的家族生意要求他插手（他家虽然生意很大，但他说如果有可能，他准备放弃），而一个不宽容的政府又严格监控左翼政治动向（这个问题更难解决）。这两者都在阻碍他参与政治活动。阿里夫是我们那个时代剑桥联合会里最出色的演讲者，也是
400 我所认识的最为优秀、最为热情的人之一。我确信他会尽力帮助别人，而又不会把自己熟悉的生活搞得颠三倒四。

我们的一位密友希琳·卡迪尔也住在拉合尔。当我告诉阿里夫我想去看望她时，阿里夫说他听说过关于她的一些好事，但他决不会开车送我到希琳的父亲也就是“反动派”曼祖尔·卡迪尔的豪宅。曼祖尔·卡迪尔是一位极为著名的律师，而阿里夫显然与他政见不合。于是，阿里夫把车钥匙抛给我，说道：“你自己开车去吧！劳伦斯路离这不远，我的车就在外面。”希琳看到我开一

* 夏利玛园（Shalimar gardens），亦名夏拉玛尔园（Shalamar Bagh），在今巴基斯坦拉合尔旧城东北方向 5 公里处，由莫卧儿皇帝沙·贾汉建于 1641—1642 年。全园布局对称，造型精美，系莫卧儿王朝园林建筑艺术的代表作之一。——译者注

辆很大的汽车进入他们家的大院，感到十分惊讶。

当我从拉合尔抵达卡拉奇机场时，马赫布卜和另一位共同的剑桥友人哈立德·伊克拉姆（后与希琳成婚）正在等候。哈立德开了一个无伤大雅的玩笑，说因为飞机晚点了，他有些担心，以为我是从印度乘坐印度飞机来的（“你明白，这可是非常危险的”）。其间，在获悉我只是从拉合尔乘坐巴基斯坦飞机过来时，他也就放心了。在那些日子里，印巴唇舌之战的诙谐因素，往往成为那些实际表达反感的文字的明显特色。

我与马赫布卜以及他的妻子巴尼在卡拉奇进行了多次长时间的交谈。尽管马赫布卜担任巴基斯坦计划委员会经济事务负责人这一高级职务（后来他甚至进一步高升，成为巴基斯坦财政部部长），我却明显感觉到他总的来说是不得志的。他向我说明，通过尝试在巴基斯坦实施振兴经济的计划，他了解到了什么。有些好事本来很容易就能做成，但心胸狭隘的政治和无所不在的封建结构，成了进步的障碍，非常难以克服。

夕阳西下，余晖洒满光怪陆离且令人沉醉的卡拉奇。此时，马赫布卜的声音变得高亢起来，分析中夹杂着深深的叛逆激情。他知道如何处理巴基斯坦的老问题，但对找到任何即刻就取得进展的可行办法持怀疑态度。他知道他想要成就很多事情，而且不是仅为巴基斯坦，但他必须找到一个不一样的基点来做这些事情。若干年后，他在联合国开发计划署（UNDP）获得了这样一个机
会，在那里开发人类发展方法，根据该方法来评估各国人民的生 401
活质量（包括他们的教育、营养和获得其他资源的机会）。1989

年夏季，当人类发展办事处正在纽约成立时，马赫布卜反复给我打电话，坚持说道："阿马蒂亚，放下一切，到这里来。我们将弄清这个世界的状况！"在二十世纪整个九十年代，他将通过他一年一度的极具影响力的《人类发展报告》（Human Development Report）（在编制这一报告时，我因为能够作为副手帮助他而感到荣幸）来做弄清世界状况的事情。他为此而跋涉，走过一段相当漫长的路程。

四

我恰好及时从巴基斯坦赶回德里，开始了我在德里经济学院的教学工作。学生们称这所学院为 D 学院。在我的诸多身份中，教师的身份一直是最突出的，可以一直追溯到我在临时夜校里教部落儿童之时，而我自己当时还是圣谛尼克坦的一名学生。我在德里教那些具有惊人才华的学生时所体验到的兴奋之情是难以形容的。我原本只是冀望他们成为优质人才，但结果证明他们远远超出了我的预期。

402 我讲过不同层级的经济学理论，而多年来也教过博弈论、福利经济学、社会选择理论和经济计划；还有认识论和科学哲学（面向哲学研究生）以及数理逻辑（面向任何想了解这一学科的人）。就像在贾达夫普尔大学一样，通过教诲他人，我自己到头来也学到了许多东西。

我于 1963 年 3 月开始在德里经济学院任教，但暑假很快到来。在德里大学的校历上，暑假于 4 月初开始。德里经济学院照用这

在圣谛尼克坦的花园里读书，约摄于 1964 年。

一日期。由于这意味着两个月的休假，我于是回到剑桥，与纳巴尼塔在那里团聚。可在随后，竟然真的到了最终启程前往德里的时间，我和纳巴尼塔选取了一条经停多地前往德里的长途飞行路线，而经停之地就包括雅典和伊斯坦布尔。

我们在希腊度过了数周美妙的时光，而我在那里有一些讲座义务。这项活动在由安德烈亚斯·帕潘德里欧领导的一家研究机构里举行。帕潘德里欧是一位杰出的经济学家，也是一位极有才干的政治领袖，正在为希腊公民的民主权利而奋斗。希腊的军事统治者一点也不喜欢帕潘德里欧。在我们访问后不久，他就被军政府逮捕并遭到迫害，从而离开了这个国家。然而，民众的骚动和法律上的挑战最终导致军政府的垮台和帕潘德里欧的凯旋。他再度成为总理。其间，他和他的妻子玛格丽特成为我们的密友，而在他们经历政治沉浮的全程，我们一直保持着联系。他们的儿子也叫安德烈亚斯，后来跟我在牛津攻读博士学位，写了一篇关于外部效应的精彩论文，专门分析了诸多环境政策。

我和纳巴尼塔都非常喜爱古希腊宏大的古迹遗址，其间我们还观看了一些古代戏剧的演出。纳巴尼塔懂一点阿提卡语*，不时就能用上，给我们提供了方便。根据帕潘德里欧夫妇的建议，我们安排了前往克里特岛参观的行程，看到了令人惊叹的米诺斯文明遗迹和克诺索斯那震撼人心的古老宫殿。目睹这些非凡的遗址，
403 使我了解了古代世界在人类文明发展中的成就。然而，即使我正沉浸在克里特岛上的古希腊史之中，我也迫不及待地想尽快返回我在德里经济学院的学生们身边。

五

除了极为喜欢在德里经济学院教书的机会之外，那里的许多研究生和一些年轻教师事实上也变得对社会选择理论感兴趣起来，这让我从中受益良多。莫里斯·多布曾经建议，我在未能找到其他社会选择理论家与我为伍之前，应当先研究某个不同的课题。他的意见是对的，但事实证明，可以相当迅速地生成一个具有社会选择专门知识的学生群体。德里经济学院的大多数学生根本没听说过这门学科，可从第一堂社会选择理论课开始，我就能感觉到有一部分人决心使之成为自己的研究对象。令我感到惊讶的是，

* 阿提卡语（Attic），雅典方言。——译者注

一群社会选择理论家神速出现在了德里。实际上，其中一些人已经着手开辟新的领地，在提出新的应用的同时，也在拓展这一理论。普拉桑塔·帕塔奈克是我的第一批学生中的一个。他在来到德里经济学院之后不久，就取得了具有影响力而且有难度的社会选择研究成果。这些成果在世界范围内均获得认可。我在讲闻名于世的“帕塔奈克定理”时，普拉桑塔本人就以班上学生之一的身份谦逊地坐在长椅上听着，让我有一种非同寻常的愉悦之感。

在我们的研讨课上讨论社会选择理论的一个有趣特点是，我们尽力将道德哲学领域别样方法中有用的理念和特质结合进来，例如休谟、斯密和康德的那些理念和特质。我们还讨论了霍布斯、卢梭和洛克在“社会契约”概念中小心提出和审视的那些道德原则。[①] 在这种人际契约中，每个人都保证为他人做（或不做）某些事情，条件是其他人报以类似的承诺。在建设性的社会选择推理中，社会契约的理念可以有相当大的用处，例如在评估税收制度的公平性中，或是在人们愿意接受口粮定量配给以应对短缺局面中（如前面论述过的在第二次世界大战中的情况），都有着相 404
当大的用处。与人们接受作为自身责任的合理义务而不必坚持互惠原则的情况相比较，我们还探究了一组契约义务（shartaheen kartavya），以及对违约行为的惩罚。（在第六章中，我曾依从乔答摩佛在《经集》和其他地方提出的论证方法论述过这一点。）事实

① 若要广泛探讨一个良好社会中的不同类型的社会契约，请参见米努谢·沙菲克所著《我们相互亏欠什么：新社会契约》（Minouche Shafik, *What We Owe Each Other: A New Social Contract*）(London: The Bodley Head, 2021)。

上，正如斯密在著作中所阐述的那样，通过社会选择争论，可以轻易地审视对他人的互惠和非互惠义务。

作为一名社会选择理论家，你需要有一定的分析能力，但我们所着手处理的社会加总这类问题，也取决于我们认为什么是重要的和有趣的。[①] 我为我的一些学生将社会选择方法应用于与决策相关的实际问题的严谨感到自豪。我也有学生研究与社会选择大相径庭的学科，其中一些人在他们所选择的领域里才华出众（包括成为发展经济学翘楚的普拉巴特·帕特奈克）。当你的学生的表现引起世界关注时，无论你自己在做什么，那种喜悦之情都是难以描述的。

六

虽然在德里教书令人感到非常欣慰，却不可能逃避印度普遍匮乏的现实。问题不仅在于贫困，还在于缺乏关键的公共服务，包括学校教育和基本医疗保健。这并不是因为人们对拓展这些设施没有兴趣，而是主要因为用于学校教育和基本医疗服务的公共资源少得惊人。在制定公共政策和规划经济时，对这些公共设施的异常忽视极少受到社会关注。当然，有一点可以肯定，独立的民主印度已经征服了饥荒，但常见的营养不良现象仍然普遍存在，

① 在我还是管区学院的一名本科生时，塔帕斯·马宗达就是那里的一位非常年轻的教师（我在前面一章中谈论过他以及他对我的影响）。后来，对于如何将社会选择理论应用于印度和全世界的教育问题，他变得很有兴趣。在德里贾瓦哈拉尔·尼赫鲁大学的学术基地工作时，他极大地拓宽了社会选择这门学科的范围，也加大了它的现实意义。

全民基本医疗服务一直缺位。教育和医疗服务的匮乏与印度长期
的社会和经济不公平密切相关。印度遭到忽视的社会最底层人口
常被认为几乎不需要教育和医疗服务（与特权阶层不同），而这种 405
荒谬的错误观念往往促成传统不对等现象的进一步固化。

当我与一些学生（如阿努拉达·卢瑟与普拉巴特·帕特奈克）一起试图调查社会忽视的本质时，考察这个国家总体性的普遍缺乏与人口中较贫困和较弱势群体的严重匮乏之间的关系是很有益的。

在印度，不平等现象的存在可以追溯到很久以前，而且这种现象在历史上似乎比世界上其他大多数国家更为严重。诸多缺乏现象不仅包括收入和财富的严重不对称（将贫穷和赤贫的人与安逸和富有的人分离开来），而且包括巨大的社会不平等，例如地位低下和社会身份低贱的社会弱势群体，而其中贱民则处在最末端。早在公元前六世纪，乔答摩佛就反对容忍这种将人类彼此分开和隔离的社会壁垒。事实上，佛教作为一场运动，不仅是对与世界本质有关的认识论和形而上学的彻底背离，同时也无异于对社会不平等的一种抗议。

七

我决定将战时和战后两个时期英国减少不平等的事例用于我在德里经济学院的教学，以让印度一定从中有所借鉴，于是为此而寻找一些合适的阅读材料。从英国而来的不仅有马克思（直接来自不列颠博物馆），而且有英格兰和苏格兰的政治经济学创始人亚当·斯密的先驱之声。我在剑桥的经济学课程设置中几乎没有遇

到斯密的研究工作，但早先在管区学院却相当多地涉猎了他的学说，而在学院街对面咖啡馆里的交谈中则更多地接触过他的思想。在为德里经济学院的课堂教学收集教学材料时，我就明白斯密对于理解印度的不平等以及找到救治办法有多么重大的意义。

斯密对通过运用非市场制度来补充市场流程抱有强烈兴趣，例如可以通过国家干预来扩充公费教育和医疗服务等公用事业。
406 制度组合在解决分裂和缺乏方面可能具有明显优势，对人口中被严重剥夺者而言尤其如此。因此，在课堂上讨论这些问题是很有益处的。

斯密道德推理的一个有力成分就是使用他称之为“公正的旁观者”的概念：通过想象某个全无个人或地方性偏见的局外人，会如何评估一种包括持续不平等在内的特定情势，来促使我们尽量采用这种无偏见和无争议的态度。在课堂讨论中，我们使用了哈蒙德、蒂特马斯及其他社会调查人员汇总的研究成果，尤其是关于英国战后建设在多大程度上利用了该国战时经验中合作特点的研究成果。①

我们的课堂讨论中还包括这样一个事实，即斯密总是怀着对穷人和弱势群体的深切同情，挺身而出抨击处境良好的人的所谓“优越性”。我们考虑的一个例子出自斯密 1759 年出版的《道德情

① 参见理查德·蒂特马斯所著《福利国家评析》(Richard Titmuss, *Essays on “The Welfare State”*, 1958)(Bristol: Policy Press, 2019)。也可参见理查德·哈蒙德所著《第二次世界大战史：食物，第一卷，政策的发展》（London: HMSO, 1951），以及理查德·蒂特马斯所著《第二次世界大战史：社会政策问题》（London: HMSO, 1950）。

操论》，其中描述了英国上流社会的反爱尔兰人偏见。[①] 另一个例子也出自《道德情操论》，是关于美国和欧洲上流社会相当大一部分人对骇人的蓄奴风习的持续容忍。我班上的学生出色地调查了印度的一些不平等制度，发现这些制度迫使最低种姓成员从事极度没有尊严的工作，因而近乎造成了奴隶制的道德堕落。

斯密毫不妥协地弃绝诸如奴隶制这样可怕的制度，我们可以就此与他的朋友大卫・休谟对同一问题的立场进行对比。我们明白，休谟认为人际关系应该尽可能广泛。然而，虽然休谟总体上对奴隶制持批评态度，但他在反对这种制度时却表现得有些软弱。另外，斯密坚定不移地反对种族主义，对之表示深恶痛绝，宣告完全不可接受任何形式的奴隶制。他对奴隶主将卑下的生活方式归咎于奴隶感到愤怒。

斯密在阐述自己的观点时宣告，那些被从非洲强行掳走的奴 407
隶，不仅不逊于白人，而且与白人奴隶主相比，他们是在一些重要方面占有优势的人。他在一份响亮的声明中断言：

> 在这方面，来自非洲海岸的黑人，无一不具有一定的宽厚气度，而他们的贪鄙主人的灵魂，对此则往往几乎难以想见。[②]

我记得，当我在德里经济学院的一堂课上朗读斯密的这段话

---

① 参见亚当・斯密所著《道德情操论》(Adam Smith, *The Theory of Moral Sentiments*, 1759)。也可参见它的纪念版，由瑞安・汉利编辑，阿马蒂亚・森为之作序（London: Penguin Books, 2009）。

② 参见亚当・斯密所著《道德情操论》第二卷第二章"论风俗和时尚对道德情操的影响"（Of the Influence of Custom and Fashion upon Moral Sentiments）。

时，在班里可以察觉到一种快慰之感，究其实是一种激动之情。我在德里的学生可能对生活在非洲海岸的人知之不多，但他们对于受到虐待的人类，无论他们是近在咫尺，还是远在天边，都能随时与之休戚与共。他们不仅被斯密的话语所折服，他们也为这些话语而感到骄傲。

就像斯密那样，我们理性的同情，跨越地理与时间的边界，可能出于我们自发的感情，或来自论证的力量。我在本书中再三论述过泰戈尔的思想。他正确地看到了本能的同情与理性劝说压倒一切的重要性。他为太多的人因种族或地域而遭到排斥，不为世界所关注而感到震惊。泰戈尔在去世前不久，在 1941 年的最后一次公开演讲中，对人类中若干组成部分所蒙受的酷虐待遇表示憎恶，与斯密无法容忍对人的奴役颇为相似。正如泰戈尔所说：

> 人类最美好也最高贵的天赋之物，不可能成为一个特定种族或国家的专利；它的范围不可能被限定，而它也不可能被当成守财奴埋在地下的秘藏。[①]

令人宽慰的是，斯密和泰戈尔所主张的对人的基本尊重和理解，得到了学生们极为明确的认可。对于世界来说，这一定会是一个永不枯竭的希望之源。

---

① 参见泰戈尔所著《文明的危机》（Calcutta: Visva-Bharati, 1941）。

主题索引 *

* 本索引中的页码为英文原书页码，即本书边码。——译者注

E

F

M

N

O

P

Q

R

人名索引 *

* 本索引中的页码为英文原书页码，即本书边码。——译者注

B

D

H

M

P

Q

R

S

U

V

W

Y

Z

Home in the World: A Memoir

First published as HOME IN THE WORLD in 2021 by Allen Lane, an imprint of Penguin Press.

Penguin Press is part of the Penguin Random House group of companies.

图书在版编目（CIP）数据

四海为家：阿马蒂亚·森回忆录 /（印）阿马蒂亚·森著；刘建，张海燕译. -- 北京：中国人民大学出版社，2024.7

书名原文：Home in the World: A Memoir

ISBN 978-7-300-31874-5

Ⅰ. ①四… Ⅱ. ①阿… ②刘… ③张… Ⅲ. ①阿马蒂亚·森－回忆录 Ⅳ. ①K833.515.31

中国国家版本馆CIP数据核字（2023）第123112号

四海为家

——阿马蒂亚·森回忆录

阿马蒂亚·森　著

刘建　张海燕　译

Sihai Weijia

出版发行	中国人民大学出版社		
社　址	北京中关村大街31号	**邮政编码**	100080
电　话	010-62511242（总编室）		010-62511770（质管部）
	010-82501766（邮购部）		010-62514148（门市部）
	010-62515195（发行公司）		010-62515275（盗版举报）
网　址	http://www.crup.com.cn		
经　销	新华书店		
印　刷	北京瑞禾彩色印刷有限公司		
开　本	890 mm × 1240 mm　1/32	**版　次**	2024年7月第1版
印　张	20.875　插页3	**印　次**	2024年7月第1次印刷
字　数	417 000	**定　价**	138.00元